Umwandlung und Vermögensübergang nach Umwandlungsverordnung, Treuhandgesetz und Unternehmensgesetz

Europäische Hochschulschriften
Publications Universitaires Européennes
European University Studies

Reihe II
Rechtswissenschaft

Série II Series II
Droit
Law

Bd./Vol. 3205

PETER LANG
Frankfurt am Main · Berlin · Bern · Bruxelles · New York · Oxford · Wien

Gunther Piefke

Umwandlung und Vermögensübergang nach Umwandlungsverordnung, Treuhandgesetz und Unternehmensgesetz

PETER LANG
Europäischer Verlag der Wissenschaften

Die Deutsche Bibliothek - CIP-Einheitsaufnahme

Piefke, Gunther :

Umwandlung und Vermögensübergang nach Umwandlungsverordnung, Treuhandgesetz und Unternehmensgesetz / Gunther Piefke. - Frankfurt am Main ; Berlin ; Bern ; Bruxelles ; New York ; Oxford ; Wien : Lang, 2002
(Europäische Hochschulschriften : Reihe 2, Rechtswissenschaft ; Bd. 3205)
Zugl.: Heidelberg, Univ., Diss., 2000
ISBN 3-631-37768-1

D 16
ISSN 0531-7312
ISBN 3-631-37768-1

www.peterlang.de

Vorwort

Die Arbeit wurde der juristischen Fakultät der Universität Heidelberg als Dissertation vorgelegt. Die nach Vorlage zum Thema ergangene Rechtsprechung wurde für die Druckfassung eingearbeitet.

Meinem verehrten Lehrer, Prof. Dr. Peter Hommelhoff, schulde ich besonderen Dank. Er war mir nicht nur in seiner wissenschaftlichen Arbeit Vorbild, sondern hat auch insbesondere durch seine persönliche Betreuung zum Gelingen der Arbeit beigetragen. Danken möchte ich auch Frau Jana Ufer, die das Manuskript mit viel Nachsicht für sich ergebende Veränderungen betreut hat.

Dresden im Sommer 2001

Gunther Piefke

Für Saskia und Vivica

Inhaltsverzeichnis

Abkürzungsverzeichnis

a. A.	anderer Auffassung
a. a. O.	am angegebenen Ort
Abs.	Absatz
AcP	Archiv für die civilistische Praxis (Zeitschrift)
ADHGB	Allgemeines Deutsches Handelsgesetzbuch
a. E.	am Ende
AG	Aktiengesellschaft Die Aktiengesellschaft (Zeitschrift) Amtsgericht
AHB	Außenhandelsbetrieb
AktG	Aktiengesetz
Art.	Artikel
BAG	Bundesarbeitsgericht
BAnz.	Bundesanzeiger
BArch.	Bundesarchiv
BayGVBl.	Bayrisches Gesetz und Verordnungsblatt
BB	Betriebsberater (Zeitschrift)
BGB	Bürgerliches Gesetzbuch
BGBl.	Bundesgesetzblatt
BGH	Bundesgerichtshof
BMF	Bundesministerium der Finanzen
BMJ	Bundesministerium der Justiz
BRD	Bundesrepublik Deutschland
BR. Drucks.	Bundesratsdrucksache
BStBl.	Bundessteuerblatt
BT-Drucks.	Bundestagsdrucksache
BVerfG	Bundesverfassungsgericht
BVerwG	Bundesverwaltungsgericht
Clearing VO	Clearingverordnung
DB	Der Betrieb (Zeitschrift)
DDR	Deutsche Demokratische Republik
DDR-PartG	DDR-Parteiengesetz
DMBilG	D-Markbilanzgesetz
DtZ	Deutsch-deutsche Rechtszeitschrift
DVO	Durchführungsverordnung
DZWir	Deutsche Zeitschrift für Wirtschaftsrecht (Zeitschrift)
EGBGB	Einführungsgesetz zum Bürgerlichen Gesetzbuch
Einl.	Einleitung
EVertr	Einigungsvertrag
EWiR	Entscheidungssammlung zum Wirtschaftsrecht (Zeitschrift)
f.	folgende

ff.	fortfolgende
FG	Freundesgabe
FinG	Finanzgericht
FinMin	Finanzministerium
Fn.	Fußnote
FS	Festschrift
GBl.	Gesetzblatt der DDR
GesO	Gesamtvollstreckungsordnung
GG	Grundgesetz
GHG	Großhandelsgesellschaft
GmbH	Gesellschaft mit beschränkter Haftung
GmbHR	GmbH-Rundschau (Zeitschrift)
GÜG	Güterübertragungsgesetz
HAG	Hauptauftraggeber komplexer Wohnungsbau
h. M.	herrschende Meinung
Hrsg.	Herausgeber
i. A.	im Aufbau
IDW	Institut der Wirtschaftsprüfer
i. e.	id est
insbes.	insbesondere
i. ü.	im übrigen
i. V. m.	in Verbindung mit
JuS	Juristische Schuldung (Zeitschrift)
Kap.	Kapitel
KG	Kammergericht
KgaA	Kommanditgesellschaft auf Aktien
KommVerf	Kommunalverfassung
KomVO	Kombinatsverordnung
KVG	Kommunalvermögensgesetz
LG	Landgericht
LPG	Landwirtschaftliche Produktionsgenossenschaft
MK-BGB	Münchener Kommentar zum Bürgerlichen Gesetzbuch
NJ	Neue Justiz (Zeitschrift)
NJW	Neue Juristische Wochenschrift (Zeitschrift)
OEB	Organisationseigener Betrieb
öffentl.	öffentlich
OLG	Oberlandesgericht
PGH	Produktionsgenossenschaft des Handwerks
RegE	Regierungsentwurf
RIW	Recht der Internationalen Wirtschaft (Zeitschrift)
Rn.	Randnummer
ROW	Recht in Ost und West (Zeitschrift)
S.	Seite
SpTrUG	Gesetz über die Spaltung der von der Treuhandanstalt verwalteten Unternehmen
StuR	Staat und Recht (Zeitschrift)

Sub.	unter
Syst. Darst.	Systematische Darstellung
THA	Treuhandanstalt
THG	Treuhandgesetz
u. a.	und andere
UmwG	Umwandlungsgesetz
UmwVO	Umwandlungsverordnung
UnternG	Unternehmensgesetz
URüV	Unternehmensrückgabeverordnung
VEB	Volkseigener Betrieb
VEG	Volkseigenes Gut
Verf.	Verfassung der DDR
VermG	Vermögensgesetz
VersR	Versicherungsrecht (Zeitschrift)
VG	Vertragsgesetz
vgl.	vergleiche
VIZ	Zeitschrift für Vermögens- und Immobilienrecht (Zeitschrift)
VVB	Vereinigung volkseigener Betriebe
WM	Wertpapiermitteilungen (Zeitschrift)
WPg	Die Wirtschaftsprüfung (Zeitschrift)
WR	Wirtschaftsrecht (Zeitschrift)
z. B.	zum Beispiel
ZGB	Zivilgesetzbuch
ZGR	Zeitschrift für Gesellschaftsrecht (Zeitschrift)
ZHR	Zeitschrift für Handelsrecht (Zeitschrift)
Ziff.	Ziffer
ZIP	Zeitschrift für Wirtschaftsrecht (Zeitschrift)
ZNotP	Zeitschrift für die Notarpraxis (Zeitschrift)
ZPO	Zivilprozessordnung
ZRG Germ. Abt.	Zeitschrift für Rechtsgeschichte

1. KAPITEL

DAS UNTERNEHMENSRECHT DER DDR AN DER SCHWELLE ZUR WIEDERVEREINIGUNG - EINFÜHRUNG

Das Unternehmensrecht[1] der DDR war im wesentlichen durch zwei Faktoren geprägt: zum einen durch das sozialistische Eigentum in Form des einheitlichen gesamtgesellschaftlichen Volkseigentums an den Produktionsmitteln[2] und zum anderen – hieraus folgend – durch den Grundsatz der zentralen Leitung und Planung sämtlicher gesellschaftlicher Bereiche[3] und damit auch der Wirtschaft, die damit als Volkswirtschaft sozialistische Planwirtschaft war.[4] Das Volkseigentum selbst wurde in der rechtswissenschaftlichen Literatur der DDR anfänglich als wesensverschieden zum Staatseigentum gesehen, sodann jedoch als gesamtgesellschaftliches Eigentum, das im Sozialismus als staatliches Eigentum in Erscheinung tritt,[5] definiert, wobei der Eigentumsbegriff, ähnlich wie im Falle von Art. 14 GG, über den sachenrechtlichen Eigentumsbegriff hinausging und auch schuldrechtliche Rechtspositionen mitumfaßte.[6]

---

[1] Siehe zum Begriff des Unternehmens im Wirtschaftsrecht der DDR sogleich nachfolgend 2. Kap Ziff 1

[2] Verf. Art 9 Abs 1 und Art. 12

[3] Siehe zu diesem von W I Lenin entwickelten und aus dem gesellschaftlichen Eigentum abgeleiteten Organisationsprinzip, dem sogenannten „Demokratischen Zentralismus", Heuer, Demokratischer Zentralismus und sozialistische Wirtschaftsführung in den Werken Lenins, in: Die Grundlagen der sozialistischen Wirtschaftsführung in den Werken Lenins und ihre aktuelle Bedeutung, S 79 ff. Grundlage wiederum hierfür waren die Thesen von Karl Marx über den notwendigen Zusammenhang von gesellschaftlichen Arbeitsprozessen und deren Leitung Ausführlich hierzu auch: Friedrich u a (Hrsg), Leitung der sozialistischen Wirtschaft, S. 22 ff

[4] Verf Art 9 Abs. 3. Siehe einführend hierzu bezogen auf das sozialistische „Wirtschaftsrecht" insgesamt, Heuer in: Heuer u a (Hrsg), Wirtschaftsrecht, S 35 ff

[5] So Schüsseler, Theoretische Probleme des Volkseigentumsrechts, StuR 1976, 32, 35 Rohde formuliert wie folgt: „. . . Der sozialistische Staat ist daher das alleinige Subjekt des Volkseigentumsrechts. ...". (Rohde in: Rohde u a , Bodenrecht, Berlin 1989, S 78) Zum Begriff des Volkseigentums siehe auch zusammenfassend: Horn, Das Zivil- und Wirtschaftsrecht im neuen Bundesgebiet, S 336 sowie Teige, VIZ 1994, 58, 59

[6] Siehe zum Eigentumsbegriff im Zivilrecht der DDR § 23 ZGB und hierzu auch Klinkert in: Göhring/Posch, Lehrbuch Zivilrecht, Band 1, S 149 f

Die Relation zwischen einheitlichem sozialistischen Volkseigentum und zentraler Leitung und Planung wurde so verstanden, daß die einheitliche Leitung notwendiger Ausdruck gesellschaftlichen Eigentums, notwendiger integrierender Bestandteil sozialistischer Produktionsverhältnisse sei. Ohne Planmäßigkeit, ohne planmäßige Leitung, sei sozialistisches Eigentum undenkbar.[7]

Privatwirtschaftliche Betätigung war damit innerhalb der Volkswirtschaft der DDR die Ausnahme. Sie verkam nach der letzten großen Verstaatlichungswelle im Jahre 1972 nur noch zu einer Randerscheinung und beschränkte sich im wesentlichen auf das Handwerk.[8]

Dominierte das Volkseigentum die Volkswirtschaft und somit das Wirtschaftsrecht[9] der DDR, so war es allerdings nicht die einzige Eigentumsform. In den Bereichen des Dienstleistungswesens, des Handels und des Handwerks waren Genossenschaften[10] sowie private Kleinunternehmen anzutreffen. Die Landwirtschaft wurde vorwiegend von landwirtschaftlichen Produktionsgenossenschaften (LPG) und volkseigenen Gütern (VEG) betrieben. Dementsprechend gab es weitere Eigentumsformen, nämlich das genossenschaftliche Eigentum als Teil des sozialistischen Eigentums[11] sowie das Eigentum gesellschaftlicher Organisationen der Bürger[12] als weitere Formen des sozialistischen Eigentums und schließlich das persönliche Eigentum.[13]

---

[7] Vgl. Heuer, a a O - Fn 4, S 38, mit weiteren Nachweisen; Schüsseler, a. a. O. - Fn 5 Ferner zur Bedingtheit der zentralen staatlichen Leitung und Planung aus dem einheitlichen Volkseigentum: Knüpfer, BB 1990, DDR-Rechtsentwicklungen, Folge 7, S 1 ff; Maskow, BB 1990, DDR-Rechtsentwicklungen, Folge 4, S. 1 ff. sowie Maskow/Hoffmann, BB 1990, Deutsche Einigung - Rechtsentwicklungen, Folge 17, S. 1 ff.

[8] Geschehen auf Grundlage des Beschlusses des Präsidiums des Ministerrats vom 09 02.1972 (unveröffentlicht), abgedruckt in: Fieberg/Reichenbach (Hrsg.), Enteignung und offene Vermögensfragen in der ehemaligen DDR, 2 Aufl, Band II, Ziff. 3 24; vgl zum Enteignungsverfahren selbst auch Graef, Handbuch der Rechtspraxis in der DDR, S 4

[9] In der DDR wurde unter „Wirtschaftsrecht" systembedingt lediglich das Recht der staatlichen Wirtschaft verstanden. Privatwirtschaftliche Tätigkeit unterfiel daher grundsätzlich nicht dem „Wirtschaftsrecht"; zum Begriff des „Wirtschaftsrechts" vgl Heuer, a a O - Fn 4, S 35 ff

[10] Handelsgenossenschaften, Konsumgenossenschaften, Produktionsgenossenschaften des Handwerks (PGH) Zu Transformationsproblemen dort vgl nur Hommelhoff/Schubel, ZIP 1998, 537

[11] Verf Art. 13 i V m mit Art 10

[12] Verf Art 10 Abs. 1.

[13] Verf Art 11.

Das sozialistische Eigentum an den Produktionsmitteln zum einen und die zentrale Leitung und Planung der Volkswirtschaft zum weiteren werfen bereits ein Schlaglicht auf die mit der späteren Umstrukturierung der Wirtschaft der DDR verbundenen Probleme. Agierte nach der sozialistischen bzw. kommunistischen Idee zum Wohle aller der Staat im Idealfalle als "einheitliches Ganzes" (der sogenannte "produktive Gesamtarbeiter")[14] und waren die Wirtschaftseinheiten lediglich arbeitsteilige Glieder dieses (produktiven) gesellschaftlichen Gesamtarbeiters,[15] so war mit dem Staatsvertrag der beiden deutschen Staaten über die Einführung einer Währungs-, Wirtschafts- und Sozialunion und damit der sozialen Marktwirtschaft der Primat der privatwirtschaftlichen Tätigkeit und damit letztendlich auch des Privateigentums gefordert.[16]

Die aufgrund der Ereignisse ab Herbst 1989 sich abzeichnende bzw. in greifbare Nähe rückende Wiedervereinigung der beiden deutschen Staaten brachte damit neben dem Erfordernis einer sozialen Angleichung die vielleicht weitaus schwieriger zu bewältigende Aufgabe einer entsprechenden Angleichung der sich nahezu diametral entgegengesetzt gegenüberstehenden Wirtschaftssysteme mit sich. Im weiteren Verlauf der Adaption des bundesrepublikanischen Systems der "sozialen Marktwirtschaft"[17] in dem Gebiet der später entstehenden "neuen Bundesländer" wurde es sodann aufgrund der weitestgehenden Übernahme des Rechts der Bundesrepublik Deutschland erforderlich, alle Wirtschaftseinheiten der DDR[18] in die der BRD bekannten Formen von juristischen Personen zu überführen,[19] nachdem noch im Februar 1990 auch darüber nachgedacht wurde, Kombinate wettbewerbsfähig auszubauen und ein neues „Gesetz über volkseigene Unternehmen" zu erlassen.[20] Mit der Umwandlungsverord-

---

[14] Siehe zu diesem Begriff Hochbaum in: Heuer u a (Hrsg), Wirtschaftsrecht, S 66 sowie zum Wesen der gesamtgesellschaftlichen kollektiven Aneignung: Richter u a (Hrsg), Politische Ökonomie des Kapitalismus und des Sozialismus, S 474

[15] Hochbaum, a. a. O. - Fn. 14, S 79.

[16] Vertrag über die Schaffung einer Währungs-, Wirtschafts- und Sozialunion zwischen der Bundesrepublik Deutschland und der Deutschen Demokratischen Republik vom 18.05 1990 (GBl I, S. 332 und BGBl II, S 537), Art. 1 Abs 3, im folgenden auch: Staatsvertrag

[17] Siehe hierzu die Präambel zum Staatsvertrag.

[18] Zu dem Begriff der Wirtschaftseinheit siehe nachfolgend 2 Kap Ziff. 1 2

[19] Sogenannte „Privatisierung der Rechtsform" Vgl Horn, Das Zivil- und Wirtschaftsrecht im neuen Bundesgebiet, S. 779; Immenga, NJW 93, 2471; Wissenbach, WR 1991, 191, 192; Hommelhoff/Spoerr, DZWiR 1995, 89 (Organisationsprivatisierung); Drobning, WR 1992, 491 ff

[20] Vgl Arbeitsgruppe Wirtschaftsreform beim Ministerrat der DDR (Hrsg), Zielstellungen, Grundrichtungen, Etappen und unmittelbare Maßnahmen der Wirtschaftsreform in weiterer Verwirklichung der Regierungserklärung vom 17 11 1989, S 21

nung[21] und dem Treuhandgesetz[22] entschied sich der Gesetzgeber für die Rechtsform der Aktiengesellschaft und der Gesellschaft mit beschränkter Haftung.[23]

Neben der zu bewältigenden Umwandlung in eine neue Rechtsform ergab sich jedoch auch vor dem Hintergrund der Vorbereitung jedes einzelnen Betriebes[24] auf die soziale Marktwirtschaft und dem damit verbundenen Ziel der Schaffung überlebensfähiger "agiler" Unternehmen - gerade auch zur Ermöglichung einer Privatisierung - das Erfordernis nicht nur der Umwandlung (im Sinne der Überführung in eine neue Rechtsform), sondern auch der Umstrukturierung vorhandener Wirtschaftseinheiten.[25] Weiteres Ziel neben der Änderung der Rechtsform der Wirtschaftseinheiten war es somit, die sozialistisch geprägte Volkswirtschaft der DDR in eine solche privatwirtschaftlicher Prägung umzustrukturieren und hierbei das "Gesamtunternehmen staatliche Volkswirtschaft"[26] in eine Vielzahl einzelner agiler und überlebensfähiger Unternehmen zu zergliedern.[27] Entsprechend der Prägung der Volkswirtschaft der DDR lagen damit die Hauptaufgaben der Umstrukturierung der Wirtschaft zum einen in der Schaffung entsprechender Einheiten und zum anderen in der Ausstattung dieser Einheiten mit den erforderlichen Produktionsmitteln/dem erforderlichen Vermögen.

---

[21] Verordnung zur Umwandlung von volkseigenen Kombinaten, Betrieben und Einrichtungen in Kapitalgesellschaften vom 01 03 1990 (GBl I S. 107), im folgenden auch: UmwVO.

[22] Gesetz zur Privatisierung und Reorganisation des volkseigenen Vermögens (Treuhandgesetz) vom 17 06 1990 (GBl I S 300), im folgenden auch: THG

[23] Dies gilt jedoch für die Umwandlungsverordnung nur grundsätzlich - siehe hierzu § 2 Abs 1 UmwVO.

[24] Zum Begriff des Betriebes ausführlich 2. Kap Ziff 1.2.

[25] Die Koalitionsvereinbarung vom 12 04 1990 sah die Entflechtung der Kombinate und Großbetriebe vor - vgl hierzu auch Ministerratsbeschluß 5/9/90 vom 09 Mai 1990 zur Abberufung der Generaldirektoren der Kombinate und Außenhandelsbetriebe - unveröffentlicht (BArch Berlin, DC 20 MR I/3, 2943 - 2950).

[26] Siehe hierzu insbesondere auch die Präambel zum Treuhandgesetz, in der es heißt:

> „Getragen von der Absicht, die unternehmerische Tätigkeit des Staates durch Privatisierung so rasch und so weit wie möglich zurückzuführen, . .".

[27] Das Treuhandgesetz gibt der Treuhandanstalt in § 2 Abs 6 THG die Aufgabe, darauf hinzuwirken, daß sich durch zweckmäßige Entflechtung von Unternehmensstrukturen marktfähige Unternehmen herausbilden und eine effiziente Wirtschaftsstruktur entsteht

Da die Wirtschaft der DDR letztendlich auch strukturiert war,[28] also in der Praxis der Staat nicht als eine Wirtschaftseinheit auftrat, sondern schon alleine aus praktischen Bedürfnissen eine Vielzahl von Wirtschaftseinheiten - wörtlich auch als "Struktureinheiten" bezeichnet - bereits bestanden, die allerdings aufgrund der zentralen Leitung und Planung untereinander - mehr oder minder - zu einer Gesamteinheit verbunden waren, waren denkbare Ansätze der Umstrukturierung der Wirtschaft die Beibehaltung der bisherigen Einheiten unter ihrer Herauslösung aus dem Gesamtgefüge einerseits oder andererseits die völlige Neuschaffung von Unternehmen unter völliger Außerachtlassung bisher vorhandener Strukturen.[29] Als Mittelweg bot sich an, sowohl auf vorhandene Strukturen zurückzugreifen, als auch neue Strukturen zu schaffen.[30]

Die insofern gebotene Umstrukturierung der Wirtschaft der DDR war jedoch nicht ein Prozeß, der erst im März des Jahres 1990 unter der Regierung Modrow mit der UmwVO und dem Unternehmensgesetz[31] einsetzte. Vielmehr befand sich die (Volks-)Wirtschaft der DDR seit Gründung der DDR in einem beständigen Prozeß der Umstrukturierung. Bereits zu Beginn der 70er Jahre richtete sich das Ziel der staatlichen Wirtschaftspolitik deutlich darauf, leistungsfähige und agile, flexible, reaktionsfähige Wirtschaftseinheiten zu schaffen.[32] Das Erfordernis der wirtschaftlichen Rech-

---

[28] Trotz des einheitlichen sozialistischen Eigentums ergab sich auch in der DDR aus der Entwicklungsstufe der Vergesellschaftung der Arbeit und der Produktion aufgrund der Gliederung des sozialistischen Eigentums die objektive Notwendigkeit, selbständige und damit rechtsfähige Rechtssubjekte der Wirtschaft zu schaffen und hiermit das einheitliche sozialistische Volkseigentum zu strukturieren Vgl. hierzu: Richter u. a (Hrsg), Politische Ökonomie des Kapitalismus und des Sozialismus, S 471 ff sowie Heuer in: Heuer u. a. (Hrsg.), Wirtschaftsrecht, S 55 ff. Zur Stellung der Wirtschaftseinheiten innerhalb des Systems der zentralen Leitung und Planung: Knüpfer, a a O - Fn. 7.

[29] Etwa mit dem Argument, daß die Gliederung der Volkswirtschaft in wirtschaftliche Einheiten nicht an den Erfordernissen einer effektiven Produktion und Vermarktung, sondern an einer a priori für effektiv gehaltenen zentralisierten Leitung orientiert war - siehe hierzu: Maskow, a a O - Fn. 7, S 3 und Knüpfer, a. a. O. - Fn 7, S. 3.

[30] Zu den unterschiedlichen beschrittenen Wegen der Unternehmensumwandlung und Privatisierung in Ostdeutschland zum einen und in Osteuropa zum anderen vgl insbesondere Roggemann, ROW 1992, 36 ff

[31] Gesetz über die Gründung und Tätigkeit privater Unternehmen und über Unternehmensbeteiligungen vom 07 03.1990 (GBl I S 141), geändert durch Gesetz vom 28.06 1990 (GBl I S. 483) und 31 08.1990 (BGBl. II S 1159), im folgenden auch: UnternG

[32] Ziel war es insbesondere, die Eigenverantwortung und das ökonomische Interesse der Kombinate und Betriebe durch die Vervollkommnung der wirtschaftlichen Rechnungsführung in enger Verbindung mit dem Plan weiter zu erhöhen, was letztendlich nichts anderes heißt, als daß nicht mehr auf das gesamtvolkswirtschaftliche Ergebnis abgestellt wurde, wie dies noch zu den Anfängen der VEB der Fall war, sondern vielmehr nun jede einzelne Wirtschaftseinheit ihr "betriebliches Ergebnis" zu verantworten hatte - siehe hierzu auch: Mittag, Theoretische Verallgemeinerung der Erfahrungen der Entwicklung der Kombinate für die Leistungssteigerung in der Volkswirtschaft, insbesondere bei der Nutzung der qualitativen Faktoren des Wachstums, in: Ökonomische Strategie der Partei - klares Konzept für weiteres Wachstum, S 10 ff sowie Dohlus (Berichterstatter), Aus dem Bericht

nungsführung wurde sodann zu Beginn der 80er Jahre weiter betont und ihre Systematik durch die Anordnung über Rechnungsführung und Statistik in den Betrieben und Kombinaten[33] weiter verfeinert.

Mit der neuen Kombinatsverordnung[34] verschwanden sodann auch weitestgehend die Vereinigungen Volkseigener Betriebe (VVB) als mittlere staatliche Leitungsebene. Als neue idealtypische Wirtschaftseinheit galt das Kombinat.[35] Mit Beschluß des Ministerrates vom 21.12.1989 betreffend Maßnahmen zur Stabilisierung volkswirtschaftlicher Prozesse und erste Schritte zur Ausgestaltung der Wirtschaftsreform[36] wurde schließlich eine neue Umstrukturierungswelle in Gang gesetzt, im Zuge derer kleinere Wirtschaftseinheiten entstanden bzw. entstehen sollten, welche sodann - sofern sie in ein Kombinat eingebunden waren - auch den Kombinatsverbund unter Anwendung von § 40 KomVO verlassen konnten. Von dieser Regelung wurde reger Gebrauch gemacht.

Die sich auf die Währungs-, Wirtschafts- und Sozialunion wie auch sodann die Wiedervereinigung beider deutscher Staaten ausrichtenden Vorgänge innerhalb der Volkswirtschaft der DDR lassen sich somit mit den drei Begriffen Umwandlung, Umstrukturierung und Privatisierung im wesentlichen umschreiben. Der DDR-Gesetzgeber stellte hierfür die UmwVO

---

des Politbüros an das Zentralkomitee der SED, S 7 ff Zur Entwicklung der sozialistischen Wirtschaftsführung in der DDR siehe weiter auch: Friedrich u a (Hrsg.), Leitung der sozialistischen Wirtschaft, S 234 bis 254 Für den Bereich der Land- und Forstwirtschaft vgl auch Anordnung Nr. 2 zur schrittweisen Verwirklichung des Prinzips der Eigenerwirtschaftung der Mittel in der volkseigenen Land- und Forstwirtschaft vom 10 02 1969 (GBl II S 144)

[33] Verordnung über die weitere Vervollkommnung der wirtschaftlichen Rechnungsführung auf der Grundlage des Planes vom 28 01 1982 (GBl I S 85) sowie die Anordnung über Rechnungsführung und Statistik in den Betrieben und Kombinaten vom 06.08 1985 (GBl I - Sonderdruck NR. 800/1). Die zunehmende Verselbständigung der Wirtschaftseinheiten kam auch in der Verfassung der DDR zum Tragen So wurden im Jahre 1968 Art 9 und Art. 41 geändert und hier nunmehr die Eigenverantwortung der Wirtschaftseinheiten betont (Verfassung der Deutschen Demokratischen Republik vom 06 04 1968, GBl I S 199) und durch weitere Neufassung des Art 9 Abs 3 Satz 3 mit dem Gesetz zur Ergänzung und Änderung der Verfassung der Deutschen Demokratischen Republik vom 07.10.1974 (GBl. I S 425) noch weiter herausgehoben.

[34] Verordnung über die volkseigenen Kombinate, Kombinatsbetriebe und volkseigenen Betriebe vom 08.11.1979 (GBl I S 355), im folgenden auch: KomVO.

[35] So beschreibt § 1 Abs. 1 Satz 1 KomVO das volkseigene Kombinat:

> „ als grundlegende Wirtschaftseinheit der materiellen Produktion [und] eine moderne Form der Leitung und Organisation in Industrie und Bauwesen sowie weiteren Bereichen der Volkswirtschaft auf der Grundlage des einheitlichen staatlichen Volkseigentums."

[36] Beschluß des Ministerrats 8/I 1/89 vom 21 12 1989 über Maßnahmen zur Stabilisierung volkswirtschaftlicher Prozesse und erste Schritte zur Ausgestaltung der Wirtschaftsreform - unveröffentlicht (BArch Berlin, DC 20 MR I/3, 2891)

und das THG[37] zur Umwandlung und Privatisierung volkseigener Wirtschaftseinheiten zur Verfügung, die jedoch dem Rechtsanwender das erforderliche rechtliche Handwerkszeug zur Umstrukturierung, also zur Herausbildung kleinerer Unternehmen aus großen Wirtschaftseinheiten, nicht mitlieferten. Erst der Bundesgesetzgeber besserte hier mit dem Gesetz über die Spaltung der von der Treuhandanstalt verwalteten Unternehmen[38] nach, das jedoch von der Treuhandanstalt aufgrund seiner weitgehenden Haftungsregelung nicht angenommen wurde.[39] Ohnehin kam dieses Gesetz zu spät, wurden doch im Zuge der Anwendung der UmwVO und des THG bis in den Herbst des Jahres 1990 hinein Wirtschaftseinheiten umstrukturiert - „gespalten" - und ihr Vermögen auf mehrere neue Kapitalgesellschaften aufgeteilt. Der Vorstand der Treuhandanstalt erachtete diese Spaltungsmaßnahmen auf Basis der UmwVO und des THG für rechtlich zulässig.[40] In dieser Auffassung mag ihn der DDR-Gesetzgeber mit seiner amtlichen Begründung zu § 1 Abs. 5 DMBilG unterstützt haben, in welcher bereits auf durchzuführende Spaltungen hingewiesen wurde, wenn nicht sogar diese selbst Anlaß für die Praxis der Treuhandanstalt war, Wirtschaftseinheiten sodann auch auf Basis des THG zu spalten. Tatsächlich ließen weder die UmwVO noch das THG solche Spaltungen zu.[41]

Die im Zuge der Umwandlung volkseigener Wirtschaftseinheiten auftretenden Rechtsprobleme sind somit aufgrund der neuen Welle von Umwandlungs- und Umstrukturierungsmaßnahmen in der Volkswirtschaft der DDR bereits zu Beginn des Jahres 1990, aber auch aufgrund der Umwandlungen und Umstrukturierungen in den Jahrzehnten zuvor nicht lediglich solche, die sich alleine auf die UmwVO, das UnternG wie auch das THG in ihren Regelungsbereichen beschränken lassen. Vielmehr sind zur Lösung umwandlungsverbundener Rechtsfragen eine Vielzahl von Vorfragen zu beantworten, was ohne grundlegendes Verständnis des diesen Umwandlungsgesetzen vorgelagerten „Rechts der Wirtschaftseinheiten" kaum möglich erscheint.

---

[37] Das nachfolgend im 11 Kap. auch behandelte UnternG ist dagegen in seinen §§ 17 – 19 als Reprivatisierungsgesetz ausgestaltet Einen Gesamtüberblick über das gesamte „Umstrukturierungsrecht" gibt Lindner, Der Übergang des Rechts der Wirtschaft von der Plan- zur Marktwirtschaft in Ostdeutschland

[38] Gesetz über die Spaltung der von der Treuhandanstalt verwalteten Unternehmen vom 05. April 1991 (BGBl. I S. 854), im folgenden auch: SpTrUG

[39] Vgl. hierzu auch Winter, DZWiR 1991, 172, 174

[40] Rundschreiben des Präsidenten der Treuhandanstalt vom 23.08.1990 an die Leiter der Niederlassungen; auch erwähnt bei: Ganske, DB 1991, 791, 797, dort Fn 100.

[41] Zu den Spaltungen und ihren Hintergründen siehe ausführlich 6. Kap. und 10. Kap.

Nachfolgend soll daher, bevor näher auf UmwVO, THG und sodann auch kurz auf §§ 17 - 19 UnternG eingegangen wird, das Recht der Wirtschaftseinheiten der DDR wie auch die Grunddogmatik einzelner Umwandlungsvorgänge, insbesondere des Formwechsels, näher beleuchtet werden.

2. KAPITEL

UNTERNEHMEN, UNTERNEHMENSTRÄGER-SCHAFT UND UNTERNEHMENSBERECHTIGUNG IM WIRTSCHAFTSRECHT DER DDR

1 Einführung

Im bundesrepublikanischen Wirtschaftsrecht haben sich die Begriffe „Unternehmen“[1] zur Bezeichnung einer Summe aller Sachen und Rechte einschließlich der Organisation, die zur Erreichung eines bestimmten wirtschaftlichen Zweckes nötig ist,[2] und „Unternehmensträger“ als dem Zuordnungssubjekt aller Rechte und Pflichten des Unternehmens[3] herausgebildet, wenn auch der Begriff des Unternehmens und damit letztendlich der des Unternehmensträgers bis heute noch nicht in eine klare begriffliche Kategorie gefaßt werden kann. Dem Recht der DDR waren diese Begriffe bis zu Beginn des Jahres 1990 systembedingt fremd.[4]

Die Überführung der Staatswirtschaft und damit auch des Wirtschaftsrechts der DDR in die privatwirtschaftlich orientierte Wirtschaftsordnung der BRD und die damit einhergehende Aufgabe einer kommunistisch/sozialistisch orientierten Wirtschaftsverfassung zugunsten einer kapitalistisch/marktwirtschaftlich orientierten, welche zueinander kaum gegensätzlicher ausfallen konnten, stellten allerdings einen bis dato historisch einmaligen Vorgang dar, der damit im wirtschaftswissenschaftlichen wie auch rechtswissenschaftlichen Schrifttum Kompromisse in der begrifflichen Darstellung forderte. Dies gilt insbesondere für den Unternehmensbegriff und mit diesem verbundene Begriffskombinationen. So wurde grundsätzlich auch zur Darstellung der Umwandlungsvorgänge unter vorheriger Beleuchtung der Struktur der Wirtschaft der DDR auf die Begriffe

---

[1] Zum handelsrechtlichen Unternehmensbegriff vgl K Schmidt, Handelsrecht, § 4

[2] Diese Definition ist entnommen aus: Deutsches Rechtslexikon, Stichwort: Unternehmen

[3] Hierzu K Schmidt, Handelsrecht, § 5 Zum Verhältnis Unternehmen/Unternehmensträger vgl. auch Henssler, ZHR 161 (1997), 13, 33 ff.

[4] Siehe nachfolgend Ziff 2

Unternehmen und Unternehmensträgerschaft zurückgegriffen.[5]

Vor diesem Hintergrund soll nachfolgend versucht werden, den Begriff des Unternehmens und des Unternehmensträgers im Wirtschaftsrecht der DDR einzuordnen und gegebenenfalls dort verwandte Ersatzbegriffe in ihrer Bedeutung zu erklären. Gleichzeitig soll sodann allerdings auch zu dem bisher bekannten Begriffspaar[6] Unternehmen - Unternehmensträger ein weiterer Begriff, nämlich der des **Unternehmensberechtigten,** gestellt werden. Beschäftigt man sich nämlich mit umwandlungsrechtlichen Fragestellungen fällt früher oder später der Blick nicht nur auf das Unternehmen und den Unternehmensträger, sondern auch auf den am Unternehmensträger Berechtigten (meist - aber nicht immer - handelt es sich um den Anteilsinhaber an einer Kapitalgesellschaft), sofern der Unternehmensträger nicht eine natürliche Person ist. Hierfür bietet sich der Begriff des „Unternehmensberechtigten“ als sprachliche Kurzform an. Auch hinsichtlich des Unternehmensberechtigten soll daher nachfolgend eine Zuordnung erfolgen, allerdings völlig unabhängig davon, ob zur dogmatischen Darstellung von Umwandlungsvorgängen und damit der Lösung umwandlungsrechtlicher Fragestellungen überhaupt der Unternehmensbegriff von Bedeutung und damit zwingendes Element in der Bezeichnung umwandlungsrechtlicher Vorgänge ist.[7]

2 Der Unternehmensbegriff im Wirtschaftsrecht der DDR

Die Bezeichnung "Unternehmen" wurde in dem rein sozialistisch geprägten Wirtschaftsrecht der DDR bis in das Jahr 1990 hinein nicht verwandt.[8]

---

[5] So insbesondere Wissenbach, WR 91, 191 ff.; Knüpfer, WR 92, 181; Weimar, BB 1990, Deutsche Einigung - Rechtsentwicklungen, Folge 22, S. 12 ff.; Maskow, BB 1990, DDR-Rechtsentwicklungen, Folge 4, S 1 ff; Maskow/Hoffmann, BB 1990, Deutsche Einigung - Rechtsentwicklungen, Folge 17, S. 1 ff; Lachmann, DtZ 1990, 238; Maskow in: Hommelhoff/Hagen/Röhricht (Hrsg), Gesellschafts- und Umwandlungsrecht in der Bewährung, S 3.

[6] Kritisch zur „Begriffsdichotomie“ Unternehmen und Unternehmensträger - allerdings aus handelsrechtlicher Sicht - Henssler, ZHR 161 (1997), 13, 35

[7] Siehe hierzu 3. Kap. Ziff 1.

[8] So ist dieser Begriff zum Beispiel im Lexikon der Wirtschaft, Wirtschaftsrecht, Berlin 1978, Staatsverlag der Deutschen Demokratischen Republik, nicht zu finden Gleiches gilt für das Lexikon der Wirtschaft, Arbeit, Bildung, Soziales und das Rechtslexikon. Vgl. auch Hesse/Schüsseler, WR 1990, 37, 38

Dies erklärt sich daraus, daß der Begriff des Unternehmens grundsätzlich auch die entsprechende "unternehmerische Betätigungsmöglichkeit" und daher eine entsprechende Gestaltungsfreiheit voraussetzt.[9] So steht der Grundsatz der sozialistischen Planwirtschaft, also der zentralen staatlichen Leitung und Planung, diesem Begriff auch diametral entgegen. Betrachtet man weiter die Verfassung der DDR, entsteht schon alleine unter Berücksichtigung der Tatsache des einheitlichen sozialistischen Eigentums an den Produktionsmitteln und des Verbots privatwirtschaftlicher Vereinigungen zur Begründung wirtschaftlicher Macht[10] bezogen auf den Unternehmensbegriff der Eindruck des "Gesamtunternehmens staatliche Volkswirtschaft" und letztlich des Staates als Unternehmer.[11] Alleine bezogen hierauf paßt somit die Verwendung des Unternehmensbegriffes in seiner engen, wohl eigentlichen Bedeutung; nicht jedoch auf in der einzelnen Wirtschaftseinheit organisiertes Vermögen. Stellt man allerdings lediglich auf eine sachliche und organisatorische Verselbständigung ab, so kann auch bei den einzelnen Wirtschaftseinheiten ohne weiteres von Unternehmen gesprochen werden, zumal die Wirtschaftseinheiten auch einen im Laufe der Zeit sich ausweitenden Bereich eigener Planung und Verantwortung hatten.[12] Hierbei ist jedoch zu sehen, daß sich die „Unternehmensstruktur" auf Basis der staatlichen Planwirtschaft durch staatliche Zuordnung, resultierend aus einem staatlichen Direktionsrecht, ergab.

Auch die in den 80er Jahren noch zulässige privatwirtschaftliche Tätigkeit einzelner - im wesentlichen die von privaten Handwerksbetrieben - ist bei ebenfalls enger Fassung des Begriffs nicht als unternehmerische Tätigkeit einzuordnen, weil auch sie staatlichen Planauflagen und damit erheblichen Reglementierungen unterlag bzw. zumindest unterliegen konnte.[13]

---

[9] Die hier verwendeten Begriffe "unternehmerische Betätigungsmöglichkeit" und "unternehmerische Gestaltungsfreiheit" lassen sich zusammenfassend mit dem Begriff der unternehmerischen Freiheit (dies innerhalb der vorhandenen Gesetze) umschreiben und sind letztendlich auch Ausdruck der "Selbständigkeit", die überwiegend in der Literatur als zentrales Merkmal des Unternehmensbegriffes gesehen wird (siehe hierzu K Schmidt, Handelsrecht, S. 65 ff) Zur Einräumung einzelner unternehmerischer Freiheiten in der DDR seit Anfang des Jahres 1990 siehe die Zusammenfassung bei: Horn, Das Zivil- und Wirtschaftsrecht im neuen Bundesgebiet, S 714 ff

[10] Verf Art. 9 Abs 1 und Art 12 einerseits sowie Art 14 andererseits Zum Wesen des Volkseigentums siehe die Erläuterungen im 1 Kap

[11] Siehe hierzu insbesondere auch die Präambel zum Treuhandgesetz

[12] Vgl. 1 Kap und hier insbesondere den dortigen Hinweis auf die verfassungsrechtliche Entwicklung (1. Kap Fn. 33)

[13] Siehe hierzu: Verordnung über die Förderung des Handwerks bei Dienst- und Reparaturleistungen und die Regelung der privaten Gewerbetätigkeit (HandwerksförderungsVO) vom 12 06 1972 (GBl II S 541) i d F der Änderungsverordnung vom 21.08 1975 (GBl I S. 642)

Erst mit dem Gesetz über die Gründung und Tätigkeit privater Unternehmen und über Unternehmensbeteiligungen vom 07.03.1990, welches sich ausdrücklich die Förderung der privaten Initiative zur Entfaltung des Unternehmertums zum Ziel setzte,[14] fand auch der Begriff "Unternehmen" wieder Eingang in das Recht der DDR.

3 Die Rechtssubjekte des Wirtschaftsrechts der DDR als Unternehmensträger

3.1 Die Arten der Rechtssubjekte und ihre begriffliche Umschreibung - Wirtschaftsorganisationen, Wirtschaftseinheiten, Betriebe, Betriebsteile und Haushaltsorganisationen

Die Volkswirtschaft der DDR bediente sich notwendigerweise[15] verschiedener Wirtschaftsrechtssubjekte[16], denen auch einzelne Produktionsmittel und damit einzelne Vermögensgegenstände des Volkseigentums zugeordnet waren.

Sprach das sozialistische Recht zwar nicht von Unternehmen, so sprach es doch von Betrieben[17], Wirtschaftsorganisationen[18] und später sodann ab der Kombinatsverordnung des Jahres 1979 in der weiteren wirtschaftsrechtlichen Gesetzgebung von Wirtschaftseinheiten[19]. Während der Be-

---

[14] Gesetz über die Gründung und Tätigkeit privater Unternehmen und über Unternehmensbeteiligungen vom 07.03.1990 (GBl I S 141) - Präambel

[15] Siehe 1 Kap. Fn 27.

[16] Unter Wirtschaftsrechtssubjekten verstand das Recht der DDR "alle diejenigen Subjekte, die als Akteure im System der gesamtgesellschaftlichen planmäßigen Leitung warenproduzierender Einheiten zusammenwirken und die im Rahmen dieses auf die Gestaltung des wirtschaftlichen Reproduktionsprozesses gerichteten Zusammenwirkens von den staatlich festgelegten Rechtsnormen als Träger von Rechten und Pflichten erfaßt werden, ", so Heuer in: Heuer u a (Hrsg), Wirtschaftsrecht, S 57 Es wurden gemeinhin zwei Hauptgruppen unterschieden, nämlich die wirtschaftsleitenden Staatsorgane und die Wirtschaftseinheiten

[17] Verf Art 42 und auch Art 41 sowie Art 12 Abs 2, Art. 9 Abs. 3

[18] Zum Begriff der Wirtschaftsorganisation siehe Lexikon der Wirtschaft, Wirtschaftsrecht, Berlin 1978, Staatsverlag der DDR

[19] Der Begriff "Wirtschaftseinheit" war der neue Begriff des Rechts der staatlichen Wirtschaft der DDR für die 80er Jahre (zur Entwicklung siehe nachfolgend)

griff des Betriebs weder Rechtsfähigkeit noch Staatlichkeit voraussetzte,[20] verhielt sich dies im Falle der Begriffe Wirtschaftsorganisation und Wirtschaftseinheit anders. Wirtschaftsorganisationen und Wirtschaftseinheiten waren zum einen grundsätzlich staatlich und zum anderen grundsätzlich rechtsfähig.[21] Beide Begriffe bezeichnen im Prinzip das gleiche, wobei der Begriff der Wirtschaftseinheit[22] dem der Wirtschaftsorganisation zeitlich nachfolgte und mit letzterem die funktionale Abgeschlossenheit unter Verwendung des Wortes „Einheit" betont wurde.[23] Mit der Kombinatsverordnung entschloß sich der Gesetzgeber (wieder) sodann auch zu betonen, daß es sich bei volkseigenen Betrieben und Kombinaten um juristische Personen handelt.[24]

§ 2 Abs. 1 VG zählt enumerativ die Wirtschaftseinheiten auf. Neben den Wirtschaftseinheiten im eigentlichen Sinne kannte das DDR-Recht jedoch auch solche Organisationen, die nicht primär den Zweck hatten, am Wirtschaftsverkehr teilzunehmen, dies vielmehr nur gelegentlich taten. Dem

---

[20] Dies ergibt sich für das Wirtschaftsrecht der 80er Jahre der DDR bereits aus § 3 Satz 2 Gesetz über das Vertragssystem in der sozialistischen Wirtschaft (Vertragsgesetz) vom 25 03 1982 (GBl I S. 293), im folgenden auch: VG Der Begriff „Betrieb" wurde hier auch zur Umschreibung privater Produktions- oder Handwerksbetriebe verwandt, die nicht als juristische Person organisiert waren Siehe zum Begriff des Betriebes im ZGB auch: Heuer/Sachs, WR 1976, 197, 198

[21] Das Erfordernis der Rechtsfähigkeit für Wirtschaftseinheiten folgt bereits aus § 2 VG Gleiches gilt vom Prinzip her auch für ihre Staatlichkeit, denn das Vertragsgesetz regelte lediglich das Vertragssystem in der sozialistischen Wirtschaft und damit die staatliche Wirtschaftstätigkeit. Die Verordnung über die Führung des Registers der volkseigenen Wirtschaft vom 10 04 1980 (GBl I S 115) wird hier noch deutlicher, wenn sie von den "Wirtschaftseinheiten der volkseigenen Wirtschaft" spricht Andererseits ist der Begriff der Wirtschaftseinheit im Vertragsgesetz allerdings insofern weiter, als auch ein privater Betrieb zur Wirtschaftseinheit im Sinne des Vertragsgesetzes mutieren konnte, sobald dieser staatliche Aufgaben und staatliche Planauflagen erhielt - § 2 Abs 1 Nr 6 VG Zur Einbeziehung privater Betriebe in das Vertragssystem nach dem alten Vertragsgesetz vom 25.02 1965 (GBl I S 107), siehe dessen § 1 Abs 3 und die Zweite Durchführungsverordnung vom 25 02 1965 zum Vertragsgesetz - Einbeziehung privater Betriebe in das Vertragssystem (GBl. II S 250)

[22] Eine Definition des Begriffs Wirtschaftseinheit findet sich bei Hochbaum in: Heuer u. a (Hrsg), Wirtschaftsrecht, S. 75, wie folgt:

> "[Wirtschaftseinheiten sind] solche Organisationsformen der sozialistischen Volkswirtschaft, die geschaffen wurden, um als warenproduzierende Glieder der gesellschaftlichen Arbeitsteilung und Kollektive sozialistischer Werktätiger wirtschaftliche Leistungen zu erbringen und die zu diesem Zwecke auch über entsprechende Leitungsbefugnisse verfügen "

[23] Hierauf weiter aufbauend und den eigenständigen Charakter der Wirtschaftseinheiten - im Sinne von Wahrnehmung von Eigenverantwortung - weiter betonend: Mittag, Theoretische Verallgemeinerung der Erfahrungen der Entwicklung der Kombinate für die Leistungssteigerung in der Volkswirtschaft, insbesondere bei der Nutzung der qualitativen Faktoren des Wachstums, in: Ökonomische Strategie der Partei - klares Konzept für weiteres Wachstum, S. 10, 15 ff., sowie Dohlus (Berichterstatter), Aus dem Bericht des Politbüros an das Zentralkomitee der SED, S. 7, 39

[24] Siehe hierzu nachfolgend Ziff 3 4

trug § 2 Abs. 2 VG insofern Rechnung, als er die Bestimmungen des Gesetzes auch für staatliche Organe und rechtsfähige staatliche Einrichtungen, für Parteien und gesellschaftliche Organisationen sowie deren rechtsfähige Einrichtungen für anwendbar erklärte, soweit sie Wirtschaftsverträge abschlossen. Teilweise handelte es sich hierbei um sogenannte Haushaltsorganisationen, die ebenfalls eine eigene Rechtspersönlichkeit hatten. Solche Haushaltsorganisationen waren zum Beispiel die Hauptauftraggeber Komplexer Wohnungsbau[25], die Konzert- und Gastspieldirektionen[26] sowie die Bezirksfilmdirektionen[27], die ebenfalls alle als juristische Person organisiert waren.[28] Von den Wirtschaftseinheiten unterschieden sich die Haushaltsorganisationen dadurch, daß sie nicht nach dem Prinzip der wirtschaftlichen Rechnungsführung arbeiteten, also ihre Ausgaben zu erwirtschaften hatten, sondern nach dem „Bruttoprinzip" alle Ausgaben zweckgebunden - unabhängig von ihren Einnahmen - finanziert erhielten.[29] Vielfach handelt es sich um ehemalige volkseigene Betriebe, bei denen feststand, daß sie die ab Beginn der 70er Jahre gebotene Eigenerwirtschaftung der Mittel (Prinzip der wirtschaftlichen Rechnungsführung) nicht erreichen können würden.

Über diesen engeren Begriff der Wirtschaftseinheit gemäß § 2 Abs. 1 VG geht die Verordnung über die Führung des Registers der volkseigenen Wirtschaft hinaus. Eintragungsfähig waren hier zum Beispiel auch die vorerwähnten Haushaltsorganisationen, soweit eine Verpflichtung zur Eintragung bestand.[30] Die Eintragung der Wirtschaftseinheiten im Register der volkseigenen Wirtschaft war aber in der Regel nicht Voraussetzung für

---

[25] Anordnung über die Aufgaben und die Arbeitsweise der Hauptauftraggeber Komplexer Wohnungsbau vom 19 09 1983 (GBl I S 269) - die Hauptauftraggeber konnten allerdings auch als volkseigene Betriebe organisiert sein (§ 14 der Anordnung).

[26] Anordnung über die Bildung sowie über die Planung, Finanzierung und Abrechnung der Konzert- und Gastspieldirektionen vom 27 11 1973 (GBl I S. 5)

[27] Anordnung über die Bildung sowie über die Planung, Finanzierung und Abrechnung der PROGRESS Film-Verleih und der Bezirksfilmdirektionen vom 24 08 1973 (GBl I S. 443).

[28] § 9 der Anordnung über die Aufgaben und die Arbeitsweise der Hauptauftraggeber Komplexer Wohnungsbau, § 1 Abs. 1 der Anordnung über die Bildung sowie über die Planung, Finanzierung und Abrechnung der Konzert- und Gastspieldirektionen sowie § 2 der Anordnung über die Bildung sowie über die Planung, Finanzierung und Abrechnung der PROGRESS Film-Verleih und der Bezirksfilmdirektionen

[29] Vgl Hochbaum in: Heuer u a. (Hrsg), Wirtschaftsrecht, S 71

[30] Dies ergibt sich aus § 1 Abs 2 Ziff 4 der Verordnung; grundsätzlich waren Haushaltsorganisationen jedoch nicht im Register der volkseigenen Wirtschaft eingetragen Volkseigene Betriebe, die in Haushaltsorganisationen umgewandelt wurden, wurden sodann auch in der Regel im Register der volkseigenen Wirtschaft gelöscht.

deren Entstehen; sie war daher rein deklaratorisch.[31] Eintragungsfähig waren auch nur solche Wirtschaftseinheiten, die juristische Personen waren.

Wie sich aus dem vorgezeigten Zusammenspiel der Normen ergibt, ist die Wirtschaftseinheit damit eine besondere Form des Betriebs. Der Begriff "Betrieb" ist daher Oberbegriff.

Von Bedeutung ist weiter der Begriff des Betriebsteils. Es handelt sich hierbei um eine Struktureinheit der Wirtschaftseinheit, der innerhalb des Produktionsprozesses bestimmte Aufgaben zukamen. Der Betriebsteil konnte räumlich getrennt sein und war dies auch meistens, mußte dies aber nicht sein. Es konnte sich insofern um ein Werk, einen Zweigbetrieb oder auch nur um einen Produktionsbereich handeln. Da der Betriebsplan auf den Betrieb aufzuschlüsseln war und die Aufgaben für den Betriebsteil kontrollfähig und abrechenbar zu übergeben waren, verfügte der Betriebsteil auch über eine eigene, in sich abgeschlossene Rechnungsführung. Diese war nicht nur im Hinblick auf die Kontrollfähigkeit der betriebsintern dem Betriebsteil zugewiesenen Plankennziffern erforderlich, sondern auch zur Darstellung nach außen, sofern der Betriebsteil vom Betrieb selbst räumlich getrennt war. Denn hier war der Kombinatsbetrieb[32] oder der selbständige VEB[33] verpflichtet, entsprechend den Rechtsvorschriften bestimmte Ergebnisse der Wirtschaftstätigkeit des räumlich getrennt liegenden Betriebsteils auf Anforderung der örtlichen Staatsorgane "als zahlenmäßige Information" bereitzustellen.

Das Rechtswesen des Betriebsteils selbst war im wirtschaftsrechtlichen Schrifttum der DDR umstritten. Teile des Schrifttums vertraten die Auffassung, daß auch der Betriebsteil (Wirtschafts-) Rechtsfähigkeit besäße.[34]

Anlaß zu diesen Überlegungen gab die Tatsache, daß die KomVO für Kombinatsbetriebe und selbständige VEB bestimmte, daß zur Lösung der dem Betriebsteil übertragenen Aufgaben diesem Rechte und Pflichten durch Rechtsvorschriften, Statute oder Ordnungen übertragen werden können.[35] Durch diese Regelungen wurde allerdings lediglich die Position

---

[31] So erlangten zum Beispiel Kombinat, Kombinatsbetrieb oder volkseigener Betrieb die Rechtsfähigkeit mit dem in der Anweisung gemäß § 37 Abs 1 KomVO genannten Zeitpunkt (§ 37 Abs 4 KomVO) Gemäß § 1 Abs. 1 der Verordnung über die Führung des Registers der volkseigenen Wirtschaft bestand jedoch eine Verpflichtung, sich in das Register eintragen zu lassen

[32] § 19 Abs. 2 KomVO

[33] § 34 Abs 6 i V m § 19 Abs 2 KomVO

[34] Vgl Hochbaum in: Heuer u a (Hrsg.), Wirtschaftsrecht, S. 80; Pflicke u. a , Wirtschafts- und Außenwirtschaftsrecht, S 103

[35] § 6 Abs 4 Satz 2 KomVO, § 32 Abs 5 Satz 2 i V m § 6 Abs. 4 Satz 2 KomVO

des Betriebsteils innerhalb des Betriebs bzw. des Kombinatsverbunds bestimmt. Rechte gegenüber Außenstehenden und hiermit korrespondierend Pflichten ergaben sich hierdurch nicht. Insofern kann von einer Innenrechtsfähigkeit bzw. organisationsintern wirkenden Rechtssubjektivität der Betriebsteile gesprochen werden. Hiermit wird deutlich, daß der Betriebsteil als Struktureinheit innerhalb einer Struktureinheit der einheitlichen Volkswirtschaft weitestgehend verselbständigt war. Diese Verselbständigung wurde in den Fällen besonders handgreiflich, in welchen die Betriebsteile räumlich getrennt gelegen waren und sie einen eigenen Produkt- bzw. Produktionsbereich hatten.[36] Trotz dieser weitestgehenden Verselbständigung war der Betriebsteil jedoch nicht Wirtschaftseinheit, nicht juristische Person und besaß er auch keinerlei Außenrechtsfähigkeit.

3.2 Die Wirtschaftseinheit und ihre vermögensrechtliche Stellung

Mit der rechtlichen Aufspaltung der staatlichen unternehmerischen Tätigkeit auf einzelne Rechtssubjekte - Struktureinheiten - war auch die für die wirtschaftliche Tätigkeit dieser Subjekte erforderliche Ausstattung mit volkseigenen Produktionsmitteln verbunden, über die diese im Rahmen und zum Zwecke ihrer wirtschaftlichen Tätigkeit zu verfügen hatten. Damit einher ging die entsprechende Strukturierung des Volkseigentums.[37] Das einheitliche sozialistische gesamtgesellschaftliche Volkseigentum war somit hinsichtlich seiner Nutzung den jeweiligen Wirtschaftseinheiten zuzuordnen.

Unter Zugrundelegung der theoretischen Ansätze des Sozialismus und des Kommunismus entwickelte hier das sozialistische Wirtschaftsrecht zuerst den Begriff der operativen Verwaltung der einzelnen Wirtschaftseinheiten über das Volkseigentum, um die Befugnisse der Wirtschaftseinheiten bezogen auf das von ihnen genutzte Volkseigentum zu beschreiben.[38]

Der Begriff der operativen Verwaltung wurde sodann im wirtschaftsrechtli-

---

[36] Zum Beispiel im Rahmen eines mit Maschinen- und Apparatebau befaßten VEB der Bereich Luft- und Kältetechnik.

[37] Vgl. Verf Art 9 und Art. 41, § 3 Abs 2 und § 31 Abs. 4 KomVO

[38] Der Begriff der operativen Verwaltung wurde dem sowjetischen Recht entlehnt (siehe hierzu A W Wenediktow, Das staatliche sozialistische Eigentum (Moskau/Leningrad 1948). Der Begriff selbst fand sich auch in der Gesetzgebung der DDR, so zum Beispiel in § 55 Abs. 1 VG 1965

chen Sprachgebrauch zunehmend durch den der Fondsinhaberschaft[39] ersetzt. Mit der Kombinatsverordnung aus dem Jahre 1979 und Neufassung des Vertragsgesetzes im Jahre 1982 hielt dieser Begriff sodann auch Einzug in die wirtschaftsrechtliche Gesetzgebung der DDR.[40] Der Begriff der Fondsinhaberschaft läßt sich somit nicht mit dem der operativen Verwaltung erklären, da er diesen ersetzte und auch über ihn hinausging.[41] Es handelte sich um eine "qualitativ neue Rechtsform" mit einer Anreicherung der Befugnisstruktur und der Befugnisinhalte im Vergleich zur Konzeption einer "operativen Verwaltung".[42] Auch ist es falsch, die Begriffe Fondsinhaberschaft einerseits und Fonds andererseits zu vermengen. Im Falle des Begriffes der Fondsinhaberschaft handelte es sich um einen ausfüllungsbedürftigen[43] Rechtsbegriff zur Umschreibung der Befugnisse der Wirtschaftseinheiten hinsichtlich des ihnen zur Nutzung und Verfügung übertragenen Volkseigentums.

Hier hingegen war der Begriff des Fonds in seiner weiten Fassung ein solcher der Wirtschaftswissenschaft (sogenannter planungsrechtlicher Fondsbegriff). So stellten die Fonds des Betriebes gleichzeitig sein Vermögen dar, nämlich aufgeteilt in eigene Fonds und fremde Fonds, wobei hierin wiederum Unterscheidungen vorzunehmen waren. Die eigenen Fonds waren aufgeteilt in solche, welche grundsätzlich nicht im Wirtschaftskreislauf einzusetzen waren (Grundfonds) und solche, welche im Wirtschaftskreislauf einzusetzen waren, wie z. B. Produktionsumlauffonds, Zirkulationsfonds, Stimulierungsfonds.[44] Einzelne Sachen oder Rechte, die diesen Fonds zuzuordnen waren, waren damit Fondsbestandteile. Nur

---

[39] Der Begriff der Fondsinhaberschaft, welcher in seiner Bedeutung deutlich über den der operativen Verwaltung hinausgeht, wurde maßgeblich von Schüsseler entwickelt Grundlegend hierzu Schüsseler, StuR 1976, 32 ff Weiterführend unter Bezugnahme auf die Neuregelungen in der Kombinatsverordnung und im Vertragsgesetz: Schüsseler, StuR 1983, 22 ff

[40] Vgl zum Beispiel §§ 3 Abs 2 und 18 Abs. 1 KomVO (im Ansatz) sowie §§ 57 Abs 1, 64 Abs 1, 67 Abs. 1 und 76 Abs. 2 VG 1982. § 4 Abs 3 der Verordnung über die volkseigenen Außenhandelsbetriebe - AHB-Verordnung vom 29 Juni 1989 (GBl I S 183) enthielt sodann sogar eine Art Legaldefinition der Fondsinhaberschaft

[41] Vgl hierzu auch Ohle, Vermögensübergang auf Kapitalgesellschaften mit Treuhandbeteiligung, S 106 ff Unzutreffend in ihrer begrifflichen Umschreibung der Fondsinhaberschaft daher zum Beispiel Horn, Das Zivil- und Wirtschaftsrecht im neuen Bundesgebiet, S. 836; Lindner, Der Ubergang des Rechts der Wirtschaft von der Plan- zur Marktwirtschaft in Ostdeutschland, S 17.

[42] Siehe hierzu: Schüsseler, a a. O - Fn 39 und Schneider, StuR 1979, 695 ff Vgl ferner auch Heera, WR 1990, 13 ff.

[43] Der Begriff war auch „entwicklungsoffen" - vgl Heera, a. a. O. (Fn 42).

[44] Siehe zu dem Begriff "Fonds": Ökonomisches Lexikon, Band 1, unter dem Stichwort "Fonds der Betriebe", sowie Lexikon der Wirtschaft, unter dem Stichwort "Fonds". Demgegenüber das Rechtslexikon, in welchem sich der Fondsbegriff nicht findet Zum bilanziellen Ausweis der Fonds vgl nur Claussen/Korth, D-Markbilanzgesetz, Anhang (Bilanzbrücke) sowie Borgmann, BB 1990, DDR-Rechtsentwicklungen, Folge 10, S. 17 ff

soweit sich der Fondsbegriff auf die Innehabung bestimmter Vermögensgegenstände des Volkseigentums bezieht, ist er eigentumsrechtlich zu verstehen. Er bezieht sich lediglich auf das Aktivvermögen der jeweiligen Wirtschaftseinheit[45] und entfaltet in dieser Form zum Beispiel bei §§ 11 Abs. 2, 23 THG oder § 4 Abs. 1 Ziff. 2 UmwVO Bedeutung. Die sich aus dieser Innehabung ergebenden eigentumsrechtlichen Befugnisse wiederum werden umschrieben durch den Begriff der Fondsinhaberschaft.[46]

Grundstücke gehörten nicht zu den betrieblichen Fonds, sie wurden in einem einheitlichen staatlichen Bodenfonds geführt. Demzufolge sprach man hier nicht von Fondsinhaberschaft, sondern vielmehr von Rechtsträgerschaft.[47]

Da Grundstücke grundsätzlich auch nicht Gegenstand des Wirtschaftsverkehrs waren, stellte die Rechtsträgerschaft letztlich auch nur ein Nutzungsverhältnis dar. Sofern es sich erforderlich machte, daß eine andere Wirtschaftseinheit das Grundstück zu nutzen hatte, fand ein Rechtsträgerwechsel statt, der lediglich die Nutzungsberechtigung verlagerte.[48]

---

[45] Siehe zum Beispiel in Gegenüberstellung die zuvor unter Fn 40 erwähnten Normen des Vertragsgesetzes zu § 81 VG 1982 (Vertragseintritt) sowie Knüpfer, WR 1992, 181, 182 Zumindest unklar daher Horn, a. a O. (Fn 41) Zutreffend Hommelhoff/Habighorst, ZIP 1992, 665, 668 f.

[46] Ein Versuch, den Begriff der Fondsinhaberschaft unter Anwendung des Sachenrechts der Bundesrepublik Deutschland zu erläutern, ist von vornherein zum Scheitern verurteilt. Man kann die Fondsinhaberschaft sicherlich als Treuhandverhältnis besonderer Art umschreiben, wobei allerdings mit dieser Umschreibung nichts gewonnen ist, bestimmt sich doch die besondere Art dieses Treuhandverhältnisses nach dem sozialistischen Eigentumsrecht, ist von diesem geprägt und letztendlich auch nur mit diesem begrifflich zu fassen Weiter ist zu betonen, daß auch das Recht der DDR hinreichende Schwierigkeiten hatte, die neue sozialistische Eigentumsordnung dogmatisch zu fassen Es kann daher an dieser Stelle nur auf die Arbeiten von Schüsseler (Fn 39) verwiesen werden Letztendlich war damit auch die in § 19 ZGB umschriebene Ausübung der Befugnisse aus dem sozialistischen Eigentum nicht genügend, da veraltet (siehe hierzu: Schüsseler, StuR 1983, 22, in Auseinandersetzung mit den Darstellungen in dem 1981 erschienenen Lehrbuch Zivilrecht von Göhring/Posch)

[47] Anordnung über die Rechtsträgerschaft an volkseigenen Grundstücken vom 07 07 1969 (GBl II S 433) Doch war auch hier die Diskussion aufgrund der neuen dogmatischen Konzeption des Volkseigentums im Fluß. So forderte Wolfgang Schneider auch hierfür die Verwendung des Begriffes der Fondsinhaberschaft oder insgesamt einheitlich die Verwendung des Begriffes der Rechtsträgerschaft (StuR 1979, 695 ff.) Hiergegen wandten sich Lehmann/Zänker (StuR 1980, 256 ff.) unter Berufung auf die Wesensverschiedenheit der Bedeutung von Grund und Boden im Wirtschaftsprozeß. Allerdings war - insofern erstaunlicherweise - im Beschluß des Ministerrats zur Gründung der Anstalt zur treuhänderischen Verwaltung des Volkseigentums (Treuhandanstalt) vom 01 März 1990 (GBl I 1990 S 107) bezogen auf Vermögenswerte der Wirtschaftseinheiten **einheitlich** von **"Rechtsträgern (Fondsinhabern)"** die Rede. Das Treuhandgesetz unterschied jedoch wiederum in § 11 Abs 2 zwischen Rechtsträgerschaft und Fondsinhaberschaft

[48] Siehe zum sozialistischen Eigentumsrecht bei Wirtschaftseinheiten insgesamt, Schüsseler in: Heuer u a (Hrsg), Wirtschaftsrecht, S 35 ff

Soweit mehrere Wirtschaftseinheiten, denen Fonds am volkseigenen Vermögen zugewiesen waren, an einem einheitlichen Produktionsprozeß beteiligt waren, herrschte dennoch der Grundsatz der strikten Trennung der einzelnen zugewiesenen Fonds. Diese strikte Trennung erklärt sich jedoch nicht aus dem Wesen des Volkseigentums an sich, sondern vielmehr daraus, daß zur Durchsetzung von Leitungsbefugnissen lediglich ein Zuordnungssubjekt vorhanden sein sollte. So war auch nach § 76 Abs. 2 VG die Bildung gemeinschaftlicher Fonds untersagt. Im Falle des Verhältnisses zwischen Kombinat und Kombinatsbetrieb führte dies dazu, daß die Fonds des Kombinats einerseits wie auch der Kombinatsbetriebe andererseits ebenfalls strikt zu trennen waren. § 3 Abs. 2 KomVO bestimmte, daß das Kombinat über Fonds des einheitlichen staatlichen Volkseigentums verfügt, die aus den zentralen Fonds des Kombinats und den Fonds der Kombinatsbetriebe bestehen. Im letzteren Falle wurde hierdurch das Beteiligungsverhältnis des Kombinats an den einzelnen Kombinatsbetrieben, also seine „Holdingfunktion", zum Ausdruck gebracht. Tatsächlicher Inhaber der Fonds waren hier die Kombinatsbetriebe, nur die zentralen Fonds standen dem Kombinat unmittelbar zu. Bezogen auf die Fonds der Kombinatsbetriebe drückte sich die mittelbare Fondsinhaberschaft des Kombinats dadurch aus, daß dieses diesbetreffend Leitungsbefugnisse hatte (siehe insbesondere § 7 Abs. 1 KomVO). Im übrigen galt aufgrund § 3 Abs. 2 Rechtsträgeranordnung ein ähnliches Verbot der Bildung einer „Eigentumsgemeinschaft" zwischen einem Rechtsträger eines Grundstückes einerseits und dem Fondsinhaber eines auf diesem Grundstück errichteten Gebäudes andererseits. Die Rechtsträgerschaft war in dem Falle, daß eine von dem Rechtsträger verschiedene Wirtschaftseinheit das Grundstück - etwa zur Errichtung eines Gebäudes - nutzen wollte, auf diese Wirtschaftseinheit, in deren Fondsinhaberschaft das Gebäude stehen würde, zu übertragen. In der Praxis wurde allerdings dieser Grundsatz in vielen Fällen nicht beachtet.

Dogmatisch nicht klar strukturiert war die eigentumsrechtliche Stellung bei Gründung gemeinschaftlicher Einrichtungen mehrerer juristisch selbständiger Wirtschaftseinheiten außerhalb des Volkseigentums - insbesondere den sogenannten zwischengenossenschaftlichen Einrichtungen -, da hier die Bildung gemeinsamer (finanzieller) Fonds nicht untersagt, sondern sogar ausdrücklich gewünscht war.[49] Soweit allerdings gemeinsame Wirtschaftseinheiten mit eigener Rechtsfähigkeit zwischen Wirtschaftseinheiten des Volkseigentums und solchen des genossenschaftlichen Eigentums gegründet wurden, wie dies zum Beispiel durch die Verordnung über die Bildung von Großhandelsgesellschaften vom 10.03.1960 der Fall

---

[49] Vgl. hierzu auch Hillmann, DB 1995, 1215 und insbesondere Stein in: Hommelhoff/Hagen/Röhricht (Hrsg.), Gesellschafts- und Umwandlungsrecht in der Bewährung, S 231 ff Weiter auch Ohle, Vermögensübergang auf Kapitalgesellschaften mit Treuhandbeteiligung, S 129 ff

war,[50] erfolgte die Gründung dieser neuen Wirtschaftseinheiten grundsätzlich zu Lasten des bisher bestehenden genossenschaftlichen Eigentums. Nur soweit von den Konsumgenossenschaften bzw. dem Konsumgenossenschaftsverband Grundmittel eingebracht wurden, die (vollständig) mit Eigenmitteln finanziert waren, blieb genossenschaftliches Eigentum erhalten. Es bestand lediglich ein Nutzungsverhältnis, allerdings konnte auch der Eigentümer - die Konsumgenossenschaft - über dieses Grundmittel nicht mehr verfügen. Für das eingebrachte Vermögen, welches bis auf eigenfinanzierte Grundmittel vollständig verlorenging, erhielt die jeweilige Konsumgenossenschaft eine Beteiligung an der Großhandelsgesellschaft (GHG). Eigentumsrechtlich entstand somit auch hier keine Mischform und auch keine Gesamtberechtigung. Das genossenschaftliche Eigentum blieb erhalten, soweit es selbst finanzierte Grundmittel betraf, war aber im Hinblick auf den Entzug der Verfügungsbefugnis ausgehöhlt. Ansonsten entstand Volkseigentum. Die beteiligten Konsumgenossenschaften bzw. der Konsumgenossenschaftsverband wurden für den Verlust ihres Eigentums durch eine entsprechende wertmäßige Beteiligung „entschädigt".[51]

3.3 Die juristische Person im Wirtschaftsrecht der DDR

Die Geeignetheit der Verwendung des Begriffes „juristische Person" und damit des Instituts der juristischen Person im Wirtschaftsrecht der DDR war umstritten. So wurde insbesondere angezweifelt, daß der Begriff der juristischen Person für das sozialistische Wirtschaftsrecht überhaupt tauglich sei, weil er dem Wesen des sozialistischen Rechts mit seiner Einheit von Organisations-, Leitungs- und Kooperationsbeziehungen widerspräche.[52] Dem kam die Verordnung über die Aufgaben, Rechte und Pflichten der volkseigenen Betriebe, Kombinate und VVB vom 28.03.1973 insofern entgegen, als der Begriff der juristischen Person für Wirtschaftsrechtssubjekte nicht mehr verwandt und lediglich nur noch von Rechtsfähigkeit gesprochen wurde.[53] Dieser Erfolg der Vertreter der Auffassung, daß der Begriff „juristische Person" für Struktureinheiten innerhalb des sozialistischen Wirtschaftsrechts untauglich sei, währte jedoch nicht lange. Mit der KomVO führte der Gesetzgeber wiederum den Begriff „juristische Person" ein und hob hervor, daß Kombinat, Kombinatsbetrieb sowie der eigen-

---

[50] GBl I S. 183

[51] Siehe hierzu ausführlich 9 Kap

[52] So zum Beispiel Langer, StuR 1972, 1437, und ferner Straßmann, NJ 80, 541 Vgl auch Heuer/Sachs, WR 76, 197.

[53] GBl I S 129

ständige volkseigene Betrieb juristische Personen seien.[54] Sodann wurde auch von einer Vielzahl von Autoren darauf hingewiesen, daß die Funktion des Begriffs juristische Person darin bestehe, nicht die (sozialistische) Wirtschaftsrechtsfähigkeit schlechthin zu bezeichnen, sondern nur einen speziellen Teil dieser Rechtsfähigkeit kennzeichne, deren Kern in der Fähigkeit liege, im eigenen Namen Vermögensrechte zu erwerben, vermögensrechtliche Pflichten zu übernehmen und mit „eigenem" Vermögen dafür zu haften (Vermögensrechtsfähigkeit).[55]

Nach der Wiedervereinigung wurde insbesondere von *Horn* angezweifelt, daß man hinsichtlich der Wirtschaftseinheiten der DDR, obwohl diese durch den DDR-Gesetzgeber als juristische Person bezeichnet wurden, von einer juristischen Person sprechen könne.[56] Hierbei knüpft *Horn* allerdings nicht an die rechtswissenschaftliche Diskussion in der DDR an, in der es lediglich um die Tauglichkeit des Begriffs bezogen auf das sozialistische Wirtschaftsrecht ging, sondern sieht offenbar in den juristischen Personen der DDR das Wesen einer juristischen Person nicht gegeben.

Ungeachtet der im rechtswissenschaftlichen Schrifttum der DDR geäußerten Frage nach der Geeignetheit des Begriffs der juristischen Person für Wirtschaftseinheiten und auch andere Einrichtungen der DDR sind diese doch juristische Personen. Denn trotz des einheitlichen sozialistischen Volkseigentums und ihrer einheitlichen Leitung einerseits (demokratischer Zentralismus), kam die Volkswirtschaft der DDR andererseits nicht umhin, sich rechtlich selbständiger Struktureinheiten und damit der juristischen Person zu bedienen.[57] Dies galt gerade vor dem Hintergrund der Steigerung der Produktivität und Schaffung rechtlich überschaubarer und auch eindeutig zuordenbarer Verantwortungsbereiche.

Ohne den Theorienstreit über das Wesen der juristischen Person, welcher abgeschlossen scheint,[58] aufnehmen zu wollen, wird gerade hier beson-

---

[54] § 3 Abs 4 KomVO, § 6 Abs. 2 KomVO, § 31 Abs 2 KomVO

[55] Kemper/Maskow, Außenwirtschaftsrecht der DDR, S 92 ff - den Streitstand zusammenfassend und mit weiteren Nachweisen Zum Stand der Diskussion in den 80er Jahren vgl Hochbaum in: Heuer u a (Hrsg), Wirtschaftsrecht, S 80 f Vgl aber auch Pleyer, AG 1969, 12 ff

[56] Horn, Das Zivil- und Wirtschaftsrecht im neuen Bundesgebiet, S 833 Vgl aber auch Metzlaff, DB 1992, 1714, 1715; Weimar, BB 1990, Deutsche Einigung - Rechtsentwicklungen, Folge 22, S 12, 17, welche alle in den Wirtschaftseinheiten der DDR das Wesen einer juristischen Person nicht zu erkennen vermögen bzw zumindest bezweifeln, daß diese als juristische Person angesehen werden können

[57] Siehe hierzu auch 1 Kap

[58] So Wiedemann, WM 1975, Beilage 4, S 7; derselbe, Gesellschaftsrecht, Band I, S 191 Zumindest ist der Theorienstreit „abgeklungen" (so Larenz, BGB AT S. 133; zustimmend Flume, Die juristische Person, S 21) und entfaltet daher keine grund-

ders deutlich, daß die juristische Person eine reine Zweckschöpfung[59] ist. Da die juristische Person als Zweckschöpfung des Rechts aufgrund des jeweils verfolgten Zweckes - was man an den Wirtschaftseinheiten der DDR besonders deutlich sieht - in der unterschiedlichsten Form strukturiert sein kann, gibt es auch nicht „die" juristische Person, so wenig wie es „die" natürliche Person gibt. In beiden Fällen gibt es völlig unterschiedliche Erscheinungsbilder.[60] Es ist damit für die Existenz von juristischen Personen auch völlig ohne Belang, ob diese „eine begrenzte rechtliche Selbständigkeit" haben oder sie „den rechtlichen Verfügungsschranken des sozialistischen Eigentums" unterliegen und „es ihnen an Haftungskapital" fehlt.[61]

Die Wirtschaftseinheiten der DDR waren daher ohne Zweifel juristische Personen und zwar schon alleine deswegen, weil der Gesetzgeber der DDR ihnen durch ausdrückliche gesetzliche Regelung den Stempel der juristischen Person aufdrückte; sie als solche bezeichnete. Ferner waren sie juristische Personen aufgrund ihrer Funktion. Welchem bekannten Typus der juristischen Person sie zuzuordnen waren, insbesondere die Frage, ob sie den kapitalistisch-korporativen Charakter, den sie mit ihrer

---

sätzliche Bedeutung mehr

[59] So die Lehre von der Zweckpersonifikation - siehe Wieacker in: FS Huber, S. 364; sie ist damit auch gleichzeitig „Zweckschöpfung des Rechts" (vgl. auch Raiser, AcP 1994, 495, 496), wenngleich teilweise das Recht eine bereits existente „soziale Erscheinung" im Nachhinein als juristische Person anerkannt haben mag (zur gewohnheitsrechtlichen Anerkennung der Einmanngesellschaft vgl. Schultze-von Lasaulx in: Soergel, BGB, Vor § 21 Rn 2). In den Motiven zum BGB (Mot I, 78 = Mugdan I, 395) zu Beginn des Abschnitts über die juristischen Personen heißt es:

> „Die Rechtsfigur der juristischen Person ist jedem nur einigermaßen entwickelten Recht unentbehrlich Neben den Sonderzwecken, welche der Einzelne seinen jeweiligen Bedürfnissen gemäß mit den ihm zu Gebote stehenden Mitteln verfolgt, liegen andere, im Interesse des öffentlichen Wohles oder privater Gemeinschaften gesetzte Zwecke, deren Verwirklichung nur dadurch sichergestellt werden kann, daß ihnen ein selbständiger, der Herrschaft des Einzelnen entrückter Vermögensbereich unmittelbar dienstbar gemacht wird Die der Wissenschaft und Gesetzgebung geläufige Personifizierung der in solcher Gestalt bestehenden Vermögensbereiche entspricht der Vorstellungsweise des Lebens und dient sogleich der Technik des Rechtes."

[60] Flume formuliert, daß es „die" juristische Person so wenig gibt, wie es „ das" Rechtsgeschäft gibt (Flume, Die juristische Person, S 26)

[61] So aber Horn, Das Zivil- und Wirtschaftsrecht im neuen Bundesgebiet, S. 834, wobei Kombinat und VEB selbstverständlich über „Haftungskapital" verfügten. Gemäß § 3 Abs. 4 KomVO „haftete" das Kombinat. Es konnte auch in das Vermögen des Kombinats - beschränkt - vollstreckt werden - vgl §§ 45 - 47 der Zweiten Verordnung zur Änderung der Verordnung über die Aufgaben und die Arbeitsweise des staatlichen Vertragsgerichts vom 12 03.1970 (GBl. II S. 205) sowie Anordnung über das Vollstreckungsverfahren in der volkseigenen und konsumgenossenschaftlichen Wirtschaft vom 22 08 1955 (GBl II S. 313). Zu einer ähnlichen Vollstreckungsbegrenzung bei juristischen Personen des öffentlichen Rechts vgl auch § 882 a Abs 3 i V m Abs 2 ZPO Ein Konkurs (Gesamtvollstreckung) war jedoch nicht möglich – vgl 13. Kap Fn 26.

Umwandlung in Kapitalgesellschaften erhielten, bereits zuvor innehatten, ist hiervon getrennt zu betrachten. Für ihre Einordnung als juristische Person ist diese Frage ohne Relevanz.[62]

3.4 Zusammenfassung

Versteht man unter einem Unternehmensträger alleine denjenigen, dem Vermögensgegenstände des Unternehmens zum Zwecke der Ausübung einer unternehmerischen Tätigkeit zugeordnet sind, so erscheint bei primärer Betrachtung lediglich der sozialistische Staat als Unternehmensträger, der sich sodann rechtsfähiger Verwaltungseinheiten bediente.[63]

Doch mag auch der sozialistische Staat der DDR als „Unternehmer" zu bezeichnen sein, so hat er sich doch aus einer inneren Notwendigkeit heraus rechtlich selbständiger Einheiten bedient, die juristische Personen waren, um hierin Vermögen zusammenzufassen. Diese Vermögensträger waren insofern auch Unternehmensträger. Sie verdienen diese Bezeichnung auch dann, wenn man in dem Unternehmensträger nicht nur das Rechtssubjekt der Zuordnung des Unternehmens sieht, sondern für ihn gleichzeitig auch einen „unternehmerischen Charakter", also eine gewisse Selbständigkeit und freie Betätigungsmöglichkeit, fordert. Denn die Wirtschaftseinheiten waren mehr als operative Verwalter im Rahmen einer unternehmerischen Tätigkeit des Staates, wie die weitere Entwicklung im sozialistischen Wirtschaftsrecht zeigt. Die eigene (unternehmerische) Verantwortung der Wirtschaftseinheiten wurde zunehmend betont. Somit war in den Wirtschaftseinheiten die Unternehmensträgerschaft zumindest angelegt, auch wenn sie sie nicht vollständig innehatten, da sie nach wie vor in die staatliche Planwirtschaft eingebunden waren und den staatlichen Direktiven unterlagen. Gerade vor dem Hintergrund der vorzunehmenden Privatisierung der Volkswirtschaft waren daher die Wirtschaftseinheiten als geborene Unternehmensträger aus dem Gesamtgefüge zu lösen,[64] zumal mit Blick auf den 01.07.1990 gar keine Zeit blieb, zuvor veränderte Strukturen zu schaffen. Grundsätzlich richtig knüpften daher UmwVO wie auch THG an sie als Umwandlungsgegenstand an und ließen sie zu

---

[62] Zur Einordnung der Wirtschaftseinheiten in bekannte Kategorien der juristischen Person sogleich nachfolgend unter Ziff 4 2.

[63] So findet sich z B bei Knüpfer, WR 92, 181, folgender Satz:

> „Der Staat als Repräsentant des Volkseigentums hörte auf, Unternehmensträger und Eigentümer des von dem VEB und anderen Wirtschaftseinheiten bewirtschafteten Vermögens zu sein "

[64] Kritisch zu dieser Verfahrensweise Welter, DZWiR 92, 265

ßen sie zu Kapitalgesellschaften werden.

4 Die Rechtssubjekte des Wirtschaftsrechts der DDR und die an ihnen Berechtigten – Unternehmensberechtigte

4.1 Die Veranlasser und Betreiber des Unternehmensträgers als Unternehmensberechtigte

Befaßt man sich mit Unternehmen und damit weiter auch mit Unternehmensträgern, fällt alsbald notwendig der Blick auf die Veranlasser (Initiatoren) bzw. Betreiber (Veranstalter)[65] dieser Konstruktion wirtschaftlicher Tätigkeit, wenn denn der Unternehmensträger eine juristische Person oder eine Gesamthandsgemeinschaft ist. Eine einheitliche begriffliche Umschreibung des Verhältnisses zwischen diesen und dem Unternehmensträger existiert jedoch nicht. Während mit dem Scheitern einer Anerkennung des Unternehmens als Rechtssubjekt[66] dem Begriff des Unternehmensträgers als Zentralbegriff[67] die eigentliche Bedeutung zukommt, hat der Unternehmensbegriff zur Bezeichnung des Rechtsverhältnisses der Veranlasser bzw. Betreiber zu dem zwischengeschalteten Rechtssubjekt Unternehmensträger keine Bedeutung entfaltet. Dies mag daran liegen, daß, obwohl Ende des 19., Anfang des 20. Jahrhunderts das Verhältnis insbesondere der Aktionäre zum Unternehmensvermögen stark umstritten war,[68] die mitgliedschaftliche Stellung doch primär verbandsbezogen gesehen wurde und daher weniger ein Thema des handelsrechtlichen Unternehmensrechts, als vielmehr ein gesellschaftsrechtliches Thema wurde und sich daher auch lediglich in der Bezeichnung bzw. Umschreibung dieses gesellschaftsrechtlichen Verhältnisses erschöpfte.[69]

---

[65] Den Begriff „Veranstalter" verwendet Lutter in: Lutter (Hrsg), UmwG - Kommentar, Einl Rn 1

[66] Siehe hierzu die ausführliche historische Darstellung bei Flume, Die juristische Person, S. 31 ff

[67] Vgl nur K Schmidt, Handelsrecht, S 80.

[68] So hieß es noch im Hinblick auf die zweifelhafte Einordnung der Aktiengesellschaft als juristische Person in § 216 Abs 1 ADHGB:

> „Jeder Aktionär hat einen verhältnismäßigen Anteil an dem Vermögen der Gesellschaft."

[69] So ist im sehr weitgefaßten UmwG 1994 durchweg die Rede vom „Anteilsinhaber" (siehe die Legaldefinition in § 2 UmwG 1994) Doch ist dieses Rechtsverhältnis nicht zwingend ein „gesellschaftsrechtliches", sondern ein solches, das alle Facetten

Doch wurden und werden Unternehmen nicht nur von korporativ ausgestalteten juristischen Personen - Gesellschaften - betrieben; grundsätzlich ist jede juristische Person geeignet, Unternehmensträger zu sein, womit alleine der Blick auf die Anteilsinhaberschaft zu kurz ist. Daher bietet sich an, den Begriff des „Unternehmensberechtigten" zu wählen, um dieses Verhältnis einheitlich zu beschreiben. Inhaltlich ist damit freilich noch nichts gewonnen, bestimmt sich doch das Verhältnis des Unternehmensberechtigten über den Unternehmensträger zum Unternehmen nach der Art der Ausgestaltung des Berechtigtenverhältnisses.

4.2 Die Ausgestaltung des Unternehmensberechtigtenverhältnisses bei den Wirtschaftseinheiten der DDR

Die Einordnung des Unternehmensberechtigtenverhältnisses des sozialistischen Staates der DDR an den von ihm gegründeten und betriebenen Wirtschaftseinheiten bereitet Schwierigkeiten.

Zweifellos fehlte den Wirtschaftseinheiten - zumindest auf den ersten Blick - die mitgliedschaftlich-personale Ausgestaltung. Da alleiniger Betreiber der sozialistische Staat war, war es nicht der Personenverbund, der im Vordergrund stand, sondern waren es die sächlichen Mittel, welche in der Wirtschaftseinheit selbst durch deren Fondsinhaberschaft und Rechtsträgerschaft zusammengefaßt wurden.[70] Doch ist hier Vorsicht geboten und sollte mit diesem Ergebnis die Betrachtung selbst nicht beendet sein. Es ist lediglich das mitgliedschaftliche Element, welches den Wirtschaftseinheiten fehlte, nicht jedoch das personale Element. Denn auch Anstalt und Stiftung sind nicht reine Versachlichungen. Auch hier wird das in ihnen zusammengefaßte Vermögen durch die hinter der Anstalt oder Stiftung als Träger bzw. Gründer stehende Person und damit deren Willen determiniert. So weist andererseits umgekehrt auch die Ein-Mann-Gesellschaft anstaltliche Züge auf.[71] Die rein begrifflich-schematisch vorgenom-

---

eines Rechtsverhältnisses des bzw. der hinter einem selbständigen Rechtsgebilde Stehenden aufweisen kann, was bereits ein Blick auf staatliche Unternehmen zeigt, soweit diese als Anstalten oder Körperschaften organisiert sind, da hier Anteilsinhaber - und damit auch ein gesellschaftsrechtliches Verhältnis - vollständig fehlen, sondern vielmehr bei den Anstalten Träger bzw den Körperschaften Mitglieder vorhanden sind (siehe nur Wolff/Bachof/Stober, Besonderes Verwaltungsrecht, § 98, für die öffentlich-rechtlichen Anstalten; Forsthoff, Verwaltungsrecht I, § 25 II 2, für die öffentlich-rechtlichen Körperschaften; ferner auch H Schmidt in: Lutter (Hrsg), UmwG, Vor § 301 Rn. 4)

[70] So spricht Wissenbach (WR 1991, 191, 193) von einer anstaltlichen Struktur

[71] Vgl nur Rittner, Die werdende juristische Person, S. 237; Schultze-von Lasaulx in: Soergel, BGB, Vor § 21 Rn 2

menen Abgrenzungen[72] verschwimmen somit umso mehr, je genauer man die jeweilige juristische Person betrachtet. Letztendlich kommt es damit auch hier auf die Frage der Ausgestaltung an. Denn mag sich die korporativ organisierte juristische Person mit ihrem Entstehen gegenüber ihren Gründern/Mitgliedern formal verselbständigt haben, so kann sie doch aufgrund ihrer Ausgestaltung mit diesen fast wieder eins werden, was bei der alleingesellschaftergeführten GmbH sodann auch deutlich wird. Andererseits kann die Anstalt eine Ausgestaltung erfahren, die sie von ihrem Träger weitestgehend verselbständigt. Dies zeigt bereits im Ansatz die Stellung der Sparkassen.[73] Noch deutlicher wird dies jedoch bei der nunmehr in Bayern eingeführten Anstalt des öffentlichen Rechts als einer neuen Rechtsform für kommunale Unternehmen,[74] dem sogenannten Kommunalunternehmen. Hier werden die Rechtsverhältnisse des Kommunalunternehmens im einzelnen durch die Unternehmenssatzung geregelt. In dieser können die Kommunen einerseits die Anstalt weitestgehend verselbständigen, wie auch andererseits sowohl die Befugnisse des Vorstands zugunsten des Verwaltungsrats reduzieren als auch die Wirtschaftsbefugnisse des Gemeinderats gegenüber dem Verwaltungsrat erweitern, die Anstalt somit auch quasi wie einen Eigenbetrieb führen.[75] Der Unterschied zwischen Körperschaft und Anstalt kann daher aufgrund der inneren Struktur der Körperschaft oder Anstalt, insbesondere der Ausgestaltung der Organbefugnisse wie auch der Besetzung der Organe selbst, fließend sein.

So waren auch die Wirtschaftseinheiten der DDR - zumindest Kombinat, Kombinatsbetrieb und eigenständiger volkseigener Betrieb - nicht reine Instrumente staatlicher wirtschaftlicher Tätigkeit, vielmehr kam ihnen selbst aus einer inneren Notwendigkeit heraus eine gewisse Selbständigkeit und damit auch Eigenverantwortung für ihre Tätigkeit zu.[76] Auch die

---

[72] Nach Wolff/Bachof/Stober, Besonderes Verwaltungsrecht, § 98, soll die Frage, ob die Organisation eine Körperschaft oder eine Anstalt ist, in ihrer Beantwortung davon abhängen, ob ihre Träger in einem (primären) Trägerschafts- (Kreations-) organ zusammengefaßt oder nur in einem (sekundären) Repräsentativorgan lediglich vertreten sind

[73] Vgl nur beispielhaft die Stellung des Verwaltungsrats und des Vorstands in §§ 11 bzw. 22 Sparkassengesetz für Baden-Württemberg und hierzu die Kommentierung von Klüpfel/Gaberdiel, Kommentar zum Sparkassengesetz

[74] Gesetz zur Änderung des kommunalen Wirtschaftsrechts vom 26 05 1995 (Bay. GVBl 1995, 376)

[75] Vgl hierzu Schulz, Das Kommunalunternehmen – Bemerkungen zu einzelnen Aspekten einer neuen Rechtsform, in: Kirchgäßner, Knemeyer, Schulz, Das Kommunalunternehmen: neue Rechtsform zwischen Eigenbetrieb und GmbH, S 15 ff

[76] So resümiert Badestein in WR 90, 2 zutreffend:

> „Dabei entwickelte sich das Recht immer mehr zu einem Instrument für die Selbstentscheidung der Wirtschaftseinheiten."

Wirtschaftseinheiten der DDR, zumindest Kombinat, Kombinatsbetrieb und eigenständiger volkseigener Betrieb, lassen sich daher nicht ohne weiteres in vorhandene Kategorien juristischer Personen einordnen. Sie hatten sicherlich zumindest einen anstaltlichen Charakter und es fehlte ihnen auch eine korporative Ausgestaltung, da sie von vornherein als durch den Staat alleine, also eine Einzelperson, determiniert gedacht waren und nicht künstlich von der Körperschaft zur Ein-Mann-Gesellschaft bei formeller Beibehaltung der Qualität als Körperschaft reduziert werden mußten.

Es ist somit wichtig zu erkennen, daß sich Art und Inhalt des Unternehmensberechtigtenverhältnis nicht aus der Zuordnung der juristischen Person zu einer bestimmten Kategorie per se ergibt, sondern vielmehr sich aus der Ausgestaltung des Berechtigtenverhältnisses zur juristischen Person definiert und hieraus auch zu qualifizieren ist. Dieses Berechtigtenverhältnis findet für die Wirtschaftseinheiten der DDR seine Ausgestaltung im Demokratischen Zentralismus, der hiermit verbundenen staatlichen Planwirtschaft sowie der letztendlich damit einhergehenden Leitung durch den Ministerrat der DDR. An dieses Berechtigtenverhältnis knüpft sodann das THG an, wenn es gemäß § 1 Abs. 4 THG der Treuhandanstalt in Verbindung mit deren vorherigem treuhänderischen Erwerb des Volkseigentums die Geschäftsanteile der durch Umwandlung an den Wirtschaftseinheiten entstandenen Kapitalgesellschaft zuweist. Auf die Probe wird diese Konstruktion und damit auch der dogmatische Wert der „Rechtsfigur" des Berechtigtenverhältnisses bei der Untersuchung von Umwandlungsvorgängen dann gestellt, wenn sich juristische Personen (Wirtschaftseinheiten) finden, die neben ihrer Struktur als staatliche Wirtschaftseinheit auch Gesellschafter aufweisen und sich damit nach einer durchgeführten Umwandlung wieder neu die Frage der Qualifizierung der Unternehmensberechtigung stellt.[77]

Vgl im übrigen auch 1. Kap

[77] Siehe hierzu ausführlich für die Großhandelsgesellschaften der DDR 9 Kap

3. KAPITEL

ZU EINER ALLGEMEINEN UMWANDLUNGSRECHTLICHEN DOGMATIK

1 Einführung

Für die rechtliche Beleuchtung von Umwandlungsmaßnahmen nach UmwVO, THG und UnternG wurden überwiegend Parallelen zum Umwandlungsrecht des UmwG 1969 sowie des AktG 1965[1] gezogen und mit der diesem Umwandlungsrecht innewohnenden - sehr engen - umwandlungsrechtlichen Konzeption versucht, aufkommende Rechtsprobleme zu lösen. Hierbei wurde häufig grundlegend übersehen, daß es sich bei den mit diesen Gesetzen geschaffenen umwandlungsrechtlichen Regelungen um ein selbständiges Umwandlungsrecht handelt, mag auch der DDR-Gesetzgeber teilweise im bundesrepublikanischen Umwandlungsrecht abgeschrieben oder zumindest bundesrepublikanische Umwandlungskonzeptionen teilweise zugrundegelegt haben.[2]

Die Betrachtung dieser Umwandlungsvorgänge mit der Brille des bundesrepublikanischen Umwandlungsrechts hat, insbesondere bei der Einordnung der einzelnen Umwandlungsvorgänge selbst, zu den unterschiedlichsten Ergebnissen geführt, was daran lag, daß dogmatische Grundstrukturen - also zwingende Erfordernisse einzelner unterschiedlicher Umwandlungsmaßnahmen - nicht hinreichend beachtet wurden; also der der Umwandlung zugrundeliegende Rechtsvorgang nicht auf seine rechtliche Grundstruktur reduziert wurde. Das UmwG 1994[3] hat sodann eine Vielzahl weiterer Umwandlungsmöglichkeiten eröffnet und auch in der Terminologie zu Veränderungen geführt. Bevor im weiteren Verlauf dieser Untersuchung auf einzelne umwandlungsrechtliche Vorgänge nach dem Recht der DDR eingegangen wird, soll daher im folgenden kurz versucht

---

[1] Umwandlungsgesetz in der Fassung der Bekanntmachung vom 06.11 1969 (BGBl I S 2081) sowie Aktiengesetz vom 06 09 1965 (BGBl I S 1089)

[2] So soll nach Maskow (BB 1990, DDR-Rechtsentwicklungen, Folge 4, S 1, 4) die UmwVO in der Rechtstechnik sich an das UmwG 1969 anlehnen und zwar an die Vorschriften über die Umwandlung von Unternehmen von Gebietskörperschaften oder Gemeindeverbänden in AG oder GmbH - §§ 57 ff UmwG 1969.

[3] Umwandlungsgesetz vom 28 10 1994 (BGBl. I S 3210), in Kraft getreten am 01 01.1995

werden, eine dogmatische Grundstruktur des Umwandlungsrechts und hierbei sodann näher des Formwechsels herauszuarbeiten. Die nachfolgende Darstellung kann jedoch unter Beachtung des hier vorgegebenen Rahmens nur fragmentarischen Charakter haben; es sollen im wesentlichen umwandlungsdogmatische Fragen angesprochen werden, die sodann bei Behandlung der Umwandlungen nach UmwVO, THG und UnternG Bedeutung entfalten. Weiter wird – soweit es sich anbietet – auch ein kurzer Blick auf sich nach dem UmwG 1994 stellende Fragen geworfen werden.

2 Der Unternehmensbegriff - ein Erfordernis in der Dogmatik des Umwandlungsrechts?

Bis zu dem Zeitpunkt, zu dem der das UmwG 1994 vorbereitende Diskussionsentwurf vom 03.08.1988[4] der Öffentlichkeit zugänglich gemacht wurde, wurden Umwandlungsvorgänge von ihrem Prinzip her grundsätzlich unternehmensbezogen gesehen. Das Unternehmen setzte somit grundsätzlich die Grenze dafür, was umgewandelt werden konnte. Dementsprechend stellte der Gesetzgeber auch noch in seiner Begründung zum UmwG 1969 auf das Unternehmen ab.[5]

War von der Zielrichtung her somit Umwandlungsgegenstand stets ein Unternehmen, so war die gesetzestechnische Ausgestaltung des Umwandlungsvorganges selbst korporationsrechtlicher Natur, das heißt, daß Umwandlungen korporationsrechtliche Organisationsakte waren, das Umwandlungsverfahren sich somit auf den Unternehmensträger selbst richtete und die damit einhergehende Unternehmensübertragung als bloße Folge ausgestaltet war.[6] Im Falle der als Formwechsel ausgestalteten Umwandlungsmaßnahmen reduzierte sich der Umwandlungsvorgang so-

---

[4] Diskussionsentwurf für ein Gesetz zur Bereinigung des Umwandlungsrechts vom 03 08 1988, veröffentlicht als Beilage Nr 214 a zum Bundesanzeiger vom 15 11 1988, im folgenden auch: Diskussionsentwurf.

[5] Hierbei ist allerdings zu sehen, daß bei Verwendung des Begriffs Unternehmen letztendlich der Unternehmensträger gemeint war, der Unternehmensbegriff insofern fehlerhaft verwandt wurde - siehe auch die Begründung zur Änderung des UmwG 1969, BT-Drucks., V 3165 Das dazugehörige steuerrechtliche Gesetz stellte bereits in seinem Titel „Gesetz über steuerliche Maßnahmen bei Änderung der Unternehmensform" auf das Unternehmen ab

[6] So K Mertens, Umwandlung und Universalsukzession, S. 46, mit weiteren Nachweisen Da Umwandlungsvorgänge sich jedoch auch auf Körperschaften und Anstalten des öffentlichen Rechts richteten, ist die eigentlich zutreffende Formulierung, daß die Umwandlungsvorgänge primär rechtssubjektsorientiert waren

gar auf eine rein korporationsrechtliche Natur.

Forderungen nach einer geeigneten Übertragungsform für das Unternehmen selbst hatten sich nicht durchgesetzt.[7] Dementsprechend gehörten sowohl der Begriff des Unternehmensträgers wie auch der des Unternehmens zum umwandlungsrechtlichen Begriffsapparat, wenn auch hierdurch lediglich die Folgen der auf die juristische Person gerichteten Maßnahmen dargestellt wurden. Noch im Jahre 1995 hat sodann *Hennrichs*[8] die These aufgestellt, daß Formwechsel und Umwandlung im Wege der Gesamtrechtsnachfolge nach der Idee der Umwandlungsgesetze lediglich unterschiedliche Rechtstechniken zur Erreichung desselben Zieles, nämlich die (wirtschaftliche und rechtliche) Kontinuität des umgewandelten Unternehmens zu erhalten, seien. Umwandlung sei danach ein unternehmensbezogener Vorgang und in seinen rechtlichen Folgen unternehmensbezogen zu deuten.[9] Im Falle der von ihm ebenfalls untersuchten Spaltungen kommt *Hennrichs* sodann zu einem ähnlichen Ergebnis und stellt hier (inkonsequent) auf den Unternehmensteil ab, der ja nicht „Unternehmen" ist. Unabhängig von der Ausgestaltung des UmwG 1994 kann der These von *Hennrichs* allerdings bereits entgegengehalten werden, daß die zumindest formal von seiner These umfaßten Verschmelzungen[10] in der Regel gerade die wirtschaftliche und rechtliche Kontinuität des umgewandelten Unternehmens nicht erhalten.

Jedoch auch bereits nach dem UmwG 1969 war das Unternehmen nicht das Maß der Dinge und setzte auch nicht der Umwandlung ihre (nicht gebotenen) Grenzen. Für die Umwandlung des einzelkaufmännischen Unternehmens war nämlich bereits hier anerkannt, daß der Einzelkaufmann durch die der Umwandlungserklärung beizufügende Vermögensübersicht gemäß §§ 52 Abs. 4, 56 c Abs. 3 Satz 2 UmwG 1969 Gegenstände seines Privatvermögens in die Übersicht aufnehmen und die Gegenstände dadurch dem Unternehmen widmen konnte. Umgekehrt konnte er nicht aufgeführte Gegenstände dem Unternehmen hierdurch entziehen.[11] Der Umwandlungsvorgang war somit hier nicht unternehmenskonservierend, sondern unternehmensdeterminierend ausgestaltet oder zumindest aus-

---

[7] Siehe hierzu nur Canaris, Handelsrecht, S. 127.

[8] Hennrichs, Formwechsel und Gesamtrechtsnachfolge bei Umwandlungen

[9] S. 31 und insbesondere S. 87 ff

[10] Dies gilt zumindest für die von Hennrichs zur Umwandlung „im engeren Sinne" gezählte verschmelzende Umwandlung gemäß §§ 3 ff UmwG 1969; a. a. O., S. 20.

[11] Siehe hierzu nur Balser, Bokelmann, Piorreck, Dostmann, Kauffmann, Umwandlung-Verschmelzung-Vermögensübertragung, S. 52. Vgl. hierzu auch Ganske, Umwandlungsrecht, S. 183 f.

gestaltbar.

Für ein weites, den Bedürfnissen der Praxis entgegenkommendes Umwandlungsrecht ist der Unternehmensbegriff fehl am Platze. Stellt man zur Durchführung von Umwandlungen alleine auf das Unternehmen ab, wäre das hiermit vorgegebene Korsett teilweise zu eng, teilweise zu weit. So fordert ein modernes Umwandlungsrecht die Möglichkeit der Anpassung der Strukturen von Unternehmen ohne die Beschwernisse des Spezialitätsgrundsatzes und hiermit auch die Überwindung von Übertragungshindernissen bzw. Übertragungshürden, wie sie das BGB aufstellt. In diesen dann vorliegenden „Spaltungs- oder Vermögensübertragungsfällen" geht es jedoch letztendlich wiederum um Unternehmen, allerdings um solche, die durch den Umwandlungsvorgang ins Leben gerufen werden (Unternehmen im status nascendi) und/oder hierdurch neu strukturiert (determiniert) werden. Für dieses (anfänglich) amorphe Gebilde steht der Unternehmensbegriff, der lediglich das fertige, wirtschaftlich bereits operierende Unternehmen kennt, nicht zur Verfügung. Der Gesetzgeber des UmwG 1994 hat sich daher auch weitestgehend vom Unternehmensbegriff gelöst und richtigerweise auf den Unternehmensträger abgestellt, welcher als Rechtsträger bezeichnet wird.[12] Auf den Unternehmensbegriff wird allerdings bei Umwandlungsvorgängen betreffend das Vermögen des Einzelkaufmanns, der Stiftung und der Gebietskörperschaften abgestellt. Soweit ein Konzern am Umwandlungsvorgang beteiligt ist, wird auch hier der Unternehmensbegriff im Gesetzestext bemüht.

Jedoch auch in diesen Fällen wäre der Unternehmensbegriff weitestgehend verzichtbar gewesen. Denn nach § 152 UmwG 1994 muß der Einzelkaufmann nicht mehr, wie es früher vom Prinzip her der Fall war, sein gesamtes Unternehmen zum Gegenstand der Umwandlung machen. Die Umwandlungsmaßnahmen können nunmehr auch nur Teile seines Unternehmens (Vermögens) betreffen. Weiterhin kann, ebenso wie im Falle des UmwG 1969,[13] durch Aufnahme in die Vermögensübersicht der Einzelkaufmann auch Gegenstände seines Privatvermögens dem Unternehmensvermögen widmen, wie er auch umgekehrt Gegenstände seines Unternehmensvermögens wieder seinem Privatvermögen - mit der entsprechenden steuerlichen Kosequenz - zuführen kann. Der Unternehmensbegriff hat hier somit lediglich die Bedeutung der Umschreibung einer bestimmten Vermögensmasse, rechtliche Bedeutung entfaltet er nicht, da letztendlich der Einzelkaufmann aus seinem gesamten Vermögen - ohne Unterscheidung zwischen Privat- und Unternehmensvermögen -

---

[12] Vgl. auch die Allgemeine Begründung des Regierungsentwurfs (BT-Drucks 12/6699 vom 01.02 1994, S. 71 ff.)

[13] § 52 Abs 4 Nr 1 Satz 2 UmwG 1969.

ausgliedern kann.[14]

Tatsächliche rechtliche Bedeutung entfaltet der Unternehmensbegriff im 7. Abschnitt des UmwG 1994 lediglich in dessen § 155, wonach im Falle der Ausgliederung des gesamten Unternehmens des Einzelkaufmanns diese mit ihrer Eintragung das Erlöschen der vom Einzelkaufmann geführten Firma bewirkt, was seitens des Registergerichts von Amts wegen zu beachten ist. Eine weitestgehend höchst überflüssige Vorschrift, hat doch die Übertragung des einer kaufmännischen Tätigkeit gewidmeten Vermögens bereits nach allgemeinen Grundsätzen zur Folge, daß die Firma erlischt, da spätestens mit diesem Zeitpunkt ein Handelsgewerbe endgültig nicht mehr betrieben wird (§ 1 Abs. 1 HGB). Es dürfte sich somit in der Praxis gleichkommen, ob der Einzelkaufmann im Ausgliederungsbericht erklärt, daß er sein gesamtes Unternehmen überträgt,[15] womit das Registergericht von Amts wegen tätig wird, oder ob er die Löschung seiner Firma im Handelsregister gleichzeitig beantragt, wozu er gemäß § 31 Abs. 2 Satz 1 HGB verpflichtet ist.

Auch bei der Stiftung bildet das Unternehmen nicht die Klammer der Umwandlungsmaßnahme. Gemäß § 161 UmwG 1994 können auch hier lediglich Unternehmensteile ausgegliedert werden. Gleichfalls kann im Zuge der Ausgliederung wie beim Einzelkaufmann dem bisherigen Unternehmen ein neuer Vermögensgegenstand zugeführt oder ihm auch entzogen werden.

Anders verhält es sich allerdings von der gesetzlichen Konzeption her im Falle der Ausgliederung von Unternehmen von Gebietskörperschaften. Hier sieht das UmwG vor, daß sich die Ausgliederung nur auf das Unternehmen selbst beziehen darf, Teile des Unternehmens jedoch, anders als im Falle des Einzelkaufmanns und der Stiftung, nicht Ausgliederungsgegenstand sein können.[16] Der Gesetzestext ist hier eindeutig, wenngleich der hierin verwandte Unternehmensbegriff wohl ausfüllungsbedürftig ist.[17] So überzeugt auch die Begründung des Regierungsentwurfs zu § 168 UmwG 1994,[18] in welcher auf Probleme in der registerrechtlichen Praxis bei der herbeizuführenden Wirkung der Ausgliederung im Falle einer Auf-

---

[14] Widmann/Mayer, UmwG, § 152 Rn 59 und 89 ff.

[15] Hierzu Neye/Limmer/Frenz/Hamacke, Handbuch der Unternehmensumwandlung, S 457 ff

[16] Vgl. § 168 UmwG 1994

[17] Siehe hierzu H. Schmidt in: Lutter (Hrsg.), UmwG, § 168 Rn 9, der mit einem umwandlungsrechtlichen Unternehmensbegriff arbeiten will

[18] BT-Drucks 12/6699 vom 01 02 1994, S 71 ff.

teilung des Unternehmens hingewiesen wird, nicht, da jeder Teilausgliederungsvorgang für sich betrachtet werden kann und damit mit seiner Eintragung im Handelsregister abgeschlossen wäre, unabhängig davon, ob bei weiter vorzunehmenden Teilausgliederungen diese bereits eingetragen sind. Damit § 168 UmwG 1994 auch künftigen Bedürfnissen bei der Privatisierung kommunaler wirtschaftlicher Tätigkeiten gerecht werden kann, muß daher tatsächlich für diese Norm von einem umwandlungsrechtlichen Unternehmensbegriff ausgegangen werden, bei der im Zuge der Umwandlung das Unternehmen geschaffen (determiniert) wird, ohne daß bereits zuvor eine Unternehmenseigenschaft nach herkömmlichem Verständnis vorliegt. Ohnehin wird man es bereits heute ohne größere Schwierigkeiten auch im Falle des § 168 UmwG 1994 zulassen können, daß im Zuge des Umwandlungsvorgangs - entsprechend den Möglichkeiten des Einzelkaufmanns und der Stiftung - dem bereits vorhandenen Unternehmen weitere Vermögensgegenstände gewidmet oder bestimmte Vermögensgegenstände entwidmet werden können, womit auch in diesem Fall dem Unternehmensbegriff keine vermögensrechtliche Klammerfunktion zukommt.

Nichts anderes gilt im übrigen für die Verwendung des Unternehmensbegriffs, soweit er im UmwG 1994 zur Darstellung eines Konzernverhältnisses und der Regelung der Bedeutung des Konzernverhältnisses bei Umwandlungsmaßnahmen herangezogen wird. Denn tatsächlich geht es im Konzernrecht nicht um Unternehmen, sondern vielmehr um Unternehmensträger und damit Rechtsträger bzw. Rechtssubjekte. Allerdings muß man hier zugeben, daß auf den Unternehmensbegriff zur Ermittlung der betroffenen Rechtssubjekte nicht verzichtet werden kann. Um Unternehmen im klassischen Sinne geht es allerdings hierbei nicht (konzernrechtlicher Unternehmensbegriff).[19]

Das UmwG 1994, das damit kaum als Unternehmensgesetz bezeichnet werden kann,[20] bringt somit - allerdings leider nicht in letzter Konsequenz - zum Ausdruck, was bereits schon zuvor Stand der Dinge war. Der Unternehmensbegriff muß zumindest im Umwandlungsrecht als in weiten Bereichen überholt und ohne jegliche dogmatische Relevanz angesehen werden. Historisch läßt er sich als Hilfskonstruktion zur Verdeutlichung der Eigenständigkeit des einer juristischen Person oder einem Personenzusammenschluß (Gesamthandsgemeinschaft) zugewiesenen Vermögens verstehen, auf welche allerdings mit dem sodann entwickelten Verständ-

---

[19] Vgl zum Unternehmensbegriff im Konzernrecht nur Krieger in: Münchener Handbuch des Gesellschaftsrechts, Bd 4, Aktiengesellschaft, S 708 f

[20] So aber Rawert in: Lutter (Hrsg), UmwG - Kommentar, § 161 Rn 23 a E , der von einer Konzeption des UmwG als eines Unternehmensgesetzes spricht Zutreffend jedoch Teichmann in: Lutter (Hrsg), UmwG - Kommentar , § 132 Rn 3

nis von der juristischen Person und insbesondere dem Erkennen einzelner personaler Zusammenschlüsse als juristische Person bzw. des Verhältnisses der juristischen Person zu ihrem Vermögen einerseits und ihren Mitgliedern andererseits verzichtet werden kann.[21]

Der Unternehmensbegriff hat sich damit in der weiteren Entwicklung insofern auch lediglich durch Zuflucht beim Rechtssubjekt, also der juristischen Person oder dem Personenzusammenschluß, und dem Entstehen des Begriffs des „Unternehmensträgers" am Leben erhalten können, da deutlich wurde, daß alleiniges Zuordnungssubjekt von Rechten und Pflichten nicht das Unternehmen, sondern die natürliche Person, die juristische Person oder der Personenzusammenschluß ist. Notwendige Konsequenz dieses Verständnisses ist wiederum, daß damit zwischen Unternehmen einerseits und Unternehmensträger andererseits mit dogmatischer Relevanz im Umwandlungsrecht nicht zu unterscheiden ist. Der Unternehmensbegriff bezeichnet somit alleine - zusammenfassend - das Vermögen des Unternehmensträgers. Entfaltet jedoch der Unternehmensbegriff insofern keine dogmatische Relevanz, ist die weitere Folge, daß er als „Namensbestandteil" in der Bezeichnung der juristischen Person und des Personenzusammenschlusses verzichtbar wird. Aus dem Unternehmensträger wird damit der „bloße" Rechtsträger.[22] Letztendlich geht es jedoch nach wie vor und seit jeher bei Umwandlungen um dasselbe, nämlich:

- das Rechtssubjekt bzw., speziell formuliert, die natürliche Person, die juristische Person oder den Personenzusammenschluß,
- das von ihm „getragene Vermögen"
- und schließlich - im Falle der „Zwischenschaltung" einer juristischen Person oder eines Personenzusammenschlusses (Gesamthand) zwischen natürlicher und/oder juristischer Person und Vermögen - der Berechtigung an diesem Zusammenschluß und damit letztend-

---

[21] Die Bedeutung des Unternehmensbegriffs wurde insbesondere deutlich zu der Zeit, als umstritten war, ob der Aktiengesellschaft der Charakter einer juristischen Person zukommt Je mehr sich Anfang des 20 Jahrhunderts das moderne Verständnis von der juristischen Person herausbildete, desto weniger konnten sich die Vertreter der Auffassung vom Unternehmen als Rechtsgegenstand durchsetzen, die gegen Ende der zwanziger Jahre mit dem 1927 von Oppikofer erschienenen Werk „Das Unternehmensrecht in geschichtlicher, vergleichender und rechtspolitischer Betrachtung" ihr Ende fand Auch die Formel vom „Unternehmen an sich" ist aufgrund des modernen Verständnisses der Aktiengesellschaft in ihrer Ausgestaltung als juristische Person und eben ihrem Verhältnis zu ihren Mitgliedern überholt Hierzu siehe insbesondere Flume, Die juristische Person, S 31 ff und neuerdings Riechers, Das > Unternehmen an sich <, S 147

[22] So der Begriff nunmehr im UmwG 1994; vgl. hierzu auch die Allgemeine Begründung des Regierungsentwurfs zum UmwG 1994 (BT-Drucks 12/6699 vom 01 02 1994, S. 71 ff), u a auch abgedruckt bei Neye (Hrsg), UmwG, UmwStG, S 87 ff

lich an dessen Vermögen.[23]

Die so verstandene Umwandlung dient daher nicht nur späteren Veränderungen der rechtlichen Organisation des Unternehmens,[24] womit das Unternehmen an sich unberührt bliebe, sondern ist ein sondergesetzlich geregelter Umstrukturierungsfall, welcher nicht nur die rechtliche Organisation betrifft, sondern auch das Vermögen dieser rechtlichen Organisation sowie das Berechtigtenverhältnis hieran betreffen kann, ohne daß das Unternehmen selbst hierbei Schranken setzt.

Diesem modernen Verständnis folgend soll daher nachfolgend auf den Unternehmensbegriff grundsätzlich verzichtet werden. Die zuvor dargestellten drei maßgeblichen Betrachtungsbereiche sind das Rechtssubjekt selbst, sein Vermögen oder (noch nicht einmal notwendigerweise abgrenzbare) Teile desselben sowie weiter die letztendlich hinter dem Rechtssubjekt stehenden weiteren Berechtigten - mag man sie nun Initiatoren, Betreiber oder Veranstalter nennen. Diese Betrachtungsbereiche sollen im folgenden näher untersucht werden.

3 Umwandlungsintendierte und umwandlungsreflektierte Bereiche - Rechtssubjektsbereich, Vermögensbereich, Berechtigtenbereich

Wohl sämtliche denkbaren Umwandlungsmaßnahmen lassen sich verschiedenen Sphären bzw. Bereichen zuordnen. Als Zuordnungsbereich kommt zum einen das Vermögen eines Rechtssubjekts in Betracht, womit hierfür der Begriff Vermögensbereich verwendet werden soll. Weiter kann Gegenstand einer Umwandlung ein Rechtssubjekt an sich sein, sei es, daß dieses gegründet, beendet oder in seiner Struktur verändert wird. Diesbezüglich sei nachfolgend von Rechtssubjektsbereich gesprochen.

Schließlich - und vielfach übersehen - kommt als Gegenstand oder zumindest betroffener Bereich einer Umwandlungsmaßnahme für den Fall, daß hinsichtlich eines Vermögens zwischen natürlichen Personen oder bereits künstlich geschaffenen Rechtssubjekten eine juristische Person oder ein ähnliches Gebilde mit Rechtssubjektivität zwischengeschaltet ist, das Rechtsverhältnis zwischen den natürlichen Personen und/oder den

---

[23] Vgl hierzu sogleich nachfolgend Ziff 3

[24] So aber Lutter in: Lutter (Hrsg), UmwG - Kommentar, Einleitung Rn 1

durch das Recht künstlich geschaffenen Rechtssubjekten (Mitglieder, Anteilsinhaber oder sonstige Berechtigte) und dem bezogen auf das Vermögen neu geschaffenen Rechtssubjekt in Betracht. Dies sei hier als Berechtigtenbereich[25] bezeichnet. Umwandlungsvorgänge stellen sich damit als Einzelmaßnahmen oder - wie meist - Polarisierungen von Maßnahmen (Ausgestaltungen) der Gründung und/oder Beendigung von Rechtssubjekten, der Vermögensübertragung sowie schließlich auch der Ausgestaltung, unter Umständen sogar Begründung oder Beendigung, der Berechtigung am künstlich geschaffenen Rechtssubjekt und damit mittelbar an dem ihm zugeordneten Vermögen dar. Dies ist der „Baukasten", auf den der Gesetzgeber zurückgreifen kann und damit ist hier der dogmatische Ansatz für Umwandlungsmaßnahmen zu finden; hier lassen sich am ehesten die Fragen beantworten, die der Umwandlungsgesetzgeber nicht beantwortet oder zur Beantwortung Wissenschaft und Praxis aufgibt.[26]

3.1 Rechtssubjektsbereich

In den Rechtssubjektsbereich, also den Bereich von Umwandlungsmaßnahmen, die sich auf das Rechtssubjekt beziehen, fallen die Gründung, die Beendigung und die Umwandlung[27] von Rechtssubjekten oder rechtssubjektivierten Zusammenschlüssen.[28]

Hierbei mag die eben erfolgte Zuordnung der Gründung von Rechtssubjekten einerseits wie ihre Umwandlung andererseits in eine Bereichsebene auf den ersten Blick überraschen, denn vielfach wird die Gründung von Rechtssubjekten als der Umwandlung von Rechtssubjekten diametral

---

[25] Siehe hierzu bereits 2 Kap Ziff 4 1.

[26] Ein ähnlicher Ansatz findet sich bei K Schmidt, AcP 191 (1991), 495, 503, wo es heißt:

„. Die Elementaria von Umwandlung und Verschmelzung sind:

- Sachgründung (bzw. Sachkapitalerhöhung)

- Einzeleinbringung und

- Liquidation

. "

Vgl zum Referentenentwurf des UmwG 1994 insofern auch Arbeitskreis Umwandlungsrecht, ZGR 1993, 321

[27] Gemeint ist die Umwandlung in ihrem eigentlichen Sinne: der Formwechsel (siehe nachfolgend Ziff. 3 1 2)

[28] Nachfolgend verallgemeinernd als Rechtssubjekt(e) bezeichnet

entgegengesetzt gegenüberstehend gesehen.[29] Reduziert man jedoch die hiermit verbundenen Rechtsvorgänge auf das Wesentliche, muß man feststellen, daß dies in der Weite der verwendeten Begriffe nicht der Fall ist, sondern lediglich für ihre engste Bedeutung zutrifft, da viele Umwandlungsvorgänge mit Neugründungen von Rechtssubjekten einhergehen. Faßt man die Begriffe eng, stehen sie sich jedoch in der Tat gegensätzlich gegenüber. Dann jedoch hat man zu konstatieren, daß für Umwandlungsvorgänge im eigentlichen Sinne nur ein geringer Raum verbleibt,[30] vielmehr das, was im übrigen mit Umwandlung, Verschmelzung und Spaltung oder gar noch Vermögensübertragung bezeichnet wird, ein besonderer Fall der Gründung und/oder Beendigung von Rechtssubjekten mit damit notwendigerwiese einhergehender Vermögensübertragung ist oder es sich um reine Vermögensübertragungsvorgänge handelt.

Gründung und Beendigung von Rechtssubjekten stellen damit unverzichtbare Elemente eines umfassenden Umwandlungsrechts dar. So faßt das UmwG 1994 den Begriff der Umwandlung auch weit und versteht hierunter Verschmelzung, Spaltung, Vermögensübertragung und Formwechsel.[31]

3.1.1 Gründung und Beendigung

Von einem Fall der Gründung ist stets dann zu sprechen, wenn zum Zweck der Vermögensaufnahme ein neues Rechtssubjekt errichtet wird. Hierbei ist der Weg der Vermögensübertragung zur Einordnung als Gründungsvorgang grundsätzlich nicht von Bedeutung. Es kommt nicht darauf an, ob durch rechtlich gesonderte Übertragung jedes einzelnen Vermögensgegenstands bei einer Vielzahl von zu übertragenden Vermögensgegenständen eines Rechtssubjekts (Singularsukzession oder Einzelrechtsnachfolge), einaktige Übertragung einer Vielzahl - aber nicht aller - Vermögensgegenstände eines Rechtssubjekts (Partialsukzession oder Teilrechtsnachfolge)[32] oder Übertragung aller Vermögensgegenstände eines

---

[29] So zum Beispiel K. Schmidt, Gesellschaftsrecht, S 292, wo es heißt:

„Die praktische Bedeutung des Umwandlungsrechts liegt im Privatrecht der Unternehmen und sie lebt vor allem von dem Gegensatz: >>Gründung oder Umwandlung?<<. ..."

[30] - sie sich auf den bloßen Formwechsel reduzieren (siehe nachfolgend Ziff. 3.1.2)

[31] § 1 UmwG 1994

[32] Der Begriff „Partialsukzession" wird hier gewählt, da die zur Beschreibung der einheitlichen Übertragung eines Vermögensteils verwendeten Begriffe wie „partielle Gesamtrechtsnachfolge" und „Sonderrechtsnachfolge" nicht hinreichend griffig erscheinen. Kritisch zum Begriff der partiellen Gesamtrechtsnachfolge insbesondere R Mayer in: Widmann/Mayer, Umwandlungsrecht, § 50

Rechtssubjekts (Universalsukzession oder Gesamtrechtsnachfolge) Vermögen übertragen wird.

Ist mit dem Gründungsvorgang oder mit den Gründungsvorgängen gleichzeitig verbunden, daß das übertragende Rechtssubjekt hierdurch vermögenslos wird, so geht mit diesen sogleich die Beendigung des übertragenden Rechtssubjektes einher. Versteht man die Liquidation als besondere (Verfahrens-)Form der Beendigung einer juristischen Person oder Gesamthandsgemeinschaft, so ist diese zumindest bei der Übertragung des gesamten Vermögens auf ein Rechtssubjekt, sofern diese Übertragung einaktig verläuft, nicht erforderlich. Sie ist sogar aufgrund der eintretenden Vermögenslosigkeit mit Übertragung, da ein Liquidationsgegenstand nicht mehr vorhanden ist, ausgeschlossen.

Diese Sichtweise hat sich beim Umwandlungsgesetzgeber allerdings nur langsam durchgesetzt.[33] Das ADHGB regelte bereits in seiner Ausgangsfassung von 1861 die Verschmelzung von Aktiengesellschaften (Art. 215 Abs. 2, Art. 247). Dort hatte der Gesetzgeber die Verschmelzung noch als besondere Form der Liquidation ausgestaltet, verlangte doch Art. 247 Abs. 2 Nr. 1 ADHGB, daß das Vermögen der aufzulösenden Gesellschaft so lange getrennt zu verwalten ist, bis die Befriedigung oder Sicherstellung ihrer Gläubiger erfolgt ist. Der Reichsgesetzgeber hatte es sodann in § 80 GmbHG im Falle der Umwandlung einer AG in eine GmbH[34] noch für erforderlich gehalten, darauf hinzuweisen, daß eine Liquidation nicht zu erfolgen hat.

Gleiches gilt im übrigen, wenn das Vermögen auf mehrere Rechtsträger verteilt wird, sofern dies in allen Fällen im Wege eines ebenfalls einaktigen Vorgangs erfolgt. Auch hier ist eine Liquidation von ihrem Wesen her ausgeschlossen.[35]

UmwG 1969 (Rn 969) Völlig anders allerdings Vossius in: Widmann/Mayer, Umwandlungsrecht, § 131 UmwG 1994, der sogar den Begriff der partiellen Gesamtrechtsnachfolge in seiner Kommentierung als Abschnittsüberschrift verwendet. Siehe jedoch auch K. Schmidt, AcP 191 (1991), 495, 500, der darauf hinweist, daß das Rechtsinstitut der Gesamtrechtsnachfolge einen ungeteilten Übergang eines Gesamtvermögens nicht voraussetze. Ferner auch hierzu Hennrichs, Formwechsel und Gesamtrechtsnachfolge bei Umwandlungen, S. 37 f.

[33] Mag auch am Anfang des Verschmelzungs- und Umwandlungsrechts bereits der Wille des Gesetzgebers gesehen werden, die Liquidation durch einfachere Regeln zu ersetzen. So K. Schmidt, AcP 191 (1991), 495, 503

[34] Die Umwandlung war hier als errichtende Umwandlung - also im Wege der Neugründung einer GmbH - ausgestaltet

[35] So hat der Gesetzgeber im Falle der Aufspaltung nach § 123 UmwG 1994 einen solchen überflüssigen Hinweis unterlassen

3.1.2 Umwandlung (Formwechsel)

Somit bleibt bei enger Begriffsfassung für die Umwandlung im eigentlichen Sinne nur wenig Raum. Es handelt sich um die Fälle, in denen die rechtlichen Maßnahmen sich nicht auf das Vermögen des Rechtssubjekts beziehen, sondern vielmehr grundsätzlich alleine das Rechtssubjekt selbst betreffen, dieses also ein anderes rechtliches Kleid[36] annimmt - somit das, was gemeinhin mit formwechselnder Umwandlung umschrieben wird. Die formwechselnde Umwandlung ist daher, wenn man so will, die Umwandlung reinsten Wassers.[37] Voraussetzung für eine solche (formwechselnde) Umwandlung ist allerdings, daß der Gegenstand der Umwandlung Rechtssubjektivität besitzt und als solcher auch gestaltbar ist. Somit liegt auf der Hand, daß die natürliche Person, etwa der Einzelkaufmann, einer solchen Umwandlung nicht zugänglich ist, wie dies auch eine Gemeinschaft natürlicher Personen nicht wäre, sollte ihr denn die hierfür erforderliche (geschlossene) Rechtssubjektivität fehlen.[38]

3.1.2.1 Die Bedeutung von Identität und Strukturgleichheit oder -ähnlichkeit für den Formwechsel

Vielfach wird das, was sich im Falle des Formwechsel vollzieht, mit den Begriffen „Identität" und „Strukturgleichheit" bzw. „Strukturähnlichkeit" umschrieben. Doch ist hier Vorsicht geboten.

Die Forderung nach Identität und Strukturgleichheit bzw. Strukturähnlichkeit ist im Lichte des sich Ende des 19. bis fast in die erste Hälfte des 20. Jahrhunderts hinein entwickelnden Verständnisses von der juristischen Person zu betrachten, dem sich nach weitestgehendem Abschluß des Theorienstreits über die juristische Person - vielleicht konsequent - nahezu nahtlos die Entwicklung des modernen Gesamthandsverständnisses anschloß, wie es sodann letztendlich vom Gesetzgeber im Umwandlungsgesetz 1994 der formwechselnden Umwandlung zugrundegelegt wurde.[39]

---

[36] Die Darstellung des Formwechsels als Wechsel des Rechtskleids ist die allgemein gebräuchlichste Umschreibung des hiermit einhergehenden Rechtsvorgangs Siehe nur Zöllner, DB 73, 2077, 2078; K Mertens, Umwandlung und Universalsukzession, S. 47; Hennrichs, Formwechsel und Gesamtrechtsnachfolge bei Umwandlungen, S 33 Sie geht wohl zurück auf Quassowski, der dieses Bild in der amtlichen Begründung zum AktG 1937, S. 236, verwandte.

[37] Siehe hierzu K. Schmidt, Gesellschaftsrecht, S 294

[38] Siehe nur die kritischen Bemerkungen von Raiser, AcP 194 (1994), 495 ff und Zöllner in: FS Gernhuber, S 563 ff zum Formwechsel „aus" der Gesamthand.

[39] Vgl hierzu Begründung des RegE zu Beginn des fünften Buches des UmwG 1994 (BT-Drucks 12/6699 vom 01 07 1994, S

Zur Lösung des „Rätsels Formwechsel"[40] ist daher auf die juristische Person und die Gesamthandsgemeinschaft an sich – und nicht einzelne Formen ihrer Ausgestaltung – zu blicken.

Bis zur Aktienrechtsreform im Jahre 1936 waren als gesetzlich ausgestaltete Umwandlungsvorgänge nur die in §§ 332 bis 334 HGB geregelte Umwandlung einer Kommanditgesellschaft auf Aktien in eine Aktiengesellschaft und die in §§ 80, 81 GmbHG geregelte Umwandlung einer Aktiengesellschaft in eine Gesellschaft mit beschränkter Haftung, welche als „Umgründung" ausgestaltet war, bekannt.

Von einer zu diesem Zeitpunkt bereits - zumindest in groben Zügen - bestehenden Dogmatik des Umwandlungsrechts konnte unmittelbar zu Beginn des 20. Jahrhunderts damit noch nicht die Rede sein. Die Schwierigkeiten bestanden bereits darin, überhaupt das „Wesen der juristischen Person" zu erkennen und herauszuarbeiten. Ohne eine weitestgehend gefestigte Dogmatik zur juristischen Person konnte eine umwandlungsrechtliche Dogmatik, die hierauf aufzubauen hatte, nicht entwickelt werden. So lagen die Probleme nicht nur darin, verschiedene Arten von juristischen Personen auszumachen[41] bzw. verschiedene „Gebilde" überhaupt als juristische Person zu deuten[42], sondern - damit zusammenhängend – auch darin, innerhalb derselben Art oder gar bei allen juristischen Personen einen gemeinsamen Kern zu entdecken.

Weiter wurde eine dogmatische Entwicklung hier nicht gerade dadurch gefördert, daß die Verfasser des BGB bewußt eine Stellungnahme zu dem Theorienstand über das Wesen der juristischen Person vermeiden wollten.[43]

3.1.2.1.1 Formwechsel und Identität

Der Anerkennung der Möglichkeit eines Formwechsels liegt das notwen-

---

71 ff.), auch abgedruckt bei Ganske, Umwandlungsrecht, S 208 ff

[40] Siehe nur den Beitrag von Bärwaldt/Schabacker, ZIP 1998, 1293 ff

[41] Zu den Arten siehe bereits Savigny, System des heutigen Römischen Rechts, Bd. 2, S 242, sowie zur Darstellung der historischen Entwicklung Flume, Die juristische Person, S 95 ff.

[42] Umstritten war dies z. B für die KGaA.

[43] Dies kommt ausdrücklich in den Protokollen im Zusammenhang mit § 26 BGB zum Ausdruck - Motive I, 509; siehe auch Mugdan I, 609, wenn auch in den Motiven selbst zumindest eine Sympathie der Verfasser für die Theorie der Zweckpersonifikation wohl erkannt werden kann - siehe hierzu Motive I, 78

dige Verständnis der Trennung zwischen Rechtsfähigkeit - und damit dem Rechtssubjekt in seinem Kern - und der gesetzlichen Ausgestaltung des Rechtssubjekts zugrunde, welche grundsätzlich beliebig auf den Kern „aufgesetzt" werden kann. In der Entwicklung des Verständnisses vom Wesen der juristischen Person ist diese Sichtweise innerhalb der „gleichen Art" der juristischen Person einfacher[44] und fordert für den Wechsel der Rechtsform zwischen den unterschiedlichen Arten der juristischen Person einen weiteren Gedankenschritt, nämlich zu erkennen, daß jede juristische Person über einen identischen Kern verfügt.

Die weitergehende Entwicklung des Verständnisses hinsichtlich des Wesens der juristischen Person ermöglichte es sodann auch im Jahre 1936 - den wirtschaftlichen Bedürfnissen entgegenkommend - dem Gesetzgeber, auf nunmehr breiter Front den Formwechsel zuzulassen. In sämtlichen sodann zugelassenen Fällen stellte sich der Gesetzgeber auf den Standpunkt, daß es der juristischen Person möglich sein müsse, sich ein anderes Kleid überzustreifen, wenn sich herausstellt, daß das Kleid, das sie sich zunächst gegeben hat, für sie zu klein oder zu groß geworden ist.[45] Bei der Zulassung des Formwechsels blieb der Gesetzgeber allerdings in einer bestimmten Gruppe der juristischen Personen - den Kapitalgesellschaften - verhaftet. Hier vollziehe sich die Umwandlung durch bloße Veränderung des rechtlichen Charakters der Gesellschaft. Die Identität der juristischen Person bleibe bestehen.[46]

Zugelassen wurde daher nunmehr die Umwandlung einer Aktiengesellschaft in eine Kommanditgesellschaft auf Aktien (§§ 257 bis 259 AktG) und in eine Gesellschaft mit beschränkter Haftung (§§ 263 bis 268 AktG), weiter in den §§ 260 bis 262 bzw. §§ 269 bis 277 AktG die umgekehrten Umwandlungsfälle und in den §§ 280 bis 286 AktG die Umwandlung einer Kommanditgesellschaft auf Aktien in eine Gesellschaft mit beschränkter Haftung sowie umgekehrt. Der bergrechtlichen Gewerkschaft gestattete das neue Aktiengesetz die Umwandlung in eine Aktiengesellschaft (§§ 278 bis 279 AktG) oder in eine Kommanditgesellschaft auf Aktien (§ 287 AktG). Damit hatten nach dem Willen des Gesetzgebers die Umwandlungen von Gesellschaften mit einer eigenen Rechtspersönlichkeit in

---

[44] Siehe zum Beispiel H Westermann, FG Hengeler, S 240 ff., der lediglich auf die verschiedenen gesetzlich typisierten Verbände abstellt

[45] Quassowski, Amtliche Begründung, S 236.

[46] Siehe hierzu die erläutemden Bemerkungen des Reichsjustizministeriums zum Entwurf eines Aktiengesetzes von 1931, abgedruckt in: Schubert/Hommelhoff (Hrsg), Die Aktienrechtsreform am Ende der Weimarer Republik, S. 907 ff., 934, 935. Noch zweifelnd Hachenburg, 11 Sitzung des Aktienrechtsausschusses des Vorläufigen Reichswirtschaftsrats vom 02 12 1932 – Protokoll der Verhandlungen im Aktienrechtsausschuß des Vorläufigen Reichswirtschaftsrats, ebenda, S. 609

andere Gesellschaftsformen mit eigener Rechtspersönlichkeit ihre abschließende Regelung gefunden. Weitere Umwandlungen waren nicht zulässig.[47]

Stand damit die Trennung zwischen der Rechtspersönlichkeit der juristischen Person und ihrer Ausgestaltung durch den Gesetzgeber - ihrem rechtlichen Charakter - und somit die Möglichkeit eines identitätswahrenden Formwechsels zumindest in diesen Fällen fest, bedurfte es allerdings der Erklärung, warum denn die Umwandlung zwischen anderen juristischen Personen als den nunmehr im Aktiengesetz zur Umwandlung zugelassenen nicht möglich sein solle. Die mangelnde Strukturähnlichkeit - von Strukturgleichheit kann schon im Hinblick auf die zugelassenen Umwandlungsfälle von juristischen Personen unterschiedlicher Struktur nicht die Rede sein - bot sich als Erklärungsmodell für die gesetzgeberische Entscheidung bzw. als Begründung im Schrifttum für ein insofern restriktives Formwechsel-Umwandlungsrecht an. Mit dem UmwG 1969 war es jedoch auch damit endgültig vorbei, nachdem §§ 385 a ff. AktG, § 59 UmwG auch die Umwandlung von Körperschaften bzw. Anstalten des öffentlichen Rechts in Kapitalgesellschaften zuließen.[48] In konsequenter weiterer Entwicklung war sodann bei der Frage der Zulässigkeit[49] eines Formwechsels von Gesamthandsgemeinschaften in juristische Personen (Kapitalgesellschaften) von den Vertretern einer modernen Gesamthandslehre, welche die Identität als zwingende Grundvoraussetzung bejahten, zu fragen, ob denn trotz Identität auch Strukturähnlichkeit gegeben und damit eigentlich ein Formwechsel zuzulassen sei[50]. Die Frage nach Strukturähnlichkeit bzw. -gleichheit bei formwechselnden Umwandlungen wurde fälschlich zum Dogma hochstilisiert.

Die als Dogma für den Formwechsel fehlverstandene Frage nach Strukturähnlichkeit bzw. -gleichheit, welche bestenfalls als Erklärungsmodell für vom Gesetzgeber nicht zugelassene formwechselnde Umwandlungen verstanden werden kann,[51] hat dazu geführt, daß gerade bei der Einordnung von Umwandlungen von Wirtschaftseinheiten der DDR mit diesem

---

[47] Schlegelberger u a , Aktiengesetz, Vorbemerkung zum Dritten Teil des Dritten Buchs, S 1102

[48] Hierauf weist zu Recht K Mertens, Umwandlung und Universalsukzession, S 227, hin, der unter Bezugnahme auf Zöllner in: Kölner Kommentar, § 385 a Rn. 11, Strukturidentität (gemeint ist wohl eigentlich Strukturähnlichkeit) hier vollständig vermißt

[49] Gemeint ist hier die Möglichkeit der gesetzlichen Anordnung - siehe hierzu nachfolgend

[50] Siehe hierzu Habersack, JuS 1990, 179, 182 (Formwechsel nur bei Gesellschaften gleichen Strukturtyps und daher im Ergebnis den Formwechsel zwischen BGB-Gesellschaft und Kapitalgesellschaft verneinend)

[51] Siehe z B. Krüger, Zweckmäßige Wahl der Unternehmensform, S 480

Begriff an völlig falscher Stelle argumentiert wurde[52] bzw. auch angesehene Kenner der Materie sich anfänglich zwischen den Bedeutungskategorien Identitätswahrung einerseits und Strukturähnlichkeit andererseits desorientierten.[53]

Richtigerweise ist als alleinige - zwingende - Voraussetzung eines Formwechsels auf die Identität des Rechtssubjekts vor und nach der Umwandlungsmaßnahme abzustellen. In diesem Zusammenhang ist allerdings zugleich zu sehen, daß es sich hierbei nicht um eine absolute Identität handelt, etwa in einer ähnlichen Ausgestaltung des Rechtssubjekts, sondern vielmehr um eine Identität im Kern, also reduziert auf die reine Rechtssubjektsqualität.[54]

Identität fragt somit nach dem Vorliegen von Rechtssubjektivität unter Loslösung ihrer weiteren Ausgestaltung, also der Struktur des Rechtssubjekts - seinem rechtlichen Charakter.[55] Damit ergibt sich weiter, daß die Frage nach der Identität von der nach Strukturgleichheit oder Strukturähnlichkeit streng zu trennen ist, was einem „modernen" Verständnis von der juristischen Person, wie es bereits in das AktG 1937 - allerdings nur bei den Kapitalgesellschaften - Eingang gefunden hat, entspricht. Gleiches gilt für die Gesamthandsgemeinschaften, sofern man ihnen Rechtssubjektivität zubilligt.

Bei der Identitätsfrage geht es somit zutreffenderweise um die Frage, was *unter dem Kleide steckt, welches gewechselt werden soll.*[56] Wer diesem Kleide absolute konstitutive Bedeutung für das Rechtssubjekt zuspricht,[57]

---

[52] So Weimar, BB 1990, DDR-Rechtsentwicklungen, Folge 22, S 12 ff., S. 13 Fn 3, und deutlicher in DtZ 1991, S 182 Fn 3, der darauf abstellt, daß die gesetzliche Umwandlung unter strukturell heterogenen Rechtsträgern vollzogen worden sei Der strukturelle Unterschied bestehe insbesondere darin, daß volkseigene Betriebe ihre Tätigkeit in Verwirklichung der Beschlüsse der Partei der Arbeiterklasse und im Auftrag des sozialistischen Staates auf der Grundlage der Gesetze des SED-Staates ausübten.

[53] So Beuthien/Becker, ZIP 92, 83 ff., die zur Einordnung der Umwandlung der PGH darauf abstellten, daß es sich bei den PGH um eine Organisationsform einer ganz anderen Rechts- und Gesellschaftsordnung, insbesondere einer völlig anderen Eigentumsstruktur, handele Beuthien hat seine Rechtsansicht allerdings sodann in ZIP 92, 1143, aufgegeben, ist allerdings immer noch davon ausgegangen, daß Voraussetzung für eine formwechselnde Umwandlung sei, daß „... *sich eine Gesellschaft in eine Gesellschaftsart gleicher Grundstruktur umwandeln will ...*".

[54] Denn es ist gerade Ziel des Formwechsels, die „Ausgestaltung" und damit letztlich die Struktur des Rechtssubjekts zu ändern Vgl aber auch Wiedemann, ZGR 1999, 568 ff, und die von ihm benannten Identitätsmerkmale

[55] So die Formulierung in den erläuternden Bemerkungen des Reichsjustizministeriums zum AktG-Entwurf 1931, abgedruckt in: Schubert/Hommelhoff (Hrsg), Die Aktienrechtsreform am Ende der Weimarer Republik, S 907 ff, 934 f

[56] Diese Frage stellt sich Reinhardt in: FS Bartholomeyczik, S 307, 309

[57] So Reinhardt, a. a O (Fn 56)

also bei Verlust des Kleides unter diesem gar nichts mehr entdeckt, müßte sich konsequenterweise von dem Oberbegriff „juristische Person" verabschieden, da dann nämlich die Ausgestaltungen der unterschiedlichen Arten der juristischen Person für einen jeden Typus absolut konstitutiven Charakter hätten und damit ein jeder Typus ein absolutes rechtliches Eigenleben führte. Zutreffenderweise sollte man daher den Formwechsel als Veränderung der Ausgestaltung des Rechtssubjekts umschreiben und daher den trotz der Umwandlung verbleibenden identischen Kern als die verbleibende Rechtssubjektivität ansehen.[58] Wer somit alleine auf die als Voraussetzung und damit letztendlich auch als Folge der formwechselnden Umwandlung maßgebliche Identität im Kern, also die Rechtssubjektivität, blickt, wird auch insoweit nach der Umwandlung nichts anderes sehen als das, was er vor der Umwandlung gesehen hat. Daß letztendlich bei Betrachtung zwischen Ausgangsrechtsform und Zielrechtsform aus einem Dr. Jekyll ein Mr. Hyde geworden sein kann, ergibt sich erst bei einer Gesamtbetrachtung des Rechtssubjekts[59] unter Einbeziehung seines Charakters, der ja gerade Gegenstand der Umwandlung ist. Die Rechtssubjektivität ist in der Gruppe der juristischen Personen der Kern der juristischen Personen, ihre minimalisierte Substanz. Eben dies gilt es auch bei den Gesamthandsgemeinschaften auszumachen, um einen Formwechsel - ohne gesetzliche Fiktion der Rechtssubjektivität oder Rechtskontinuität - zulassen zu können.[60]

Somit läßt sich festhalten:

Das Prinzip des Formwechsels ist, daß dieser nicht am Rechtssubjekt insgesamt, sondern lediglich an seiner Ausgestaltung ansetzt. Der rechtssubjektivierte Kern bleibt daher durch den Formwechsel unberührt und damit identisch. Formwechsel ist somit nicht Änderung der Rechtssubjektivität, sondern lediglich Änderung der Rechtspersönlichkeit. Die Wahrung

---

[58] Dies entspricht einem seit mehreren Jahrzehnten eigentlich vorherrschenden Verständnis von der juristischen Person, welches offenbar im Zuge neuerer Entwicklungen im Umwandlungsrecht in Frage gestellt wurde oder vielleicht sogar in Vergessenheit geriet - siehe zur allgemeinen Kritik eines umfassend zugelassenen Formwechsels auch bei Hennrichs, Formwechsel und Gesamtrechtsnachfolge bei Umwandlungen, S 33 f und ZIP 1995, 794, 796. Ferner auch Bärwaldt/Schabacker, ZIP 1998, 1293 Insofern zeigt sich hier das Erfordernis einer „Allgemeinen Lehre von der juristischen Person"

[59] Diese Umschreibung verwendet Zöllner in: Kölner Kommentar zum Aktiengesetz, Band 3 B, 1 Lieferung, Vorb. § 362 Rn. 3. An ihr ist jedoch nach der „Identitätsthese" auch nichts auszusetzen, handelt es sich doch um ein und dieselbe (natürliche) Person.

[60] Der Formwechsel ist also auch im Falle des Wechsels von der Gesamthandsgemeinschaft zur juristischen Person, folgt man dem modernen Verständnis von der Gesamthand, keine Fiktion hinsichtlich der Identität des Rechtssubjekts Schon gar nicht ist das Prinzip der Identitätswahrung beim Formwechsel überhaupt eine Fiktion - so aber Hennrichs (a. a. O - Fn 58); Streck/Mack/Schwedhelm, GmbHR 1995, 161, 171

der Identität des Rechtssubjekts durch den Formwechsel ist nicht Voraussetzung, sondern Ergebnis bzw. Prinzip des Formwechsels. Voraussetzung des Formwechsels ist vielmehr das Vorhandensein eines absolutierbaren rechtssubjektivierten Kerns der juristischen Person, welche erst durch das vom Gesetzgeber zugelassene und ihr von ihren Gründern oder Berechtigten zugewiesene Rechtskleid ihre weitere Ausgestaltung zur Zweckerreichung erfährt. Nur auf diesen absolutierbaren rechtssubjektivierten Kern bezieht sich ein richtig verstandenes Identitätsdogma des Formwechsels. Für die weitere Ausgestaltung der juristischen Person und auch für das Bestehen oder die Art der auf ihr ruhenden Berechtigtenverhältnisse ist es ohne Bedeutung. Auf Strukturgleichheit oder Strukturähnlichkeit kommt es somit nicht an; diese gehört nicht zum Prinzip des Formwechsels. Für den Formwechsel von Gesamthandsgemeinschaften in juristische Personen und umgekehrt ist somit wiederum ein auch bei den Gesamthandsgemeinschaften vorhandener rechtssubjektivierter Kern Voraussetzung. Dieser wird der BGB-Gesellschaft zwar von der modernen Gesamthandslehre zuerkannt, der sich der Gesetzgeber angeschlossen hat. Sein Vorhandensein ist allerdings nach wie vor umstritten.[61]

3.1.2.1.2 Formwechsel und Spaltung

Erkennt man, daß der Anerkennung der Möglichkeit eines Formwechsels das notwendige Verständnis der Trennung zwischen Rechtsfähigkeit einerseits und der gesetzlichen Ausgestaltung des Rechtssubjekts andererseits zugrundeliegt, ist sicherlich kein allzu großer gedanklicher Schritt zu vollziehen, um sich mit der Frage der formwechselnden Spaltung zu befassen. Die Vorteile der Zulässigkeit einer solchen Verfahrensweise liegen auf der Hand. Auch hier bestehen sie in der Vermeidung der (unnötigen) Neugründung von Rechtssubjekten.[62] Der damit zur Beantwortung der soeben aufgeworfenen Frage erforderliche dogmatische Ansatz und damit die eigentliche Fragestellung ist klar:

Ist Rechtssubjektivität teilbar? Ist damit der als „Kern“ der juristischen Person behandelte rechtssubjektivierte Kern das kleinste Teilchen des Modells von der juristischen Person oder kann man hier „Kernspaltung“ betreiben?

Die Frage wird wohl denjenigen, die dem Vorstellungsbild von der Untrennbarkeit zwischen der Rechtsfähigkeit der juristischen Person und ihrer gesetzlichen Ausgestaltung anhaften, abstrus vorkommen. Sie ist es jedoch letztendlich genauso wenig wie die Trennung zwischen der Aus-

---

[61] Siehe hierzu Zöllner, FS Gernhuber, 1993, S 563 ff; Raiser, AcP 194 (1994), S. 495 ff.

[62] Vgl. Dehmer, UmwG/UmwStG, Vor §§ 190 - 213 UmwG Rn 4

gestaltung der juristischen Person und ihrem rechtssubjektivierten Kern. Die Frage entspricht einer zumindest möglichen Vorstellungsweise des Lebens und diente auch sogleich der Technik des Rechts[63] und muß von daher prinzipiell bejaht werden.

Die derzeitige Ausgestaltung des Umwandlungsrechts im UmwG 1994 kennt jedoch im Spaltungsrecht die formwechselnde Spaltung nicht. Auch das Verschmelzungsrecht kennt - insofern konsequent - nur die Verschmelzung „auf", nicht jedoch die Verschmelzung „zu". Wollen die Verschmelzungsgesellschaften ihr Vermögen zusammenführen und paßt ihnen - vielleicht gerade deswegen - ihr altes Kleid nicht mehr, so müssen sie den Weg der Verschmelzung durch Neugründung wählen. Eine (einheitliche) formwechselnde Verschmelzung ist nicht möglich.

Die KomVO behandelte erstaunlicherweise die Zusammenlegung von Kombinaten bzw. Betrieben untereinander oder Kombinaten und Betrieben miteinander durchweg als Fall der Neugründung. Der „Lebenssachverhalt" Spaltung nach dem Treuhandgesetz zeigt jedoch sodann, daß der Gedanke an die „formwechselnde" Spaltung so fern nicht liegt.

3.1.2.1.3 Strukturgleichheit und Strukturähnlichkeit als Frage der Ausgestaltung des Formwechsels

Ist die (geschlossene) Rechtssubjektivität als Prinzip und gleichzeitig auch als unabdingbare Voraussetzung des Formwechsels ausgemacht, so ist damit allerdings noch nicht gesagt, daß sodann ein Formwechsel in jedem Falle und ohne weiteres zwischen den verschiedensten Rechtssubjekten in ihrer unterschiedlichsten Struktur zuzulassen wäre. Vielmehr stellt sich die Frage nach der konkreten Ausgestaltung des Formwechsels bzw. die Frage der an ihn weiter zu stellenden Anforderungen. Zu ihrer Beantwortung ist jedoch die „Identitätsthese" völlig ungeeignet,[64] beschreibt sie doch lediglich den rechtssubjektivierten Kern als Vehikel der Umwandlung, nicht jedoch den Weg, den dieses Vehikel zu nehmen hat.[65] Somit

---

[63] Die Aufnahme der Begründung der Kommission in den Motiven zum BGB zu Beginn des Abschnitts über die juristische Person (siehe Seite 22 Fn 59) wurde hier gewählt, um zu zeigen, wie „modern" bereits Ende des 19 Jahrhunderts gedacht wurde Der Sinn des Rechts ist nicht die Dogmenkonservierung, sondern die möglichst einfache Regelung vorhandener oder erwünschter sozialer Lebenssachverhalte

[64] Diese wurde jedoch als dogmatischer Ansatz - z B für die Beantwortung der Frage des Entgegenstehens einer Unterbilanz im Falle des Formwechsels einer AG in eine GmbH - bemüht und damit beispielsweise von Priester, AG 1986, 29, 30, bejaht Vgl hierzu auch K Schmidt, AG 1985, 150

[65] Siehe hierzu nunmehr auch Priester, DB 95, 911, 912, der darauf hinweist, daß die Identitätsvorstellung nicht zur Lösung der mit dem Formwechsel verbundenen Rechtsfragen taugt, sie sich vielmehr in der Verneinung des Rechtsträgerwechsels erschöpft.

ist hier der richtige Platz, um die Frage nach Strukturgleichheit bzw. -ähnlichkeit zu stellen, jedoch nicht als Voraussetzung des Formwechsels, sondern vielmehr als „Merkposten" für die Frage seiner Ausgestaltung. Konkret geht es um die Frage, ob und gegebenenfalls wie ein Rechtssubjekt durch bloßen Formwechsel die unter Umständen hohen Hürden der Gründung eines Rechtssubjekts anderer Ausgestaltung nehmen kann. Denn ist der Formwechsel aufgrund der Identität des Rechtssubjekts zwar nicht Neugründung, so ist er doch „Umgründung". Unter Beachtung dessen und weiter schon vor dem Hintergrund einer möglichen Umgehung der Gründungsvorschriften durch die Wahl eines Formwechsels fordert die Dogmatik des Umwandlungsrechts insofern grundsätzlich die Beachtung der Gründungsvorschriften.[66] Allerdings wird man ohne dogmatische Bedenken den Wechsel von einer stärkeren in eine schwächere Rechtsform (also quasi ein Minus) zulassen können, ohne daß hierbei den Gründungsvorschriften Beachtung zu schenken wäre. Da das Rechtssubjekt nach wie vor dasselbe ist, ist bei strenger dogmatischer Betrachtung auf den Zeitpunkt seines Entstehens abzustellen.[67] Soweit hier bereits alle Hürden auch für die nunmehrige Rechtsform genommen waren, besteht kein Anlaß, das Rechtssubjekt nochmals auf den „Gründungsprüfstand" zu stellen. Dies gilt insbesondere auch für die Frage der sogenannten Reinvermögensdeckung. Soweit man hier im Falle bereits bei Gründung des formwechselnden Rechtssubjekts erfolgter hinreichender Überprüfung des auch nominal der neuen Rechtsform genügenden Kapitals eine Unterbilanz im Zeitpunkt des Formwechsels als hinderlich ansieht, geht diese Forderung über das, was der Formwechsel in seiner reinsten Form verlangt, hinaus.[68] Umgekehrt gilt allerdings grundsätzlich das Gegenteil. Beim Wechsel von einer schwächeren in eine stärkere Rechtsform ist dem Gründungsrecht grundsätzlich Beachtung zu schenken. Dies gilt insbesondere für die Frage der Deckung des Haftkapitals, wobei natürlich auch hier auf den Zeitpunkt des Entstehens des formwechselnden Rechtssubjektes abzustellen wäre, was jedoch in den Fällen, in denen

---

[66] Inwieweit Gründungsrecht bei der Umwandlung einer GmbH in eine AG - trotz § 378 Aktiengesetz - anzuwenden war, insbesondere ob eine Unterbilanz der Umwandlung schadet, war vor Inkrafttreten des UmwG 1994 allerdings umstritten Zum damaligen Meinungsstand siehe nur K. Schmidt, AG 1985, 150, 151 und Priester, AG 1986, 29, 30 f. Auch das UmwG 1994 hatte bei dieser Frage Geburtsschwierigkeiten So ließ die Begründung des RegE zu § 245 UmwG, BT-Drucks 12/6699 vom 01 02 1994, S. 77 ff , die Zulässigkeit eines Formwechsels in die AG bei Unterbilanz annehmen, worauf Happ in seinem Beitrag auf den Kölner Umwandlungsrechtstagen (abgedruckt in: Lutter (Hrsg), Verschmelzung, Spaltung, Formwechsel, S 223, 240 ff) hinwies. Siehe hierzu aber auch Ganske in: IDW (Hrsg), Reform des Umwandlungsrechts, S 211 f

[67] Vgl auch Decher in: Lutter (Hrsg), UmwG - Kommentar , § 197 Rn 7 und Happ, ebenda, § 245 Rn 3 f , beide auch bereits in: Lutter (Hrsg), Verschmelzung, Spaltung, Formwechsel, S 201 sowie S. 223

[68] Zu Recht daher im Falle des § 245 UmwG 1994 kritisch Happ in: Lutter (Hrsg), UmwG - Kommentar, § 245 Rn. 11 ff., wobei die gesetzliche Regelung hier zwar teils unnötig, jedoch aber eindeutig erscheint.

seinerzeit keine der neuen Form entsprechende Prüfung erfolgte, auf Schwierigkeiten stoßen muß. Die Regelung des Formwechsels wird daher in diesen Fällen auf einen Zeitpunkt zwischen Beginn und Ende des formwechselnden Umwandlungsverfahrens abzustellen haben.

Hiermit stellt sich heraus, daß die Frage der Strukturgleichheit bzw. -ähnlichkeit durchaus ihren berechtigten Platz in der Dogmatik zum Formwechsel einnimmt. Die Strukturgleichheit bzw. -ähnlichkeit ist allerdings nicht Voraussetzung des Formwechsels, sondern muß vielmehr bei seiner Ausgestaltung berücksichtigt werden. Sie muß insbesondere herangezogen werden, soweit der Gesetzgeber bei der Normierung des Formwechsels den sich in diesem Zusammenhang stellenden Fragen keiner eindeutigen Beantwortung zugeführt hat.

3.1.2.2 Formwechsel und Vermögensbereich

Charakteristikum des Formwechsels ist die Identität des Rechtssubjekts bei gleichzeitiger Diskontinuität seiner Ausgestaltung (Verfassung).[69] Folge des Formwechsels und des diesem zugrundeliegenden Identitätsgedankens ist damit gleichzeitig, daß eine Vermögensübertragung aufgrund des Umwandlungsvorgangs gerade nicht erfolgt, denn diese setzt zumindest eine Dualität der Beteiligten voraus, die im Hinblick auf die Identität gerade nicht besteht. Damit ist der Umgewandelte auch nicht Rechtsnachfolger des Umzuwandelnden. Eine Gesamtrechtsnachfolge tritt somit nicht ein. Der Formwechsel ist daher auch kein einer Sachgründung ähnlicher Vorgang.[70]

Hierdurch beantwortet sich sodann auch die lebhaft diskutierte Frage des Volleinzahlungsgebots beim Formwechsel in die AG oder GmbH. Soweit es das Haftkapital betrifft, ist das formwechselnde Rechtssubjekt unter Beachtung der zuvor unter 3.1.2.1.3 aufgezeigten Grundsätze nicht auf den „Gründungsprüfstand" von GmbHG oder AktG, sondern lediglich auf deren „Vermögensprüfstand" zu stellen,[71] denn das Gründungsrecht der neuen Rechtsform hat von der Dogmatik des Formwechsels her nur soweit Anwendung zu finden, wie die alte Rechtsform bei ihrem Entstehen dem nicht Genüge getan hat. Es ist daher grundsätzlich (erst einmal) auf das Entstehen der alten Rechtsform zurückzublicken, was die Anforde-

---

[69] Vgl die Begründung zum RegE des UmwG 1994, abgedruckt bei Ganske, Umwandlungsrecht, S 208 ff.

[70] So aber K Schmidt, ZIP 1995, 1385, 1389 für den Formwechsel nach dem UmwG 1994.

[71] K Schmidt (a a O – Fn 70) meint wohl Ähnliches, wenn er darauf aufmerksam macht, daß auf den *Zustand* des Gesellschaftsvermögens abzustellen ist

rungen der neuen Rechtsform betrifft. Geschuldete Bareinlagen bleiben damit geschuldete Bareinlagen. Sie hindern daher den Formwechsel in die AG oder GmbH nicht,[72] soweit sie bei Bargründung hiernach zulässig sind.

Weiter ist eine über die Identität hinausgehende wirtschaftliche Kontinuität des Rechtssubjekts vor und nach dem Formwechsel für diesen kein dogmatisch zwingendes Erfordernis.[73] So läßt die gesetzliche Ausgestaltung des Formwechsels durchaus den Abgang oder Zugang von Vermögensgegenständen oder die Umqualifizierung der Berechtigung des formwechselnden Rechtssubjekts an Vermögensgegenständen zu, ohne daß dies einem Formwechsel entgegenstünde. Um einen dogmatisch reinen Fall des Formwechsels handelt es sich allerdings in diesem Falle nicht. Vielmehr liegt dann ein zusammengesetzter Umwandlungstatbestand vor, der sowohl Elemente des Formwechsels wie auch Elemente einer Vermögensübertragung in sich trägt.[74]

3.1.2.3 Formwechsel und Berechtigtenbereich

Von seiner grundsätzlichen Dogmatik her führt der Formwechsel zwar zu einer Änderung in der Ausgestaltung des Berechtigtenverhältnisses, läßt dieses jedoch in seinem Bestande, seinem Kern, wie auch das Rechtssubjekt selbst, unberührt. Einen Wegfall des Berechtigtenverhältnisses oder eine Neubegründung kennt der Formwechsel aus seiner Natur heraus daher nicht. Dies gilt nicht nur, soweit ein gesellschaftsrechtliches Beteiligungsverhältnis (Anteilsinhaberschaft) beim formwechselnden Rechtssubjekt vorlag, sondern auch in den Fällen, in denen sich am Rechtssubjekt - etwa im Falle seiner anstaltlichen Ausgestaltung - überhaupt ein Berechtigtenverhältnis feststellen läßt, denn auch dieses kann als Rechtsverhältnis qualifiziert werden, das durch die Wahl der neuen Rechtsform eine Veränderung – etwa hin zu einer Anteilsinhaberschaft – erfährt. Da-

---

[72] So im Ergebnis auch K Schmidt, ZIP 1995, 1385. In der Begründung wie hier - auch für das UmwG 1994 - Decher in: Lutter (Hrsg), UmwG - Kommentar, § 197 Rn 13, der allerdings den Formwechsel wie eine Sachgründung als nach dem UmwG 1994 behandelt ansieht Gegenteiliger Auffassung die wohl durchweg h. M , vgl nur Joost, ebenda, § 220 Rn 14 - 17 mit weiteren Nachweisen

[73] Siehe hierzu allerdings die Begründung des RegE zum UmwG 1994 (a a O Fn. 60), die als Charakteristikum des Formwechsels die wirtschaftliche Kontinuität und damit das Gleichbleiben des Vermögensbestandes des Rechtsträgers vor und nach dem Formwechsel ansieht

[74] Die im Zuge der Umwandlung nach § 11 Abs 1 und 2 THG einhergehende Vermögensübertragung bzw. Umqualifizierung der Rechtspositionen Fondsinhaberschaft und Rechtsträgerschaft in Eigentum wurde im Schrifttum vielfach als das Argument gegen das Vorliegen eines Formwechsels in diesem Falle herangezogen (hierzu ausführlich 7. Kap Ziff 4).

mit bedarf es auch im Falle des Formwechsels von Rechtssubjekten, welche keine mitgliedschaftliche Struktur aufweisen, im Zuge des Formwechsels nicht der gesonderten Begründung etwa eines mitgliedschaftlichen Berechtigtenverhältnisses, wenn das Rechtssubjekt durch die Umwandlung eine korporative Struktur aufweisen soll. Es muß also nicht gesondert bestimmt werden, wer „Gründer" des Rechtssubjekts in seiner sodann korporativen Ausgestaltung ist bzw. wer die Gesellschaftsanteile erhält. Denn auch hier bewirkt der Formwechsel ipso iure die Umwandlung des bereits zuvor bestehenden Berechtigtenverhältnisses. Allerdings können sich im Zuge eines vorzunehmenden Formwechsels aufgrund gesetzlicher Anordnung oder der Eröffnung der Gestaltung durch die gesetzliche Regelung durchaus auch Veränderungen im Berechtigtenbereich ergeben.

Das UmwG 1994 geht vom Grundsatz des Bestehenbleibens des vorhandenen Berechtigtenverhältnisses bzw. der Berechtigtenverhältnisse im Falle eines Formwechsels aus,[75] bestimmt jedoch z. B. Ausnahmen nach den besonderen Vorschriften des Fünften Buches für Komplementäre einer formwechselnden Kommanditgesellschaft auf Aktien[76] sowie im Falle eines formwechselnden Versicherungsvereins auf Gegenseitigkeit.[77] Entgegen den Bestimmungen im UmwG 1969 kennt jedoch das UmwG 1994 im Falle des Formwechsels einer Kapitalgesellschaft in die Rechtsform einer Gesellschaft des bürgerlichen Rechts oder einer Personenhandelsgesellschaft den eventuellen Wegfall von Gesellschaftern nicht.[78] Im Falle des Formwechsels von Körperschaften und Anstalten des öffentlichen Rechts trifft das UmwG 1994 hinsichtlich der Anteilsinhaberschaft an der Zielgesellschaft keine Regelung, sondern überläßt dies vielmehr dem den Formwechsel näher ausgestaltenden Bundes- oder Landesrecht.[79]

Es ergibt sich somit, daß, soweit im Falle des Formwechsels, etwa unmittelbar durch das Gesetz oder hinzukommenden rechtsgeschäftlichen Akt bei der Umwandlung, die Kontinuität des Berechtigtenverhältnisses bzw. der Berechtigtenverhältnisse am Rechtssubjekt nicht erhalten bleibt (Ausscheiden von Berechtigten), bereits schon nicht mehr ein dogmatisch reiner Fall des Formwechsels vorliegt, da der Formwechsel in seiner dogmatisch reinsten Natur zugleich auch Wechsel in der Form des Berechtigtenverhältnisses ist, ohne daß dieses in seinem Kern, also seinem Bestand,

---

[75] § 202 Abs. 1 Nr. 2 UmwG 1994

[76] §§ 221, 236, 247 Abs 3, 245 Abs 3 UmwG 1994

[77] § 294 Abs. 1 Satz 2 UmwG 1994.

[78] Vgl hierzu §§ 19 Abs 1, 20 Satz 1, 22 Abs. 1, 24 Abs 1 Satz 1 UmwG 1969

[79] § 302 UmwG 1994

angetastet wird. Gleiches gilt für den Hinzutritt bisher noch nicht Berechtigter.

Um eine dogmatisch reine Form des Formwechsels handelt es sich bei zuvor einheitlicher Ausgestaltung der Berechtigtenverhältnisse weiter dann nicht, wenn in ein Rechtssubjekt umgewandelt werden soll, bei welchem zwingend eine unterschiedliche Ausgestaltung der Berechtigtenverhältnisse vorgesehen ist, wie dies zum Beispiel beim Formwechsel einer Kapitalgesellschaft in eine Kommanditgesellschaft der Fall ist. Hier bedarf es einer rechtsgeschäftlichen Bestimmung, wer von den bisherigen Gesellschaftern die Stellung eines Kommanditisten und wer die eines Komplementärs erhält.[80] Der Formwechsel für sich genommen vermag diese „Umwandlung“ nicht zu leisten.

Der dogmatische Ansatz für die sich im Zuge formwechselnder Umwandlung stellenden Fragen hinsichtlich der unterschiedlichen Ausgestaltung des Berechtigtenverhältnisses ist damit in diesen Fällen darin zu sehen, daß ein weiterer Umwandlungsgegenstand, nämlich das Berechtigtenverhältnis selbst, sich auftut.[81]

3.2 Vermögensbereich

Das Vermögen des Rechtssubjekts oder der Rechtssubjekte betreffend sind sodann die unterschiedlichen Formen des Vermögensübergangs, nämlich die auf einen einzelnen Vermögensgegenstand bezogene Übertragung (Singularsukzession oder Einzelrechtsnachfolge), sodann die einaktige, auf eine Vielzahl von Vermögensgegenständen bezogene, allerdings nicht alle Vermögensgegenstände eines Rechtssubjekts betreffende Übertragung (Partialsukzession oder Teilrechtsnachfolge) und schließlich die einaktige, alle Vermögensgegenstände eines Rechtssubjekts betreffende Übertragung (Universalsukzession oder Gesamtrechtsnachfolge), zu betrachten.

Im Falle des Vermögensübergangs im Zuge von Umwandlungen sollte weiter nicht aus dem Auge verloren werden, daß es sich hierbei rechtstatsächlich, also von seiner Natur her, um einen intendierten Vermögensübergang und somit eine Vermögensübertragung handelt, wobei der Übertragungsweg zum Erreichen eines schnellen Übertragungserfolgs bedingt durch den Umwandlungszweck anders als im Falle der Einzel-

---

[80] Vgl § 234 UmwG 1994.

[81] Hierzu sogleich unter Ziff 3.3

übertragung ausgestaltet ist. Mit dieser Erkenntnis ist jedoch die sich in diesem Zusammenhang für Vermögensübertragungen im Zuge von Umwandlungen stellende Frage, ob es sich hierbei um einen gesetzlichen oder einen rechtsgeschäftlichen Vermögenserwerb handelt, noch keinesfalls beantwortet. Letztendlich ist die Ausgestaltung des Vermögenserwerbs durch den Gesetzgeber zu beachten. Der Gesetzgeber hat es damit im Umwandlungsrecht grundsätzlich selbst in der Hand, einen Vermögenserwerb als aufgrund Rechtsgeschäfts oder aufgrund Gesetzes beruhend auszugestalten.

Für die Ausgestaltung eines Vermögenserwerbs als eines gesetzlichen bedarf es jedoch einer außerhalb des Vermögensübergangs selbst liegenden Anknüpfungstatsache, welche etwa in dem Entstehen eines neuen Rechtssubjekts oder der Beendigung der Existenz des bisherigen Rechtssubjekts als Vermögensinhaber gesehen werden kann. Daß sodann unter Umständen in diesen Fällen dem Entstehen oder der Beendigung des Rechtssubjekts rechtsgeschäftliches Handeln zugrundeliegt, macht den Vermögensübergang nicht per se zu einem rechtsgeschäftlichen.[82] Gründung und Beendigung von juristischen Personen oder auch Gesamthandsgemeinschaften sind nun einmal grundsätzlich rechtsgeschäftliche Maßnahmen, da sie auf Kunstgebilde des Rechts ausgerichtet sind. Nun könnte man hiergegen einwenden wollen, daß in den hier betrachteten Fällen, nämlich zum Beispiel der Verschmelzung oder der Spaltung, es den Handelnden ja gerade um den Vermögensübergang - die „Vermögensübertragung" - gehe, womit sich die rechtsgeschäftliche Natur offenbare. Jedoch: Zumindest für den Fall der Verschmelzung ist diese Sichtweise nicht zwingend. Hier ist durchaus der Fall denkbar, daß die Verschmelzung zur Herbeiführung einer schnellen Beendigung des Rechtssubjekts vorgenommen wird, um sich ein aufwendiges, formalisiertes Liquidationsverfahren zu ersparen, die Handelnden hier also tatsächlich primär das Ende des Rechtssubjekts zum Ziel haben. Der Gesetzgeber hat es somit in diesen Fällen in der Hand. Er kann auf die Vermögensübertragung selbst abstellen und entweder das Entstehen des neuen Rechtssubjekts (hier allerdings mit erheblichem dogmatischen Aufwand)[83] oder die Beendigung des alten Rechtssubjekts vom Vermögensübergang abhängig machen, also als Folge des Vermögensübergangs ausgestalten, womit er das rechtsgeschäftliche Element unterstriche. Er kann jedoch auch den Vermögensübergang an das Entstehen des neuen Rechtssubjekts bzw. das Erlöschen des alten Rechtssubjekts knüpfen. Für die Einordnung der Verschmelzung nach dem UmwG 1994 als

---

[82] So aber K. Mertens, Umwandlung und Universalsukzession, S. 64 ff Ähnlich im Ansatz auch Hennrichs, Formwechsel und Gesamtrechtsnachfolge bei Umwandlungen, S 36 f

[83] Hinsichtlich der Probleme beim Entstehen des neuen Rechtssubjekts bei der Spaltung zur Neugründung vgl nur Heidenhain, GmbHR 1995, 264 ff und hierauf Neye, GmbHR 1995, 565 f mit Duplik Heidenhain, 566.

rechtsgeschäftlichen oder gesetzlichen Vermögensübergang bedeutet dies das Folgende:

Verschmelzungsgegenstand sind eindeutig gemäß § 2 UmwG 1994 die Rechtsträger. Die Verschmelzung selbst, welche mit der Eintragung im Handelsregister herbeigeführt wird,[84] hat uno actu sowohl das Erlöschen der übertragenden Rechtsträger wie auch den Übergang des Vermögens auf die übernehmenden Rechtsträger zur Folge. Nichts anderes geschieht im übrigen in dem als paradigmatischen Fall eines gesetzlichen Vermögensübergangs ständig herangezogenen Erbfalle nach § 1922 BGB. Auch hier treten Tod und Vermögensübergang uno actu ein,[85] der Unterschied zur Verschmelzung besteht lediglich darin, daß es zur Herbeiführung von Beendigung des künstlich geschaffenen Rechtssubjekts und Vermögensübergang des Akts der Eintragung der Verschmelzung im Handelsregister bedarf.

Eine eindeutige Einordnung des Vermögensübergangs als gesetzlichen oder rechtsgeschäftlichen ist aufgrund dieser Erkenntnisse jedoch nicht möglich. Dies wäre anders, wenn der Gesetzgeber den Vermögensübergang eindeutig als Folge der Verschmelzung ausgewiesen hätte. Es handelt sich daher bei Betrachtung des Gesamtvorgangs in diesem Falle weder um eine rein rechtsgeschäftliche Vermögensübertragung noch um einen rein gesetzlichen Vermögensübergang, wie er etwa beim Erbfall eintritt.[86] Am besten läßt sich der Gesamtkomplex als rechtsgeschäftlich intendierter Vermögensübergang aufgrund Gesetzes umschreiben.[87]

Mit der Einordnung des Vermögensübergangs als gesetzlichen oder rechtsgeschäftlichen zur Lösung damit verbundener umwandlungsspezifischer Rechtsfragen[88] scheint sodann auch wenig gewonnen. Soweit in Umwandlungsfällen sich tatsächlich Fragen hinsichtlich der Schranken der dem Vermögensübergang zugrundeliegenden Universal- oder Partialsukzession stellen, sollte, soweit der Gesetzgeber auf die sich hier ergeben-

---

[84] § 20 UmwG 1994

[85] Siehe nur Leipold, MK-BGB, § 1922 Rn 63

[86] Zunehmend setzt sich allerdings die Auffassung durch, nach dem UmwG 1994 sei der Vermögensübergang sowohl im Falle der Verschmelzung wie auch der Spaltung ein rechtsgeschäftlicher, z B. K. Schmidt, AcP 191 (1991), 495, 503 ff.; ders., ZGR 1990, 580, 595; Teichmann, ZGR 1993, 396, 398 ff.; Ganske, WM 1993, 1117, 1121; K Mertens, Umwandlung und Universalsukzession, S. 61 ff ; Hennrichs, Formwechsel und Gesamtrechtsnachfolge bei Umwandlungen, S 36 f

[87] In eine ähnliche Richtung gehend, letztendlich sich jedoch für einen gesetzlichen Vermögensübergang entscheidend, Oetker, VersR 1992, 7

[88] Etwa der Beschränkung des Spaltungsvorgangs durch § 613 a BGB.

den Fragen keine hinreichenden Antworten gibt, primär das rechtspolitische Ziel nicht aus den Augen verloren werden. Die Einordnung des Vermögensübergangs selbst als gesetzlicher oder rechtsgeschäftlicher durch den Gesetzgeber ist eben nicht mehr als eine teilweise Verkörperung des rechtspolitischen Ziels. Zur Lösung von Rechtsfragen bezogen auf den Vermögensübergang erscheint sie für sich genommen jedoch ungeeignet.

Im Falle des UmwG 1994 erstaunt vor diesem Hintergrund die teilweise doch recht heftige Kritik, die dessen § 132 entgegengebracht wird.[89] Dies insbesondere dann, wenn zuvor festgestellt wird, daß der Vermögensübergang ein rechtsgeschäftlicher sei.[90] Kritikansatz müßte hier eigentlich die Ausgestaltung durch den Gesetzgeber (als rechtsgeschäftlich intendierter Vermögensübergang aufgrund Gesetzes) sein, die sich gerade in dieser Norm deutlich zeigt. § 132 UmwG 1994 ist nämlich lediglich konsequente Folge dieser Ausgestaltung durch den Gesetzgeber. Die Norm selbst paßt nahtlos in das dem UmwG durch den Gesetzgeber zugrundegelegte Konzept. Sie ist daher eng auszulegen. Wer allerdings in Spaltung und Verschmelzung nur das rechtsgeschäftliche Element des Vermögensübergangs zu erkennen vermag, müßte grundsätzlich (gerade entgegen der von den Vertretern dieser Meinung an der Norm geübten Kritik) zu einer weiten Auslegung gelangen.

Die Kritik selbst kann auch nicht mit einem Widerspruch des § 132 UmwG 1994 zu der der Übertragung zugrundeliegenden Partialsukzession gesehen werden.[91] Denn Partialsukzession ist für sich genommen nicht mehr und nicht weniger als die Überwindung des Spezialitätsgrundsatzes. Daß dieser Vermögensübergang frei von der Zustimmung Dritter ist, ist in ihr nicht zwingend angelegt, sondern vielmehr eine Frage der Ausgestaltung der Partialsukzession durch den Gesetzgeber. Sie ist damit auch nicht ein wesensgleiches Minus der Universalsukzession, woraus sich somit auch nicht die Zustimmungsfreiheit bestimmter Übertragungen ableiten läßt. Partialsukzession ist frei von allen dogmatischen Zwängen oder auch aus der Universalsukzession abgeleiteten Determinismen zu sehen. Sie ist ein selbständiges Rechtsinstitut.[92]

---

[89] So insbesondere Teichmann, ZGR 1993, 396, 406; ders in: Lutter (Hrsg), Verschmelzung, Spaltung, Formwechsel, S 140 ff ; ders in: Lutter (Hrsg), UmwG - Kommentar, § 132 Rn. 12; zustimmend Dehmer, UmwG, § 132 Rn 1. Ebenfalls kritisch Hennrichs, Formwechsel und Gesamtrechtsnachfolge bei Umwandlungen, S 146 ff.

[90] So z B Teichmann, ZGR 1993, 396, 398 ff

[91] So Heidenhain, ZIP 95, 801, 803 und Teichmann in: Lutter (Hrsg.), Verschmelzung, Spaltung, Formwechsel, S. 140, 142; zustimmend Dehmer, Umwandlungsgesetz, § 132 Rn 1.

[92] So im Ansatz auch Claussen, Gesamtnachfolge und Teilnachfolge, S. 160 f

3.3 Berechtigtenbereich

Ein Bereich, dem von der umwandlungsrechtlichen Dogmatik her wenig Aufmerksamkeit geschenkt wird, ist der des oder der an dem Rechtssubjekt bzw. dem rechtssubjektähnlichen Gebilde Berechtigten. Auch auf diesen Bereich muß abgestellt werden, will man Umwandlungsvorgänge beschreiben; denn es ist sicherlich falsch, die Veränderung im Berechtigtenverhältnis grundsätzlich als bloße Folge - „Umwandlungsreflex" - der Umwandlung abtun zu wollen und den Umwandlungsvorgang alleine als zielgerichtete Gestaltung bezogen auf das Vermögen und/oder den Vermögensinhaber anzusehen. Dies zeigt besonders deutlich die (formwechselnde) Umwandlung einer AG in eine GmbH, welche letztendlich vielfach auch mit dem Ziel der Herbeiführung einer unmittelbaren Einflußnahme des Gesellschafterkreises auf die Gesellschaft unter Ausschaltung des Aufsichtsrats und hieran beteiligter Arbeitnehmervertreter erfolgen wird.[93]

Das bundesdeutsche Umwandlungsrecht hat diese Veränderungen im Berechtigtenbereich jedoch grundsätzlich als bloße Folge der Umwandlung ausgebildet, ohne sie zum Gegenstand der Umwandlung selbst zu machen. So ist die Möglichkeit des Formwechsels dem Unternehmensträger (Rechtsträger) als Verband eröffnet, der Unternehmensträger selbst und nicht seine Berechtigten sind das einzige Rechtssubjekt, auf das die §§ 190 ff. UmwG 1994 Bezug nehmen.[94] Hintergrund ist, daß grundsätzlich das Berechtigtenverhältnis sich nach Typus und Verfassung des Rechtssubjekts determiniert und daher aus dem Rechtssubjekt selbst heraus sich bestimmt. Es ist damit bloße Folge von Struktur und Typus des Rechtssubjekts. Eine gesonderte, hierauf bezogene, umwandlungsrechtliche Regelung ist somit nicht veranlaßt. Dies gilt freilich nur grundsätzlich. Bereits dort, wo die Zielrechtsform zwingend unterschiedliche Ausgestaltungen des Berechtigtenverhältnisses vorsieht, ist der Gesetzgeber gezwungen, den Inhalt der Berechtigtenverhältnisse am neuen Rechtssubjekt einer gesonderten Regelung zuzuführen.[95] Insofern lassen sich jedoch gerade beim Formwechsel bei exakter Betrachtung rechtstechnischer Konstruktionen von Umwandlungsmaßnahmen nicht nur sol-

---

[93] Siehe zu einem solchen Fall den Sachverhalt, der der Entscheidung des OLG Naumburg, DB 1997, 466, zugrundelag Hier hatte der alleinige Aktionär die Umwandlung einer in Liquidation befindlichen AG betrieben, damit er schneller bezogen auf das Unternehmen handeln und entscheiden konnte, wofür bei der Strukturierung der AG der Aufsichtsrat und der im Aufsichtsrat vertretene Betriebsratsvorsitzende im Wege standen

[94] Siehe hierzu Dehmer, UmwG, § 190 Rn 10

[95] Hierzu bereits Ziff 3.1 2 3

che Umwandlungsvorgänge feststellen, welche das Berechtigtenverhältnis lediglich in einer Art „Umwandlungsreflex" mitbetreffen, sondern auch solche, bei denen zur Herbeiführung des gewollten Umwandlungserfolges erst durch eine gesonderte rechtsgeschäftliche Erklärung die zur Erreichung des Umwandlungszieles erforderliche Veränderung im Berechtigtenbereich herbeigeführt werden kann. Erstere sollen nachfolgend als berechtigtenverhältnisreflektierende Umwandlungsvorgänge,[96] letztere als berechtigtenverhältnisintendierende Umwandlungsvorgänge[97] bezeichnet werden.

3.3.1 Berechtigtenverhältnisreflektierende Umwandlungsvorgänge

Um einen in seiner rechtstechnischen Gestaltung[98] lupenreinen Fall einer berechtigtenverhältnisreflektierenden Umwandlung handelt es sich in den Fällen des Formwechsels, bei denen weder das Ausgangs- noch das Zielrechtssubjekt unterschiedliche Arten der Berechtigung am Rechtssubjekt kennt. Durch den Wechsel der Form des Rechtssubjekts tritt automatisch ein Wechsel in der Form der Berechtigung am Rechtssubjekt ein, ohne daß es hierzu gesonderter Erklärungen bzw. Regelungen bedarf. Schon anders verhält es sich, wenn das Ausgangsrechtssubjekt unterschiedliche Arten der Berechtigung kennt, das Zielrechtssubjekt jedoch nicht. Bereits hier tritt nicht nur eine Modifizierung des Berechtigtenverhältnisses im Verhältnis zum Rechtssubjekt, sondern der Berechtigtenverhältnisse zueinander ein - sie werden nivelliert. Gesonderte Erklärungen bzw. Regelungen für diese Modifizierung sind allerdings auch hier grundsätzlich nicht erforderlich. Der Wandel vollzieht sich ebenfalls automatisch aufgrund des Wechsels der Form des Rechtssubjekts.

Grundlegend anders verhält es sich im Falle des Formwechsels eines Rechtssubjekts mit gleichgearteten Berechtigtenverhältnissen zu einem Rechtssubjekt mit unterschiedlich gearteten Berechtigtenverhältnissen. Der Formwechsel und damit der Wechsel in der Ausgestaltung des Berechtigtenverhältnisses kann bereits hier nicht mehr als reine Veränderung in der Struktur des Rechtssubjekts und damit einhergehender Veränderung in der Ausgestaltung des Berechtigtenverhältnisses verstanden werden, vielmehr müssen die Berechtigten auch zueinander ihre Rollen neu verteilen; unter Umständen treten sogar neue Berechtigte hinzu. Nur bei

---

[96] Sub 3.3.1

[97] Sub 3.3.2.

[98] Nicht jedoch von den dahinterstehenden Absichten des oder der Berechtigten - siehe zuvor Fn 93.

oberflächlicher Betrachtung läßt sich damit ein solcher Fall der formwechselnden Umwandlung als reiner Formwechsel und damit auch die aus dem Umwandlungsvorgang sodann folgende unterschiedliche Gestaltung der zuvor einheitlichen Berechtigtenverhältnisse als reiner Umwandlungsreflex verstehen.

3.3.2 Berechtigtenverhältnisintendierende Umwandlungsvorgänge

Als berechtigtenverhältnisintendierende Umwandlungsvorgänge lassen sich daher sämtliche Umwandlungsvorgänge bezeichnen, bei denen ein Berechtigtenverhältnis neu begründet oder bestehende Berechtigtenverhältnisse in ihrem Verhältnis zueinander abgeändert werden. In jedem Falle ist jedoch von einer berechtigtenverhältnisintendierenden Umwandlung zu sprechen, wenn ohne Gründung oder Beendigung eines Rechtssubjekts durch zusätzliche Erklärung bestehende einheitliche Berechtigtenverhältnisse im Verhältnis zueinander in Berechtigungsverhältnisse unterschiedlicher Art umgewandelt werden oder aber in diesem Falle neue Berechtigtenverhältnisse begründet werden.

3.3.3 Umwandlungsdogmatische Konsequenzen berechtigtenverhältnisreflektierender und berechtigtenverhältnisintendierender Umwandlungsvorgänge

Die umwandlungsdogmatischen Konsequenzen aus dem Erkennen sowohl berechtigtenverhältnisreflektierender als auch berechtigtenverhältnisintendierender Umwandlungsvorgänge entfalten sich insbesondere im Bereich des Formwechsels.[99] Hier stellt die formwechselnde Umwandlung in ein Rechtssubjekt, welches aufgrund seiner Ausgestaltung zwingend unterschiedliche Arten der Berechtigung vorsieht, einen dogmatisch reinen Fall des Formwechsels nicht dar,[100] vielmehr kommt ein weiterer Umwandlungstatbestand hinsichtlich der zuvor bestehenden Berechtigtenverhältnisse hinzu. Soweit der Gesetzgeber einen solchen Fall „formwechselnder" Umwandlung zuläßt, sind aufkommende Zweifelsfragen bei der Neugestaltung der Berechtigtenverhältnisse nicht mit Argumenten aus dem Formwechsel an sich und insbesondere nicht mit dem hier völlig deplazierten Identitätsdogma, sondern vielmehr aus der tatsächlich vorliegenden und vom Gesetzgeber auch zugelassenen, zum eigentlichen

---

[99] Aufgrund des hier vorgegebenen Rahmens ist nur eine skizzenhafte Darstellung möglich.

[100] Vgl. bereits Ziff 3 1 2 3.

Formwechsel hinzutretenden Umwandlung des oder auch der Berechtigtenverhältnisse zu beantworten. Für das UmwG 1994 führt diese Erkenntnis dazu, daß § 202 Abs. 1 Nr. 2 UmwG 1994 unter Beachtung des § 1 Abs. 3 UmwG 1994 nur im Rahmen des eigentlichen Formwechsels ius cogens ist, nicht jedoch in den Fällen, in denen der Gesetzgeber selbst bereits den Wechsel in eine andere Rechtsform bei gleichzeitiger unterschiedlicher Ausgestaltung der Berechtigtenverhältnisse im Verhältnis zueinander zugelassen hat.[101] Man wird daher z. B. den Eintritt einer Komplementär-GmbH anläßlich eines Formwechsels in die KG ohne weiteres zulassen können, da nach dem gesetzlichen Modell hier bereits zwingend eine (zusätzliche) Umwandlung bei den Berechtigtenverhältnissen vorzunehmen ist, da sich die Gesellschafter dahingehend zu erklären haben, wer denn nun in der KG Komplementär bzw. Kommanditist sein soll. Bereits schon insofern kann § 202 Abs. 1 Nr. 2 UmwG 1994 keine Geltung beanspruchen, da eben nicht alles beim alten bleibt und der Formwechsel für sich genommen den Wechsel zum Komplementär oder zum Kommanditisten nicht zu leisten vermag. Weiter wird man sodann beim Formwechsel aus der KG den Austritt einer Komplementär-GmbH zulassen müssen, denn auch hier fände im Falle des Vollzugs des Formwechsels im Verhältnis zu den anderen bisherigen Berechtigten eine Umwandlung des Berechtigtenverhältnisses statt. Den Berechtigten hier die Möglichkeit zu gewähren, die Komplementär-GmbH auch ausscheiden zu lassen, ist damit nichts anderes als ein besonderer Fall der in jedem Fall erforderlichen Umwandlung dieses Berechtigtenverhältnisses. Schließlich ergibt der Blick auf die Fälle berechtigtenverhältnisreflektierender und berechtigtenverhältnisintendierender Umwandlungsvorgänge, daß das Berechtigtenverhältnis vom Gesetzgeber selbst ausdrücklich zum Gegenstand der Umwandlung gemacht werden kann.[102]

---

[101] So aus Praktikabilitätsgesichtspunkten bereits K. Schmidt, GmbHR 1995, 693, 695 und Kallmeyer, GmbHR 1996, 80, 82 sowie DB 1996, 28, 30 Dem folgend Dirksen in: Kallmeyer, UmwG - Kommentar, § 226 Rn. 8 Vgl neuerdings auch Priester, DB 1997, 560; ablehnend jedoch Decher in: Lutter (Hrsg), UmwG - Kommentar, § 202 Rn 18 Vgl auch Bayer, ZIP 1997, 1613, 1617

[102] Diesen Gedanken anreißend: K Mertens, Umwandlung und Universalsukzession, S 239.

4. KAPITEL

GRÜNDUNG, UMWANDLUNG, VERSCHMELZUNG UND SPALTUNG VON WIRTSCHAFTSEINHEITEN

1 Gründung von Kombinaten und Betrieben

1.1 Gründungsarten

Nach der Legaldefinition der KomVO[1] kamen zwei Arten der Gründung in Betracht, zum einen originäre Neugründungen - Gründungen ohne Einbeziehung bereits bestehender Wirtschaftseinheiten - (Neugründungen) und zum anderen derivative Neugründungen durch Verschmelzung bestehender Wirtschaftseinheiten bei Erlöschen der hierbei beteiligten Wirtschaftseinheiten (Zusammenlegungen). Einen Sonderfall der derivativen Neugründung stellte die Gründung durch Ausgliederung eines Betriebsteils dar.[2] Um keinen Gründungsfall handelte es sich bei der Angliederung, auch wenn die Gründungsvorschriften hierfür entsprechend anzuwenden waren.[3]

Die KomVO sah also Umwandlungsmaßnahmen, sofern mit ihnen die Gründung einer neuen Wirtschaftseinheit verbunden war, einheitlich als Fälle der Gründung von Wirtschaftseinheiten an und unterschied Verschmelzung oder Spaltung nicht davon.

1.2 Entscheidung über die Gründung

Gemäß der KomVO traf die Entscheidung über die Gründung, also die

---

[1] § 35 Abs. 1 Satz 1 KomVO - siehe hierzu in einem Überblick auch Knüpfer, BB 1990, DDR-Rechtsentwicklungen, Folge 7, S 1 ff. sowie Görner in: Heuer u. a. (Hrsg), Wirtschaftsrecht, S 137 ff.; Pflicke u a , Wirtschafts- und Außenwirtschaftsrecht, S. 146 f

[2] § 37 Abs 2, zweiter Halbsatz, KomVO

[3] § 38 Abs 3 KomVO- hierzu nachfolgend Ziff 3.

Entscheidung hinsichtlich der Frage, ob ein neues Kombinat, ein neuer Kombinatsbetrieb oder ein neuer Betrieb gegründet werden sollte, das jeweils zuständige staatliche oder wirtschaftsleitende Organ.[4] Wer dies im einzelnen war, bestimmte § 36 KomVO. Es handelte sich hierbei grundsätzlich um das Organ, das in der Hierarchie der Wirtschaftsleitung dem Organ, dem die neue Wirtschaftseinheit unterstellt wurde, übergeordnet war. Im Falle der Zusammenlegung waren bei unterschiedlichen Unterstellungsverhältnissen unterschiedliche Organe zu beteiligen.[5]

1.3 Entscheidung zur Gründung

Die Umsetzung der zuvor getroffenen Entscheidung über die Gründung von Kombinat, Kombinatsbetrieb oder Betrieb, also die innerhalb der Volkswirtschaft "nach außen" gerichtete Entscheidung zur Gründung erging in Form der sogenannten "Anweisung". Diese wurde durch den Leiter des staatlichen oder wirtschaftsleitenden Organs oder durch den örtlichen Rat erlassen, dem das Kombinat oder der Betrieb unterstellt werden sollte. Im Falle der Gründung von Kombinatsbetrieben war dies der Generaldirektor.[6]

Mit Beschluß des Ministerrats vom 21.12.1989[7] trat jedoch insofern eine Änderung ein, als die Generaldirektoren der Kombinate berechtigt wurden, innerhalb ihres Bereichs eigenverantwortlich Entscheidungen zur Herausbildung und Durchsetzung effektiver Leitungsstrukturen zu treffen. Unter anderem waren hiervon auch Fragen der Leitung über den Stammbetrieb und die Zusammenführung bzw. Neuordnung von Betrieben nach dem Erzeugnisprinzip betroffen. Dies hatte zur Folge, daß mit dem 21.12.1989 die Generaldirektoren der Kombinate eigenverantwortlich über die Gründung neuer Kombinatsbetriebe entscheiden konnten. Hiervon wurde in der vielfältigsten Art und Weise Gebrauch gemacht. Viele Betriebsteile wurden auf diesem Wege noch vor dem 01.07.1990 Kombinatsbetriebe, also selbständige Wirtschaftseinheiten.[8] Die Praxis ging so-

---

[4] § 35 Abs 1 Satz 1 KomVO

[5] § 37 Abs 2 KomVO - allgemein zur Leitung der sozialistischen Wirtschaft siehe Friedrich u a (Hrsg.), Leitung der sozialistischen Wirtschaft.

[6] § 37 Abs 1 Satz 3 KomVO

[7] Beschluß des Ministerrats 8/I.1/89 vom 21.12 1989 in der Endredaktion vom 22 12 1989 - unveröffentlicht - Bundesarchiv Berlin, DC 20 MR I, 3 - 2891

[8] Einige dieser Gründungen blieben allerdings auch stecken, ohne daß es zur Existenz der neuen Wirtschaftseinheit bereits vor

gar noch weiter. Auf Basis des Ministerratsbeschlusses vom 21.12.1989 trat eine Vielzahl volkseigener Betriebe aus ihrem jeweiligen Kombinatsverbund aus.[9] Der Austritt vollzog sich wiederum im Wege der Anweisung des Generaldirektors des Kombinats, der hierüber jedoch nicht alleine befinden konnte, da sich mit dem Austritt des Betriebs das Erfordernis einer Neuunterstellung ergab, was sodann so zu handhaben war, daß das Organ, dem der Betrieb nunmehr unterstellt werden sollte, die Anweisung durch Mitzeichnung bestätigte.

1.4 Entstehen des gegründeten Kombinats, Kombinatsbetriebs oder Betriebs

Die Anweisung bestimmte zugleich, mit welchem Zeitpunkt das Kombinat, der Kombinatsbetrieb oder der Betrieb entstand, also mit welchem Zeitpunkt er die Rechtsfähigkeit[10] erlangte. Hierzu wurde in der Anweisung ein bestimmter Zeitpunkt gewählt. Das Entstehen fiel in der Regel auf einen Monatsersten.

Nicht erforderlich für das Erlangen der Rechtsfähigkeit war damit die Eintragung von Kombinat, Kombinatsbetrieb oder Betrieb im Register der volkseigenen Wirtschaft, der 1952 neu gebildeten Abteilung C des Handelsregisters.[11] Allerdings bestand eine Verpflichtung zur Eintragung im Register der volkseigenen Wirtschaft gemäß § 1 Abs. 1 der Verordnung über die Führung des Registers der volkseigenen Wirtschaft. Diese Eintragung hatte damit lediglich deklaratorischen Charakter. Bekanntmachungen erfolgten nicht.

---

dem 01.07 1990 kam Siehe zu einem solchen Fall und der damit verbundenen Problematik der Haftung für Altkreditverbindlichkeiten der später durch Spaltung aus dem Betriebsteil entstandenen Kapitalgesellschaft: OLG Dresden, Urteil vom 31 07 1997, 7 U 401/97 (unveröffentlicht)

[9] Änderung der Unterstellung nach § 40 KomVO

[10] § 37 Abs. 4 KomVO

[11] Siehe hierzu die Verordnung über die Führung des Registers der volkseigenen Wirtschaft vom 10.04 1980, GBl. I S 115, sowie zur Registerführung in der DDR überhaupt, Reuscher/Tischendorf, WR 90, 93 ff ; Kelm, DB 90, 973; ferner Woltz, WR 91, 25

1.5 Vermögensausstattung - Übergang von Rechten und Pflichten

Mit der Gründungsanweisung wurden gleichzeitig die Festlegungen über die materiellen und finanziellen Fonds des Kombinats, Kombinatsbetriebs oder Betriebs getroffen.[12] Grundsätzlich ging die Kombinatsverordnung davon aus, daß in der Gründungsanweisung Umfang und Form der Mittelzuweisung bestimmt waren. In der Regel waren die Gründungsanweisungen jedoch nicht detailgenau. Im Falle der Gründung durch Ausgliederung eines Betriebsteils hatte die Gründungsanweisung nicht nur festzulegen, wie die Ausstattung des Kombinatsbetriebs oder Betriebs mit Fonds erfolgte, sondern auch, welche Rechte und Pflichten von ihm übernommen wurden. Gleiches galt für die Angliederung.[13] Die Einzelheiten waren durch die beteiligten übergeordneten staatlichen oder wirtschaftsleitenden Organe vertraglich bzw. durch das Kombinat (mittels Anordnung) zu regeln. Auch im Falle der originären Neugründung verhielt es sich in den seltensten Fällen so, daß die neue Wirtschaftseinheit mit Fonds ausgestattet wurde, die nicht bereits von anderen Wirtschaftseinheiten genutzt wurden, also ihnen zugewiesen waren. Auch hier mußten somit Regelungen hinsichtlich des Übergangs von Rechten und Pflichten getroffen werden.

Bei der Zusammenlegung von Kombinaten, Kombinatsbetrieben oder Betrieben wurde die hierdurch entstandene neue Wirtschaftseinheit (Kombinat, Kombinatsbetrieb oder Betrieb) Rechtsnachfolger der an der Zusammenlegung beteiligten Wirtschaftseinheiten. Der Vermögensübergang vollzog sich daher in diesem Falle aufgrund gesetzlich angeordneter/ geregelter Universalsukzession.[14] Mit dem Entstehen der neuen Wirtschaftseinheit endete hier gleichzeitig die Rechtsfähigkeit der an der Zusammenlegung beteiligten Wirtschaftseinheiten.[15] Bezogen auf die Rechtsnachfolge galt gleiches für die Angliederung von Betrieben, Kombinatsbetrieben und Kombinaten.[16]

---

[12] Siehe hierzu §§ 37 Abs. 6, 38 Abs. 1 dritter Anstrich sowie auch § 7 Abs 1 Satz 3 KomVO.

[13] § 37 Abs 6 sowie § 38 Abs 3 i. V m § 37 Abs 6 der KomVO

[14] § 37 Abs. 5 KomVO.

[15] § 37 Abs 5 KomVO

[16] § 38 Abs. 3 i V m § 37 Abs 5 KomVO

1.6 Dogmatik des Vermögensübergangs

Aus dem einheitlichen sozialistischen Volkseigentum in der Hand des sozialistischen Staats folgte sein Organisations- und Gestaltungsmonopol betreffend die Gründung und Auflösung seiner Wirtschaftseinheiten. Diese Vorgänge waren daher lediglich als Veränderungen in der Organisationsstruktur der volkseigenen Wirtschaft, wie dies § 35 Abs. 1 Satz 1 KomVO ausdrückte, zu begreifen. Hiermit einher gingen gleichzeitig Entscheidungen über eine Neustrukturierung des Volkseigentums, also der Zuweisung von Fondsinhaberschaft und Rechtsträgerschaft an Teilen des Volkseigentums zu den einzelnen Wirtschaftseinheiten. Dem Direktionsrecht des Staats hinsichtlich der Zuweisung von Befugnissen aus dem Volkseigentum entsprach damit sein Organisationsmonopol bezogen auf die Errichtung und Auflösung von Unternehmen - den einzelnen Struktureinheiten im Rahmen der Volkswirtschaft -, wobei letzteres in ersterem wurzelte.[17]

Die Direktionsmaßnahmen bedurften jedoch auch grundsätzlich ihres Vollzugs. Der Begriff "Anweisung" in § 37 KomVO brachte dies zum Ausdruck. Auch im Rahmen der "bloßen Strukturierung" des Volkseigentums war aus Gründen der Rechtssicherheit und Rechtsklarheit - aber auch gerade im Hinblick auf die Eigenverantwortung der Betriebe - die Abgrenzung und Abgrenzbarkeit der einzelnen Verpflichtungen und Rechte der Wirtschaftseinheiten erforderlich. Zur Durchsetzung von Leitungsbefugnissen mußte stets rechtlich zweifelsfrei klargestellt sein, wem die betreffenden Gegenstände zugeordnet und wessen Entscheidungsmacht sie daher unterstellt waren.[18]

Bei der Gründung durch Zusammenlegung waren diese Rechte und Pflichten von vornherein durch die betroffenen rechtsfähigen Wirtschaftseinheiten abgegrenzt. Der Vollzug der Anweisung geschah in diesem Falle durch gesetzlich angeordnete Rechtsnachfolge.[19] Bei der Gründung von Wirtschaftseinheiten durch Ausgliederung eines Betriebsteils bzw. der Angliederung eines Betriebsteils an eine andere Wirtschaftseinheit war die Abgrenzung der auf den Betriebsteil[20] "bezogenen" Rechte und Pflichten allerdings so eindeutig nicht, da es hier mangels

---

[17] Siehe hierzu auch Knüpfer, BB 1990, DDR-Rechtsentwicklungen, Folge 7, S. 1 ff., ferner Maskow, BB 1990, DDR-Rechtsentwicklungen, Folge 4, S 1 ff., Maskow/Hoffmann, BB 1990, Deutsche Einigung - Rechtsentwicklungen, Folge 17, S 1 ff

[18] Schüsseler in: Heuer u a (Hrsg.), Wirtschaftsrecht, S 244.

[19] § 37 Abs 5 KomVO.

[20] Zur Stellung der Betriebsteile und ihrer Rechtsfähigkeit siehe zuvor 2 Kap. Ziff 3 1

Rechtssubjektsqualität des Betriebsteils an einer eindeutigen Vermögenszuordnung auf den Betriebsteil fehlte. Ein einheitlicher Übergang des Vermögens des Betriebsteils durch Partialsukzession schied damit, wollte man alleine an den Betriebsteil anknüpfen, grundsätzlich aus.

Auch nach dem Wortlaut des § 37 Abs. 6 bzw. §§ 38 Abs. 3 i. V. m. 37 Abs. 6 KomVO schied eine Partialsukzession aus, da eine solche nicht erwähnt wurde und § 7 Abs. 2 Satz 3 KomVO von dem Erfordernis der Übertragung handelte.

Die mit § 43 Abs. 2 KomVO aufgehobene Verordnung über das Verfahren der Gründung und Zusammenlegung von volkseigenen Betrieben vom 16.10.1968[21] bestimmte allerdings in ihrem § 6 Abs. 2 Satz 2, daß für den Fall, daß die Bildung eines neuen Betriebs durch Ausgliederung eines abgegrenzten Betriebsteils erfolgt, in der Gründungsanweisung festgelegt werden kann, daß der neu gegründete Betrieb hinsichtlich dieses Betriebsteils Rechtsnachfolger des Betriebs wird, aus dem die Ausgliederung vorgenommen wurde. Gemäß § 9 Satz 1 der Verordnung galt das gleiche für die Angliederung von Betriebsteilen an bestehende Betriebe. Für § 6 Abs. 2 Satz 2 der Verordnung ist jedoch wichtig zu erkennen, daß die hier geregelte Partialsukzession sich nicht aufgrund Gesetzes, sondern vielmehr aufgrund ausdrücklicher Anordnung in der Anweisung ergab. Ob hiervon Gebrauch gemacht wurde, lag im Ermessen des die Anweisung Erlassenden, sofern die sonstigen Voraussetzungen gemäß § 6 Abs. 2 Satz 2 vorlagen. So konnte die Partialsukzession auch keinesfalls hinsichtlich eines jeden Betriebsteils angeordnet werden, vielmehr mußte es sich zur Bestimmung bzw. Bestimmbarkeit der durch die Teilrechtsnachfolge übergehenden Rechte und Pflichten um einen abgegrenzten Betriebsteil handeln. Dies war in der Regel bei räumlich vom Betrieb getrennt liegenden Betriebsteilen der Fall, bei bloßen Produktionsbereichen jedoch wohl eher zu verneinen.

Diese der Praxis entgegenkommende Regelung ist in die KomVO nicht aufgenommen worden, was zusätzlich für die Annahme spricht, daß in der KomVO eine Partialsukzession nicht geregelt werden sollte. Hiermit ist jedoch noch nicht gesagt, daß nicht im Falle der Angliederung oder Ausgliederung eines Betriebsteils durch die Anweisung selbst bestimmte Vermögensgegenstände, namentlich Fondsbestandteile und die Rechtsträgerschaft sowie Vertragsverhältnisse und Verbindlichkeiten unmittelbar übergingen.[22] Denn grundsätzlich könnte man das staatliche Direktions-

---

[21] Verordnung über das Verfahren der Gründung und Zusammenlegung von volkseigenen Betrieben vom 16.10.1968, GBl II S 965.

[22] Diese Fragestellung übersieht das OLG Dresden in ZIP 94, 399; siehe zu diesem Urteil noch näher nachfolgend

recht hinsichtlich der Strukturierung des Volkseigentums auch im Falle der Neugründung eines Betriebs durch Ausgliederung eines Betriebsteils bzw. der Angliederung eines Betriebsteils aus einem vorhandenen Betrieb an einen bereits bestehenden Betrieb nach der KomVO als einseitigen, selbstvollziehenden, gestaltenden, staatlichen, wirtschaftsleitenden Akt innerhalb der sozialistischen Planwirtschaft verstehen. Das heißt, daß die übergehenden Fondsbestandteile, die Rechtsträgerschaft, noch nicht abgewickelte Vertragsverhältnisse in Gesamtheit sowie Verbindlichkeiten unmittelbar durch die Gründungs- bzw. Angliederungsanweisung aufgrund des staatlichen Direktionsrechts übergingen, ohne daß es weiterer Vollzugsmaßnahmen bedurft hätte. Die Einordnung der Anweisung als selbstvollziehenden, gestaltenden, staatlichen, wirtschaftsleitenden Akt könnte insbesondere auch dadurch veranlaßt sein, daß mit Einführung des Zivilgesetzbuches der Gesetzgeber der DDR sich nicht nur vom BGB, sondern grundsätzlich auch von dessen Trennungs- und Abstraktionsprinzip verabschiedet haben soll.[23] Allerdings war zum Erwerb von Forderungen[24] eine Abtretung vorgesehen.[25] Entsprechendes vollzog sich mit dem Vertragsgesetz 1982. Jedoch bedurfte es letztlich auch hier „weiterer Vollzugsmaßnahmen", nämlich der Übergabe.

Unabhängig davon, daß ausgesprochen fraglich ist, ob sich das Rechtsleben in der DDR sowohl im Zivilrecht als auch im Wirtschaftsrecht zumindest vom Trennungsprinzip verabschiedet hätte, hätte doch auch eine Aufgabe des Trennungsprinzips nicht dazu geführt, daß mit dem Bestimmtheitserfordernis gebrochen werden konnte. Hierauf bezogen war

---

[23] Siehe hierzu die Regelung in §§ 25, 26 des Zivilgesetzbuches der DDR vom 19 06 1975 - GBl I S 465 Ob allerdings in §§ 25, 26 ZGB eine vollständige Abkehr vom Trennungs- und Abstraktionsprinzip gesehen werden konnte, war umstritten Klinkert vertrat die Auffassung, daß § 25 ZGB von einem einheitlichen Rechtsgeschäft ausgehe (NJ 1986, 109 f; ders in Lehrbuch Zivilrecht, Bd 1, S 154) Krüger vertrat die Auffassung, es sei von zwei verschiedenen Rechtsgeschäften auszugehen (NJ 1987, 34 f) Von einem einheitlichen Rechtsgeschäft geht auch die Kommentierung zu § 26 ZGB im ZGB-Kommentar aus Bei der Streitfrage ist jedoch exakt zwischen Abstraktionsprinzip einerseits und Trennungsprinzip andererseits zu unterscheiden, denn das Vorliegen zweier getrennter Rechtsgeschäfte für das schuldrechtliche Geschäft zum einen und das dingliche Geschäft zum anderen besagt noch lange nicht, daß das dingliche Geschäft auch abstrakt ist So ging der Streit in der Rechtswissenschaft der DDR betreffend § 25 ZGB nicht dahin, ob § 25 das Abstraktionsprinzip aufrechterhält, sondern lediglich dahin, ob neben das schuldrechtliche Rechtsgeschäft das dingliche tritt Daß zumindest § 25 ZGB eine Loslösung vom Abstraktionsprinzip bedeutete, war grundsätzlich unstreitig, was von Gutbrot, GmbHR 1993, 622, 623, Fn. 12, verkannt wird So ist auch das Fehlen eines insoweit ausgerichteten Bereicherungsrechts im ZGB (dieses ist grundsätzlich auf die Besitzkondiktion gerichtet) eigentlich untrügliches Zeichen für eine Abkehr vom Abstraktionsprinzip (hierzu siehe Flume, Das Rechtsgeschäft, S 157) Vgl. zum ganzen auch Pleyer/Stückradt, ROW 1989, 321 ff, sodann Uebeler, ROW 1990, 225 ff und hierauf die Erwiderung von Pleyer/Stückradt, ROW 1990, 228.

[24] § 436 ZGB - hiernach war ein gesonderter Verfügungsvertrag erforderlich

[25] §§ 25, 26 ZGB handeln lediglich von Sachen, nicht allgemein von Gegenständen

von der Anweisung zu fordern, daß der Umfang der übertragenen Rechte und Pflichten aufgrund der Anweisung bestimmt oder zumindest bestimmbar ist. Dies war zwar grundsätzlich bei räumlich getrennt gelegenen Betriebs-teilen der Fall, da diese über eine eigene Rechnungsführung verfügten und daher die von ihnen genutzten Fonds getrennt von denen des Betriebs auswiesen, nicht jedoch bei den sonstigen Betriebsteilen.[26] Auch war dort ohne Schwierigkeiten feststellbar, welche Grundstücke in Rechtsträgerschaft des Betriebs durch den Betriebsteil genutzt wurden.

Wollte man der Anweisung selbst somit vermögensübertragenden Charakter zubilligen, konnte dies nur zur Wahrung des auch im Recht der DDR Geltung beanspruchenden Bestimmtheitserfordernis dann der Fall sein, wenn die Anweisung selbst hinreichend bestimmt war[27] oder es sich um einen abgegrenzten Betriebsteil handelte, wie ihn vor Inkrafttreten der KomVO § 6 Abs. 2 Satz 2 der Verordnung über die Gründung und Zusammenlegung von volkseigenen Betrieben im Auge hatte und der Vermögensübergang somit bestimmbar war.

Trotz weitergehender Entwicklungen in der rechtswissenschaftlich erarbeiteten Dogmatik zum Volkseigentum, die eine solche Sichtweise zumindest hinsichtlich des Übergangs der Fondsbestandteile und der Rechtsträgerschaft ohne weiteres hätten rechtfertigen können, wurde 1985 von *Görner*[28] noch darauf hingewiesen, daß es einer einzelvertraglichen Regelung hinsichtlich des Übergangs von Rechten und Pflichten bedarf.

Nach dieser Auffassung bedurfte es daher zur Übertragung der Rechte und Pflichten auf den neu entstandenen Betrieb entsprechender Vollzugs-

---

[26] Vgl auch 2 Kap Ziff. 3.1

[27] Dies war jedoch nie der Fall

[28] Görner in: Heuer u. a (Hrsg), Wirtschaftsrecht, S 138 f. So heißt es:

> "Im Falle der Ausgliederung ist in der Gründungsanweisung in den Grundzügen festzulegen, wie die Ausstattung des gegründeten Kombinatsbetriebes mit Fonds erfolgt, während Einzelheiten durch Vertrag der beteiligten übergeordneten Organe (ggf auch Kombinate) bzw - bei Ausgliederung im Kombinat - durch Entscheidung des Kombinats zu bestimmen sind (§ 37 Abs 6) Dazu gehören Festlegungen, welche materiellen und finanziellen Mitteln zu übertragen sind, und in welche Rechte und Pflichten der abgebenden Einheit der gegründete Kombinatsbetrieb eintritt
>
> Die genannten Entscheidungen begründen die Pflicht der an der Ausgliederung beteiligten Kombinate bzw. Betriebe, die festgelegten Fondsbestandteile analog § 26 ZGB zu übertragen und den Eintritt in die Rechte und Pflichten gemäß § 21 VG* (Vertragseintritt), § 436 ZGB (Abtretung einzelner Forderungen) oder § 440 ZGB (Übernahme einzelner Pflichten) zu realisieren ."

*Druckfehler; gemeint ist § 81 VG

handlungen zwischen den beteiligten Wirtschaftseinheiten, also der abgebenden Wirtschaftseinheit und der neu gegründeten Wirtschaftseinheit. Die Gründungsanweisung war damit Teil des Übertragungsakts, vollzog die Übertragung jedoch nicht insgesamt.

Auch *Schüsseler*[29] wies darauf hin, daß im Rahmen des Volkseigentums fondswirksame Zuordnungsveränderungen unmittelbar durch Leitungsentscheidungen übergeordneter Organe bzw. des Kombinats bewirkt würden, was vor allem der Fall bei einer Fondszuweisung im Zusammenhang mit Organisationsentscheidungen (§ 37 ff. KomVO) sei. Aus ihr ergäbe sich ein Ausstellungsanspruch und eine korrespondierende Übertragungspflicht. Die Fondsveränderung sei dann rechtswirksam vollzogen, wenn die Übergabe und Übernahme der Vermögensgegenstände stattgefunden habe und in einem entsprechenden Protokoll aus- und nachgewiesen sei. Dies gelte allerdings nur, solange keine komplexe Rechtsnachfolge eingetreten sei.

Dieser dogmatischen Einordnung der Vermögensübertragung im Falle der Neugründung durch Ausgliederung trat *Graf*[30] entgegen, der hier eine „Teilrechtsnachfolge" der neuen Wirtschaftseinheit bezogen auf Fonds, Rechtsträgerschaft und sonstige Rechte und Pflichten der neuen Wirtschaftseinheit gegenüber der abgebenden Wirtschaftseinheit annahm. *Graf* stellte in seiner Argumentation, die letztendlich auf pragmatische Erwägungen hinauslief, insbesondere auf die seinerzeit geltende Regelung in § 6 Abs. 2 Satz 2 der Verordnung über das Verfahren der Gründung und Zusammenlegung von volkseigenen Betrieben ab. Hierbei wurde allerdings von *Graf* unter anderem übersehen, daß auch § 6 Abs. 2 Satz 2 dieser Verordnung forderte, daß die „Teilrechtsnachfolge" in der Gründungsanweisung ausdrücklich angeordnet wird und im übrigen eine solche Anweisung nur möglich war, sofern es sich um einen räumlich abgegrenzten Betriebsteil handelte. Bei Angliederung oder Ausgliederung von Betriebsteilen gemäß § 37 Abs. 6 KomVO wurden jedoch in der Gründungsanweisung bzw. Angliederungsanweisung solche partiellen Rechtsnachfolgen nicht mehr angeordnet, da hierfür auch die gesetzliche Grundlage fehlte.

Gegen die Anerkennung einer Teilrechtsnachfolge sprach ferner gerade auch die Regelung des § 81 VG. Hiernach bedurfte es für den Übergang eines Vertragsverhältnisses auf einen Dritten der Zustimmung des verbleibenden Vertragspartners, seines Kombinats oder seines übergeordneten Organs, wenn nicht zur Vertragsüberleitung von vornherein eine

---

[29] Schüsseler in: Heuer u. a. (Hrsg.), Wirtschaftsrecht, S. 256 ff

[30] Graf, WR 1986 - Seminar - S. 1

dreiseitige Vereinbarung geschlossen worden war. Ein entsprechendes Zustimmungserfordernis ergab sich im Falle des bloßen Schuldnerwechsels gemäß des auch im Wirtschaftsrecht anzuwendenden § 440 ZGB.

Der Hintergrund dieser Regelung ist in der Strukturierung und dem Leitungsaufbau der sozialistischen Wirtschaft zu sehen. Anweisungen konnten hiernach immer nur innerhalb der „Leitungssäule" ergehen, soweit nicht der Ministerrat selbst als über allen Leitungssäulen stehendes Organ die Anweisung erließ. Der zuständige Fachminister konnte nur innerhalb seines Ressorts - hier allerdings alle ihm unmittelbar oder mittelbar unterstellte Wirtschaftseinheiten - anweisen, nicht jedoch eine Wirtschaftseinheit, die einem anderen Fachminister unterstellt war.[31] Soweit somit ein Vertragsverhältnis einen anderen Unterstellungsbereich betraf, war im Falle des angewiesenen Vertragsübergangs gemäß § 81 Abs. 2 VG die Zustimmung des hierfür zuständigen Organs erforderlich. Dementsprechend konnte auch die angewiesene Ausgliederung oder Angliederung eines Betriebsteils, soweit hierbei Vertragsverhältnisse in anderen Unterstellungsbereichen - also außerhalb der Zuständigkeit des Anweisenden - betroffen waren, nicht durch bloße Anweisung übergehen.[32]

Aus § 37 Abs. 6 KomVO ergab sich daher keine „Teilrechtsnachfolge" durch staatliche Anweisung. Letztlich spricht auch der Wortlaut des § 37 Abs. 6 KomVO hiergegen, da in der Anweisung nur festzulegen war, „wie" die Ausstattung mit Fonds erfolgt. Es ist damit nicht die Gründungsanweisung, die die Vermögensübertragung vollzieht. Es bedurfte daher zur Übertragung von Vertragsverhältnissen des Rückgriffs auf § 81 VG sowie zur Übertragung von Verbindlichkeiten der Zustimmung entsprechend § 440 ZGB. Auch waren die "Aktiva" einzeln im Wege des Fondsbestandteilwechsels, das Nutzungsverhältnis an Grund und Boden im Wege des Rechtsträgerwechsels[33] zu übertragen.[34] Wie sich dies wiederum konkret

---

[31] Siehe Rahmenstatut für die Industrieministerien - insbesondere dessen § 11 (Beschluß des Ministerrats vom 09. Januar 1975, GBl I S 133)

[32] Dies ist der Hintergrund der Regelung des § 37 Abs 6 Satz 2 KomVO, wonach die Einzelheiten durch die beteiligten übergeordneten staatlichen oder wirtschaftsleitenden Organe vertraglich durch das Kombinat zu regeln waren.

[33] Hierzu näher nachfolgend unter 1 6 2.

[34] Das zuvor gewonnene Ergebnis betreffend die Dogmatik des Vermögensübergangs wird bestätigt durch § 22 Abs 4 der Verordnung über die volkseigenen Außenhandelsbetriebe - AHB-Verordnung - vom 29 Juni 1989 (GBl 1989 I S 183), welche für den Fall der Gründung eines AHB durch Ausgliederung eines Betriebsteils eines bestehenden AHB bestimmt, daß bereits in der Gründungsanweisung festzulegen ist, ob und in welchem Umfang Fonds sowie Rechte und Pflichten von dem neuen AHB übernommen werden Eine Regelung wie in § 37 Abs 6 Satz 2 KomVO, wonach Einzelheiten durch die beteiligten übergeordneten staatlichen oder wirtschaftsleitenden Organe bzw durch das Kombinat zu regeln sind, findet sich hier nicht Hintergrund ist,

vollzog bzw. zu vollziehen hatte, wirft jedoch auch heute noch eine Vielzahl von Fragen auf.

1.6.1 Fondswechsel

In der Dogmatik zum sozialistischen Eigentumsrecht war umstritten, wie sich im Rahmen der Erfüllung von Wirtschaftsverträgen, also im Rahmen des VG, die Ausgliederung eines Fondbestandteils, also der vertraglichen Leistung des Schuldners, und die Eingliederung als Fondsbestandteil in den Fonds des Gläubigers vollzieht. Teilweise wurde die Auffassung vertreten, daß eine "eigentumsrechtliche Veränderung" - genauer gesagt eine fondsrechtliche Veränderung - überhaupt nicht mehr vom Willen des Leistungsempfängers abhängig sei. Hierbei wurde auf § 57 VG als eine § 26 Abs. 1 des ZGB präzisierende Regelung Bezug genommen. Wurde die Regelung auch als Abkehr bzw. Überwindung des Abstraktionsprinzips gesehen, so wurde jedoch eine Willensübereinstimmung - zum Ausdruck gebracht durch die Abnahme - für unverzichtbar gehalten.[35]

Die speziell zur Erfüllung von Wirtschaftsverträgen diskutierten Meinungen betreffend den Fondswechsel sind jedoch geprägt durch den Charakter des Wirtschaftsvertrags und der sich im Rahmen der Leistungserbringung auch hier stellenden Frage der vertragsgerechten Erfüllung. Fragen der vertragsgerechten Erfüllung stellten sich jedoch im Falle der Übertragung von Fonds bzw. Fondsbestandteilen auf Basis der §§ 35 ff. KomVO nicht, vielmehr wurden Fonds in ihrer tatsächlichen Beschaffenheit, wie immer diese war, auf eine neu gegründete Wirtschaftseinheit oder bereits bestehende Wirtschaftseinheit übertragen. Zur Übertragung des Fondbestandteils war daher zumindest die Schranke der Erklärung der vertragsgerechten Erfüllung nicht zu überwinden. Für die Beurteilung von Vermögensübertragungen auf Basis der KomVO sind die zur Übertragung von Fondsbestandteilen im Rahmen des VG diskutierten Meinungen daher von geringer Bedeutung. Wichtig ist jedoch, hierbei zu erkennen, daß sich das staatliche Eigentumsrecht als Fondsrecht im sozialistischen Recht der DDR immer weiter vom zivilrechtlich geprägten Sachen-/Eigentumsrecht löste.

Die Übertragung von Fondsbestandteilen auf die neu gegründete Wirtschaftseinheit im Falle der Ausgliederung eines Betriebsteils bzw. auf die

---

daß hier die Gründungsanweisung der Minister für Außenhandel erließ und diesem nach der AHB-Verordnung für seinen Bereich eine umfassende Zuständigkeit zukommen sollte (vgl Hochbaum, WR 90, 21 f) Hier bewirkte somit die detaillierte Anweisung selbst den Vermögensübergang (vgl Herale, WR 89, 92, 95)

[35] Siehe hierzu zusammenfassend Schüsseler, StuR 1983, 22 ff , ders. in: Heuer u a (Hrsg), Wirtschaftsrecht, S 256 ff

bereits bestehende Wirtschaftseinheit im Falle der Angliederung eines Betriebsteils vollzog sich daher durch bloße Übergabe - Besitzverschaffung - auf Basis deckungsgleicher (Willens-) Erklärungen der beteiligten Betriebsdirektoren. Die Beschaffenheit des Fondsbestandteils spielte anders als im Falle des § 57 VG keine Rolle. Der Übergang vollzog sich durch bloßes Besitzergreifen durch die neue Wirtschaftseinheit im Falle der Ausgliederung bzw. durch die aufnehmende Wirtschaftseinheit im Falle der Angliederung. In beiden Fällen erfolgte relativ zeitnah der Ausweis im jeweiligen Buchwerk.

1.6.2 Begründung (Übertragung) von Rechtsträgerschaft

Nach dem zuvor Gesagten steht auch fest, daß die Übertragung von Rechtsträgerschaft[36] sich im Falle der Ausgliederung und der Angliederung eines Betriebsteils nicht aufgrund gesetzlich angeordneter oder in der Anweisung bestimmter Teilrechtsnachfolge - und daher ohne weiteren Rechtsakt - vollzog. Im Lehrbuch zum Bodenrecht von 1976 wird zu den Möglichkeiten eines Rechtsträgerwechsels von *Rohde*[37] ausgeführt, daß grundsätzlich zwei Arten der Übertragung der Rechtsträgerschaft möglich seien, nämlich zum einen die Übertragung der Rechtsträgerschaft an volkseigenem Grund und Boden unmittelbar aufgrund staatlicher Anordnung, zum Beispiel im Zuge der Neugründung von Betrieben und der dafür notwendigen Erstzuweisung von entsprechenden Grundstücken, oder auf Basis einer Vereinbarung der beteiligten Rechtsträger (alter Rechtsträger und künftiger Rechtsträger) gemäß der Rechtsträgeranordnung im Zuge eines sogenannten Rechtsträgerwechsels.

Als einen Fall der Übertragung der Rechtsträgerschaft aufgrund staatlicher Anweisung bezeichnet *Rohde* dort auch die Übertragung der Rechtsträgerschaft durch weitere Fondszuweisung an bereits existierende Betriebe, zum Beispiel durch Angliederung von Betriebsteilen und deren Fonds.

Im „Bodenrecht" von 1989[38] wird diese Darstellung aus dem alten Lehrbuch Bodenrecht ohne Abänderung übernommen. Was jedoch im Jahre 1976 unter dem Geltungsbereich der Verordnung über das Verfahren der Gründung und Zusammenlegung von volkseigenen Betrieben sowohl für die Zusammenlegung von Betrieben als auch für die Ausgliederung und

---

[36] Rohde, Bodenrecht, 1989, S 80, spricht einheitlich von Begründung der Rechtsträgerschaft

[37] Rohde, Bodenrecht, Lehrbuch, 1976, S. 256 ff

[38] Rohde, Bodenrecht, 1989, S 80 ff

Angliederung von Betriebsteilen zutreffend war, galt nicht mehr nach der KomVO bezogen auf den Rechtsträgerwechsel bei Betroffensein von Betriebsteilen im Rahmen der Ausgliederung oder Angliederung, da in diesem Falle die partielle Rechtsnachfolge nicht mehr durch staatliche Entscheidung angeordnet werden konnte.[39] Offenbar wurde diese Änderung der Rechtslage von *Rohde* bei Übernahme des 4. Kapitals aus dem alten Lehrbuch Bodenrecht in die neue Auflage übersehen.

Das Bundesverwaltungsgericht berief sich sodann bei Beantwortung der Frage des Verfahrens der Übertragung der Rechtsträgerschaft bei Gründung eines VEB durch Ausgliederung eines Betriebsteils in seinem Beschluß vom 02.08.1994,[40] in welchem es der Auffassung war, eine Übertragung nach der Rechtsträgeranordnung sei nicht erforderlich, lediglich auf *Rohde*, Bodenrecht, 1989, und beachtete nicht die Veränderung der gesetzlichen Lage durch die KomVO gegenüber der Verordnung über das Verfahren der Gründung und Zusammenlegung von volkseigenen Betrieben bzw. die Bedeutung der Regelung des § 37 Abs. 6 KomVO überhaupt. Es bezeichnet die Anweisung als Grundentscheidung der zuständigen staatlichen Behörde, die nicht der Vereinbarung der beteiligten Betriebe überlassen werden konnte, was im übrigen auch für die Übertragung der Fondsinhaberschaft gegolten habe. Hierbei scheint man dort weiter davon ausgegangen zu sein, daß sich der Rechtsträgerwechsel allerdings nicht aufgrund dieser staatlichen Grundentscheidung, sondern erst - quasi wie im Falle der Einigung und Übergabe - mit der Übernahme der Grundstücksfläche durch den neu entstandenen Betrieb vollziehe.

Anders das Oberlandesgericht Dresden,[41] das in einem obiter dictum darauf hinwies, daß im Falle der Ausgliederung eines Betriebsteils sich die Übertragung der Rechtsträgerschaft an den betroffenen Grundstücken in jedem Falle in der üblichen einzelrechtsgeschäftlichen Form, das heißt gemäß § 3 Abs. 3 der Rechtsträgeranordnung, zu vollziehen habe, da die KomVO für diesen Fall gerade keine Gesamtrechtsnachfolge anordne. Für den Fall der Betriebsgründung durch Ausgliederung eines Betriebsteils fehle gerade eine die Gesamtrechtsnachfolge anordnende, sondergesetzliche Regelung. Das Oberlandesgericht hob weiter hervor, daß sich gerade aus § 7 Satz 3 KomVO ergäbe, daß das Kombinat darüber entscheide, inwieweit Fondsbestandteile auf den neuen Betrieb „zu übertragen" seien, womit diese Bestimmung einen noch vorzunehmenden Übertragungsakt voraussetze.

---

[39] Siehe ausführlich oben Ziff 1.6.

[40] BVerwG, ZIP 1994, 1561.

[41] OLG Dresden, ZIP 1994, 399, 401.

Sowohl die Entscheidung des Bundesverwaltungsgerichts, als auch die Entscheidung des Oberlandesgerichts Dresden treffen in der Argumentation nicht exakt den Punkt. Der Entscheidung des Oberlandesgerichts Dresden ist im Ergebnis zuzustimmen. In ihr wird jedoch übersehen, daß grundsätzlich die Gründungsanweisung selbst zur Übertragung von Fondsbestandteilen und Rechtsträgerschaft führen könnte, ohne daß es hierzu des Rückgriffs auf das Modell der Gesamtrechtsnachfolge bedarf, zumal diese ohnehin bei einem Betriebsteil nicht eintreten kann.[42] Auch wird übersehen bzw. nicht weiter problematisiert, daß der nach § 7 Satz 3 KomVO erforderliche Vollzugsakt nicht zwingend in einem Rechtsträgerwechsel nach der Rechtsträgeranordnung liegen muß, sondern vielmehr auch anders ausgestaltet sein kann. Seitens des Bundesverwaltungsgerichts wird nicht beachtet - einmal unabhängig davon, daß es sich auf einen ungeeigneten Nachweis im Schrifttum stützt -, daß sich aus der Gründungsanweisung selbst eine Verpflichtung zur Übertragung der Rechtsträgerschaft in Form der Vereinbarung eines Rechtsträgerwechsels gemäß der Rechtsträgeranordnung ergeben kann, womit dem Argument, daß die KomVO eine (freie) Vereinbarung der beteiligten Betriebe über den Übergang der Fonds und der Rechtsträgerschaft nicht vorsehe, der Boden entzogen ist. Denn daß eine Vereinbarung über die Übertragung der Fondsbestandteile und der Rechtsträgerschaft abzuschließen war, bedeutet nicht, daß die Beteiligten hinsichtlich Inhalt und Abschluß der Vereinbarung frei waren. Vielmehr gab die Gründungsanweisung den Inhalt vor. Erkennt man, daß im Falle der Ausgliederung wie auch der Angliederung von Betriebsteilen die hiermit gleichfalls beabsichtigte Übertragung der Rechtsträgerschaft eines Vollzugsakts bedarf, die Übertragung der Rechtsträgerschaft sich somit nicht über den Weg einer Universalsukzession oder Partialsukzession durch bloße staatliche Entscheidung vollzog, sprechen damit die besseren Gründe für das Erfordernis der Einhaltung des formalisierten Verfahrens des Rechtsträgerwechsels gemäß der Rechtsträgeranordnung.

Soweit durch Ausgliederung von Betriebsteilen Anfang des Jahres 1990 neue Wirtschaftseinheiten entstanden sind, allerdings im Zuge der Ausgliederung der formalisierte Rechtsträgerwechsel nach der Rechtsträgeranordnung nicht vorgenommen wurde, wurde daher später auch vielfach, nachdem dieser „Mangel“ entdeckt worden war, unter den beteiligten Betrieben die Übertragung der Grundstücke durch vor einem Notar erklärte Auflassung nachgeholt.

---

[42] Zum Erfordernis der begrifflichen Unterscheidung zwischen Gesamtrechtsnachfolge, Teilrechtsnachfolge und Einzelrechtsnachfolge siehe 3 Kap Ziff 3.1.1.

1.6.3 Zusammenfassung

Im Falle der Angliederung oder Ausgliederung von Betriebsteilen vollzog sich somit die Übertragung von Fondsbestandteilen auf der Grundlage der Gründungs- oder Angliederungsanweisung und nicht durch die Gründungs- oder Angliederungsanweisung selbst. Die Übertragung der Fondsbestandteile selbst war in der Regel nach Abstimmung der beteiligten Betriebsdirektoren, meist durch Protokolle, erfolgt. Für die Übertragung von Forderungen bedurfte es der Abtretung. Verbindlichkeiten und Vertragsverhältnisse waren entsprechend § 81 VG (Vertragseintritt) bzw. entsprechend § 440 ZGB (Übernahme einzelner Pflichten) unter Beteiligung des jeweils anderen Fachministeriums zu übertragen, soweit das Vertragsverhältnis einen anderen Unterstellungsbereich betraf. Auch die Rechtsträgerschaft an volkseigenem Grund und Boden wurde nicht alleine durch die Gründungsanweisung bzw. Angliederungsanweisung übertragen. Ebenfalls genügte die bloße Inbesitznahme des Grundstücks durch den neu entstandenen VEB oder den aufnehmenden VEB nicht, vielmehr bedurfte es zur Übertragung der Rechtsträgerschaft einer Übertragung derselben gemäß der Rechtsträgeranordnung.

Die Entscheidungen des Oberlandesgerichts Dresden einerseits und des Bundesverwaltungsgerichts andererseits zeigen die fortwährende Problematik der Fragen des Vermögensübergangs im Falle der Ausgliederung bzw. Angliederung von Betriebsteilen nach der KomVO auf. Dies gilt insbesondere vor dem Hintergrund einer Vielzahl von Ausgliederungen von Betriebsteilen auf Grundlage des Beschlusses des Ministerrats vom 19.12.1989. Von besonderer Bedeutung sind die Rechtsfragen des Vermögensübergangs allerdings auch bezogen auf die sogenannten Spaltungsfälle nach der UmwVO und dem THG. Hier werden Überlegungen dahingehend angestellt, daß grundsätzlich in den Spaltungsmaßnahmen zugleich auch die Ausgliederung und dementsprechend Vermögensausstattung eines neuen VEB gesehen werden könne, womit eine Lösung der mit den Spaltungsfällen verbundenen ausgesprochen schwierigen Rechtsfragen versucht wird.[43]

2 Umwandlung

Die Fälle der Umwandlung, also des Neuentstehens eines rechtsfähigen Gebildes aus einem oder mehreren bereits existierenden, rechtsfähigen

---

[43] Siehe hierzu nachfolgend 6 Kap

Gebilden bei gleichzeitigem Untergang dieser mit Entstehen des neuen Gebildes, regelte die KomVO, wie zuvor unter Ziffer 1 deutlich wurde, nicht als gesonderten Fall, sondern vielmehr als besonderen Fall der Gründung - zuvor unter Ziffer 1 als derivative Neugründung bezeichnet. Die Umwandlung letztlich nur einer Wirtschaftseinheit - beendet durch Gründung einer neuen Wirtschaftseinheit und hiermit verbunden Beendigung der Rechtsfähigkeit der alten Wirtschaftseinheit oder durch bloßen Formwechsel - kannte die KomVO nicht. Allerdings ergab sich auch in der DDR ein Bedürfnis für die Veränderung der Rechtsform existenter Wirtschaftseinheiten. Hier wurde allerdings, da grundsätzlich eine Vielzahl von Wirtschaftseinheiten hiervon betroffen war, so vorgegangen, daß per „Anordnung" diese Wirtschaftseinheiten durch übertragende Umwandlung (Auflösung - Neuerrichtung - Anordnung der Rechtsnachfolge) umgewandelt wurden. So ist dies etwa geschehen durch die Anordnung über die Bildung sowie über die Planung, Finanzierung und Abrechnung der Konzert- und Gastspieldirektionen des Ministers für Kultur vom 27.11.1973,[44] durch die aus den VEB Konzert- und Gastspieldirektionen Konzert- und Gastspieldirektionen in Form von Haushaltsorganisationen wurden, oder durch die Anordnung über die Bildung sowie über die Planung, Finanzierung und Abrechnung des PROGRESS Film-Verleih und der Bezirksfilmdirektionen vom 24.08.1973,[45] durch die aus den volkseigenen Lichtspielbetrieben Bezirksfilmdirektionen – ebenfalls in Form von Haushaltsorganisationen - wurden.

Einen Sonderfall stellten die Hauptauftraggeber Komplexer Wohnungsbau dar.[46] Die mit dem 01.11.1983 in Kraft tretende Anordnung regelte die Verfassung der Hauptauftraggeber Komplexer Wohnungsbau (HAG), die zuvor grundsätzlich als VEB organisiert waren, insbesondere dahingehend neu, daß sie fortan Haushaltsorganisation waren. Allerdings bestand gemäß § 14 Abs. 1 der Anordnung die Möglichkeit, daß, soweit Hauptauftraggeber als volkseigene Betriebe organisiert waren, der örtliche Rat eine Entscheidung dahingehend fällen konnte, daß diese Organisationsform beibehalten wird. Hieraus läßt sich der Schluß ziehen, daß, soweit eine solche Entscheidung nicht fiel, hier mit dem 01.11.1983, also dem Inkrafttreten der Anordnung, sich ein Formwechsel vollzog.[47]

---

[44] GBl I S. 5.

[45] GBl I S. 443.

[46] Anordnung über die Aufgaben und die Arbeitsweise der Hauptauftraggeber Komplexer Wohnungsbau vom 19.09.1983, GBl I S. 269

[47] Soweit die HAG daher im Register der volkseigenen Wirtschaft eingetragen blieben, ist dies zumindest ein Indiz für die Beibehaltung der Rechtsform des VEB, da Haushaltsorganisationen grundsätzlich im Register der volkseigenen Wirtschaft nicht eingetragen wurden. Dementsprechend erfolgte nach Umwandlung in eine Haushaltsorganisation die Löschung der Eintragung

3 Verschmelzung

Die Verschmelzung, also die Übertragung des Vermögens einer Wirtschaftseinheit auf eine andere, bereits existierende Wirtschaftseinheit bei Untergang der verschmolzenen Wirtschaftseinheit mit Übertragung des Vermögens, war der KomVO bekannt. Sie war in § 38 Abs. 3 KomVO als sogenannter Fall der Angliederung geregelt. Die §§ 35 bis 38 KomVO wurden für entsprechend anwendbar erklärt. Um einen Fall der Angliederung handelte es sich jedoch nicht, wenn ein Kombinatsbetrieb oder ein eigenständiger VEB einem Kombinat unterstellt wurde, da hierbei die Rechtspersönlichkeit des Betriebs erhalten blieb.

4 Spaltung

Spaltungen, also den Übergang eines Vermögensteils eines rechtsfähigen Subjekts uno actu[48], kannte die KomVO entgegen der Verordnung über das Verfahren der Gründung und Zusammenlegung von volkseigenen Betrieben nicht mehr.[49] Der Übergang einzelner Rechte und Pflichten war damit auch im Falle der Ausgliederung eines Betriebsteils wie auch der Angliederung eines Betriebsteils singulär zu vollziehen. Zulässig war jedoch die Spaltung gemäß § 22 Abs. 4 AHB-VO vom 29.06.1989.[50]

---

des vorigen VEB im Register (vgl auch 3 Kap Ziff 3 1)

[48] Unter Spaltungen wurden auch hier nur solche Umstrukturierungs- bzw. Umwandlungsmaßnahmen verstanden, die mit einer einheitlichen Vermögensnachfolge verbunden waren. Der Begriff dürfte sich in alleine dieser Bedeutung zumindest Anfang der 90er Jahre durchgesetzt haben Bereits die Sechste Richtlinie des Rates der Europäischen Gemeinschaften vom 17 12 1982 (Amtsblatt Nr L 378/47) bezeichnete als Spaltung den einheitlichen Vermögensübergang Insofern in der Verwendung des Begriffs unglücklich Welter, DWiR 1992, 265 ff., wie auch Dehmer, UmwG - Kommentar, Vor §§ 123 - 173 Rn 2

[49] Unzutreffend daher u a.: Lindner, Der Übergang des Rechts der Wirtschaft von der Plan- zur Marktwirtschaft in Ostdeutschland, S 114; Graf, WR 2/86 - Seminar - I ff sowie Kübler, FS Merz, S 333, 340 f ; Spoerr, Treuhandanstalt und Treuhandunternehmen zwischen Verfassungs-, Verwaltungs- und Gesellschaftsrecht, S 261 ff. und in EWiR 1995, 389 f. Ebenfalls wohl von der Zulässigkeit der Spaltung ausgehend, Kohte, EWiR 1991, 613 f , sowie Oetker in: Rechtshandbuch Vermögen und Investitionen in der ehemaligen DDR, Band I, Syst Darst. III Rn 24.

[50] Vgl. hierzu Herale, WR 89, 92, 95 Hintergrund war, daß die zum Übergang von Vertragsverhältnissen oder Verbindlichkeiten erforderliche Zustimmung der (ausländischen) Gläubiger als ansonsten nur schwer zu überwindendes Hindernis angesehen wurde.

5. KAPITEL

UMWANDLUNG VON WIRTSCHAFTSEINHEITEN NACH DER UMWANDLUNGSVERORDNUNG[1]

1 Einführung

Die Umwandlungsverordnung vom 01.03.1990[2] hatte die Aufgabe, den Wirtschaftseinheiten der DDR eine solche Gestalt zu geben, daß sie im Hinblick auf die zu erwartende Währungs-, Wirtschafts- und Sozialunion in Zukunft am durch das neue Recht - insbesondere das Wirtschaftsrecht der Bundesrepublik Deutschland - geprägten Rechtsverkehr teilnahmsfähig sein würden.[3] Es hatte also eine Vereinheitlichung der Rechtssubjekte des Rechtsverkehrs zu erfolgen.[4] Für die sogenannten Wirtschaftseinheiten entschloß man sich grundsätzlich, diese entweder in eine GmbH oder eine AG umzuwandeln.[5]

Die UmwVO sollte jedoch nicht lange Bestand haben. Der Ministerrat der DDR beschloß am 17.08.1990,[6] daß die UmwVO mit sofortiger Wirkung aufgehoben wird und daß diese Aufhebung im Gesetzblatt zu veröffentlichen sei.[7] Letzteres ist jedoch nie geschehen, so daß die UmwVO erst

---

[1] Die Umwandlung wird nachfolgend grundsätzlich exemplarisch am Beispiel der Umwandlung in eine GmbH dargestellt.

[2] Verordnung zur Umwandlung von volkseigenen Kombinaten, Betrieben und Einrichtungen in Kapitalgesellschaften vom 01 03 1990, GBl I S 107, geändert durch Verordnung vom 28 06.1990, GBl. I S 509, im folgenden nur: UmwVO

[3] Regierungspressedienst der Deutschen Demokratischen Republik vom 03 04.1990 (Nr 9/1990), S 2.

[4] Sog „Privatisierung der Rechtsform" - siehe hierzu Maskow/Hoffmann, BB 1990, Deutsche Einigung - Rechtsentwicklungen, Folge 17, S 1 ff., 4; Horn, *Das Zivil- und Wirtschaftsrecht im neuen Bundesgebiet*, S. 779. Zu den unterschiedlichen Privatisierungsbegriffen bei zuvor öffentlicher Aufgabenerfüllung vgl auch Schmidt, ZGR 1996, 345, 347 f

[5] § 2 Abs 1 Satz 1 UmwVO, wonach allerdings auch Ausnahmen zulässig waren, zum Beispiel die Umwandlung in Genossenschaften, Personengesellschaften und andere Organisationsformen.

[6] Ministerratsbeschluß 26/I 4/90 vom 17 08 1990 - unveröffentlicht -, BArch Berlin, DC 20 MR I/3, 3050 - 3055, auch erwähnt bei Badestein, WR 1993, 258 ff, Fn. 9

[7] Ziff 2 des Beschlusses

durch Art. 8 EVertr vom 31.08.1990[8] mit Ablauf des 02.10.1990 außer Kraft trat. Bereits mit Verordnung vom 28.06.1990[9]- also knapp vier Monate nach ihrem Inkrafttreten am 08.03.1990[10] - wurde die UmwVO im Hinblick auf das Gesetz zur Privatisierung und Reorganisation des volkseigenen Vermögens (Treuhandgesetz)[11] geändert.[12]

Hierbei wird man wohl sagen können, daß die UmwVO den Grund ihres schnellen Endes bereits in sich trug. § 7 UmwVO bestimmte, entsprechend der Dogmatik des Umwandlungsrechts, daß die Umwandlung mit der Eintragung der neuen GmbH bzw. AG in das Register wirksam wird.[13] Diese Eintragung wurde dadurch hinausgezögert, daß vor der Anmeldung zur Eintragung gemäß § 5 UmwVO ein Prüfbericht zu erstellen war, wovon sich der Ministerrat in Erkenntnis dieser Umwandlungsbremse jedoch im Juni 1990 bei Beratung des THG löste.[14] Während des Umwandlungsvorgangs bis zu dessen Abschluß behielt somit die Wirtschaftseinheit ihre alte Struktur bzw. Rechtspersönlichkeit. Es war somit bereits bei Inkrafttreten der UmwVO eigentlich abzusehen, daß die Notariate und die das Register der volkseigenen Wirtschaft führenden staatlichen Vertragsgerichte[15] nicht in der Lage sein würden, der Umwandlungsflut innerhalb angemessener Zeit zu begegnen und somit dem Rechtsverkehr rechtzeitig - also mit Wirksamwerden der Währungs-, Wirtschafts- und Sozialunion -

---

[8] BGBl. II S 889

[9] Siehe Fn 2

[10] § 12 UmwVO

[11] Gesetz zur Privatisierung und Reorganisation des volkseigenen Vermögens (Treuhandgesetz) vom 17.06.1990, GBl I S 300 - im folgenden nur: THG

[12] Aufhebung des § 9 - Aufsichtsratsbildung

[13] Dies gilt unabhängig von der Frage, ob es sich um eine formwechselnde oder eine übertragende Umwandlung handelt - siehe hierzu näher nachfolgend Ziff 3

[14] Beschluß des Ministerrats 10/16/90 vom 06.06.1990 (unveröffentlicht - BArch Berlin, DC 20 MR I/3, 2974 - 2981), hierzu nachfolgend Ziff 3

[15] Das Register der volkseigenen Wirtschaft wurde ursprünglich durch die Räte der Kreise gemäß der Verordnung über die Übertragung der Angelegenheiten der freiwilligen Gerichtsbarkeit vom 15.10.1952 - ÜbertragungsVO - GBl I S 1057 als Handelsregister geführt. Erst mit der Verordnung über die Führung des Registers der volkseigenen Wirtschaft vom 16 08 1968 - GBl II S 968 - wurden die staatlichen Vertragsgerichte (Bezirksvertragsgerichte) zuständig Für die nach der UmwVO vorzunehmenden Eintragungen in das Handelsregister, Abteilung B, wurden sodann ebenfalls die Bezirksvertragsgerichte zuständig - Anordnung über die Führung des Registers für private und gemischt-wirtschaftliche Unternehmen und für treuhänderisch verwaltete Kapitalgesellschaften vom 19.03 1990 – GBl I S 183. Hierzu auch Kelm, DB 1990, 973

die hierzu erforderliche "Art der Rechtssubjekte" zur Verfügung zu stellen.[16] Dementsprechend entschloß sich der Gesetzgeber mit Einführung des THG zu einer gesetzlichen Umwandlung zum 01.07.1990 gemäß § 11 THG, sofern bis zu diesem Zeitpunkt die in § 1 Abs. 4 THG bezeichneten Wirtschaftseinheiten noch nicht in Kapitalgesellschaften umgewandelt waren.[17]

Die UmwVO steht jedoch nicht für sich alleine. Sie ist im Zusammenhang mit dem Beschluß zur Gründung der Anstalt zur treuhänderischen Verwaltung des Volkseigentums vom 01.03.1990[18] und dem Statut der Anstalt zur treuhänderischen Verwaltung des Volkseigentums vom 15.03.1990[19] zu sehen. Diese Bestimmungen hatten eine noch kürzere Lebensdauer als die UmwVO. Sie traten außer Kraft mit dem 01.07.1990 gemäß § 24 Abs. 3 THG.

2 Von der Umwandlungsmöglichkeit betroffene Wirtschaftseinheiten

Während § 11 THG in seinem Absatz 3 einen relativ umfassenden Katalog der von der gesetzlichen Umwandlung ausgenommenen Wirtschaftseinheiten enthielt, schloß § 1 Abs. 2 UmwVO von der Möglichkeit der Umwandlung lediglich das Staatsunternehmen Deutsche Post mit seiner Generaldirektion, die Eisenbahn, die Verwaltung der Wasserstraßen und die Verwaltung des öffentlichen Straßennetzes aus, indem bestimmt wurde, daß die UmwVO hierfür nicht gelte. Die UmwVO galt somit grundsätzlich für alle in Volkseigentum stehenden Wirtschaftseinheiten. Fraglich ist

---

[16] Die genaue Zahl der zum 30 06.1990 nach der UmwVO umgewandelten Wirtschaftseinheiten steht nicht fest. Sie schwankt zwischen einigen 100 und 3.700 (siehe hierzu Badestein, WR 1993, 258). Der damalige Ministerpräsident De Maizière verlautbarte noch im Mai des Jahres 1990, daß noch nicht einmal 100 Wirtschaftseinheiten umgewandelt seien (Die Welt, Nr 121 vom 26 05 1990, S 9). Allerdings soll es noch im Juni 1990 zu einem Umwandlungsschub gekommen sein, so daß davon auszugehen ist, daß sich die zuletzt genannte Zahl von 3.700 Umwandlungen auf bis zum 30.06.1990 beim zuständigen Registergericht eingereichte Umwandlungserklärungen bezieht (vgl hierzu auch Rosener in: FS Quack 1991, 397 ff). In der von der Treuhandanstalt vorgelegten Entwurfsbegründung des Beschlusses vom 17 08.1990 (a a O - Fn 6) ist die Rede von ca. 3600 Betrieben

[17] Zur Abgrenzung zwischen UmwVO und THG siehe 10 Kap

[18] GBl I S 107

[19] GBl I S. 167; im folgenden auch Statut

jedoch die Anwendbarkeit der UmwVO auch auf Wirtschaftseinheiten anderer Eigentumsformen, nämlich des genossenschaftlichen Gemeineigentums oder des Eigentums gesellschaftlicher Organisationen der Bürger[20] bzw. sonstiger Formen der kooperativen Zusammenarbeit zwischen den verschiedenen Trägern dieser Eigentumsformen.

Aus § 1 Abs. 1 UmwVO läßt sich zur Beantwortung dieser Frage jedoch nichts entnehmen, da hier zumindest auf alle im Register der volkseigenen Wirtschaft eingetragenen Wirtschaftseinheiten abgestellt wurde und hierunter gerade auch die Betriebe der anderen Formen des sozialistischen Eigentums fielen. Jedoch ergibt sich aufgrund des Zusammenspiels zwischen UmwVO einerseits und dem Beschluß zur Gründung der Anstalt zur treuhänderischen Verwaltung des Volkseigentums vom 01.03.1990 sowie dem Statut der Anstalt zur treuhänderischen Verwaltung des Volkseigentums vom 15.03.1990 andererseits, daß nur volkseigene Wirtschaftseinheiten von der UmwVO umfaßt sein sollten. Diese Bestimmungen zielten letztendlich alleine auf das Volkseigentum ab. Eine Umwandlung der übrigen Formen des sozialistischen Eigentums in Volkseigentum war hiermit nicht beabsichtigt.[21] Allerdings ist zu erkennen, daß Anfang 1990 eine Vielzahl von OEB in Volkseigentum und die Form eines VEB übergeführt wurden. Diese Betriebe unterlagen der UmwVO.[22]

Nicht aus der UmwVO selbst, aber aus dieser i. V. m. Ziff. 6 des Beschlusses zur Gründung der Anstalt zur treuhänderischen Verwaltung des Volkseigentums vom 01.03.1990 ergibt sich weiter, daß nach der UmwVO nicht Städten und Gemeinden unterstellte Betriebe und Einrichtungen (siehe auch § 11 Abs. 3, 3. Anstrich THG)[23] umgewandelt werden sollten, denn der Verantwortungsbereich der Treuhandanstalt umfaßte nicht das Vermögen der diesen unterstellten Betriebe und Einrichtungen.[24] Kreis- und bezirksgeleitete Wirtschaftseinheiten waren hiernach jedoch von der Zuständigkeit der THA und damit auch von der Möglichkeit der Umwand-

---

[20] Insbesondere der sog. organisationseigenen Betriebe (OEB)

[21] Ebenso Landgericht Berlin, ZIP 1992, 141; Vorinstanz zu Kammergericht, ZIP 1993, 872 Siehe zu der Entscheidung des Landgerichts auch die Rezension von Neye, EWiR 1992, 81.

[22] A. A Schießl, VIZ 1994, 377, der von einer Rückwirkung des § 20 Abs 1 DDR-PartG ausgeht. Zutreffend Kloth, VIZ 1995, 88 In eine ähnliche Richtung wohl auch gehend Neye, EWiR 1992, 81

[23] Die Treuhandschaft wurde hier von den „zuständigen territorialen Organen" - in der Regel der des Kreises - wahrgenommen (vgl Ministerratsbeschluß 18/7/90 vom 15 03 1990, Ziff 13 (unveröffentlicht - BArch Berlin, DC20 MR I/3, 2935).

[24] Sofern eine Umwandlung hier jedoch dennoch erfolgte und es zur Eintragung der GmbH kam, handelt es sich um eine fehlerhafte Umwandlung; vgl hierzu 6 Kap

lung nicht ausgeschlossen.[25] Gleiches galt für Haushaltsorganisationen. Diese waren zwar grundsätzlich nicht im Register der volkseigenen Wirtschaft eingetragen, jedoch stellt auch § 1 UmwVO nicht auf die Eintragung im Register ab. Denn nach dem Wortlaut der Norm ist das Tatbestandsmerkmal „... sonstige, im Register der volkseigenen Wirtschaft eingetragene Wirtschaftseinheiten, ..." selbständiges Tatbestandsmerkmal, welches sich z. B. nicht auf die zuvor erwähnten, selbständigen Einrichtungen, welche die Haushaltsorganisationen waren, bezieht. So gibt es auch keinen Anlaß, die Haushaltsorganisationen von der Möglichkeit der Umwandlung auszunehmen, da mit der zu erwartenden Währungs-, Wirtschafts- und Sozialunion die Grundlage für die seinerzeitige Strukturierung der ehemaligen VEB als Haushaltsorganisationen eine andere wurde. Es konnte daher durchaus Sinn machen, z. B. Bezirksfilmdirektionen in Kapitalgesellschaften umzuwandeln, worüber ohnehin im rechtsgeschäftlichen Verfahren der Umwandlung nach der UmwVO zu entscheiden gewesen wäre. Tatsächlich haben sich sodann auch zahlreiche Haushaltsorganisationen um Umwandlung bemüht und sind sodann auch nach der UmwVO umgewandelt worden.[26]

Tauglicher Umwandlungsgegenstand war gemäß § 1 Abs. 1 UmwVO ferner lediglich eine Wirtschaftseinheit - in der UmwVO als "Betrieb" bezeichnet -, nicht jedoch konnte Gegenstand der Umwandlung ein Betriebsteil sein, auch wenn dieser aufgrund seiner Stellung nach der KomVO an einen eigenständigen, rechtsfähigen volkseigenen Betrieb weitgehend angenähert war.[27] Ebensowenig wie die UmwVO die Umwandlung von Be-

---

[25] A A *für die kreisgeleiteten Betriebe Ohle, Vermögensübergang auf Kapitalgesellschaften mit Treuhandbeteiligung, S. 154.*

[26] A A Schmitt-Habersack in: Kimme (Hrsg), Offene Vermögensfragen, THG § 11 Rn 8, der darauf abstellt, daß eine Eintragung der Haushaltsorganisationen im Register der volkseigenen Wirtschaft nicht erfolgt sei So wurden von den 15 Bezirksfilmdirektionen letztendlich 13 in GmbH umgewandelt. Hintergrund war, daß im Ergebnis eines persönlichen Gesprächs zwischen der stellvertretenden Ministerin für Kultur, Frau Brigitte Weiß, und dem Vorsitzenden der Anstalt zur treuhänderischen Verwaltung des Volkseigentums, Herrn Dr. Moreth, am 25 04.1990 dem Ministerium für Kultur die Zustimmung erteilt wurde, die Bezirksfilmdirektionen von Haushaltsorganisationen in GmbH umzuwandeln. Im Gesetz über das Vermögen der Gemeinden, Städte und Landkreise (Kommunalvermögensgesetz - KVG) vom 06 07 1990 - GBl I S 660 sind in der Aufzählung der kulturellen, gesundheitlichen und anderen Einrichtungen, die von den Kommunen als kommunales Eigentum beansprucht werden können, die Kinos absichtlich ausgelassen worden, damit ab 01 07 1990 die Lichtspieltheater nicht mehr unter zentraler Regie standen, sondern in möglichst vielfältig organisierte Formen - z B Reprivatisierung, GmbH, Genossenschaft - überführt werden konnten (so ein Schreiben der Verwaltung der Volkskammer der DDR an die Nordthüringer Kino GmbH, Erfurt, vom 10.09.1990) Das Bundesarbeitsgericht, VIZ 1993, 256, sah ohne Bedenken die Umwandlung einer Bezirksfilmdirektion sodann nach dem THG als zulässig an Hierzu ablehnend jedoch Busche in der Anmerkung zur Entscheidung, VIZ 1993, 259, Vgl auch 7 Kap. Ziff. 2

[27] Dies entspricht - trotz anderer Handhabung der Treuhandanstalt - der durchweg herrschenden Meinung; vgl nur Gutbrod, GmbHR 1993, 622; Kübler, FS Merz, S. 333 und war unter anderem Anlaß für die Schaffung des § 12 SpTrUG Siehe hierzu auch: Allgemeine Begründung des RegE des SpTrUG vom 19 02 1991 zu § 12 SpTrUG - BT-Drucks. 12/105, S. 13

triebsteilen - also Spaltungsvorgänge kannte -, kannte sie die Zusammenfassung von Wirtschaftseinheiten zu einer Kapitalgesellschaft - Verschmelzungsvorgänge.[28]

3 Umwandlungsverfahren

Grundsätzlich galt, daß die Betriebe entweder in eine GmbH oder in eine AG umzuwandeln waren. Ausnahmen waren allerdings möglich. Die Umwandlung erfolgte durch Umwandlungserklärung zwischen dem umzuwandelnden Betrieb und der Treuhandanstalt als Übernehmende der Anteile.[29] Vor der Umwandlungserklärung hatte die Treuhandanstalt die Stellungnahme des übergeordneten Organs des Betriebs einzuholen.[30] Sie bedurfte ferner der Stellungnahme des Vertretungsorgans der Beschäftigten des umzuwandelnden Betriebs.[31] Die Umwandlungserklärung war notariell zu beurkunden. Diese sodann zu beurkundende Umwandlungserklärung mußte enthalten:[32]

- die Erklärung über die Errichtung einer GmbH oder AG, je nachdem, ob der Betrieb in eine GmbH oder in eine AG umgewandelt werden sollte, im Ausnahmefall die Erklärung über die Errichtung der Genossenschaft, Personengesellschaft oder anderen Organisationsform,

---

[28] Allerdings lassen die „Hinweise der Treuhandanstalt zur Vorbereitung und den Abschluß der Umwandlung von Kombinaten, Betrieben und Einrichtungen in Kapitalgesellschaften entsprechend der Verordnung des Ministerrats vom 01. März 1990" unter I Ziff. 4 erkennen, daß auch an Verschmelzungen im Zuge der Umwandlung gedacht wurde (unveröffentlicht - BArch Berlin, DC 20 MR I/3, 2935)

[29] § 4 Abs 1 Satz 1 UmwVO. Hierbei war die Umwandlungserklärung vom Betrieb zu erarbeiten und bei der THA einzureichen (vgl. Hinweise der Treuhandanstalt, III. Ziff 1 a a O. - Fn 28)

[30] § 4 Abs 1 Satz 2 UmwVO.

[31] § 2 Abs 2 UmwVO (vgl hierzu auch die Hinweise der Treuhandanstalt, III Ziff 2 a. a. O - Fn 28)

[32] Siehe hierzu § 4 UmwVO wie auch u. a. die Darstellungen von Elsner, DB 1990, 3027; Hebing, BB 1990 - DDR-Rechtsentwicklungen Folge 6, S. 1 ff; Maskow, BB 1990 - DDR Rechtsentwicklungen Folge 4, S 1 ff; Pflicke, WR 1990, 33 ff; Semler, BB 1991 - DDR-Rechtsentwicklungen Folge 22, S. 9 ff; Thietz-Bartram/Pfeifer, WM Sonderbeilage zu Heft 20/1990, S 3 ff; Mampel, ROW 1992, 4 ff; Weimar, ZIP 1992, 73 ff.; Lindner, Der Übergang des Rechts der Wirtschaft von der Plan- zur Marktwirtschaft in Ostdeutschland, S 102 ff.; Horn, Das Zivil- und Wirtschaftsrecht im neuen Bundesgebiet, S 854 ff

- dementsprechend den Gesellschaftsvertrag der GmbH oder die Satzung der AG,

- da die Geschäftsanteile bzw. die Aktien zwar gemäß § 3 Abs. 1 UmwVO von der Treuhandanstalt übernommen wurden, diese jedoch gemäß § 3 Abs. 2 UmwVO entsprechend ihrem Statut berechtigt (nicht jedoch verpflichtet)[33] war, juristische oder natürliche Personen zu beauftragen, als Gründer und Gesellschafter von Kapitalgesellschaften zu fungieren oder die sich aus den Beteiligungen ergebenden Rechte und Pflichten wahrzunehmen, die Bezeichnung des insoweit Beauftragten

- und schließlich die Übertragung der Fondsinhaberschaft des Betriebs auf die GmbH oder AG.

Das Verfahren weiter spezifizierende Durchführungsbestimmungen[34] wurden nicht erlassen.[35]

Die Umwandlung nach der UmwVO hatte jedoch auch zur Folge, daß dem Betrieb eine vermögensrechtliche Stellung entzogen wurde. Gemäß § 5 Abs. 2 des Statuts der Anstalt zur treuhänderischen Verwaltung des Volkseigentums wurde die Treuhandanstalt Rechtsträger an dem Grund und Boden, der sich bis zur Umwandlung in Rechtsträgerschaft der umgewandelten Kombinate, Betriebe und Einrichtungen befand.

Sie war sodann berechtigt, auf vertraglicher Grundlage Nutzungsrechte an diesem Grund und Boden zu vergeben sowie auf gesetzlicher Grundlage Nutzungsrechte zu verleihen.[36] Hierbei ging die Regelung davon aus, daß

---

[33] Gemäß § 3 Abs 2 UmwVO beauftragte die Treuhandanstalt entsprechend ihrem Statut juristische oder natürliche Personen, als Gesellschafter zu fungieren bzw die sich aus Beteiligungen ergebenden Rechte und Pflichten wahrzunehmen. Nach § 6 des sodann nachfolgend erlassenen Statuts stand die Beauftragung im Ermessen der Treuhandanstalt (Kann-Bestimmung).

[34] § 11 UmwVO sah vor, daß Durchführungsbestimmungen erlassen werden können.

[35] Der Ministerratsbeschluß 18/7/90 vom 15 03 1990 sah unter Ziff. 3 vor, daß für die ordnungsgemäße Durchführung der Umwandlung von volkseigenen Kombinaten, Betrieben und Einrichtungen in Kapitalgesellschaften entsprechend der UmwVO zur Unterstützung der Treuhandanstalt durch die Minister im Rahmen ihres Stellenplans zeitweilige Arbeitsgruppen einzusetzen sind Dem Beschluß selbst waren auch beigefügt - und hiermit durch den Ministerrat bestätigt - die Hinweise der Treuhandanstalt zur Vorbereitung und den Abschluß der Umwandlung von volkseigenen Kombinaten, Betrieben und Einrichtungen in Kapitalgesellschaften entsprechend der Verordnung des Ministerrats vom 01 03 1990, denen man den Charakter von Durchführungsbestimmungen jedoch zusprechen kann (Beschluß des Ministerrats 18/7/90 vom 15 03.1990 - unveröffentlicht - BArch Berlin, DC 20 MR I/3, 2935)

[36] § 5 Abs 2 Satz 2 des Statuts

die Rechtsträgerschaft im Zuge des Umwandlungsvorgangs auf die Treuhandanstalt übergeht. Entsprechende Übertragungserklärungen wurden sodann auch in den notariellen Urkunden abgegeben. Es handelte sich somit um eine aufgrund Ministerratsbeschluß erfolgende Übertragung der Rechtsträgerschaft, deren Voraussetzung jedoch die Durchführung und grundsätzlich auch Beendigung des Umwandlungsverfahrens nach der UmwVO war.[37]

Die UmwVO forderte weiter, der Umwandlungserklärung eine Abschlußbilanz sowie eine vom Übernehmenden - also der neuen Kapitalgesellschaft - und Umzuwandelnden - dem alten Betrieb - unterzeichnete Aufstellung über alle Rechte und Pflichten, Forderungen und Verbindlichkeiten sowie die mit der Geschäftsbank getroffene Vereinbarung über die Ordnung bestehender Kredite beizufügen.[38] Entsprechend der Pflicht des "alten Betriebs", eine Abschlußbilanz zu erstellen, traf die errichtete GmbH oder AG die Pflicht, eine Eröffnungsbilanz sowie nach § 24 AktG einen Gründungsbericht zu erstellen, in dem auch der Geschäftsverlauf und die Lage des Unternehmens darzulegen waren. § 5 Abs. 2 UmwVO forderte weiter, daß in jedem Falle eine Prüfung durch einen oder mehrere unabhängige Prüfer[39] nach § 25 Abs. 2 AktG stattzufinden habe. Die Prüfung sollte sich insbesondere darauf erstrecken, ob die in der Aufstellung über alle Rechte und Pflichten, Forderungen und Verbindlichkeiten, welche nach § 4 Abs. 2 UmwVO zu erstellen war, aufgeführten Verbindlichkeiten vollständig erfaßt sind. Die Ergebnisse der Prüfung waren in einem Prüfungsbericht darzustellen.[40]

---

[37] Dies wird im übrigen bestätigt durch III. Ziff 7 der Hinweise der Treuhandanstalt (a. a O. - Fn. 26), wonach die Eintragung der Rechtsträgerschaft der Treuhandanstalt am Boden in das Grundbuch nach Einreichung der Umwandlungserklärung beim staatlichen Vertragsgericht erfolgen sollte Es handelt sich insofern um ein durch **Ministerratsbeschluß** abgeändertes Verfahren der Übertragung der Rechtsträgerschaft Die Voraussetzungen der Anordnung über die Rechtsträgerschaft an volkseigenen Grundstücken mußten nicht eingehalten werden A A. jedoch Ohle, Vermögensübergang auf Kapitalgesellschaften mit Treuhandbeteiligung, S. 167 Auch ist an der Rechtsträgerfähigkeit der Treuhandanstalt nicht zu zweifeln, da diese eine staatliche Einrichtung war Aber auch wenn man die Treuhandanstalt von dem Katalog der „Rechtsträgerfähigen" gemäß § 1 Abs 1 und 2 der Anordnung über die Rechtsträgerschaft an volkseigenen Grundstücken nicht umfaßt sehen wollte, wäre dies völlig ohne Belang, da zumindest mit dem vom Ministerrat gefaßten Gründungsbeschluß, nach welchem die Rechtsträgerschaft auf die Treuhandanstalt übergehen sollte, die Rechtsträgerfähigkeit begründet worden wäre (zweifelnd Ohle, S 166)

[38] § 4 Abs. 2 UmwVO - zur Bedeutung dieser Aufstellung siehe nachfolgend 4 3

[39] Gemäß III Ziff 3 der Hinweise der Treuhandanstalt (a a O - Fn. 28) waren unabhängige Prüfer die Staatliche Finanzrevision und andere Der Ministerratsbeschluß 18/7/90 vom 15 03 1990 (a a O - Fn 28), dem diese Hinweise beigefügt waren, bestimmte unter Ziff 5 lediglich die Staatliche Finanzrevision als unabhängigen Prüfer Die Norm entspricht § 385 b Abs 2 AktG 1965

[40] Es entsprach der durchgängigen Praxis, daß unabhängig von der Gründung der neuen Kapitalgesellschaft als GmbH oder AG § 5 UmwVO einheitlich anzuwenden, also sowohl ein Gründungsbericht zu erstellen wie auch eine Gründungsprüfung durchzuführen war (siehe hierzu auch Hebing, a a. O - Fn 32, S 4; Maskow, a a. O - Fn 32, S. 7; Lindner, a. a O. - Fn. 32, S. 106)

Mit Ministerratsbeschluß vom 06.06.1990 wurde das Umwandlungsverfahren jedoch betreffend § 6 Abs. 2 Ziff. 2 und 3 UmwVO geändert, da sich diese Regelung als Umwandlungsbremse erwies. Nunmehr konnte auch die Schlußbilanz und Eröffnungsbilanz per Vormonat eingereicht werden. Der entsprechende Bestätigungsvermerk der Staatlichen Finanzrevision konnte bis zum 30.09.1990 an die Treuhandanstalt nachgereicht werden. Auf den Prüfbericht wurde nunmehr ganz verzichtet. Grundlage der Eintragung durch das Staatliche Vertragsgericht sollte nur noch die vom geschäftsführenden Betriebsdirektor bzw. Generaldirektor und dem Hauptbuchhalter unterzeichnete Bilanz sein.[41] Waren nunmehr diese Umwandlungsvoraussetzungen geschaffen, war die durch Umwandlung entstandene Gesellschaft beim staatlichen Vertragsgericht zur Eintragung in das Register anzumelden, in dessen Bezirk sich der Sitz der neu errichteten GmbH bzw. AG befinden würde.[42]

4 Rechtsnatur des Umwandlungsvorgangs

Zur Herausarbeitung der Rechtsnatur des Umwandlungsvorgangs unter Heranziehung der im 3. Kapitel entwickelten Grunddogmatik des Umwandlungsrechts soll vorab noch einmal festgehalten werden:

- Zum Zwecke der Umwandlung wurde entweder eine AG oder eine GmbH errichtet (§ 4 Abs. 1 Satz 3 Ziff. 1 UmwVO).

- Die Fondsinhaberschaft des umzuwandelnden Betriebs wurde auf

---

Hintergrund dürfte sein, daß Vorbild die §§ 57 ff. UmwG 1969 waren, die weitestgehend auf die Umwandlung des Unternehmens eines Einzelkaufmanns durch Übertragung des Geschäftsvermögens auf eine AG (§§ 50 ff. UmwG 1969) verweisen (Maskow, a a. O -Fn. 32, S 4) § 58 UmwG 1969 sah demgegenüber für die Umwandlung eines Unternehmens, welches von einer Gebietskörperschaft oder einen Gemeindeverband betrieben wurde, eine Gründungsprüfung nicht vor (zu den Erwägungen siehe Widmann/Mayer, Umwandlungsgesetz 1969, § 58 Rn 1325 i V m Rn. 968) Auch § 59 UmwG 1969 forderte für den Fall der Umwandlung einer rechtsfähigen Körperschaft oder Anstalt des öffentlichen Rechts in eine GmbH eine Gründungsprüfung ebenfalls nicht.

[41] Beschluß des Ministerrats 10/16/90 vom 06 06.1990 - Ziff 4 (unveröffentlicht - BArch Berlin, DC 20 MR I/3, 2974 - 2981)

[42] § 4 Abs. 3 UmwVO verwies für die Gründung und Tätigkeit auf das GmbHG bzw das AktG, sofern in der UmwVO keine speziellen Regelungen getroffen sind Anzuwenden war damit das GmbHG in seiner Fassung vom 20 05 1898 (RGBl I, 897) sowie das AktG in seiner Fassung vom 30.01 1937 (RGBl I, 107) (Siehe hierzu auch Semler, a a. O. - Fn 28, sowie Pleyer/Schuh-Offermanns, ZIP 90, 541)

die neue Kapitalgesellschaft übertragen.

- Mit der Umwandlung war die neu gegründete Kapitalgesellschaft nicht mehr Rechtsträger an dem von dem Unternehmen genutzten Grund und Boden, wie dies noch der Betrieb bzw. die Einrichtung gewesen ist. Die vermögensrechtliche Stellung der Rechtsträgerschaft wurde auf die Treuhandanstalt übertragen, welche sodann in der Umwandlungserklärung in der Regel ein vertragliches Nutzungsrecht an dem Grund und Boden verlieh.

- Die neue Kapitalgesellschaft wurde Rechtsnachfolger des umgewandelten Betriebs.

- Der Umwandlungserklärung war eine Aufstellung über alle Rechte und Pflichten, Forderungen und Verbindlichkeiten sowie die mit der Geschäftsbank getroffene Vereinbarung über die Ordnung bestehender Kredite beizufügen.

- Die Umwandlung wurde mit der Eintragung der neuen Kapitalgesellschaft in das Register wirksam.

- Mit der Eintragung erlosch der vor der Umwandlung bestehende Betrieb.

Unter Beachtung der Ausgestaltung des Umwandlungsvorgangs gilt es damit zunächst festzustellen, ob mit dem Umwandlungsvorgang selbst ein neues Rechtssubjekt gegründet wird oder bereits ein Rechtssubjekt vorhanden ist, hinsichtlich dessen Struktur lediglich Veränderungen vorgenommen werden, das Rechtssubjekt selbst in seinem Kern jedoch erhalten bleibt. Zur Einordnung des Umwandlungsvorganges ist daher das Augenmerk zunächst auf folgende Fragen zu richten:

- Wird im Zuge des Umwandlungsvorgangs ein neues Rechtssubjekt zum Zwecke der Vermögensaufnahme/-übertragung gegründet oder wird ein bereits existierendes Rechtssubjekt zum Zwecke der Vermögensaufnahme/-übertragung am Umwandlungsvorgang beteiligt und werden daher Regelungen hinsichtlich des Fortbestands des alten - umzuwandelnden - Rechtssubjekts getroffen (ein Übertragungsvorgang liegt vor - es sind mehrere Rechtssubjekte beteiligt)?

- Oder vollzieht sich der Umwandlungsvorgang alleine bezogen auf das vorhandene Rechtssubjekt, ohne daß zum Zwecke der Vermögensaufnahme ein neues Rechtssubjekt gegründet bzw. beteiligt wird (bloßer Formwechsel - es ist nur ein Rechtssubjekt beteiligt)?

Weiter ist zu sehen, daß, sofern mit der Umwandlung in ihrer gesetzlichen

Ausgestaltung eine Vermögensübertragung verbunden ist, sich auch die Frage verbietet, ob nicht der solcher Art gestalteten Umwandlung entgegensteht, daß nicht genausogut ein Formwechsel, also die eigentlich einfachere Umwandlungsart, hätte erfolgen können.[43]

Ein Blick auf die Regelungen der UmwVO in § 4 Abs. 1 Ziff. 1, nämlich die Errichtung einer GmbH oder AG in § 4 Abs. 1 Ziff. 2, nämlich die Übertragung der Fondsinhaberschaft des Betriebs auf die GmbH oder die AG sowie in § 7, nämlich die Anordnung der Rechtsnachfolge der GmbH bzw. AG hinsichtlich des umgewandelten Betriebs und sodann die Bestimmung des Erlöschens des umgewandelten Betriebs mit Eintragung der GmbH oder AG in das Register, zeigt, daß mit dem Umwandlungsvorgang eine Vermögensübertragung auf ein neu gegründetes Rechtssubjekt verbunden ist und ein bloßer Formwechsel nicht erfolgen soll. Nach dem UmwG 1994 ähnelt daher der vom DDR-Gesetzgeber gewählte Weg der Verschmelzung durch Neugründung gemäß § 2 Ziff. 2 UmwG 1994, welcher allerdings im Hinblick auf die Erweiterung des Katalogs der formwechselnden Umwandlung gegenüber altem Umwandlungsrecht[44] zur Voraussetzung hat, daß an dem Verschmelzungsvorgang als Ausgangsrechtssubjekte mindestens zwei Rechtssubjekte beteiligt sind. Nach dem UmwG 1969 handelte es sich um einen Fall der übertragenden Umwandlung, die das UmwG 1994 in dieser Form jedoch nicht mehr kennt.[45] Bei genauer Betrachtung liegt jedoch eine weitere Besonderheit des Umwandlungsvorganges darin, daß nicht das gesamte Vermögen auf das neu gegründete Rechtssubjekt übertragen wird, sondern vielmehr im Zuge des Umwandlungsvorgangs eine vermögensrechtliche[46] Position - nämlich die der Rechtsträgerschaft - auf ein bereits bestehendes Rechtssubjekt - nämlich die Treuhandanstalt - übertragen werden soll.

Um die Umwandlung nach der UmwVO nunmehr weiter exakt dogmatisch zuordnen zu können, sollen nachfolgend die hierzu von Bedeutung erscheinenden Fragen erörtert werden, nämlich:

- Wird bei Übertragung der Fondsinhaberschaft des umzuwandelnden

[43] Siehe hierzu aber Lindner, Der Übergang des Rechts der Wirtschaft von der Plan- zur Marktwirtschaft in Ostdeutschland, S 111 Ferner auch Wissenbach, WR 1991, 191

[44] § 191 UmwG 1994

[45] Sämtliche zugelassenen Umwandlungsfälle, bei welchen lediglich ein Ausgangsrechtsträger und ein Zielrechtsträger beteiligt sind, sind nach dem UmwG 1994 nunmehr als formwechselnde Umwandlung ausgestaltet

[46] Allerdings wurde die Rechtsträgerschaft an Grundstücken nicht in der Bilanz der Wirtschaftseinheit wertmäßig ausgewiesen - anders jedoch die hieraus eventuell erzielten Bodennutzungsgebühren

Betriebs auf die GmbH oder AG gemäß § 4 Abs. 1 Ziff. 2 UmwVO die Fondsinhaberschaft in Eigentum bzw. Vollrechtsinhaberschaft umgewandelt?[47]

- Wie ist die Übertragung der Rechtsträgerschaft an Grund und Boden des Betriebs auf die Treuhandanstalt gemäß § 5 Abs. 2 Satz 1 ihres Statuts und die sodann in der Regel erfolgende Verleihung eines Nutzungsrechts an diesem Grund und Boden an die neu entstandene Kapitalgesellschaft (§ 5 Abs. 2 Satz 2 des Statuts) zu qualifizieren?[48]

- Welche Bedeutung für den Vermögensübergang hat die nach § 4 Abs. 2 UmwVO zu erstellende Abschlußbilanz sowie die vom Übernehmenden und Umzuwandelnden unterzeichnete Aufstellung über alle Rechte und Pflichten, Forderungen und Verbindlichkeiten sowie die mit der Geschäftsbank getroffene Vereinbarung über die Ordnung bestehender Kredite - handelt es sich bei der in § 7 Abs. 2 UmwVO angeordneten Rechtsnachfolge um eine Universalsukzession oder um eine Partialsukzession?[49]

4.1 Zum Inhalt der Übertragung der Fondsinhaberschaft gemäß § 4 Abs. 1 Ziff. 2 UmwVO

Die UmwVO spricht in ihrem § 4 Abs. 1 Ziff. 2 lediglich von der Übertragung der Fondsinhaberschaft. Damit steht zumindest fest, daß die neue Kapitalgesellschaft Rechtsnachfolger des umgewandelten Betriebes hinsichtlich dessen Fondsinhaberschaft wird. Doch erwirbt sie als neu entstandene Kapitalgesellschaft auch Eigentum bzw. wird sie Vollrechtsinhaber?

War die volkseigene Wirtschaftseinheit vollständig eigentumslos und auch nicht Vollinhaber sonstiger Rechte, sondern drückte sich lediglich ihre Rechtsstellung über die Fondsinhaberschaft aus,[50] so fällt der Gedanke

---

[47] Sub 4 1

[48] Sub. 4.2.

[49] Sub 4 3

[50] Zum Inhalt der Fondsinhaberschaft siehe 2. Kap Ziff 2 2 Durch die Gründung der Treuhandanstalt und Übertragung des volkseigenen Vermögens in deren Treuhandschaft änderte sich an dieser Rechtsstellung nichts

an eine solche Rechtsstellung einer Kapitalgesellschaft ausgesprochen schwer. Hier ist jedoch zu beachten, daß eine Kapitalgesellschaft nicht über Eigentum verfügen muß, vielmehr muß sie lediglich über satzungsmäßig garantiertes Kapital, also einen Haftungsfonds, verfügen, auf den die Gläubiger der Kapitalgesellschaft ohne Beschränkungen durch Dritte zurückgreifen können.[51] Auch die volkseigenen Wirtschaftseinheiten der DDR verfügten über „haftendes Kapital". Haftungsmasse waren hierbei die ihnen zugewiesenen Fonds.[52] Allerdings war die Vollstreckung in das Fondsvermögen der Wirtschaftseinheiten begrenzt. Eine Vollstreckung konnte lediglich in die Fonds erfolgen, aus denen die Geldforderung planmäßig zu begleichen war,[53] sofern nicht eine Zwangsabbuchung vom Konto des Schuldners möglich war.

Bei Untersuchung der Frage "Umqualifizierung von Fonds in Eigentum bzw. Vollrechte" ist weiter von Bedeutung, ob nach dem Recht der DDR zum Zeitpunkt des Inkrafttretens der UmwVO Volkseigentum überhaupt in Eigentum von Kapitalgesellschaften, welche nach der UmwVO gegründet wurden, umqualifiziert werden sollte bzw. konnte. Denn auch im März des Jahres 1990 hielt die Volkskammer trotz einer Vielzahl anderweitiger Vorschläge am einheitlichen Volkseigentum weiter fest. Neu war allerdings, daß die nunmehr gegründete Anstalt zur treuhänderischen Verwaltung des Volkseigentums (Treuhandanstalt) die Treuhandschaft über einen großen Teil des Volksvermögens erhielt. Die Übertragung der Treuhandschaft erfolgte mit Gründung der Treuhandanstalt zum 01.03.1990. Gemäß ihrem Statut übernahm die Treuhandanstalt auch kraft Gesetzes - § 3 Abs. 1 UmwVO - die Geschäftsanteile und Aktien der gebildeten Kapitalgesellschaften. Diese waren Volkseigentum.

Die Verfassung der DDR ließ seit Änderung von Art. 12 Abs. 1 Satz 2 mit Gesetz vom 12.01.1990[54] Abweichungen vom Grundsatz der in Volkseigentum stehenden Industriebetriebe auf der Grundlage der Gesetze im

---

[51] Hierzu K. Schmidt, Gesellschaftsrecht, S. 638.

[52] Zur Haftung von Wirtschaftseinheiten vgl. auch Richter/Schüsseler, StuR 1973, 1164 ff Sie verfügten jedoch nicht über statutarisch garantiertes Kapital; Mitte der 50er Jahre hierzu gemachte Vorschläge wurden als revisionistisch verworfen (siehe Ulbricht, Staats- und rechtswissenschaftliche Konferenz, Babelsberg, April 1958, Protokolle, S. 28)

[53] Siehe hierzu § 45 Abs 2 der Zweiten Verordnung zur Änderung der Verordnung über die Aufgaben und die Arbeitsweise des Staatlichen Vertragsgerichts vom 12.03.1970 (GBl. II S 205) sowie 2 Kap Ziff. 3 3 Ein Gesamtvollstreckungsverfahren war systembedingt nicht möglich Entsprechende Forderungen wurden von Ulbricht auf der staats- und rechtswissenschaftlichen Konferenz in Babelsberg, April 1958, als revisionistisch zurückgewiesen (vgl hierzu auch 13 Kap Ziff. 3.1 Fn. 26)

[54] GBl I S 15

übrigen zu. Das Unternehmensgesetz[55] hat in seinen §§ 17 ff. auf dieser Basis entsprechende Regelungen zur Reprivatisierung von Unternehmen getroffen und in den §§ 1 bis 7 die Privatisierung von Volkseigentum zugelassen. Volkseigentum konnte daher in Privateigentum übertragen werden.[56] Weitere Ausnahmen von der Wahrung des Volkseigentums bestanden jedoch im Grundsatz nicht.

Sollte sich jedoch am einheitlichen Volkseigentum unter Berücksichtigung der gesetzlich zugelassenen Ausnahmen somit grundsätzlich nichts ändern, ist damit jedoch nicht zwingend gesagt, daß das Eigentum am Vermögensgegenstand unmittelbar bestehen mußte. So ging auch der verfassungsrechtliche Eigentumsbegriff der DDR über den zivilrechtlichen Eigentumsbegriff hinaus. Er umfaßte daher nicht nur das eigentliche Eigentum an Sachen, sondern auch die Rechtsinhaberschaft (weiter verfassungsrechtlicher bzw. staatsrechtlicher Eigentumsbegriff). Aus diesem weiten verfassungsrechtlichen bzw. staatsrechtlichen Eigentumsbegriff ist jedoch nicht zu schließen, daß die Verfassung der DDR den Grundsatz des Volkseigentums auch dann als gewahrt betrachtete, wenn sich das Eigentum des Volkes lediglich in einer mittelbaren Berechtigung über die Anteilsinhaberschaft der Treuhandanstalt ausdrückte, das eigentliche Eigentum und die eigentliche Rechtsinhaberschaft jedoch den neu gegründeten Kapitalgesellschaften zustand und damit sich die Eigentümerbefugnisse des Volkes auf die Anteilsinhaberschaft an den Kapitalgesellschaften beschränkten. Denn auch wenn damit zweifellos weiterhin die Unternehmen selbst bzw. die Anteile an den Kapitalgesellschaften im Volkseigentum standen, würde, wenn man davon ausginge, daß die Fondsinhaberschaft der Unternehmen mit Übertragung derselben auf die Kapitalgesellschaften sich in Eigentum bzw. Vollrechtsinhaberschaft umqualifizieren würde, an den einzelnen Vermögensgegenständen das Volkseigentum verlorengegangen sein. Das Volkseigentum würde sich hier lediglich reduzieren auf eine mittelbare Berechtigung an diesen Vermögensgegenständen über die Anteilsinhaberschaft. Daß dies von der Volkskammer beabsichtigt war, ist nicht erkennbar.[57]

---

[55] Gesetz über die Gründung und Tätigkeit privater Unternehmen und über Unternehmensbeteiligungen vom 07.03 1990 (GBl I S 141)

[56] So war auch vorgesehen, daß die Treuhandanstalt die von ihr gehaltenen Beteiligungen veräußert, also privatisiert - § 13 Abs 1 lit b) des Statuts der Treuhandanstalt sowie § 10 UmwVO Das Unternehmensgesetz stellte die in § 10 UmwVO geforderte gesetzliche Grundlage zur Veräußerung der Geschäftsanteile dar Zur Debatte innerhalb der DDR zur Verwendung des Volkseigentums siehe ausführlich Lindner, Der Übergang des Rechts der Wirtschaft von der Plan- zur Marktwirtschaft in Ostdeutschland, S. 94 ff., und Spoerr, Treuhandanstalt und Treuhandunternehmen zwischen Verfassungs-, Verwaltungs- und Gesellschaftsrecht, S 17 ff.

[57] Es ergibt sich vielmehr aus den Verlautbarungen im Regierungspressedienst der DDR Nr 9 vom 03.04 1990, daß eine Umqualifizierung der Fondsinhaberschaft in Eigentum im Zuge der Umwandlung gerade nicht gewollt war, es vielmehr bei der

Im übrigen ist die "eigentumslose" Kapitalgesellschaft dem Recht der DDR auch nicht fremd gewesen. So hat es durchaus auch Wirtschaftseinheiten gegeben, welche als Kapitalgesellschaften organisiert wurden, die selbst jedoch nicht Eigentümer ihres Vermögens bzw. Vollrechtsinhaber, sondern vielmehr lediglich Fondsinhaber bzw. - bei Grundstücken - Rechtsträger gewesen sind.[58] Weiter ist zu beachten, daß es bezogen auf die Fondsinhaberschaft und ihre Übertragung auf die neu gegründeten Kapitalgesellschaften an jeglicher Norm zur Umqualifizierung - wie sie im späteren Verlauf § 11 Abs. 2 THG zur Verfügung stellte - fehlte. Eine entsprechende Umqualifizierung der Fondsinhaberschaft der von der Umwandlung betroffenen Betriebe in Eigentum bzw. Vollrechtsinhaberschaft der neuen Kapitalgesellschaften könnte daher nur aus dem Gesamtzusammenhang des Regelungswerks UmwVO angenommen werden. Jedoch gibt es auch hierfür keine Anhaltspunkte, vielmehr spricht das gesetzgeberische Ziel hinsichtlich der Beibehaltung des einheitlichen Volkseigentums im Zeitpunkt des Erlasses der UmwVO eindeutig dagegen.[59] Schließlich kann auch die Bilanzierung des Vermögens durch die neuen Kapitalgesellschaften nicht als Argument für eine Umqualifizierung herangezogen werden. Zwar erschien in den Bilanzen das auf die neu gegründete Kapitalgesellschaft übertragene Vermögen, als wäre es zu Eigentum übertragen worden, und wurde entsprechend der Bilanzgliederung des HGB ausgewiesen[60] und dementsprechend auch hieraus das Stammkapital oder Grundkapital gebildet,[61] jedoch ist gerade hierbei zu sehen, daß grundsätzlich die Positionen zu exakt den gleichen Werten, wie sie in der Bilanz der volkseigenen Wirtschaftseinheit ausgewiesen waren, in die Bilanz der Kapitalgesellschaft übernommen wurden. So waren sodann zum Beispiel unter den Grundmitteln ausgewiesene, in Fondsinhaber-

---

Fondsinhaberschaft verbleiben sollte Dort heißt es:

> „ Mit der Umwandlung der volkseigenen Betriebe in GmbH oder Aktiengesellschaften wird also kein Eigentumswechsel vollzogen ...".

[58] So z. B die Inter-Flug GmbH und andere als Kapitalgesellschaften organisierte Betriebe, insbesondere im Bereich des Außenhandels Vgl. hierzu nur Mampel, ROW 1992, 4, 12, mit weiteren Nachweisen

[59] Allerdings enthält für den Fall der Veräußerung von Anteilen an staatlichen Unternehmen, wie sie nach § 5 UntemG möglich wurde, das UntemG selbst auch keine Umqualifizierung in Eigentum der Kapitalgesellschaften, wie sie wohl zum Zwecke der Privatisierung erforderlich wäre.

[60] Das Statistische Amt der DDR gab hierfür eine „Bilanzbrücke für die Schlußbilanz der volkseigenen Kombinate, Betriebe und Einrichtungen zur Eröffnungsbilanz für Kapitalgesellschaften und Privatunternehmen" heraus; abgedruckt bei Claussen/Korth, DM-Bilanzgesetz, Köln 1990 (Anhang)

[61] Zu den Bilanzierungsfragen siehe Borgmann, BB 1990, DDR-Rechtsentwicklungen, Folge 10, S 17 ff, Rosener/Roitzsch, DtZ 1990, 38, 40 f

schaft stehende Gebäude zum gleichen Wert in der Position „Anlagevermögen, Sachanlagen" als Bauten einschließlich der Bauten auf fremden Grundstücken ausgewiesen.[62] Letztlich wäre es auch aus Rechtsgründen gar nicht möglich gewesen, den neu entstandenen Kapitalgesellschaften Eigentum an einem Teil des in Fondsinhaberschaft der volkseigenen Wirtschaftseinheit befindlichen Vermögens zu verschaffen. Zwar kannte das Recht der DDR separates Gebäudeeigentum, jedoch trat dieses nur bei Zusammentreffen verschiedener Eigentumsformen auf, nicht jedoch innerhalb des Volkseigentums.[63]

Das Gebäudeeigentum mußte damit im Eigentum des Volkes verbleiben, da noch nicht einmal die Rechtsträgerschaft an Grund und Boden auf die neu entstandenen Kapitalgesellschaften übertragen werden sollte.[64] Die UmwVO sah daher lediglich die Übertragung der Fondsinhaberschaft ohne Umqualifizierung derselben in Eigentum bzw. Vollrechtsinhaberschaft vor.[65] Mit lediglich der Übertragung der Fondsinhaberschaft auf die neu gegründeten Kapitalgesellschaften genügte der DDR-Gesetzgeber auch seinem Ziel, im Rechtsverkehr nach Wirksamwerden der Währungs-, Wirtschafts- und Sozialunion zwischen der BRD und der DDR grundsätzlich nur noch solche Rechtssubjekte bestehen zu lassen, die auch das Recht der BRD kannte. Dies geschah auch im Sinne einer ersten Stufe

---

[62] Siehe die Bilanzbrücke (Fn 60)

[63] Vgl hierzu nur K Graf Lambsdorff/Stuth, VIZ 1992, 348

[64] Hierzu nachfolgend Ziff. 4.2

[65] A A - jedoch ohne Begründung - offenbar Lindner, Der Übergang des Rechts der Wirtschaft von der Plan- zur Marktwirtschaft in Ostdeutschland, S 102, die davon spricht, daß zu einem bestimmten Stichtag das Vermögen **aus** (Heraushebung durch den Verfasser) der Fondsinhaberschaft der bisherigen Wirtschaftseinheit auf die Kapitalgesellschaft übergeht. Von einer Umqualifizierung in Eigentum gehen ferner aus: Knüpfer, BB 1990 - DDR-Rechtsentwicklungen, Folge 7, S 1 ff, 7; wohl auch Maskow, BB 1990 - DDR-Rechtsentwicklungen, Folge 4, S. 1 ff, 3; Horn, Das Zivil- und Wirtschaftsrecht im neuen Bundesgebiet, S 855; Graf, WR 1991, 8, wie auch Spoerr, Treuhandanstalt und Treuhandunternehmen zwischen Verfassungs-, Verwaltungs- und Gesellschaftsrecht, S 27 - siehe jedoch auch S 19 Zutreffend jedoch Thietz-Bartram/Pfeifer, WM 1990, Sonderbeilage zu Heft 20, S 3 ff.; Busche in: Rechtshandbuch Vermögen und Investitionen in der ehemaligen DDR, § 23 THG Rn 4; Mampel, ROW 1992, 4 ff, 12 und Ohle, Vermögensübergang auf Kapitalgesellschaften mit Treuhandbeteiligung, S 150. Das OLG Naumburg gab mit Urteil vom 09 05 1996 - 3 U 102/95 - einer auf § 9 GmbHG gestützten Klage gegen die Treuhandanstalt/Bundesanstalt für vereinigungsbedingte Sonderaufgaben mit der Begründung statt, daß die Beklagte der nach der UmwVO gegründeten Gesellschaft die versprochene Sacheinlage nicht zugeführt habe Die Beklagte sei verpflichtet gewesen, die auf den Betriebsgrundstücken aufstehenden Gebäude zu Eigentum zu übertragen, was ihr schon alleine deswegen nicht gelungen sei, weil gesondertes Gebäudeeigentum nicht bestand Der Bundesgerichtshof (ZIP 1998, 86) hat die Entscheidung aufgehoben Auf die sich nach der UmwVO stellenden Eigentumsfragen mußte er nicht eingehen, wobei allerdings den Entscheidungsgründen zu entnehmen ist, daß auch der Bundesgerichtshof davon ausging, daß hier Eigentum zu übertragen war - zu dieser Entscheidung siehe auch ausführlich 12 Kap Ziff 3

zur Privatisierung, die - im eigentlichen Sinne einer Privatisierung - sich die Treuhandanstalt erst mit dem THG auf ihre Fahnen schrieb, dem Statut der Treuhandanstalt vom 01.03.1990 nicht unbekannt war, hierbei allerdings nur am Rande erwähnt wurde.[66]

4.2 Zum Inhalt der Übertragung der Rechtsträgerschaft gemäß § 5 Abs. 2 des Statuts der Treuhandanstalt

Die Frage des Schicksals der Rechtsträgerschaft an volkseigenem Grund und Boden läßt sich verglichen mit der zuvor behandelten Frage der Umqualifizierung der Fondsinhaberschaft in Eigentum bzw. Vollrechtsinhaberschaft leichter beantworten. Hier enthält die UmwVO lediglich insofern eine „Regelung", als sie die Übertragung der Rechtsträgerschaft des Betriebs auf die neu gegründete Kapitalgesellschaft in keiner Weise erwähnt - anders als die Fondsinhaberschaft in § 4 Abs. 1 Ziff. 2 UmwVO. § 7 Satz 2 UmwVO spricht jedoch von einer Rechtsnachfolge der neu entstandenen Kapitalgesellschaft.

Allerdings bringt das Statut der Treuhandanstalt in seinem § 5 Abs. 2 hierzu Aufhellung, indem bestimmt wird, daß die Treuhandanstalt Rechtsträger an dem Grund und Boden, der sich bis zur Umwandlung in Rechtsträgerschaft der umgewandelten Kombinate, Betriebe und Einrichtungen befand, wird. Auch wenn die Unterbringung dieser Regelung von der Systematik her vollständig verfehlt ist - sie hätte vielmehr in der UmwVO enthalten sein müssen -, entfaltet die Regelung doch die von ihr bezweckte Wirkung aufgrund der mit ihr einhergehenden Verpflichtung zur Übertragung der Rechtsträgerschaft im Zuge der Umwandlung.[67] Das Statut bestimmt in seinem § 5 Abs. 2 Satz 2 weiter, daß die Treuhandanstalt berechtigt ist, auf vertraglicher Grundlage Nutzungsrechte an dem in ihre Rechtsträgerschaft übergegangenen Grund und Boden zu vergeben, sowie auf gesetzlicher Grundlage Nutzungsrechte zu verleihen. In der Regel wurde das Nutzungsrecht der neu gegründeten Kapitalgesellschaften auch sogleich in der Umwandlungserklärung verliehen. Allerdings ist zu

---

[66] Siehe hierzu § 13 Abs 1 lit b) des Statuts der Anstalt zur treuhänderischen Verwaltung des Volkseigentums

[67] Es handelt sich hierbei um ein gesondertes Verfahren der Übertragung der Rechtsträgerschaft gegenüber der Anordnung über die Rechtsträgerschaft an volkseigenen Grundstücken (vgl auch Fn. 37). Da die Entscheidung über die Übertragung der Rechtsträgerschaft auf die Treuhandanstalt der Ministerrat getroffen hatte, geht die Auffassung, hier noch eine Zustimmung der Kommune zur Herbeiführung der Wirksamkeit der Übertragung der Rechtsträgerschaft gemäß § 3 Abs 3 lit. a) der Anordnung über die Rechtsträgerschaft an volkseigenen Grundstücken zu fordern, fehl (so aber Ohle, Vermögensübergang auf Kapitalgesellschaften mit Treuhandübergang, S 167)

bemerken, daß die Rechtsträgerschaft der umgewandelten Wirtschaftseinheit bis zu deren Umwandlung fortbestand.

4.3 Der Umfang des Vermögensübergangs

Wenn im Zuge eines Umwandlungsverfahrens nach den Vorstellungen des Gesetzgebers eine Gesamtrechtsnachfolge[68] eintritt, erstaunt dessen Forderung, im Umwandlungsverfahren durch den Umzuwandelnden und den Übernehmenden eine Aufstellung über alle Rechte und Pflichten, Forderungen und Verbindlichkeiten[69] zu fertigen und diese hinsichtlich ihrer Richtigkeit und Vollständigkeit prüfen zu lassen.[70]

Das Umwandlungsrecht der BRD vor dem 01.01.1995 sah eine solche Vermögensaufstellung lediglich für die Umwandlung einzelkaufmännischer Unternehmen wie auch der von Gebietskörperschaften oder Gemeindeverbänden betriebenen Unternehmen vor. Sie hatte die Funktion, das Unternehmensvermögen des Kaufmanns bzw. der Gebietskörperschaft oder des Gemeindeverbandes von seinem Privatvermögen bzw. sonstigem Vermögen abzugrenzen. Nach durchweg herrschender Meinung hatte die Vermögensaufstellung hier hinsichtlich der übergegangenen Forderungen und Verbindlichkeiten konstitutiven Charakter. Auch das neue Umwandlungsrecht kennt im Falle einer Gesamtrechtsnachfolge das Erfordernis einer solchen Vermögensaufstellung nicht. Im Zuge einer Verschmelzung hat eine Verschmelzungsprüfung letztlich auch nur zur Feststellung des Umtauschverhältnisses der Anteile zu erfolgen. Sie entfällt daher vollständig, wenn sich alle Anteile des übertragenden Rechtsträgers in der Hand des übernehmenden Rechtsträgers befinden.[71] Weiterhin entfaltet die Vermögensaufstellung allerdings Bedeutung in den gesetzlich zugelassenen Fällen der Partialsukzession.[72]

Die KomVO sah für den Fall, daß Vermögen zweier Wirtschaftseinheiten auf eine neu gegründete Wirtschaftseinheit übertragen wird, die Anordnung der bloßen Rechtsnachfolge gemäß § 37 Abs. 5 KomVO vor. Einer

---

[68] § 7 Satz 2 UmwVO spricht von einer Rechtsnachfolge des umgewandelten Betriebs

[69] § 4 Abs. 2 UmwVO.

[70] § 5 Abs. 2 UmwVO

[71] §§ 8 Abs. 3 und 9 Abs. 2 UmwG 1994

[72] So insbesondere in den Spaltungsfällen - §§ 123 ff. UmwG 1994

Vermögensaufstellung bedurfte es nicht. Einer Vereinbarung bzw. Bestimmung und damit letztendlich Aufstellung des übergehenden Vermögens bedurfte es jedoch in den Fällen der Gründung eines Betriebs durch Ausgliederung eines Betriebsteils sowie der Angliederung eines Betriebsteils an einen bestehenden Betrieb.[73]

Bei strenger dogmatischer Reduzierung des Vorgangs der Umwandlung nach der UmwVO handelt es sich um die Neugründung einer Kapitalgesellschaft bei gleichzeitiger Beendigung der vormals als juristische Person bestehenden Wirtschaftseinheit und hiermit verbunden eine Vermögensübertragung auf die neu gegründete Kapitalgesellschaft wie auch der Übertragung eines Teils des Vermögens auf eine bereits bestehende juristische Person, nämlich die Treuhandanstalt. Die Übertragung der Rechtsträgerschaft auf die Treuhandanstalt stellt sich hierbei letztendlich als Entzug eines Teils des Vermögens bzw. einer vermögensrechtlichen Position im Zuge der Umwandlung der Wirtschaftseinheit dar. Auch wenn man der Auffassung ist, daß sich die Übertragung der Rechtsträgerschaft auf die Treuhandanstalt nur hinsichtlich derjenigen Grundstücke ergibt, die in der Umwandlungserklärung benannt sind - Spezialitätsgrundsatz -, ändert dies dennoch nichts an der Betrachtung, daß nicht lediglich ein Teil des Vermögens der Wirtschaftseinheit, sondern vielmehr das gesamte Vermögen auf die neu gegründete Kapitalgesellschaft übergehen sollte und hierbei in einer Art Subtraktionsverfahren die Rechtsträgerschaft auf die Treuhandanstalt übertragen wurde.[74]

Der Vermögensaufstellung kommt daher hinsichtlich der Frage, welche Rechte und Pflichten, Forderungen und Verbindlichkeiten auf die neue Kapitalgesellschaft übergegangen sind, keine konstitutive Wirkung zu.[75] Sie dient lediglich der Prüfung der Vermögensverhältnisse der Gesellschaft. Sie mag letztlich mit einem Übereifer des DDR-Gesetzgebers erklärt werden können, dem offenbar mit Blick auf das Recht der DDR hinsichtlich des Charakters seiner Wirtschaftseinheiten in letzter Minute wohl noch Zweifel an ihrer Rechtssubjektivität aufkamen. Der Vermögensüber-

---

[73] § 37 Abs 6 sowie § 37 Abs 6 i V m. § 38 Abs 3 KomVO

[74] Soweit das Institut der Partialsukzession nicht zur Verfügung steht, kann die Universalsukzession durch Vorabverfügungen „gesteuert" werden, was insbesondere im Erbrecht durch das Institut der vorweggenommenen Erbfolge geschieht; vgl. hierzu auch H. P Westermann, FS Kellermann, S 505 ff

[75] So hat auch das Ministerium der Finanzen und Preise der DDR mit Schreiben vom 22 03.1990 an alle Kombinate und Betriebe darauf hingewiesen, daß mit der Umwandlung sämtliche Aktiva und Passiva der umzuwandelnden Wirtschaftseinheit auf die neu gebildete Kapitalgesellschaft übergehen Siehe hierzu auch (kritisch) Targan, DB 1990, 3060; von Wysocki/Glaubig/Rammert/Wenzler, DB 1990, 334; a A auch Gutbrod, GmbHR 1993, 622, 625, der das Vorliegen einer Einzelrechtsnachfolge annimmt

gang auf die neue Kapitalgesellschaft erweist sich damit auch als eindeutiger, wenn auch durch die gleichzeitige Übertragung der Rechtsträgerschaft auf die Treuhandanstalt rechtsgeschäftlich gesteuerter, Fall der Gesamtrechtsnachfolge/Universalsukzession.

4.4 Endgültiger Vermögenserwerb durch das Treuhandgesetz

Zuvor unter Ziffer 4.1 und 4.2 wurde zur Darstellung der Rechtsnatur des Umwandlungsvorgangs untersucht, ob bei Übertragung der Fondsinhaberschaft des umzuwandelnden Betriebs auf die Kapitalgesellschaft sich die Fondsinhaberschaft in Eigentum umwandelt und wie die Übertragung der Rechtsträgerschaft an Grund und Boden des Betriebs auf die Treuhandanstalt gemäß § 5 Abs. 2 Satz 1 ihres Statuts zu qualifizieren ist. Es wurde festgestellt, daß eine Umqualifizierung der Fondsinhaberschaft in Eigentum bzw. Vollrechtsinhaberschaft im Zuge des Umwandlungsvorgangs nach der UmwVO selbst nicht erfolgt. Dem Betrieb selbst wurde sogar eine vermögensrechtliche Position durch Anordnung der Übertragung der Rechtsträgerschaft an den Betriebsgrundstücken auf die Treuhandanstalt entzogen. Der Vermögenserwerb selbst vollzog sich aufgrund der gesetzlich angeordneten Gesamtrechtsnachfolge gemäß § 7 UmwVO.

§ 23 THG bestimmte sodann, daß § 11 Abs. 2 THG auch für Umwandlungen gilt, die aufgrund der Verordnung zur Umwandlung von volkseigenen Kombinaten, Betrieben und Einrichtungen in Kapitalgesellschaften vom 01.03.1990 vorgenommen worden sind. Gemäß § 11 Abs. 2 THG wurde bestimmt, daß die Umwandlung (gleichzeitig) den Übergang des Vermögens aus der Fondsinhaberschaft der bisherigen Wirtschaftseinheit sowie des in Rechtsträgerschaft befindlichen Grund und Bodens in das Eigentum der Kapitalgesellschaft bewirkt (§ 11 Abs. 2 Satz 2 THG). Der Gesetzgeber des THG wollte hiermit erreichen, daß auch die nach der UmwVO entstandenen Kapitalgesellschaften Eigentum bzw. Vollrechtsinhaberschaft erwerben. Die Norm bereitet allerdings nach ihrem Wortlaut hinsichtlich der Rechtsträgerschaft Schwierigkeiten, da diese an die Treuhandanstalt im Zuge des Umwandlungsvorgangs übertragen und sodann von der Treuhandanstalt spätestens mit Vollzug der Umwandlung erworben wurde.[76] Denn § 11 Abs. 2 Satz 2 THG knüpft an eine zum 01.07.1990 vorhandene Rechtsträgerschaft an. Jedoch sollten nach dem gesetzgeberischen Ziel selbstverständlich auch im Falle der vollzogenen Übertragung der Rechtsträgerschaft auf die Treuhandanstalt die nach der UmwVO entstandenen Kapitalgesellschaften Eigentum an dem ehemals

---

[76] Siehe zuvor Ziff 4 2.

in ihrer Rechtsträgerschaft befindlichen Grund und Boden erwerben. § 23 THG ist damit so auszulegen, daß auch im Falle der vollzogenen Übertragung der Rechtsträgerschaft an dem Grund und Boden des Betriebs auf die Treuhandanstalt mit dem 01.07.1990 die umgewandelte Kapitalgesellschaft hieran Eigentum erwirbt. In diesem Falle wird Eigentum übertragen,[77] während die „vermögensrechtliche Position“ Fondsinhaberschaft in Eigentum umqualifiziert wird.

4.5 Zusammenfassung

Die Umwandlung nach der UmwVO[78] ist damit eine solche, im Zuge derer das Rechtssubjekt, auf welches umgewandelt werden soll, neu gegründet (errichtet) wird. Der Vermögensübergang auf das neue Rechtssubjekt vollzieht sich im Wege der Gesamtrechtsnachfolge, auch wenn die neue Kapitalgesellschaft nicht über dieselben Vermögensverhältnisse wie die alte Wirtschaftseinheit verfügen sollte.

5 Umwandlungsvorgesellschaft und Wirtschaftseinheit

Im Zuge der Umwandlung nach der UmwVO wurde zum Zwecke der Umwandlung nicht nur Vermögen übertragen, vielmehr wurde durch Gründung einer Kapitalgesellschaft die neue, nunmehr gewünschte Rechtsform für die ehemalige Wirtschaftseinheit außerhalb derselben bereitge-

---

[77] Zur Einordnung des § 11 Abs 2 THG als Umqualifizierungs- oder Übertragungsnorm bei Umwandlungen nach dem THG siehe auch 7 Kap. Ziff. 4 2

[78] Die Rechtsnatur des Umwandlungsvorgangs nach der UmwVO wurde unterschiedlich gesehen Maskow, BB 1990, DDR-Rechtsentwicklungen, Folge 4, S. 1 ff , wies darauf hin, daß das Umwandlungsverfahren den §§ 57 ff UmwG 1969 nachgebildet sei. Nach Maskow liegt somit eine errichtende Umwandlung vor, die allerdings nicht dem Prinzip der Gesamtrechtsnachfolge folgt Gleicher Auffassung offenbar: Thietz-Bartram/Pfeifer, WM 1990, Sonderbeilage zu Heft 20, S 3 ff wie auch Semler, BB 1990, Deutsche Einigung – Rechtsentwicklungen, Folge 22, S. 9 Eindeutig für eine errichtende Umwandlung auch Lipps, BB 1990, Deutsche Einigung – Rechtsentwicklungen, Folge 23, S 17. Targan, DB 1990, 3060 sah hier im Anschluß an Rosener/Roitzsch, DtZ 1990, 38, eine übertragende Umwandlung Ebenso Weimar, THG, § 23 Rn. 16, der die Frage jedoch offen läßt Die Frage ebenfalls offen lassend: Hommelhoff/Habighorst, ZIP 1992, 665, 668 Für eine formwechselnde Umwandlung jedoch Borgmann, BB 1990, DDR-Rechtsentwicklungen, Folge 10, S 17, wie auch Rother in: Kaligin/Goutier (Hrsg.), 4410 Rn. 19. Für eine formwechselnde Umwandlung eindeutig auch Wissenbach, WR 1991, 191

stellt. Dieses Bereitstellen eines neuen Rechtssubjekts bzw. einer neuen Rechtssubjektsstruktur außerhalb der umzuwandelnden Wirtschaftseinheit führt aufgrund der Streckung des zeitlichen Ablaufs des Umwandlungsvorgangs und seines Abschlusses erst mit der Eintragung der neuen Kapitalgesellschaft im Register zum Entstehen einer Vorgesellschaft und damit zu einer Duplizierung der Rechtssubjekte.[79] Der Duplizität der Rechtssubjekte steht jedoch das einheitliche - insofern singuläre - Vermögen (das Unternehmen) gegenüber, um dessen Übertragung es letztendlich geht. Während sonst in den Fällen der Sachgründung die Vorgesellschaft mit ihrem Entstehen oftmals auch gleichzeitig Vermögen erwirbt und damit bereits mit diesem Vermögen im Rechtsverkehr tätig werden kann, verhält sich dies bei der Umwandlungsvorgesellschaft anders. Hier erfolgt der Vermögenserwerb erst mit dem Entstehen der Kapitalgesellschaft.[80] Während somit die im Wege der klassischen Sachgründung entstehende Vorgesellschaft bereits mit dem Vermögen „arbeitet", muß sich die im Wege einer Umwandlungsgründung entstehende Vorgesellschaft mit Abwarten begnügen und hiermit Tribut an die gesetzliche Konzeption des einheitlichen Vermögensübergangs leisten. So schläft die Umwandlungsvorgesellschaft bis zur Eintragung auch einen Dornröschenschlaf - für sie wird grundsätzlich nicht gehandelt.[81] Die Umwandlungsvorgesellschaft entfaltet damit grundsätzlich keine Bedeutung, da sie auch keine wirtschaftliche Betätigung entfalten kann. Dementsprechend wird auch die Ansicht vertreten, daß, sofern dennoch für die Umwandlungsvorgesellschaft gehandelt wird, diesem Handeln die Wirksamkeit abzusprechen sei, da es erkennbar ohne Vertretungsmacht erfolge.[82]

Bei der Umwandlung nach der UmwVO könnten sich die Dinge jedoch aufgrund deren eigenwilliger Konstruktion durch den DDR-Gesetzgeber anders verhalten. Immerhin wurde nach dem Wortlaut von § 4 Abs. 1 UmwVO bereits im Zuge der Umwandlungserklärung die Fondsinhaberschaft übertragen - eine völlig überflüssige Maßnahme, soll denn Gesamtrechtsnachfolge mit Eintragung im Handelsregister entstehen - und auch im Zuge der Übertragung der Rechtsträgerschaft auf die Treuhandanstalt wurde ein Nutzungsrecht an Grund und Boden zugunsten der neuen Kapi-

---

[79] Zum Entstehen von Vorgesellschaften im Zuge von errichtenden Umwandlungsvorgängen vgl nur Weimar, ZIP 1992, 73 ff; Lutter in: Lutter (Hrsg), UmwG, § 4 Rn 17 sowie Karollus in: Lutter (Hrsg), UmwG, § 159 Rn 22 sowie Rn 31.

[80] Vgl zum UmwG 1969 zum Beispiel nur § 55

[81] Siehe hierzu nur K Schmidt in: Scholz, GmbHG, § 11 Rn 22 und 100. Ferner auch Karollus in: Lutter (Hrsg), UmwG, § 159 Rn 22.

[82] Vgl hierzu Ihrig, GmbHR 1995, 637 Allerdings wird man hier daran anknüpfen müssen, ob nach außen erkennbar für eine „Umwandlungsvorgesellschaft" gehandelt wird

talgesellschaft begründet. So hat *Weimar* die Auffassung vertreten, daß § 4 Abs. 3 UmwVO durchaus so aufzufassen sein könne, daß die materiell-rechtlich erst im Entstehen begriffene Kapitalgesellschaft während des Umwandlungsprozesses schon als vollendete Kapitalgesellschaft gelte, welches zur Konsequenz hätte, daß die volkseigene Wirtschaftseinheit oder statt dessen die im Gründungsstadium befindliche Kapitalgesellschaft dem Recht der eingetragenen Gesellschaft unterliege. Hieran offenbar anknüpfend sah er in § 4 Abs. 4 UmwVO die Erlaubnis des Gesetzgebers - anders als gemäß dem THG -, daß die Gesellschaft vor Wirksamwerden der Umwandlung mit Eintragung der Kapitalgesellschaft[83] im Rechtsverkehr als vollendete Kapitalgesellschaft agieren dürfe.[84]

Trotz der etwas unglücklichen Fassung des § 4 UmwVO wird man jedoch zu dem Ergebnis kommen müssen, daß die Umwandlungsvorgesellschaft nach der UmwVO sich strukturell - insbesondere im Hinblick auf eine Vermögensinhaberschaft - nicht von herkömmlichen Umwandlungsvorgesellschaften unterscheidet. Die gesonderte Erwähnung der Übertragung der Fondsinhaberschaft läßt sich ohne weiteres mit dem Entzug der Rechtsträgerschaft erklären, so daß von einer gewollten vorzeitigen Übertragung auf die Vorgesellschaft nicht auszugehen ist. Gleiches gilt für die Einräumung von Nutzungsrechten in der Umwandlungserklärung, da auch hier der gesamte Umwandlungsvorgang hinsichtlich seiner Wirkungen auf die mit Eintragung entstehende Kapitalgesellschaft gerichtet ist. Letztendlich findet sich eine Bestätigung für diese Sichtweise in gerade der Norm, aus der *Weimar* eine Sonderstellung der Vorgesellschaft herleiten möchte. Denn § 4 Abs. 4 UmwVO spricht eindeutig von der umgewandelten Gesellschaft, womit auf § 7 Satz 1 UmwVO, nämlich den Zeitpunkt des Wirksamwerdens der Umwandlung, abgestellt wird.

---

[83] § 7 Satz 1 UmwVO

[84] Weimar, ZIP 1992, 73 ff sowie Weimar, THG, § 23 Rn 17 ff.

6. KAPITEL

FEHLERHAFTE UMWANDLUNGEN NACH DER UMWANDLUNGSVERORDNUNG

1 Einführung

Während bis zum Ende des Jahres 1989 der Bestand und die Struktur der innerhalb der sozialistischen Planwirtschaft geschaffenen Wirtschaftseinheiten relativ statisch war, änderte sich dies schlagartig zu Beginn des Jahres 1990, nachdem der Ministerrat seinen Beschluß vom 21.12.1989[1] erlassen hatte. Durch Ausgliederung von Betriebsteilen versuchte die Wirtschaft der DDR im Hinblick auf eine - zumindest zu erwartende - wirtschaftliche Vereinigung mit der BRD, sich neu zu strukturieren. Die zuvor verkrustete Struktur von Kombinaten und volkseigenen Betrieben wurde aufgebrochen. Rechtsgrundlage hierfür war die KomVO unter Berücksichtigung der mit dem Beschluß vom 21.12.1989 zugelassenen Verfahrenserleichterungen.[2] Spaltungen, also Neugründungen von volkseigenen Betrieben bei einheitlicher Vermögensübertragung von Vermögensteilen, waren jedoch unter der KomVO auch nach dem Beschluß vom 21.12.1989 entgegen teilweise geäußerter Auffassungen westdeutscher Juristen nicht zulässig.[3] Die UmwVO selbst kannte die Spaltung ebenfalls nicht. Es konnte lediglich die „Umwandlung 1 zu 1“ erfolgen - also eine Wirtschaftseinheit in eine Kapitalgesellschaft umgewandelt werden.[4] Auch eine analoge Anwendung der UmwVO auf die Spaltungsfälle schied aus,

---

[1] Beschluß des Ministerrats 8/I 1/89 vom 21 12 1989 (unveröffentlicht - BArch Berlin, DC 20 MR I/3, 2891)

[2] Siehe hierzu ausführlich 4. Kap.

[3] Ausführlich hierzu 4 Kap. Ziff 1 6; entgegen der herrschenden Meinung in der DDR vertrat allerdings Graf in WR 1986 - Seminar -, Seite I, die Auffassung, die KomVO sähe Spaltungen und damit Partialsukzessionen vor

[4] Dies entspricht der durchweg h M., siehe zum Beispiel nur Neye in: Rädler/Raupach/Bezzenberger, Vermögen in der ehemaligen DDR, § 12 SpTrUG Rn. 2; D Mayer/Kössinger in: Widmann/Mayer, Umwandlungsrecht, § 12 SpTrUG Rn 3251; Kübler, FS Merz, S 333, 340; Lindner, Der Übergang des Rechts der Wirtschaft von der Plan- zur Marktwirtschaft in Ostdeutschland, S 113; Gutbrod, GmbHR 1993, 622, 628; Niederleithinger, GmbHR 1992, 220, 224 Siehe hierzu auch die allgemeine Begründung zum Regierungsentwurf eines Gesetzes über die Spaltung der von der Treuhandanstalt verwalteten Unternehmen vom 19 02.1991 (BT-Drucks 12/105, S 7) Anderer Auffassung wohl lediglich nur Graf, WR 1991, 8, unter Verweis auf eine analoge Anwendbarkeit der 5 DVO zum THG

da es sich im Falle der Spaltung um einen gänzlich anderen Sachverhalt gegenüber der Umwandlung einer Wirtschaftseinheit in eine andere Wirtschaftseinheit bei vollständiger Vermögensübertragung handelte.[5]

Dennoch wurden auf Basis der UmwVO - zweifellos den Bedürfnissen der Praxis zur Herbeiführung überlebens- und privatisierungsfähiger Wirtschaftseinheiten entsprechend - zahlreiche Spaltungen durchgeführt. In der Regel bezogen sich die Spaltungsvorgänge auf Betriebsteile; ihnen lag somit der Grundgedanke der Ausgliederung gemäß § 37 Abs. 6 KomVO zugrunde. Die Treuhandanstalt, die an diesen Spaltungsvorgängen maßgeblich beteiligt war, hielt dies für zulässig.[6]

Zur Lösung der aufgrund der zahlreich vorgenommenen Spaltungen entstandenen rechtlichen Probleme bemühte sodann das Landgericht Berlin die Rechtsfigur der „normativen Kraft des Faktischen".[7] Dem ist ohne weiteres insoweit zuzustimmen, als die mit den zahlreichen Umstrukturierungen geschaffene rechtstatsächliche Situation nur noch schwer rückabzuwickeln war und letztendlich die entstandenen Verhältnisse nicht nur gewünscht, sondern im Hinblick auf die sodann nach dem THG vorzunehmende Privatisierung sogar gefordert waren. Allerdings ist hierbei zu beachten, daß es eines Rückgriffs auf diese Rechtsfigur erst dann bedarf, wenn das vorhandene Gesetzesmaterial wie auch die Dogmatik des Rechts zur Lösung der mit den Spaltungen auftretenden Rechtsprobleme nichts Passendes bereithält. Ein Rückgriff auf die normative Kraft des Faktischen kann insofern nur ultima ratio sein.

Der Bundesgesetzgeber besserte sodann auch relativ unverzüglich mit dem SpTrUG[8] nach. Spaltungen waren nunmehr ausdrücklich zugelassen; bereits vollzogene Spaltungen[9] sollten gemäß § 12 SpTrUG geheilt

---

[5] Zu den Voraussetzungen für eine Analogie siehe nur Larenz, Methodenlehre der Rechtswissenschaft, S. 366 ff Der analogen Anwendung stand allerdings nicht entgegen, daß das Recht der DDR ein Instrumentarium für die Spaltung durch die Regelungen der KomVO bereithielt (so allerdings Kübler, FS Merz, S 333, 341) - dies war nachweislich nicht der Fall

[6] Siehe das Rundschreiben des Präsidenten der Treuhandanstalt vom 23.08 1990 an die Leiter der Außenstellen (Niederlassungen), unter anderem auch erwähnt bei Kübler, FS Merz, S 333, 336, Fn. 7, und Ganske, DB 1991, 791, 797, Fn 100 Allerdings waren zum Zeitpunkt der Herausgabe dieses Schreibens die Spaltungen nach der UmwVO bereits erfolgt Bedeutung entfaltet dieses Schreiben daher mit Blick auf das DMBilG für nach dem THG erfolgte Spaltungen (hierzu ausführlich 9 Kap.)

[7] Siehe hierzu Landgericht Berlin, ZIP 1991, 251, sowie Landgericht Berlin, DtZ 1991, 303.

[8] Gesetz über die Spaltung der von der Treuhandanstalt verwalteten Unternehmen (SpTrUG) vom 05 04 1991, BGBl I S 854, geändert durch Gesetz zur abschließenden Erfüllung der verbliebenen Aufgaben der Treuhandanstalt vom 09 08 1994, BGBl. I S 2062

[9] Hierzu ausführlich nachfolgend Ziff 3

werden. In der weiteren Praxis der Treuhandanstalt entfaltete die nunmehr zugelassene Spaltung jedoch keine große Bedeutung, was zum einen damit zusammenhing, daß eine Vielzahl der erforderlichen Spaltungen bereits schon zuvor vorgenommen worden war, zum anderen § 11 SpTrUG ein Privatisierungshindernis darstellte.[10] Zum Zwecke der Privatisierung wurde daher seitens der Treuhandanstalt, soweit nur Unternehmensteile privatisierungsfähig waren, der „asset-deal" praktiziert. Erleichterungen hierfür sah das SpTrUG im Gegensatz zum UmwG 1994[11] nicht vor. § 12 SpTrUG entwickelte sich damit zu der bedeutungsvollsten[12] Vorschrift des Gesetzes.[13] Neben den im Schrifttum ausführlich diskutierten und in der Gerichtspraxis ausführlich behandelten Spaltungsfällen hat es jedoch auch Verschmelzungen gegeben. Hintergrund war, daß manches Kombinat mit einer Funktion als reine Holding-Gesellschaft nicht zufrieden war und das Vermögen der Kombinatsbetriebe sodann auf das Kombinat selbst übertragen wurde. Schließlich wurden auch Umwandlungen von Betrieben vorgenommen, deren Vermögen nicht in der Treuhandschaft der Treuhandanstalt stand.

Die Praxis der Treuhandanstalt betreffend die Vornahme von Spaltungen warf und wirft noch heute eine Vielzahl von Fragen auf, die, trotz zwischenzeitlich ergangener gesetzlicher Regelungen, insbesondere der Heilungsvorschrift in § 12 SpTrUG, noch nicht als endgültig und zufriedenstellend beantwortet gelten können. Im wesentlichen ergeben sich aus dieser Handhabung der Treuhandanstalt drei Fragenkreise. Zum einen ist die Frage des Entstehens der Kapitalgesellschaft von Bedeutung,[14] wobei gleichzeitig allerdings auch der Blick auf das Schicksal der ehemaligen Wirtschaftseinheit zu richten ist, zum anderen ist die Frage des Vermögenserwerbs der Kapitalgesellschaft zu beantworten.[15] Schließlich stellen sich Haftungsfragen für die an der Gründung Beteiligten sowohl im Falle des wirksamen Entstehens der Kapitalgesellschaft wie auch im Falle nicht erfolgter Eintragung der Kapitalgesellschaft.[16] Die in ihrer Anzahl wesent-

---

[10] In der Regel wollte die Treuhandanstalt Freistellungs- bzw Haftungsübernahmeerklärungen nicht abgeben, da dies grundsätzlich die Bestehenswürdigkeit sämtlicher an der Spaltung beteiligter Unternehmen vorausgesetzt hätte

[11] Siehe hierzu die Vermögensübertragung - §§ 174 ff UmwG 1994

[12] Vgl auch Winter, DWiR 1991, 172, 174

[13] Welche allerdings für die Grundstücksübertragung eine gravierende Lücke enthielt - hierzu nachfolgend Ziff 3 2

[14] Sub 2.

[15] Sub 3

[16] Haftungsfragen werden zusammenfassend im 13. Kap. erörtert

lich geringeren Verschmelzungsfälle sind ebenfalls verbunden mit Fragen des Entstehens der Kapitalgesellschaft und des Weiterbestehens der an der Verschmelzung beteiligten Wirtschaftseinheiten wie sodann auch des Vermögenserwerbs bzw. wirksamen Vermögensentzugs.[17] Gleiches gilt für die Umwandlung von nicht in der Treuhandschaft der Treuhandanstalt stehenden Betrieben.[18]

2 Das Entstehen der Kapitalgesellschaft - Weiterbestehen der Wirtschaftseinheit

Läßt man die Sonderregelungen des THG außer Betracht, so ergibt sich für das Entstehen der Kapitalgesellschaft grundsätzlich die Notwendigkeit ihrer Eintragung im Handelsregister.[19] Die nicht eingetragene, aber im Zuge einer Umwandlungserklärung nach der UmwVO gegründete Kapitalgesellschaft kann damit nicht enstanden sein - sie ist allerdings Vorgesellschaft geworden. Bei der eingetragenen Kapitalgesellschaft stellt sich sodann die Frage, ob tatsächlich ihre Eintragung zu ihrem Entstehen geführt hat oder ob nicht vielmehr trotz Eintragung die Gesellschaft dennoch nicht existiert (sogenannte Scheingesellschaft).Da jedoch die eingetragene GmbH grundsätzlich Bestandssschutz genießt, sind die solchermaßen eingetragenen GmbH wirksam entstanden,[20] es sei denn, es lägen die Voraussetzungen der Nichtigkeit gemäß § 75 GmbHG vor. Von einer Scheingesellschaft kann in solchen Fällen grundsätzlich schon deswegen nicht gesprochen werden,[21] da ein (wirksamer) Gründungsakt vorliegt. Diese Überlegungen gelten im übrigen völlig unabhängig vom Anlaß der Gründung der GmbH.

---

[17] Sub 4

[18] Sub 5

[19] Dies entspricht allgemeinen umwandlungsrechtlichen Grundsätzen - § 11 GmbHG; siehe auch §§ 56 f UmwG 1969 Sie ergibt sich für die UmwVO gesondert aus deren § 7.

[20] Umkehrschluß aus dem die Nichtigkeitsgründe abschließend aufzählenden § 75 GmbHG i V m § 144 FGG; allgemeine Meinung, siehe nur K Schmidt in: Scholz, GmbHG - Kommentar, § 75 Rn 7

[21] Zur Scheingesellschaft siehe K Zimmermann in: Rowedder, GmbHG - Kommentar, § 75 Rn 1; Schulze-Osterloh in: Baumbach-Hueck, GmbHG, § 75 Rn 8; Lutter-Hommelhoff, GmbHG, § 75 Rn 4; K. Schmidt in: Scholz, GmbHG - Kommentar, § 75 Rn 1,6; Hohner in: Hachenburg, GmbHG - Kommentar, § 75 Rn 8 Die Voraussetzungen sind allerdings streitig Ausführlich zur Scheingesellschaft 10 Kap. Ziff 2.1

Bei den noch nicht eingetragenen Spaltgesellschaften stellte sich die Frage, ob diese vom Registerrichter einzutragen waren. Dies war dann ohne weiteres zu bejahen, wenn die Umwandlungserklärung auch die Voraussetzungen für eine Eintragung als neu errichtete GmbH (Sachgründung) enthielt.[22]

Soweit im Zuge der spaltenden Umwandlung und der hiermit verbundenen Gründung von Kapitalgesellschaften auch gleichzeitig die Wirtschaftseinheit nach der UmwVO umgewandelt wurde, sich also die Umwandlungserklärung zum Beispiel auf den VEB bezog und nicht lediglich Betriebsteile abgespalten wurden, bestimmte sich dessen weiteres Schicksal alleine nach der UmwVO. Mit Eintragung der Umwandlung im Register fand damit die Wirtschaftseinheit ihr Ende.[23] Wenn allerdings die Wirtschaftseinheit „aufgespalten" wurde, sich somit nur Umwandlungserklärungen hinsichtlich einzelner Betriebsteile, damit allerdings letztendlich betreffend das Vermögen der gesamten Wirtschaftseinheit, fanden, hat eine Umwandlung der Wirtschaftseinheit selbst nicht stattgefunden. Grundsätzlich wurde auch im Hinblick auf die Aufteilung des Vermögens der Wirtschaftseinheit in den einzelnen spaltenden Umwandlungserklärungen keine Regelung hinsichtlich ihres Fortbestehens getroffen, da man davon ausging, daß mit dem Abschluß der spaltenden Umwandlung sich nach § 7 UmwVO auch die Existenz der Wirtschaftseinheit selbst erledige. In Ermangelung solcher, die Frage der Weiterexistenz der Wirtschaftseinheit betreffender Regelungen bei der aufspaltenden Umwandlung blieb die Wirtschaftseinheit somit bestehen, zumal sie durch die Umwandlungserklärungen (mögen auch die neuen Kapitalgesellschaften alle im Handelsregister eingetragen worden sein) nicht ohne weiteres vollständig vermögenslos wurde.[24] Sie unterlag danach auch grundsätzlich der Umwandlung nach dem THG.

3 Der Vermögensübergang bei Umwandlung einer Wirtschaftseinheit in mehrere GmbH

Wie zuvor im 5. Kap. unter Ziff. 4.3 dargestellt, vollzog sich der Vermö-

---

[22] Siehe hierzu Landgericht Berlin, ZIP 1991, 251, entgegen dem die Eintragung verweigernden Registergericht Vgl auch Bezirksgericht Dresden, ZIP 1991, 1390.

[23] § 7 UmwVO

[24] Hierzu nachfolgend Ziff. 3.

gensübergang im Falle einer zulässigen Umwandlung nach der UmwVO, also Umwandlung einer Wirtschaftseinheit in eine Kapitalgesellschaft, aufgrund der eintretenden Gesamtrechtsnachfolge. Die Tatsache, daß im Zuge des Umwandlungsvorgangs die Rechtsträgerschaft an den Betriebsgrundstücken auf die Treuhandanstalt übertragen wurde, war als reiner Subtraktionsvorgang für den Vermögensübergang im Rahmen der gesetzlich angeordneten Gesamtrechtsnachfolge unerheblich. Eine solche einaktige - etwa an eine Registereintragung anknüpfende - Rechtsnachfolge kann jedoch nicht ohne weiteres dort eintreten, wo das Vermögen eines Rechtssubjekts auf mehrere neu gegründete oder bereits bestehende Rechtssubjekte aufgeteilt, also von vornherein jeweils nur ein Teil übertragen werden soll. Dies wäre nur dann möglich, wenn eine Partialsukzession und damit der Übergang eines bestimmten (aus mehreren Gegenständen bestehenden) Vermögensteils in einem einzelnen Übertragungsakt vorgesehen wäre, wie dies seinerzeit im Recht der DDR gemäß § 6 der Verordnung über das Verfahren der Gründung und Zusammenlegung von volkseigenen Betrieben der Fall war. Im Jahre 1990 kannte jedoch das Recht der DDR eine solche Partialsukzession mit Ausnahme der Sonderregelung in der AHB-Verordnung vom 29.06.1989 nicht mehr.[25] Dem Recht der BRD war die Partialsukzession, sieht man einmal von der Umwandlung eines einzelkaufmännischen Unternehmens nach §§ 50 - 56 a UmwG 1969 und der Umwandlung von Unternehmen von Gebietskörperschaften nach §§ 57, 58 UmwG 1969 ab, im Bereich des Umwandlungsrechts unbekannt.

Zum Vermögenserwerb der neu gegründeten GmbH im Zuge von Spaltungen bedurfte es daher der einzelvertraglichen Übertragung der Vermögensgegenstände (Singularsukzession).

Nachfolgend soll der Vermögenserwerb der durch Spaltung entstandenen Kapitalgesellschaften näher untersucht werden. Hierzu wird zuerst die Frage näher betrachtet, von welcher Seite der Vermögenserwerb erfolgt ist,[26] sodann inwieweit im Falle eines gescheiterten Vermögenserwerbs § 12 SpTrUG in der Lage war, eine Heilung herbeizuführen,[27] schließlich, inwieweit die §§ 11, 23 THG beim Vermögensübergang im Zuge einer Spaltung Bedeutung entfalten[28] und zuletzt wird ein Blick auf die gesamt-

---

[25] Siehe 4 Kap Ziff 1.6 und 4

[26] Sub 3.1.

[27] Sub 3 2

[28] Sub 3 3

schuldnerische Haftung nach § 12 Abs. 2 SpTrUG geworfen.[29]

3.1 Vermögenserwerb durch gleichzeitige Gründung einer Wirtschaftseinheit (VEB) im Zuge der Spaltung?

Für die auf Grundlage der UmwVO vorgenommenen Spaltungen ist teilweise die Auffassung vertreten worden, der Spaltungsvorgang selbst sei dahin deutbar, daß mit der Spaltung, also der „Umwandlungserklärung", gleichzeitig eine neue Wirtschaftseinheit (VEB) durch Gründungsanweisung im Sinne des § 37 KomVO errichtet wurde.[30] Folge wäre damit, daß die insofern entstandenen Wirtschaftseinheiten mit dem auf sie übertragenen Vermögen sodann mit dem 01.07.1990 aufgrund § 11 Abs. 1 THG in Kapitalgesellschaften i. A., in der Regel GmbH i. A., umgewandelt worden wären. Dies wäre damit auch unabhängig von einer Registereintragung erfolgt.[31] Ein Spaltungsproblem ergäbe sich nicht.

Hierbei ist allerdings bereits fraglich, ob tatsächlich die Umwandlungserklärung so ausgelegt werden kann, daß die Gründung eines neuen VEB erfolgen sollte. Gewollt war dies sicherlich nicht, denn man wollte sich ja gerade mit der UmwVO von den im Recht der DDR anerkannten Formen der juristischen Personen lösen und auf bestimmte privatrechtliche Rechtsformen der juristischen Person - Kapitalgesellschaften - zurückgreifen. Auch dürfte die Neuerrichtung einer Wirtschaftseinheit im Falle des Scheiterns der Gründung einer GmbH kaum als deren wesensgleiches Minus[32] verstanden werden können, womit im Falle der gescheiterten GmbH-Gründung schon unter diesem Blickwinkel kein VEB entstanden wäre. Der VEB war zwar auch juristische Person, allerdings anstaltlich strukturiert und damit einer völlig anderen Art der juristischen Person als

---

[29] Sub. 3 4

[30] So Spoerr, Treuhandanstalt und Treuhandunternehmen zwischen Verfassungs-, Verwaltungs- und Gesellschaftsrecht, S 263, und EWiR 1995,389; Horn, Das Zivil- und Wirtschaftsrecht im neuen Bundesgebiet (1 Auflage), S 340 Auf diese Möglichkeit ebenfalls hinweisend Kohte, EWiR 1991, 613 f ; zustimmend Kübler, FS Merz, S 333, 341.

[31] Zur Frage des Erfordernisses der Registereintragung bei Umwandlungen nach dem THG vgl nachfolgend 7. Kap Ziff 2. Daß nach der wohl herrschenden - aber abzulehnenden - Meinung für eine Umwandlung der Wirtschaftseinheiten gemäß dem THG deren Eintragung im Register der volkseigenen Wirtschaft erforderlich war, wird von den in Fn 30 Genannten nicht weiter problematisiert

[32] Der Grundsatz der Umdeutung galt auch im Recht der DDR, auch wenn eine § 140 BGB entsprechende Norm im ZGB nicht mehr aufgenommen wurde

die körperschaftlich strukturierte GmbH zugehörig.[33]

Auch wenn man diesem Ansatz insoweit folgen wollte, als zumindest mit der Umwandlungserklärung ein VEB errichtet wurde, ist damit das eigentliche Problem, nämlich der Vermögenserwerb, nicht gelöst, sondern lediglich auf die Gründung des VEB verlagert. Da jedoch auch hier ein Vermögenserwerb uno actu nicht erfolgen konnte, ergibt sich auch insofern eine Lösung der Problematik nicht.[34]

3.2 Der Umfang der Heilung des Vermögensübergangs nach § 12 SpTrUG

Mit der Regelung des § 12 SpTrUG beabsichtigte der Gesetzgeber, den Erwerb des Aktivvermögens[35] bei der Umwandlung einer Wirtschaftseinheit in mehrere Kapitalgesellschaften sicherzustellen und gleichzeitig zu vermeiden, daß eine Gläubigerbenachteiligung erfolgt. Die Gläubiger der Wirtschaftseinheit sollten grundsätzlich aufgrund der Spaltung nicht schlechter gestellt werden, als sie stünden, wenn die Wirtschaftseinheit lediglich in eine GmbH umgewandelt worden wäre. Hinsichtlich des Vermögensübergangs hat § 12 SpTrUG jedoch lediglich Auffangfunktion. Die Norm selbst weist zum einen nicht eigenständig Vermögen zu und greift auch nur, soweit für den Vermögensübergang eine rechtliche Grundlage fehlte. Sie beschränkt sich daher auf eine reine Heilungsfunktion.

Die wesentliche Bedeutung von § 12 SpTrUG sah der Gesetzgeber daher in der Übertragung von Grundstückseigentum auf die Spaltgesellschaften, da die im Zuge der Singularsukzession erforderliche Auflassungserklärung in notarieller Form durchweg fehlte, man andererseits im Zeitpunkt der Beratung des Gesetzes davon ausging, daß alle sonstigen Vermögensgegenstände, die die Spaltgesellschaft im Zuge der Spaltung erwerben sollte, zwischenzeitlich durch zumindest konkludent abgegebene rechtsgeschäftliche Erklärungen von ihr erworben wurden.[36]

---

[33] Siehe hierzu ausführlich 2 Kap. Ziff 4 2

[34] Vgl 4 Kap. Ziff. 1 6

[35] Dies ergibt sich aus der Begründung des RegE vom 19.02.1991 zu § 12 Abs 1 SpTrUG - BT Drucks 12/105, S 14, wonach sich die Regelung lediglich auf nicht übergegangene **Gegenstände** beziehen soll

[36] Siehe hierzu die allgemeine Begründung des RegE vom 19 02 1991 zu § 12 SpTrUG - BT Drucks. 12/105, S 13, und auch Neye in: Rädler/Raupach/Bezzenberger (Hrsg.), Vermögen in der ehemaligen DDR, § 12 SpTrUG Rn 3

Da jedoch § 12 SpTrUG keine eigenständige Vermögenszuweisungsfunktion hat, kommt dieser Norm für Spaltungen von Wirtschaftseinheiten, bei denen die Umwandlungserklärung bis zum 30.06.1990 nach der UmwVO abgegeben wurde, hinsichtlich des Vermögenserwerbs der Spaltgesellschaften betreffend ihre eigentliche Zielrichtung, nämlich den Grundstückserwerb,[37] keine Bedeutung zu.

Nach der UmwVO sollte nämlich lediglich die Fondsinhaberschaft übertragen werden. Erwerb von Grundstückseigentum sollte nicht erfolgen, vielmehr gingen die Wirtschaftseinheiten bei Umwandlung nach der UmwVO sogar ihrer Rechtsträgerschaft verlustig, da diese auf die Treuhandanstalt zu übertragen war.[38] Den Übergang dessen, was nach der Umwandlungserklärung selbst nicht übergehen sollte, konnte somit auch § 12 SpTrUG nicht bewirken.

Zwar knüpft § 12 Abs. 1 SpTrUG auch an die Regelungen in §§ 11 Abs. 2 Satz 2 und 23 THG an und soll damit auch zur Übertragung des erst im Wege des § 11 Abs. 2 Satz 2 bzw. 23 THG erworbenen Vermögens (Eigentum) führen, jedoch nur in dem Fall, daß bei der Spaltung auch diese in Rechtsträgerschaft oder Fondsinhaberschaft stehenden Vermögensgegenstände übergehen sollten. Denn nach dem Wortlaut des § 12 Abs. 1 SpTrUG wird (richtigerweise) lediglich der Übergang derjenigen Vermögensgegenstände herbeigeführt, die im Zuge des Umwandlungsvorgangs auf die neu gegründete Kapitalgesellschaft übertragen werden sollten.[39] Da die Umwandlungserklärungen nach der UmwVO von einer Wirtschaftseinheit in eine Kapitalgesellschaft die Übertragung der Rechtsträgerschaft an Grund und Boden auf die Treuhandanstalt vorsahen und hier lediglich ein Nutzungsrecht durch die Treuhandanstalt verliehen wurde, waren auch die Spaltungserklärungen entsprechend abgefaßt. Damit kann aber § 12 Abs. 1 SpTrUG in Ermangelung einer seinerzeit beabsichtigten Übertragung auch nur der Rechtsträgerschaft an Grund und Boden hier nach seinem Wortlaut nicht zu einer Heilung führen. Die auf Basis der UmwVO gegründeten Spaltgesellschaften sollten allenfalls ein Nutzungsrecht an Teilen des zuvor in Rechtsträgerschaft der Wirtschaftseinheit stehenden Grund und Bodens erhalten. Die Einräumung dieser Vermögensposition dürfte im Wege der spaltenden Umwandlungserklärung gelungen sein. Ein Heilungsbedarf ergibt sich daher nicht. § 12 Abs. 1 SpTrUG ist somit - zumindest auf den ersten Blick - von seinem Normzweck her überhaupt

---

[37] Neye, a a O. (Fn 36)

[38] § 5 Abs 2 des Statuts der Treuhandanstalt

[39] Siehe den Wortlaut des § 12 Abs 1 Satz 1 SpTrUG: „Sollte das Vermögen . übergehen"

nicht einschlägig.[40] Nun dürfte allerdings auf der Hand liegen, daß letztendlich auch die nach der UmwVO entstandenen Spaltgesellschaften über Grundstückseigentum verfügen mußten, um auch wie die ordnungsgemäß nach der UmwVO entstandenen Gesellschaften am Wirtschaftsleben, unter anderem auch mit der Möglichkeit der Kreditaufnahme, teilnehmen zu können.[41] Man wird daher dem Gesetzgeber unterstellen können, daß letztendlich auch die auf Basis der UmwVO entstandenen Spaltgesellschaften Eigentum an Grund und Boden erwerben sollten; immerhin verweist der Text des § 12 Abs. 1 SpTrUG auch selbst auf die UmwVO.[42] Nur gelungen ist das dem Gesetzgeber mit der Abfassung der Norm nicht. Diese muß insofern als verunglückt angesehen werden und es liegt der Verdacht nahe, daß die Sonderproblematik der Spaltung nach der UmwVO mit der Übertragung der Rechtsträgerschaft auf die Treuhandanstalt und lediglich der Einräumung eines Nutzungsrechts zugunsten der neuen Kapitalgesellschaft vom Gesetzgeber schlichtweg übersehen wurde.

Vor dem Hintergrund des eindeutig erklärten Willens des Gesetzgebers würde sich somit ohne weiteres eine erweiternde Auslegung der Norm anbieten, wenn nicht sich der Eigentumserwerb bereits aufgrund Gesetzes anderweitig, nämlich durch die §§ 11 Abs. 2 Satz 2, 23 THG, vollzöge.

3.3 Vermögensübergang nach §§ 11, 23 THG

Nach seinem Wortlaut fordert § 23 THG lediglich, daß die Umwandlung aufgrund der UmwVO vorgenommen worden ist, um die Anwendbarkeit von § 11 Abs. 2 THG zu eröffnen. Zumindest von daher stellt § 23 THG nicht darauf ab, daß die Umwandlung nach der UmwVO, so wie geschehen, auch vollzogen werden konnte. Bezogen auf den Erwerb von Grundstückseigentum stellt § 23 THG i. V. m. § 11 Abs. 2 THG hinsichtlich der nach der UmwVO bis zum 30.06.1990 entstandenen[43] Gesell-

---

[40] So hat das Kreisgericht Leipzig/Stadt, 2. Kammer für Verwaltungssachen, VIZ 1991, 110, 112, gerade aus dem Grunde, weil der notariellen Umwandlungserklärung der abgespaltenen Gesellschaft diese überhaupt kein Grundstückseigentum erwerben sollte, vielmehr die Rechtsträgerschaft auf die Treuhandanstalt übertragen wurde, § 12 Abs 1 SpTrUG für nicht anwendbar angesehen Zu der insofern anderen Rechtslage im Falle von Spaltungen nach dem THG siehe 9 Kap

[41] Die Ermöglichung der Kreditaufnahme war - einmal unabhängig von den Vereinbarungen im Staatsvertrag - die Hauptbegründung für die Zuweisung von Eigentum an Grund und Boden an die Wirtschaftseinheiten gemäß § 11 THG (siehe hierzu den Bericht von Dr Steinecke, Berichterstatter des Wirtschaftsausschusses, zu Beginn der 2 Lesung des THG, abgedruckt bei Hommelhoff/Krebs, Treuhandanstalt und Treuhandgesetz, II Ziff 2 8, S 11)

[42] Vgl. hierzu auch Neye (a a O - Fn 36), Rn 6

[43] Zur Frage der Abgrenzung der Umwandlungen nach UmwVO und THG vgl 10 Kap

schaften auch eine echte Übertragungsnorm und nicht lediglich eine Norm zur Umqualifizierung der damals bestehenden Rechtsträgerschaft dar.[44] Sie ist daher rechtliche Grundlage für den Vermögensübergang - bewirkt diesen unmittelbar - und qualifiziert nicht nur eine übergegangene vermögensrechtliche Position um. Der Erwerb des Grundstückseigentums vollzieht sich außerhalb der gesetzlich angeordneten Gesamtrechtsnachfolge nach § 7 UmwVO, da die Übertragung der Rechtsträgerschaft an den Grundstücken im Subtraktionswege durch Übertragung auf die Treuhandanstalt von der Gesamtrechtsnachfolge gerade ausgenommen wurde. Einer solchen Übertragungsnorm bedarf es jedoch im Hinblick auf den Erwerb von Grund und Boden durch die auf Basis der UmwVO entstandenen neuen Kapitalgesellschaften. Nach der Wertung des § 23 THG soll von der Übertragung zuvor bewußt Ausgeklammertes mit dem 01.07.1990 übergehen. Gerade auch unter diesem Gesichtspunkt erscheint der Ansatz bei § 23 THG gegenüber § 12 Abs. 1 SpTrUG, welcher selbst Vermögen nicht zuweist, dogmatisch richtig.

Allerdings bereitet die Frage der Bestimmtheit des Vermögensübergangs, also die Frage, welche Grundstücksflächen denn in das Vermögen der Spaltgesellschaft nach § 23 i. V. m. § 11 Abs. 2 THG übergehen, Schwierigkeiten.

Denn anders als im Falle des Vermögensübergangs von einer Wirtschaftseinheit auf eine neue Kapitalgesellschaft, bei welcher bekannt war,[45] hinsichtlich welcher Grundstücke die Wirtschaftseinheit Rechtsträger war, ergibt sich in den Spaltungsfällen nicht ohne weiteres, welche Grundstücke auf die Spaltgesellschaften übergehen (sollten). Zwar wurde gleichzeitig mit der Übertragung der Rechtsträgerschaft auf die Treuhandanstalt wiederum von dieser ein Nutzungsrecht verliehen, doch war manchmal nicht ausreichend bestimmt, welche Grundstücke oder Grundstücksteilflächen dieses umfassen sollte. Diese Vorgehensweise in der Spaltungspraxis erklärt sich im übrigen daraus, daß gerade im Hinblick auf die Übertragung der Rechtsträgerschaft auf die Treuhandanstalt der Verteilung von Grund und Boden im Zuge der Spaltung nahezu keine Bedeu-

---

[44] Aufgrund der Übertragung der Rechtsträgerschaft an Grund und Boden auf die Treuhandanstalt verfügte die neu entstandene Kapitalgesellschaft noch nicht einmal über Rechtsträgerschaft an Grund und Boden Die nach § 11 Abs 1 THG entstandenen Kapitalgesellschaften hingegen erwarben aus der Rechtsträgerschaft hinaus Eigentum Dieser Vorgang kann insofern als Umqualifizierung angesehen werden (vgl. hierzu auch 5. Kap. Ziff 4.4. sowie 7 Kap Ziff. 4 2).

[45] Dies gilt zumindest vom Grundsatz her Zu einem Streitfall vgl BGH, V ZR 39/94, sowie zur Entscheidung der Vorinstanz Rodermund/Deblitz, ZIP 1994, 1675; Zweifelsfälle können per Vermögenszuordnung auf Basis des Gesetzes über die Feststellung der Zuordnung von ehemals volkseigenem Vermögen (Vermögenszuordnungsgesetz – VZOG), BGBl. I S 709 - Fassung der Bekanntmachung vom 29.03 1994, geregelt werden Hierzu auch Ohle, Vermögensübergang auf Kapitalgesellschaften mit Treuhandbeteiligung, S 230 ff.

tung beigemessen wurde.[46]

In der Regel wird sich jedoch zumindest aus den Umständen der Spaltung ergeben, für welche Grundstücke der neu entstandenen Kapitalgesellschaft ein Nutzungsrecht eingeräumt wurde, womit zugleich auch der Umfang des in ihr Eigentum übergehenden Grund und Bodens feststeht.[47]

Hinsichtlich des in Fondsinhaberschaft stehenden Vermögens verhält es sich bei der Gründung von Spaltgesellschaften im Zuge der Umwandlung einer Wirtschaftseinheit so, daß zwar § 7 UmwVO betreffend die Gesamtrechtsnachfolge leerläuft, allerdings im Zuge der Umwandlung eine Übertragung der Inhaberschaft bestimmter Fonds durch Erklärung zwischen dem Betriebsdirektor und dem Geschäftsführungsorgan der Kapitalgesellschaft vorgenommen wurde, wobei gegebenenfalls die genauere Abgrenzung durch Bilanzausweis, wie es im übrigen im Falle der Ausgliederung eines Betriebsteils nach § 36 Abs. 6 KomVO auch erforderlich war, erfolgte. Es liegt somit auch hier ein Übertragungstatbestand vor. Die Fondsinhaberschaft wurde somit - wie im Falle der Ausgliederung eines Betriebsteils zum VEB - übertragen. Betreffend die Übertragung des in Fondsinhaberschaft stehenden Vermögens ist somit ebenfalls für § 12 Abs. 1 SpTrUG im Hinblick auf das Vorhandensein einer rechtlichen Grundlage für den Übergang grundsätzlich kein Platz.

3.4 Die gesamtschuldnerische Haftung nach § 12 Abs. 2 SpTrUG

§ 12 Abs. 1 Satz 1 SpTrUG ordnet eine gesamtschuldnerische Haftung der an der Spaltung beteiligten Rechtsträger für die vor Eintragung der Spaltgesellschaft entstandenen Verbindlichkeiten an. Nach wohl durchweg herrschender Meinung erfolgt eine Heilung der beabsichtigten Über-

---

[46] Die Formulierungen in den spaltenden Umwandlungserklärungen waren unterschiedlich Sie gingen entweder ganz allgemein dahin, daß formuliert wurde, daß die Nutzungsrechte an Grund und Boden an die sodann in der Urkunde weiter aufgeführten neu entstandenen Kapitalgesellschaften vergeben werden, ohne daß deutlich gemacht wurde, welche Bodenflächen welchen neu entstandenen Kapitalgesellschaften zuzuordnen waren, oder es wurde formuliert, daß die Treuhandanstalt die Nutzungsrechte „an die AG/GmbH im Umfang der bisherigen Rechtsträgerschaft" überträgt

[47] Zur Verfahrensweise im Falle unklaren Vermögensübergangs bei durchgeführten Spaltungen vgl Haritz in: Rechtshandbuch Vermögen und Investitionen in der ehemaligen DDR, § 12 SpTrUG Rn 13 Zu Recht weist Neye jedoch darauf hin, daß die Bescheinigung der Treuhandanstalt gemäß § 12 Abs 1 Satz 2 SpTrUG keine materielle Wirkung hat (Neye in: Rädler/Raupach/Bezzenberger (Hrsg), Vermögen in der ehemaligen DDR, § 12 SpTrUG Rn 12); vgl auch v Spiessen/Gruber, VIZ 1994, 209, 212.

tragung von Verbindlichkeiten nicht,[48] diese verbleiben beim sogenannten Ausgangsrechtsträger, also der Wirtschaftseinheit, aus der Vermögen herausgespalten wird. Auch soll es sich bei der in § 12 Abs. 1 Satz 1 SpTrUG erwähnten gesamtschuldnerischen Haftung um eine klarstellende Regelung und nicht um eine gesetzlich angeordnete gesamtschuldnerische Haftung handeln.[49] Läge in § 12 Abs. 1 Satz 1 SpTrUG tatsächlich nur eine Klarstellung, so entfaltete wie bereits schon Absatz 1 auch diese Bestimmung für Spaltvorgänge auf Basis der UmwVO keinerlei Bedeutung.

Die Beantwortung dieser Frage hängt maßgeblich davon ab, wie die Spaltungen nach der UmwVO rechtlich einzuordnen sind. Denn hätten die Spaltungsmaßnahmen hier zur Folge, daß das Vermögen der Wirtschaftseinheit bei Beendigung ihrer Existenz als Rechtssubjekt auf mehrere neu gegründete Rechtssubjekte vollständig neu verteilt wird, käme man hier schon in Anwendung allgemeiner Grundsätze[50] zu dem Ergebnis, daß für die Verbindlichkeiten der Wirtschaftseinheit sämtliche neu entstandenen Spaltgesellschaften nunmehr als Gesamtschuldner zu haften hätten.

Wie im 5. Kap. unter Ziff. 4 aufgezeigt wurde, vollziehen sich die Umwandlungen nach der UmwVO durch Errichtung eines neuen Rechtssubjekts bei hiermit einhergehender Beendigung der umzuwandelnden Wirtschaftseinheit. Dies hat zur Folge, daß, auch wenn im Zuge von Spaltungen nach der UmwVO die Wirtschaftseinheit selbst Gegenstand der Spaltung ist, die Spaltung sich also auf die Wirtschaftseinheit, welche sodann durch Umwandlung nach der UmwVO in anderer Rechtsform fortbestehen soll, wie auch einzelne ihrer Betriebsteile und damit nicht nur auf

---

[48] Siehe nur Neye in: Rädler/Raupach/Bezzenberger (Hrsg), Vermögen in der ehemaligen DDR, § 12 SpTrUG Rn. 14; Haritz in: Rechtshandbuch Vermögen und Investitionen in der ehemaligen DDR, Band III, B 230, § 12 SpTrUG Rn 13; D Mayer/Kössinger in: Widmann/Mayer, Umwandlungsrecht, § 12 SpTrUG Rn 3256; Ganske, DB 1991, 791, 797 In der Begründung des RegE zu § 12 Abs 1 SpTrUG wird dies durch die Verwendung des Rechtsbegriffs „Gegenstand" verdeutlicht (a. a O. Fn 35) Damit gingen auch Vertragsverhältnisse, insbesondere Arbeitsrechtsverhältnisse, auch nicht aufgrund § 12 SpTrUG über; hierzu vgl Oetker in: Rechtshandbuch Vermögen und Investitionen in der ehemaligen DDR, Band I, Syst. Darst. III, Rn 25 b, der diese Frage jedoch offen läßt

[49] So zu lesen bei Ganske, DB 1991, 791, 797; zu einer gesamtschuldnerischen Haftung kam bereits das Landgericht Berlin in seinem Urteil vom 02 01 1991, DtZ 1991, 303, 304. Kritisch hierzu Spoerr, Treuhandanstalt und Treuhandunternehmen zwischen Verfassungs-, Verwaltungs- und Gesellschaftsrecht, S 266 Zur gesamtschuldnerischen Haftung im Spaltungsrecht überhaupt vgl. auch Kleindiek, ZGR 1992, 513, 526 f

[50] Auch im Falle der Anwendbarkeit des § 419 BGB tritt, wenn es sich um mehrere Ubernehmer handelt, gesamtschuldnerische Haftung ein. Vgl. hierzu nur Staudinger-Kaduk, 12 Auflage 1994, § 419 Rn 87 Zu den Hintergründen des § 419 BGB vgl auch Scheyhing in: Nörr/Scheyhing, Sukzessionen, S. 317 ff. Grundsätzlich wird man sagen können, daß, soweit das Recht nicht für die Fälle der gewillkürten Vermögensübernahme im Interesse der Schuldner Korrekturnormen zur Verfügung stellt, eine Haftung des Übernehmers für zurückbleibende Verbindlichkeiten angenommen werden muß

diese bezieht, hierbei die Existenz der Wirtschaftseinheit als Rechtssubjekt in jedem Fall beendet werden soll. Zumindest verliert die Wirtschaftseinheit hierdurch ihr gesamtes Aktivvermögen. Ihr Vermögen wird daher aufgeteilt. Dies wiederum bedeutet, daß für sämtliche Fälle der Spaltung nach der UmwVO, die sich damit allesamt als Aufspaltungen[51] darstellen, § 12 Abs. 2 Satz 1 SpTrUG im Hinblick auf die hiermit schon nach allgemeinen Grundsätzen eintretende gesamtschuldnerische Haftung lediglich klarstellende Bedeutung hat. Rechtswirkungen entfaltet § 12 SpTrUG daher auch in seinem Absatz 2 Satz 1 für Spaltungen nach der UmwVO nicht.[52]

Anders verhält sich dies jedoch mit § 12 Abs. 2 Satz 2 SpTrUG. Vorwiegend im Interesse von Privatisierungen wurde hier der Treuhandanstalt die Möglichkeit eröffnet, in die eintretende gesamtschuldnerische Haftung gestaltend[53] einzugreifen und das Verhältnis der Gesamtschuldner zueinander neu zu ordnen. Dies galt selbstverständlich auch für Spaltungen nach der UmwVO.

4 Verschmelzung

Nach der von der Arbeitsgruppe Wirtschaftsreform beim Ministerrat der DDR erarbeiteten Leitlinie „Zielstellung, Grundrichtungen, Etappen und unmittelbare Maßnahmen der Wirtschaftsreformen in weiterer Verwirklichung der Regierungserklärung vom 17.11.1989", welche vom Ministerrat der DDR in seiner Sitzung am 01.02.1990 bestätigt wurde,[54] wurde auch der Ausbau wettbewerbsfähiger Kombinate ins Auge gefaßt[55] und damit auch die weitere Konzentration von Volkseigentum auf „Großbetriebe" grundsätzlich gebilligt. Die UmwVO nahm hiervon jedoch in ihrer Ausgestaltung Abstand. So führten Umwandlungen nach der UmwVO sogar zur Zerschlagung des Kombinatsverbunds, da die UmwVO selbst eine Hol-

---

[51] Vgl § 1 Nr 1 SpTrUG.

[52] Zu den anders gelagerten Fällen der Spaltung nach dem THG vgl. 10. Kap. Ziff. 3.

[53] Dies ergibt sich aus der Verwendung des Wortes „soweit" Vgl. die allgemeine Begründung des RegE vom 19 02 1991 (BT-Drucks. 12/105, S 7, 13) sowie die Hinweise von Ganske, DB 1991, 791, 794

[54] Zielstellung, Grundrichtungen, Etappen und unmittelbare Maßnahmen der Wirtschaftsreform in weiterer Verwirklichung der Regierungserklärung vom 17 11.1989, herausgegeben von der Arbeitsgruppe Wirtschaftsreformen beim Ministerrat der DDR.

[55] a a O (Fn 54), S. 6.

ding-Konstruktion, wie sie § 12 THG vorsah, grundsätzlich[56] nicht kannte.

Ihre Väter und damit auch die Treuhandanstalt verfolgten jedoch den Gedanken nach der Verflechtung von Wirtschaftseinheiten weiter.[57] So wie sodann eine Vielzahl von Direktoren der Kombinatsbetriebe relativ früh die Zeichen der Zeit, insbesondere die mit der Wirtschaftsreform eintretenden Folgen, erkannten und sich bereits frühzeitig durch Austritt ihres Betriebes aus dem Kombinatsverbund vom Kombinat lösten bzw. auch Betriebsteile auf Veranlassung ihrer Leiter Selbständigkeit erhielten, war gerade dann, wenn der Kombinatsstammbetrieb rein tatsächlich eines der schwächsten Glieder im Verbunde war, im Hinblick auf die zu erwartende Währungs-, Wirtschafts- und Sozialunion auch der umgekehrte Weg - nämlich die Zusammenlegung von Betriebsteilen - denkbar. So wurde von einigen Generaldirektoren der Kombinate, welche gleichzeitig auch die Verantwortung für den Kombinatsstammbetrieb hatten, versucht, die wirtschaftliche Situation dieses Stammbetriebes zu verbessern und Vermögen an sich zu ziehen. Die KomVO kannte hierfür die Zusammenlegung[58] - die Verschmelzung von Wirtschaftseinheiten. Die UmwVO sah eine solche Verschmelzung nicht vor. Dennoch wurden auf Basis der UmwVO aus den zuvor erwähnten Motiven auch Verschmelzungen vorgenommen, bei denen sich, ähnlich wie im Falle der nach der UmwVO vorgenommenen Spaltungen, die Frage ihrer Wirksamkeit stellte.

Ein Wirksamwerden alleine nach der UmwVO fällt wegen fehlender Regelungsgegenständlichkeit der Verschmelzung aus. Entsprechend den Spaltungsfällen stellt sich auch in den Verschmelzungsfällen die Frage nach dem Wirksamwerden des Entstehens der neuen Kapitalgesellschaft zum einen und die Frage ihres Vermögenserwerbs zum anderen. Da auch in den Verschmelzungsfällen nach der UmwVO entsprechend der UmwVO verfahren wurde, also die Kapitalgesellschaft neu gegründet wurde, gilt hier nichts anderes als in den Spaltungsfällen. Die Kapitalgesellschaft hat mit ihrer Eintragung im Handelsregister ihr Entstehen gefunden.[59] Aller-

---

[56] Es sei denn, das Kombinat selbst wäre in eine juristische Person umgewandelt worden und sodann gemäß § 3 Abs 2 UmwVO von der Treuhandanstalt beauftragt worden, als Gesellschafter zu fungieren

[57] Gemäß I. Ziff 4 der „Hinweise der Treuhandanstalt zur Vorbereitung und den Abschluß der Umwandlung von volkseigenen Kombinaten, Betrieben und Einrichtungen in Kapitalgesellschaften entsprechend der Verordnung des Ministerrats vom 01 03 1990" (unveröffentlicht - BArch. Berlin, DC 20 MR I/3, 2935) war, über die generelle Umwandlung jedes volkseigenen Betriebs in eine Kapitalgesellschaft hinaus, der Zusammenschluß von Betrieben in gemeinsame Unternehmen zu klären Siehe dort auch II Ziff. 2, fünfter Anstrich, wonach zur Vorbereitung der Umwandlung auch erforderliche Verflechtungen zu prüfen waren.

[58] Siehe hierzu 4 Kap Ziff 3.

[59] Siehe zuvor Ziff 2

dings anders als in den Spaltungsfällen kommt hinsichtlich der Frage des Vermögenserwerbs ein Vermögensübergang in Anwendung der §§ 35 ff. KomVO in Betracht, da diese gerade die Zusammenlegung (Verschmelzung) zum Regelungsinhalt hatten. Man wird daher grundsätzlich in den nach der UmwVO vorgenommenen Verschmelzungen zugleich auch die Zusammenlegung von Wirtschaftseinheiten (VEB) nach der KomVO sehen können, die letztendlich den gewünschten Verschmelzungserfolg, nämlich die Vermögenskonzentration auf die neu errichtete Kapitalgesellschaft, herbeiführte.

5 Umwandlung von aus der Zuständigkeit der Treuhandanstalt ausgenommenen Wirtschaftseinheiten

In die Treuhandschaft der Treuhandanstalt fiel gemäß Ziff. 6 des Beschlusses über die Gründung der Anstalt zur treuhänderischen Verwaltung des Volkseigentums nicht das sich in Rechtsträgerschaft von den Städten und den Gemeinden unterstellten Betrieben und Einrichtungen befindliche Vermögen. Eine Zuständigkeit der Treuhandanstalt bestand hier somit nicht.[60] Wurden hier durch die Treuhandanstalt dennoch Umwandlungen vorgenommen, so entstand auch hier die neue Kapitalgesellschaft mit ihrer Eintragung im Handelsregister. Ein wirksamer Vermögensübergang auf diese konnte sich jedoch nicht vollziehen, da die handelnde Treuhandanstalt über das Vermögen dieser Wirtschaftseinheiten nicht verfügen konnte. Die Umwandlung lief insofern leer.[61] Soweit die Treuhandanstalt jedoch später hinsichtlich dieses Vermögens die Verfügungsbefugnis erhielt, ist § 185 BGB zu beachten.

---

[60] Vgl 5 Kap Ziff 2

[61] Dies ist das eigentliche Problem dieser Umwandlungsfälle und nicht so sehr die Frage des Verhältnisses zwischen der UmwVO und dem Beschluß über die Gründung der Treuhandanstalt Dieses Verhältnis betrachtet jedoch Ohle, Vermögensübergang auf Kapitalgesellschaften mit Treuhandbeteiligung, S. 153 f., der die Umwandlung dieser Wirtschaftseinheiten auf Basis der UmwVO für zulässig hält

7. KAPITEL

UMWANDLUNG VON WIRTSCHAFTSEINHEITEN IN KAPITALGESELLSCHAFTEN NACH DEM TREUHANDGESETZ

1 Einführung

Das Treuhandgesetz[1] trat am 01.07.1990 in Kraft.[2] Gleichzeitig mit diesem Tage traten der Beschluß zur Gründung der Anstalt zur treuhänderischen Verwaltung des Volkseigentums vom 01.03.1990 sowie der Beschluß des Ministerrats vom 15.03.1990 hinsichtlich des Statuts der Anstalt zur treuhänderischen Verwaltung des Volkseigentums außer Kraft.[3] Im weiteren Normierungsverfahren folgten sodann die Satzung der Treuhandanstalt[4] sowie die 1. bis 5. DVO zum THG.[5] Das THG änderte zwar grundsätzlich nichts an der Treuhandanstalt selbst,[6] es wurde jedoch ihr Aufgabenkreis - insbesondere kam der Privatisierungsauftrag gemäß § 2 Abs. 1 THG hinzu -[7] bei gleichzeitiger Verengung der Vermögenszuständigkeit erweitert.[8]

---

[1] Gesetz zur Privatisierung und Reorganisation des volkseigenen Vermögens (Treuhandgesetz) vom 17 06 1990 (GBl I S 300) - geändert durch Gesetz vom 22 03 1991 (BGBl I S 766) und Gesetz zur abschließenden Erfüllung der verbliebenen Aufgaben der Treuhandanstalt vom 09 08 1994 (BGBl I S 2062); im folgenden auch: THG

[2] § 24 Abs 2 THG.

[3] § 24 Abs 3 THG

[4] Satzung der Treuhandanstalt vom 18 06 1990 (GBl. I S 809) - aufgehoben durch Gesetz vom 09.08 1994 (BGBl I S. 2062)

[5] Vom 15 08 1990 (GBl I S 1076), vom 22 08.1990 (GBl I S 1260), vom 29 08 1990 (GBl I S 1333), vom 12.09.1990 (GBl I S 1465) - geändert aufgrund der Vereinbarung vom 18 09 1990 (BGBl II S 1239) sowie vom 12.09 1990 (GBl I S 1466)

[6] Gemäß Ziff. 1 Satz 3 des Gründungsbeschlusses vom 01 03 1990 war sie Anstalt des öffentlichen Rechts (und damit Haushaltsorganisation - § 12 des Statuts vom 15.03.1990), was sie gemäß § 2 THG auch blieb

[7] Siehe hierzu z. B Lachmann, DtZ 1990, 238 ff; Spoerr, Treuhandanstalt und Treuhandunternehmen zwischen Verfassungs-, Verwaltungs- und Gesellschaftsrecht, S. 31 ff.; Lindner, Der Übergang des Rechts der Wirtschaft von der Plan- zur Marktwirtschaft in Ostdeutschland, S 229 ff

[8] Siehe § 1 Abs 5 THG; vgl auch Möschel, ZGR 1991, 175 ff

So beschränkte sich der Aufgabenkreis der Treuhandanstalt mit dem 01.07.1990 nicht mehr bloß auf die treuhänderische Verwaltung des Volkseigentums ohne wirtschaftsleitende Funktion; vielmehr änderte sich die Aufgabe der Treuhandanstalt dahingehend, die unternehmerische Tätigkeit des Staates durch Privatisierung so rasch und so weit wie möglich zurückzuführen, um hierbei durch gezielte Einflußnahme die Wettbewerbsfähigkeit möglichst vieler Unternehmen herzustellen und somit Arbeitsplätze zu sichern. Während hinsichtlich der zum 01.03.1990 errichteten "alten" Treuhandanstalt[9] die Veräußerung von Anteilen bzw. Aktien, welche die Treuhandanstalt im Zuge der Umwandlung erwarb, lediglich für zulässig erklärt wurde, sofern hierfür eine Regelung durch Gesetz bestand, wurde sie nunmehr finales Ziel der Tätigkeit der „neuen" Treuhandanstalt, da mit dem 01.07.1990 die Privatisierungstätigkeit zentrale Aufgabe der Treuhandanstalt wurde. Insofern erfuhr die Treuhandanstalt mit dem THG ebenfalls eine Umwandlung durch eine nahezu vollständige Neuausrichtung ihres Aufgabenkreises.[10] Es ging nicht mehr um Verwaltung des Volkseigentums bzw. der neu entstandenen Kapitalgesellschaften, sondern um Gestaltung zur Verwertung.

Die eigentlich "zentrale" Vorschrift des THG ist dessen § 1, welcher die Vermögensübertragung regelt. Allerdings ist diese Bestimmung in ihrem Aufbau unglücklich gefaßt. Sie beinhaltet zwei Kernregelungen hinsichtlich des Volkseigentums.

Zum einen war hierin die Maxime enthalten, daß das volkseigene Vermögen zu privatisieren ist, wobei eine "Privatisierung" auch dadurch erfolgen konnte, daß Vermögen Gemeinden, Städten, Kreisen und Ländern sowie der öffentlichen Hand als Eigentum übertragen wird. Hierfür war allerdings ein diese Fälle regelndes Gesetz erforderlich (§ 1 Abs. 1 Satz 1 und 2 THG), das zum 01.07.1990 noch nicht erlassen war.

Ergänzend wurde bestimmt - und hier findet sich nunmehr die zweite Maxime -, daß volkseigenes Vermögen, das kommunalen Aufgaben und kommunalen Dienstleistungen dient, durch Gesetz den Gemeinden und Städten zu übertragen ist.[11] Insofern kann man hier von der für die Zu-

---

[9] Ihre exakte Bezeichnung lautete „Anstalt zur treuhänderischen Verwaltung des Volkseigentums".

[10] Die Vorlage des dem Ministerrat am 06.06.1990 vorgelegten Entwurfs eines Treuhandgesetzes sprach von einer „Neubestimmung der Stellung und Aufgaben der Treuhandanstalt"; siehe hierzu: Beschluß des Ministerrates 10/16/90 vom 06.06.1990 (unveröffentlicht - BArch Berlin, DC 20 MR I/3, 2974 - 2981).

[11] Vgl. hierzu auch §§ 48, 57 ff des Gesetzes über die Selbstverwaltung der Gemeinden und Landkreise in der DDR (Kommunalverfassung) vom 17.05.1990 (GBl. I S. 255) sowie hierzu ergänzend Ziff. 4 des Beschlusses des Ministerrats 4/4/90 vom 02.05.1990 (unveröffentlicht - BArch. Berlin, DC 20 MR I/3, 2943 - 2950) zum Entwurf dieses Gesetzes, wonach dem Ministerrat Vorschläge für rechtliche Neuregelungen über das Eigentum der Gemeinden und Landkreise und die Schaffung von städtischem

kunft geregelten Vermögensübertragungsmaxime des THG sprechen.

Von dieser für die Zukunft geregelten Vermögensübertragung ist die für die Erfüllung dieser Vermögensübertragung normierte Vermögensinhaberschaft bzw. Vermögensverwaltung durch die Treuhandanstalt zu unterscheiden. Vom Grundsatz her verhält es sich nach dem THG so, daß das gesamte volkseigene Vermögen von der Treuhandanstalt verwaltet wird, die dieses Vermögen als Beauftragte des Ministerrats zur Vornahme der für die Zukunft gedachten Vermögensübertragung im Wege der Privatisierung und sonstigen Übertragung verwaltet. Für bestimmte Bereiche des volkseigenen Vermögens hatte sich jedoch mit Erlaß des THG die endgültige Aufgabe der Treuhandanstalt noch nicht herausgebildet. Sie hatte hier lediglich vermögensverwahrende Funktion und hierfür - quasi im Sinne einer inneren Dynamik - die passenden Strukturen zu entwickeln.[12] Hiervon nimmt allerdings § 1 Abs. 5 THG bestimmte Vermögenswerte aus, indem bestimmt wird, daß § 1 THG nicht auf volkseigenes Vermögen Anwendung findet, soweit dessen Rechtsträger der Staat, die Deutsche Post mit ihren Generaldirektionen, die Deutsche Reichsbahn, die Verwaltung von Wasserstraßen, die Verwaltung des öffentlichen Straßennetzes und andere Staatsunternehmen Gemeinden, Städten, Kreisen und Ländern unterstellte Betriebe oder Einrichtungen oder eine Wirtschaftseinheit, für die bis zum Inkrafttreten dieses Gesetzes ein Liquidationsvermerk im Register der volkseigenen Wirtschaft eingetragen wurde, sind. Ob hier eine Zuständigkeit der Treuhandanstalt - auch unter Berücksichtigung der auf sie mit dem 01.03.1990 durch Gründungsbeschluß übergegangenen Treuhandschaft über nahezu das gesamte Volkseigentum - entfallen soll, läßt sich der Norm nicht eindeutig entnehmen. Klarheit verschafft sodann jedoch ein Blick zurück auf das Statut der Treuhandanstalt, in dem unter Ziffer 6 unter anderem die Wirtschaftseinheiten aufgeführt sind, deren Vermögen nicht in die Treuhandschaft der Treuhandanstalt gelangte. Die Treuhandanstalt blieb z. B. damit weiterhin unzuständig für „Städten und Gemeinden unterstellte Betriebe".

Der Begriff des volkseigenen Vermögens, wie er in § 1 THG verwandt wird, ist gleichzusetzen mit dem des gesamtgesellschaftlichen Volkseigentums gemäß Art. 10 Abs. 1, 1. Alt. i. V. m. Art. 12 der Verfassung

---

und gemeindlichem Grundeigentum zu unterbreiten waren Der Beschluß des Ministerrats 9/9/90 vom 30.05 1990 über Maßnahmen zur Durchführung des Gesetzes über die Selbstverwaltung der Gemeinden und Landkreise in der DDR (Kommunalverfassung) (unveröffentlicht - BArch. Berlin, DC 20 MR I/3, 2943 - 2950) legte unter Ziff. 6 bereits fest, daß dem Ministerrat Vorschläge über das Verfahren bei der Überführung solcher staatseigener Betriebe und Einrichtungen in das Eigentum der Kommunen, die für den eigenen Wirkungskreis gemäß §§ 2, 72 Kommunalverfassung von Bedeutung sind, vorzulegen sind

[12] Dies gilt insbesondere für den Bereich der Land- und Forstwirtschaft gemäß § 1 Abs. 6 THG – ausführlich 8 Kap Ziff 1 5

der DDR.[13]

Im Hinblick auf die Treuhandschaft der Treuhandanstalt am volkseigenen Vermögen und die für die Zukunft gedachte "Weitergabe" dieses Vermögens durch Privatisierung oder Übertragung sind im Zusammenhang mit den Regelungen des THG auch die Kommunalverfassung[14] und in diesem Zusammenhang das Kommunalvermögensgesetz[15] sowie das Ländereinführungsgesetz[16] zu sehen. Das Ländereinführungsgesetz enthielt in seinen §§ 21 und 22 Regelungen über die „Vermögensnachfolge" der neu gebildeten Länder, also die Übertragung von Vermögenswerten aus dem volkseigenen Vermögen auf die Länder. Ebenso enthielt das Kommunalvermögensgesetz hierzu Bestimmungen, welche durch die Durchführungsverordnung[17] zum Kommunalvermögensgesetz ergänzt wurden. Im Gegensatz zu den §§ 21 und 22 Ländereinführungsgesetz, welche nie geltendes Recht waren,[18] bestimmten die Regelungen des Kommunalvermögensgesetzes und seiner Durchführungsverordnung sodann auch bis zum 02.10.1990[19] die Vermögensübertragung im Rahmen ihres

---

[13] H M , siehe nur KG, ZIP 1993, 872, sowie die im 5 Kap. Fn 21 und 22 Genannten.

[14] Gesetz über die Selbstverwaltung der Gemeinden und Landkreise in der DDR (Kommunalverfassung) vom 17 05.1990 (GBl. I, S 255).

[15] Gesetz über das Vermögen der Gemeinden, Städte und Landkreise (Kommunalvermögensgesetz - KVG) vom 06 07.1990 (GBl I S. 660); geändert durch Gesetz vom 13 09.1990 (GBl I S. 1537), mit Maßgaben nach Anlage II Kap. IV Abschnitt III Nr. 2 EVertr vom 31 08 1990 (BGBl II S 889); geändert durch § 9 Vermögenszuordnungsgesetz vom 22 03 1991 (BGBl I S 786) - siehe hier insbesondere auch den dritten Anstrich dessen Präambel Vgl hierzu auch Mampel, ROW 1992, 56 ff

[16] Verfassungsgesetz zur Bildung von Ländern in der Deutschen Demokratischen Republik (Ländereinführungsgesetz) vom 22.07.1990 (GBl I S. 955; geändert durch Gesetz vom 13 09.1990; GBl I S 1567, und Anlage II Kap. II Sachgebiet A Abschnitt II EVertr vom 31 08.1990, BGBl II S. 889, und Gesetz vom 13 09 1990, GBl I S 1567). Der Ministerrat befaßte sich bereits am 02.05 1990 mit dem von der Regierungskommission für die Vorbereitung und Durchführung der Verwaltungsreform eingereichten „Vorschlag für ein Gesetz zur Bildung von Ländern in der DDR einschließlich Ländergliederung" und nahm diesen zustimmend zur Kenntnis - Beschluß des Ministerrats 4/3/90 vom 02 05 1990 in der Fassung der Endredaktion vom 10 05 1990 (unveröffentlicht - BArch Berlin, DC 20 MR I/3, 2943 - 2950) Eine Verabschiedung des Gesetzes durch die Volkskammer war für Ende September 1990 vorgesehen

[17] Durchführungsverordnung zum Gesetz über das Vermögen der Gemeinden, Städte und Landkreise - Verfahren zur Überführung volkseigenen Vermögens in das Eigentum der Gemeinden, Städte und Landkreise - (Eigentumsüberführungsverfahrensordnung) vom 25 07 1990 (GBl I S 781)

[18] Das Ländereinführungsgesetz sollte zum 14 10 1990 in Kraft treten, wurde jedoch in seiner Form vom 22 07 1990 bereits schon zuvor durch Art 1 i V. m Anlage II Kap. II Sachgebiet A Abschnitt II des EVertr. abgeändert, womit seine §§ 21, 22 nie wirksam wurden

[19] Mit dem EVertr wurde die Vermögensübertragung vollständig neu geregelt - siehe hierzu nachfolgend im einzelnen 8 Kap Ziff 1.3

Regelungsbereichs.

Weitere, allerdings an dessen § 1 anknüpfende zentrale Vorschrift des THG ist sodann dessen § 11. Nachdem abzusehen war, daß im Hinblick auf die im Staatsvertrag vom 18.05.1990 zum 01.07.1990[20] errichtete Währungs-, Wirtschafts- und Sozialunion die zu privatisierenden Wirtschaftseinheiten nicht rechtzeitig nach der UmwVO rechtsgeschäftlich umgewandelt sein würden,[21] entschloß sich der Gesetzgeber zu einer gesetzlichen Umwandlung der Wirtschaftseinheiten mit sodann rechtsgeschäftlich nachgeholter Gründung, was zum Entstehen der eigentümlichen Figur der Kapitalgesellschaft i. A. führte. Zugleich sollten die sodann von einer Sekunde auf die andere umgewandelten Wirtschaftseinheiten auch über Eigentum an dem bisher in Fondsinhaberschaft bzw. Rechtsträgerschaft gehaltenen Vermögen verfügen.[22]

Wie auch die UmwVO beantwortete das THG dem Rechtsanwender eine Vielzahl von sich beim näheren Hinsehen stellende Fragen nicht. Diese richteten sich im wesentlichen auf die Frage, welche Wirtschaftseinheiten überhaupt von der gesetzlichen Umwandlung betroffen waren,[23] wie sich das Umwandlungsverfahren gestaltete,[24] welcher Rechtsnatur der Umwandlungsvorgang ist[25] und insbesondere auf die Frage der Einordnung der Kapitalgesellschaft i. A. als juristische Person oder als nur eines - wie

---

[20] Art 1 Abs. 2 des Staatsvertrages.

[21] Als Begründung für die Einreichung des Entwurfes eines Treuhandgesetzes beim Ministerrat wurde angegeben:

„.. Beschleunigung der Umwandlung volkseigener Betriebe in Kapitalgesellschaften";

vgl Beschluß des Ministerrats 10/16/90 vom 06 06.1990 nebst Anlagen (unveröffentlicht - BArch Berlin, DC 20 MR I/3, 2974 - 2981)

[22] In Anlage IX des Vertrags über die Schaffung einer Währungs-, Wirtschafts- und Sozialunion hieß es bereits unter Ziff 3:

„Im Zuge der Auswahl der zur Umwandlung in Kapitalgesellschaften geeigneten volkseigenen Unternehmen ist volkseigener Grund und Boden wie Anlagevermögen des Unternehmens zu bewerten. Nach der Umwandlung ist den neu entstandenen Kapitalgesellschaften der volkseigene Grund und Boden zu Eigentum zu überlassen Damit werden ihre Möglichkeiten zur Nutzung von Grundstücken, insbesondere für Zwecke der Kreditaufnahme, erweitert und die Voraussetzungen für Beteiligungen durch private Investoren verbessert Darin liegt zugleich ein Beitrag zur langfristigen Sicherung von Arbeitsplätzen "

[23] Sub 2

[24] Sub. 3

[25] Sub 4

auch immer gearteten - Vorstadiums zu einer solchen.[26]

2 Von der Umwandlung betroffene Wirtschaftseinheiten

§ 11 Abs. 1 THG unterwirft die in § 1 Abs. 4 THG bezeichneten Wirtschaftseinheiten, welche bis zum 01.07.1990 noch nicht in Kapitalgesellschaften umgewandelt sind, der gesetzlichen Umwandlung. Gemäß § 1 Abs. 4 THG handelt es sich hierbei um im Register der volkseigenen Wirtschaft eingetragene volkseigene Kombinate, Betriebe, Einrichtungen und sonstige juristisch selbständige Wirtschaftseinheiten, welche das Gesetz auch sodann konsequent weiter als Wirtschaftseinheiten und nicht lediglich als Betriebe, wie dies in der UmwVO geschehen war, bezeichnet. Wie auch § 1 UmwVO stellt § 1 Abs. 4 THG nicht alleine auf die Eintragung im Register der volkseigenen Wirtschaft ab, sondern unterwirft auch alle „sonstigen juristisch selbständigen Wirtschaftseinheiten" der Umwandlung - unabhängig von ihrer Eintragung im Register der volkseigenen Wirtschaft.[27] Hintergrund der Regelung ist, daß die meisten Wirtschaftseinheiten der DDR, anders als die Kapitalgesellschaften in der BRD, gerade nicht aufgrund Eintragung im Register der volkseigenen Wirtschaft entstanden, sondern sich ihr Entstehen vielmehr außerhalb des Registers vollzog.[28] Gerade auch im Hinblick darauf, daß zur Schaffung überlebensfähiger Unternehmen noch in der ersten Hälfte des Jahres 1990 eine Vielzahl von Betriebsteilen der VEB gemäß § 37 Abs. 6 KomVO eigenständige VEB wurden, aber eine Eintragung in diesen Fällen bis zum 30.06.1990 nicht gesichert war, jedoch gerade auch diese neu entstandenen Wirtschaftseinheiten umgewandelt werden sollten, konnte der Gesetzgeber des THG ebenso wie im Falle der UmwVO nicht alleine auf die Eintragung im Register der volkseigenen Wirtschaft abstellen. Auch hier ist die Eintragung im Register der volkseigenen Wirtschaft selbständiges Tatbestandsmerkmal und hat keine Klammerfunktion.[29] Andererseits

---

[26] Sub 5

[27] A A Neye, EWiR 92, 81, und Schmitt - Habersack in: Kimme (Hrsg), Offene Vermögensfragen, § 11 THG Rn. 6, die von der Eintragung der Wirtschaftseinheit im Register der volkseigenen Wirtschaft als Umwandlungsvoraussetzung ausgehen

[28] Siehe 4. Kap

[29] Auch die durch Gründungsmaßnahmen nach der UmwVO entstandenen Vorgesellschaften konnten nicht im Register der volkseigenen Wirtschaft eingetragen sein Zu aufgrund der Eintragungsdefizite sich für die Treuhandanstalt ergebenden Erfassungsproblemen vgl Strobel, BB 1991, 1059

konnte der Gesetzgeber auch nicht alleine auf den Begriff der Wirtschaftseinheit zurückgreifen, da nicht jede Wirtschaftseinheit juristische Selbständigkeit besaß.[30] Unter juristisch selbständigen Wirtschaftseinheiten im Sinne von § 1 Abs. 4 THG sind somit solche Wirtschaftseinheiten zu verstehen, die nach dem Recht der DDR juristische Personen waren.[31]

Der nach § 1 Abs. 4 THG vorgegebene weite Anwendungsbereich wurde sodann allerdings eingeschränkt durch § 1 Abs. 5 THG und den dessen Katalog übernehmenden § 11 Abs. 3 THG, der in seinem fünften Anstrich noch die volkseigenen Güter und staatlichen Forstwirtschaftsbetriebe als von der Umwandlung ausgeschlossen hinzufügte.

Wie auch im Falle der UmwVO fiel jedoch in den Anwendungsbereich des THG lediglich eine Wirtschaftseinheit, sofern sie in Volkseigentum stand,[32] da sich der Geltungsbereich des THG auf das Volkseigentum beschränkte, auch wenn insofern der neue Begriff „volkseigenes Vermögen" verwandt wurde. Wirtschaftseinheiten, die in genossenschaftlichem Eigentum oder im Eigentum einer gesellschaftlichen Organisation der Bürger standen (insbesondere damit die sogenannten organisationseigenen Betriebe), unterfielen somit nicht - auch nicht analog - der Umwandlung nach dem THG.[33] Soweit auf Betriebe von gesellschaftlichen Organisationen der Bürger tatsächlich die KomVO entsprechend angewendet wurde,[34] führt dies zu keinem anderen Ergebnis, da hierdurch weder ein VEB und schon gar nicht Volkseigentum an dem Betrieb entstand.[35] Es muß hingenommen werden, daß hiermit letztendlich teilweise ertragsstarke Unternehmen, die für eine Umwandlung und Privatisierung wie geschaffen waren, nicht umgewandelt wurden.

---

[30] Siehe hierzu näher 2. Kap Ziff 2 1

[31] Vor diesem Hintergrund gehen die Überlegungen von Weimar (THG, § 11 Rn 1) zur Enträtselung des Begriffs „juristisch selbständig" in die falsche Richtung Im Ergebnis zutreffend weist das Kammergericht in ZIP 1993, 872, 874, darauf hin, daß es sich bei dieser Formulierung des Gesetzes um eine Klausel handelte, die sicherstellen sollte, daß alle denkbaren volkseigenen Wirtschaftseinheiten auch von der Gesetzesregelung erfaßt werden

[32] Zu den nicht zu 100 % in Volkseigentum stehenden Wirtschaftseinheiten siehe 8 Kap Ziff 2 4

[33] Siehe hierzu die überzeugende Entscheidung des Kammergerichts, ZIP 1993, 872 ff , die Entscheidung der Vorinstanz, LG Berlin, ZIP 1992, 141 sowie Schießl, VIZ 1994, 377 ff. und hierauf Kloth, VIZ 1995, 88 ff

[34] Siehe § 41 Abs 2 KomVO, welcher eine (entsprechende) Anwendbarkeit der KomVO auch in den anderen Bereichen der Volkswirtschaft und damit nicht nur der volkseigenen Wirtschaft (Art 9 Verf DDR) zuließ.

[35] Für eine Anwendung des THG in einem solchen Falle jedoch Neye, EWiR, 1992, 81. Anders ist jedoch die Anwendbarkeit des THG zu beurteilen, wenn, wie im ersten Halbjahr 1990 vielfach gesehen, ein Betrieb einer gesellschaftlichen Organisation in Volkseigentum überführt wurde

Schließlich stellt sich auch im Falle der Umwandlung gemäß § 11 Abs. 1 i. V. m. § 1 Abs. 4 THG die Frage, ob als Haushaltsorganisationen geführte Wirtschaftseinheiten von der Umwandlung ausgeschlossen waren. Wer meint, § 1 Abs. 4 THG und damit auch § 11 THG gälte nur für im Register der volkseigenen Wirtschaft eingetragene Wirtschaftseinheiten, kommt bereits deswegen, weil Haushaltsorganisationen grundsätzlich nicht im Register der volkseigenen Wirtschaft eingetragen waren, zu einer Unanwendbarkeit des § 11 THG. Jedoch ist dies nicht der zutreffende Ansatz, da das Register der volkseigenen Wirtschaft gerade nicht sicherstellte, daß alle bestehenden Wirtschaftseinheiten in ihm auch ihre Eintragung gefunden hatten. Anzusetzen ist vielmehr an der Zielrichtung des THG, welches für die Umwandlung darauf abstellt, daß der „Umwandlungsgegenstand“ zumindest im Wirtschaftssystem der DDR unter den Prinzipien der wirtschaftlichen Rechnungsführung überlebensfähig war. Haushaltsorganisationen waren dies grundsätzlich nicht. Die Tatsache, daß sie jedoch unter Umständen mit der Währungs-, Wirtschafts- und Sozialunion im Einzelfall so strukturiert werden konnten, daß sie als „Unternehmen“ auch im künftigen Wettbewerb überlebensfähig wären, spielt im Hinblick auf den Umwandlungsautomatismus des § 11 THG keine Rolle. Sie sind daher von der Umwandlung durch § 11 THG ausgeschlossen, haben jedoch ihre Existenz als juristische Person nicht automatisch mit dem 03.10.1990 beendet.[36]

3 Umwandlungsverfahren

Mit dem 01.07.1990, 0.00 Uhr, wurden die in § 1 Abs. 4 THG bezeichneten und nicht durch § 11 Abs. 3 THG ausgeschlossenen Wirtschaftseinheiten durch das THG selbst - also ex lege – umgewandelt.[37] Das THG war daher nicht nur ein die Umwandlung der tendenziell anstaltlich[38] strukturierten Wirtschaftseinheiten zulassendes Gesetz, welches zu diesem Zeitpunkt nach dem Recht der BRD für die Umwandlung einer Körperschaft oder Anstalt des öffentlichen Rechts in eine GmbH oder AG gefor-

---

[36] Vgl hierzu entsprechend die Ausführungen im 8 Kap Ziff 2 ; zu der grundsätzlich anderen Lage bei Umwandlungen nach der UmwVO vgl 5 Kap. Ziff 2

[37] Siehe hierzu nur Spoerr, Treuhandanstalt und Treuhandunternehmen zwischen Verfassungs-, Verwaltungs- und Gesellschaftsrecht, S. 222; Lindner, Der Übergang des Rechts der Wirtschaft von der Plan- zur Marktwirtschaft in Ostdeutschland, S 235.

[38] Vgl. hierzu 2 Kap Ziff 4.2

dert wurde,[39] sondern es bewirkte die Umwandlung selbst. Die Umwandlung führte dazu, daß aus der Wirtschaftseinheit eine Kapitalgesellschaft, allerdings in der besonderen Form der Kapitalgesellschaft i. A. wurde. Neben dieser Umwandlung durch Gesetz enthält § 11 Abs. 1 THG jedoch noch ein weiteres - offenbar voluntatives - Element hinsichtlich Kombinatsbetrieben und anderer Wirtschaftseinheiten, die nicht Kombinate waren und „vorzugsweise" GmbH werden sollten. Das Gesetz geht hier somit offenbar von einem Regelfall der gesetzlichen Umwandlung und einem der gesetzlichen Umwandlung widerstreitenden Sonderfall der Determinierbarkeit der Umwandlung aus.

3.1 Umwandlungsvorgang

3.1.1 Die Umwandlung von Kombinaten

Nach der insoweit eindeutigen Regelung des § 11 Abs. 1 Satz 2 THG werden volkseigene Kombinate in AG umgewandelt. Diese sind damit bereits alleine durch das THG mit dem 01.07.1990 zur AG i. A. geworden. Es handelt sich um einen rein gesetzlichen Umwandlungsvorgang.

3.1.2 Die Umwandlung von Kombinatsbetrieben und anderen Wirtschaftseinheiten

Für Kombinatsbetriebe und andere Wirtschaftseinheiten bestimmt § 11 Abs. 1 Satz 2, 2. Alt. THG, daß diese in Kapitalgesellschaften, vorzugsweise in GmbH, umgewandelt werden. Diese Formulierung ist unterschiedlich interpretiert worden. Insbesondere *Weimar*[40] hat die Auffassung vertreten, daß für diese Wirtschaftseinheiten lediglich die Rechtsform der GmbH i. A. in Betracht käme.

Für die Beantwortung der Frage, wie sich im Falle der Kombinatsbetriebe

---

[39] § 59 Abs. 2 UmwG 1969, § 385 a Abs. 2 Satz 1 AktG.

[40] So Weimar, BB 1991, Deutsche Einigung - Rechtsentwicklungen, Folge 22, S. 12, 13 (Fn 2) In seinem später erschienenen Kommentar zum Treuhandgesetz (§ 11 Rn. 4) läßt Weimar jedoch im Rahmen des sich anschließenden Gründungsverfahrens eine Umwandlung in eine andere Rechtsform ohne Beachtung der Vorschriften des UmwG zu Von einem Wahlrecht ausgehend, Horn, Das Zivil- und Wirtschaftsrecht im neuen Bundesgebiet, S 832 Kritisch zu einem Wahlrecht und auf Publizitätsgesichtspunkte abstellend, Busche in: Rechtshandbuch Vermögen und Investitionen in der ehemaligen DDR, § 11 THG Rn 1, siehe ferner auch Lachmann, DtZ 90, 238, der die Frage des in diesen Fällen einzuschlagenden Umwandlungsverfahrens offen läßt

sowie der anderen Wirtschaftseinheiten, die nicht Kombinate sind, das Umwandlungsverfahren gemäß § 11 THG vollzieht, ist zu berücksichtigen, daß § 11 Abs. 1 Satz 2 THG in der der Volkskammer durch den Ministerrat vorgelegten Fassung[41] vorsah, daß diese Wirtschaftseinheiten in GmbH umgewandelt werden. Erst der Wirtschaftsausschuß der Volkskammer wünschte eine Neufassung des Textes, um die Möglichkeit einzuräumen, daß auch andere Gesellschaftsformen in der „dritten Ebene" als nur GmbH errichtet werden können, um den kaufmännischen Spielraum zu erhöhen.[42] Es war somit der eindeutige Wille des Gesetzgebers bei der Umwandlung dieser Wirtschaftseinheiten, ein voluntatives Element einzuführen. Hinsichtlich dieser Wirtschaftseinheiten sollte es gerade nicht zu einem Umwandlungsautomatismus mit Rechtsformbindung kommen. Wie sich dieser Wunsch des Gesetzgebers allerdings von der Dogmatik des Umwandlungsrechts her realisieren ließ, ist eine andere Frage. Der Bundesgerichtshof hat sodann auch unter Aufgreifen der Zielstellung des Gesetzgebers die Sache pragmatisch gelöst und für den von ihm zu entscheidenden Fall lapidar festgestellt, daß die Wirtschaftseinheit bereits seit dem 01.07.1990 eine AG, wenn auch bis zur Nachholung der Gründungsmaßnahmen lediglich „im Aufbau" befindlich, sei.[43]

Der Entscheidung des Bundesgerichtshofs ist für bestimmte Sachverhaltskonstellationen zuzustimmen, allerdings bedarf es hier der eingehenden dogmatischen Aufbereitung.

In der Begründung seines Urteils stellt der Bundesgerichtshof darauf ab, daß der Treuhandanstalt als Inhaberin der Anteile an den durch die Umwandlung entstehenden Kapitalgesellschaften ein Wahlrecht zustehen sollte, sich im Rahmen des gemäß §§ 19 ff. THG nachzuholenden Gründungsvorgangs für die Rechtsform der AG zu entscheiden. Diese Entscheidungsmöglichkeit bestand damit bis weit nach dem 01.07.1990, zu dem die jeweiligen Wirtschaftseinheiten allerdings bereits ihre Rechtsform als GmbH i. A. oder AG i. A. eingenommen haben sollten. So sollte die neu entstandene Kapitalgesellschaft i. A. bereits zum Zeitpunkt des nachgeholten Gründungsvorgangs im Handelsregister in ihrer neuen Rechts-

---

[41] Vgl Beschluß des Ministerrats 10/16/90 vom 06 06.1990 über den Entwurf zum Gesetz zur Privatisierung und Organisation des volkseigenen Vermögens - Treuhandgesetz - (unveröffentlicht - BArch Berlin, DC 20 MR I/3, 2974 - 2981) Der Entwurf selbst ist als Drucksache Nr. 55 der 10 Wahlperiode der Volkskammer veröffentlicht

[42] Beschlußempfehlung und Bericht des Wirtschaftsausschusses vom 14 06 1990 zum Antrag des Ministerrats der Deutschen Demokratischen Republik vom 06 06 1990, Volkskammer-Drucksache Nr 55 a, 10 Wahlperiode, abgedruckt in Hommelhoff/ Krebs (Hrsg.), Treuhandanstalt und Treuhandgesetz, II Ziff 2 7.

[43] DB 1994, 1666

form eingetragen sein.[44] Bereits vor diesem Hintergrund bereitet es erhebliche konstruktive Schwierigkeiten, die letztendlich gewünschte Rechtsform bereits als zum 01.07.1990 entstanden ansehen zu können. Zur Lösung der sich hier stellenden Fragen hilft das Gesetz selbst nicht weiter, sondern leitet vielmehr in die Irre, denn der Gesetzgeber selbst hat außer der Einfügung der „Vorzugsweise-Umwandlung" in § 11 Abs. 1 Satz 2 THG hinsichtlich des weiteren Verfahrens keine Regelung getroffen, sondern vielmehr das Gesetz in seiner Umwandlungsregelung im übrigen in der Fassung belassen, die eine Umwandlung der Wirtschaftseinheiten, die nicht Kombinate waren, nur in GmbH vorgesehen hat.[45] Will man somit mit dem Bundesgerichtshof die Kapitalgesellschaft in ihrer (endgültigen) Zielform bereits zum 01.07.1990 - wenngleich auch nur als im Aufbau befindlich - entstanden wissen, führte dies in den Fällen, in denen vor dem 01.07.1990 hierzu nichts veranlaßt worden war, zu einer Rückwirkung. Dies war zumindest dann der Fall, wenn man sich für die Zielform AG erst nach dem 01.07.1990 entschieden hatte.[46]

Bevor man jedoch auf die bedenkliche Rechtsfigur der rückwirkenden Umwandlung zurückgreift und sich sodann mit der Frage befaßt, ob eine solche - auch in den besonderen Fällen der Umwandlung nach dem THG - überhaupt zuzulassen ist, ist zuvor der Blick auf die „Umwandlungspraxis" in den Fällen der Umwandlung der Wirtschaftseinheiten, die nicht Kombinate waren, zu werfen. Hier war nämlich die Handhabung die, daß die Treuhandanstalt grundsätzlich keinerlei gestaltenden Einfluß auf die Rechtsformwahl der Wirtschaftseinheiten nahm. Die Entscheidung über die Rechtsformwahl derjenigen Wirtschaftseinheiten, die nicht Kombinate waren, wurde bereits vor Einreichen der in § 20 THG aufgeführten Unterlagen durch den Direktor des Kombinats oder des VEB getroffen. Dies galt insbesondere für die Kombinatsbetriebe,[47] deren Anteilsinhaber nach § 12 THG die Kombinate wurden. So fühlten sich die Betriebs- bzw. Kombinatsdirektoren auch ohne weiteres zuständig. War ihre Rechtsposition mit Ministerratsbeschluß vom 21.12.1989 bereits gestärkt,[48] wurde sodann die Stellung der Generaldirektoren der zentral geleiteten Kombinate durch die vom Ministerrat der DDR in seiner Sitzung vom 01.02.1990

---

[44] Nach § 15 Abs. 2 Ziff 2 THG war unter anderem vorgesehen, daß dem Registergericht bis spätestens 16 07 1990 auch die Firma der neuen Kapitalgesellschaft mitgeteilt wird

[45] Beschlußempfehlung und Bericht des Wirtschaftsausschusses, a a O (Fn. 42)

[46] So deutet Bayer in: Hommelhoff/Hagen/Röhricht (Hrsg), Gesellschafts- und Umwandlungsrecht in der Bewährung, ZGR-Sonderheft 14, S 22, 24, die Entscheidung des BGH grundsätzlich so, daß eine rückwirkende Umwandlung zugelassen wurde.

[47] Um einen Kombinatsbetrieb handelte es sich im Falle der Entscheidung des Bundesgerichtshofs, DB 1994, 1666

[48] Beschluß des Ministerrats 8/I 1 /89 vom 21 12.1989 (unveröffentlicht - BArch Berlin, DC 20 MR I/3, 2891); hierzu auch 1 Kap

gebilligte Leitlinie „Zielstellung, Grundrichtungen, Etappen und unmittelbare Maßnahmen der Wirtschaftsreform" der Arbeitsgruppe Wirtschaftsreform beim Ministerrat der DDR unter Ziff. IV. B. 6. weiter verbessert, durch die ihnen die Kompetenz verliehen wurde, über wirtschaftsorganisatorische Maßnahmen innerhalb des Kombinats in eigener Verantwortung zu entscheiden. Mit dem Beschluß des Ministerrats über Statut, Grobstruktur und Sicherung der Arbeitsbedingungen der Anstalt zur treuhänderischen Verwaltung des Volkseigentums wurde den Leitern der Betriebe sodann auch die Aufgabe zur Umwandlung von volkseigenen Kombinaten, Betrieben und Einrichtungen übertragen. Bereits hier entschieden sie über die künftige Rechtsform.[49] Die Treuhandanstalt wurde faktisch nur informiert. Entsprechende organisatorische Maßnahmen wurden sodann auch grundsätzlich bereits im Zeitraum zwischen Veröffentlichung des THG am 17.06.1990 und Inkrafttreten am 01.07.1990 getroffen. Bereits in diesem Zeitraum wurde daher in der Regel die nach dem THG anzustrebende Rechtsform festgelegt. Die Festlegung wurde sodann zum 01.07.1990 wirksam, was der rechtlichen Konstruktion der Gründungsanweisung nach §§ 35 ff. KomVO entspricht. So wie für die Gründungsanweisung Publizität nicht erforderlich war, war auch die Festlegung der künftigen Rechtsform nach dem THG nicht publizitätsbedürftig.[50] Auf Grundlage dieser Festlegung erfolgte sodann auch die Mitteilung an das Registergericht gemäß § 15 Abs. 2 THG.[51]

Soweit allerdings vor dem 01.07.1990 eine solche interne Festlegung über die Rechtsform der Kapitalgesellschaft nicht getroffen wurde - hier dürfte es sich um Fälle mit Seltenheitswert handeln, wenn dies überhaupt vorgekommen ist -, läßt sich ein Entstehen einer AG i. A. zum 01.07.1990 - den Fall einer späteren rückwirkenden Umwandlung einmal außer Betracht gelassen - dogmatisch nicht konstruieren. Hier wird man sodann mit dem 01.07.1990 vom Entstehen einer GmbH i. A. ausgehen müssen, was sich insbesondere auch aus der „Vorzugsweise-Regelung" in § 11 Abs. 1 Satz 2, 3. Halbsatz THG ableiten läßt. Das Entstehen lediglich einer „Kapitalgesellschaft i. A." wäre zwar dogmatisch denkbar, führte allerdings letztendlich dazu, daß der DDR-Gesetzgeber sich hiermit - entgegen dem Recht der BRD - vom spezifizierten Typus der juristischen Person verabschiedet und einen Generaltypus in einem Teilbereich eingeführt hätte, der zur Spezifizierung nur noch der internen Ausgestaltung bedurfte.[52]

---

[49] Beschluß des Ministerrats 18/7/90 vom 15.03 1990, Ziff 9 (unveröffentlicht - BArch Berlin, DC 20 MR I/3, 2935).

[50] A A Busche in: Rechtshandbuch Vermögen und Investitionen in der ehemaligen DDR, § 11 THG Rn 1, der aus Gründen der Publizität eine Bekanntgabe an das zuständige Registergericht vor dem 01 07 1990 fordert

[51] So im übrigen auch in dem vom Bundesgerichtshof entschiedenen Fall.

[52] So z B das Recht der USA hinsichtlich der „Corporation"; vgl auch Lutter, ZGR 1990, 392.

Dies wäre eine im Hinblick auf das gesetzgeberische Ziel der Schaffung mit dem Recht der BRD deckungsgleicher juristischer Personen kaum vertretbare Interpretation des § 11 Abs. 1 Satz 2 THG.[53] Ist damit in den Fällen, in denen vor dem 01.07.1990 eine interne Festlegung auf eine andere Rechtsform als die GmbH i. A. nicht getroffen wurde, mit dem 01.07.1990 eine GmbH i. A. entstanden, so wäre, wollte man sodann - eventuell sogar trotz Eintragung des VEB als GmbH i. A. im Register - mit dem 01.07.1990 eine andere, später beabsichtigte Rechtsform der Kapitalgesellschaft entstehen lassen, dies nur im Wege einer rückwirkenden Umwandlung möglich.[54] Hierbei handelte es sich jedoch um eine Konstruktion, die nicht nur dem Umwandlungsrecht bis zum Erlaß des UmwG 1994 unbekannt war und auch dem UmwG 1994 selbst unbekannt ist, sondern die auch auf erhebliche Bedenken stoßen muß, da die Gesellschaft selbst, wie auch insbesondere ihre Organe, rückwirkend einem grundsätzlich anderen Rechtsregime unterlägen.[55] Im Ergebnis bedeutete die Rückwirkung sodann auch nichts anderes als tatsächlich das Entstehen bloß einer Kapitalgesellschaft i. A. mit dem 01.07.1990, deren Struktur, ob nun als GmbH oder AG, noch völlig offen wäre. Die Methodik der Rückwirkung stellte sich als reine Hilfskonstruktion zur Vermeidung des Entstehens einer beschränkt typenoffenen juristischen Person dar. Die Annahme einer rückwirkenden Umwandlung bei nicht vor dem 01.07.1990 intern getroffener Festlegung zur Rechtsform der Kapitalgesellschaft ist daher abzulehnen. Es bleibt in diesen Fällen lediglich die Möglichkeit einer erneuten (formwechselnden) Umwandlung der GmbH i. A. im Nachgründungsverfahren, die das Entstehen der gewünschten Rechtsform mit ihrer Eintragung im Register zum Eintragungstage zur Folge hätte.[56]

3.2 Nachgründungsverfahren

Während mit dem 01.07.1990 bereits die Kapitalgesellschaft als GmbH i. A. oder AG i. A. nach außen entstand, war sie jedoch innerlich in ihrer Struktur noch unfertig. Der Gesetzgeber lieferte mit dem THG Mindestvor-

---

[53] Zur Rechtsnatur der Kapitalgesellschaft i A siehe nachfolgend Ziff. 5.

[54] So Bayer, a a O. (Fn 46)

[55] Im Falle des Verschmelzungsstichtags gemäß § 5 Abs 1 Nr. 6 UmwG 1994, wie auch des Spaltungsstichtags gemäß § 126 Abs. 1 Nr 6 UmwG 1994 handelt es sich alleine um im Innenverhältnis wirkende Stichtage

[56] So auch Horn, Das Zivil- und Wirtschaftsrecht im neuen Bundesgebiet, S. 832, der allerdings nicht die Möglichkeit der vorherigen Bestimmung der Rechtsform beleuchtet.

gaben hinsichtlich der zum 01.07.1990 entstehenden Kapitalgesellschaften i. A. Diese bestanden in der Bestimmung eines vorläufigen Stammkapitals oder Grundkapitals gemäß § 15 Abs. 4 THG,[57] in der Bestimmung vorläufiger Vorstandsmitglieder oder Geschäftsführer gemäß § 16 THG[58] und in Regelungen hinsichtlich vorläufiger Inhaberaktien sowie einer vorläufigen Stammeinlage im Falle der AG i. A. oder der GmbH i. A. gemäß § 17 THG.

Die insofern zum 01.07.1990 bestehende Kapitalgesellschaft bedurfte jedoch noch der inneren Ausgestaltung dadurch, daß der Gesellschaft eine Verfassung zu geben war - also Satzung bei der AG, Gesellschaftsvertrag bei der GmbH -, hiermit auch das Grundkapital bzw. Stammkapital anzugeben war und ferner Vorstand bzw. Geschäftsführung endgültig einzusetzen waren.[59] Dementsprechend hatten die Kapitalgesellschaften der Treuhandanstalt bis zum 31.10.1990 die folgenden Unterlagen zu übergeben:

- den Entwurf eines Gesellschaftsvertrags oder einer Satzung entsprechend den gesetzlichen Bestimmungen unter Angabe des Stammkapitals oder Grundkapitals und einer gegebenenfalls beabsichtigten oder erforderlichen Kapitalerhöhung,

die Schlußbilanz der Wirtschaftseinheit sowie die Eröffnungsbilanz zum Stichtag der Umwandlung (01.07.1990), eine Aufstellung über alle Rechte und Pflichten, Forderungen und Verbindlichkeiten, die mit den Banken getroffenen Vereinbarungen und bei beabsichtigter

---

[57] Im Hinblick auf den späteren Erlaß des DMBilG, welches eine Kapitalneufestsetzung vorsah, kann jedoch dieses Stammkapital bzw Grundkapital nur als vorvorläufiges bezeichnet werden.

[58] Mit Beschluß des Ministerrats 5/9/90 vom 09 05 1990 (unveröffentlicht - BArch. Berlin, DC 20 MR I/3, 2943 - 2950) wurden die zuständigen Minister beauftragt, die Generaldirektoren der Kombinate und Außenhandelsbetriebe im Hinblick auf die Bildung von Kapitalgesellschaften abzuberufen Bis zur Bildung der Kapitalgesellschaften (nach der UmwVO) sollten die Generaldirektoren nur noch geschäftsführend tätig sein. Insoweit ist in § 16 Abs 1 THG von geschäftsführenden Generaldirektoren die Rede § 16 THG ist allerdings sodann auf erhebliche Kritik gestoßen und hat zu einer Vielzahl von Anfragen und auch Petitionen geführt, da teilweise hierin eine Manifestierung alter „Seilschaften" gesehen wurde. Durch den Minister für Wirtschaft wurde dem Ministerrat sodann zu seiner Sitzung vom 15 08 1990 der von der Arbeitsgruppe des Ministeriums für Wirtschaft erarbeitete Entwurf einer Richtlinie zum Verfahren und für die personelle Besetzung der Organe von Kapitalgesellschaften vorgelegt Dieser Entwurf sah vor, daß Personen, die bis zum 07.10 1989 Direktoren volkseigener Kombinate, Betriebe und Einrichtungen waren, sich nicht als Vorstandsmitglieder oder für die Geschäftsführung von Unternehmen bewerben können, die aus den von ihnen bisher geleiteten volkseigenen Kombinaten, Betrieben und Einrichtungen hervorgegangen waren Wegen verfassungsrechtlicher Bedenken wurde die Richtlinie vom Ministerrat nicht verabschiedet

[59] Bereits zuvor wurde allerdings durch den Generaldirektor oder Betriebsdirektor eine Entscheidung über die Firma durch Mitteilung gegenüber dem Registergericht gemäß § 15 Abs 2 THG getroffen

Gründung weiterer Gesellschaften eine Regelung über die Rechtsnachfolge,

- die Prüfung der Bilanzen durch den Rechnungshof oder Wirtschaftsprüfer bzw. Wirtschaftsprüfungsgesellschaften,

- den Gründungsbericht und den Lagebericht, in welchem auch der Geschäftsverlauf und die Lage der Wirtschaftseinheit für das letzte Geschäftsjahr darzustellen waren,

- Angaben über Bodenflächen der Kapitalgesellschaft.

§ 20 Abs. 2 THG bestimmte, daß für Wirtschaftseinheiten, die einen Antrag auf Umwandlung und die dazu erforderlichen Unterlagen ordnungsgemäß bei der Treuhandanstalt vor dem 01.07.1990 eingereicht hatten, die Anforderungen gemäß § 20 Abs. 1 THG als erfüllt gelten.

Im Interesse eines zügigen Verlaufs konnte die Treuhandanstalt nach dem 31.10.1990 den Abschluß des Gesellschaftsvertrags oder die Feststellung der Satzung unter Mitwirkung der Kapitalgesellschaft veranlassen. Sie konnte auch Wirtschaftsprüfer bzw. Wirtschaftsprüfungsgesellschaften beauftragen, den Gründungsbericht und den Lagebericht sowie die Eröffnungsbilanz zu erstellen und sodann zu prüfen.

Maßnahmen zur Vermögensübertragung hatten entgegen der gewillkürten Umwandlung nach der UmwVO nicht zu erfolgen. Vielmehr bestimmte § 11 Abs. 2 THG, daß bereits die Umwandlung der Wirtschaftseinheit in die Kapitalgesellschaft zum 01.07.1990 den Übergang des Vermögens aus der Fondsinhaberschaft der bisherigen Wirtschaftseinheit sowie des in Rechtsträgerschaft befindlichen Grund und Bodens in das Eigentum der Kapitalgesellschaft bewirkt.[60]

Gemäß § 21 Abs. 1 THG hatte das vorläufige "Leitungsorgan", also der vorläufige Vorstand bzw. die vorläufige Geschäftsführung, die Durchführung der Maßnahmen nach § 19 THG bei dem Handelsregister anzumel-

---

[60] Als problematisch stellte sich im weiteren Verlauf der Übergang von in Rechtsträgerschaft gehaltenen Grundstücken auf die Kapitalgesellschaften dann dar, wenn hierauf Gebäude bzw bauliche Anlagen standen, die sich in der Fondsinhaberschaft einer anderen Wirtschaftseinheit (anderen späteren Kapitalgesellschaft) befanden Die Treuhandanstalt vertrat hier relativ früh die Auffassung, daß der Fondsinhaberschaft am Gebäude bzw. der baulichen Anlage die Übertragung des Grundstückes folge (vgl K. Graf Lambsdorff/Stuth, VIZ 1992, 348, 351 f sowie Schmitt-Habersack in: Kimme (Hrsg.), Offene Vermögensfragen, THG, § 11 Rn 19 ff) Das Bundesverwaltungsgericht ist dem mit seinem Urteil vom 13 10 1994 (ZIP 1994, 2978) gefolgt. Fraglich war auch eine entsprechende Anwendung des § 11 Abs. 2 THG auf bereits bestehende Kapitalgesellschaften, welche vom Bezirksgericht Erfurt bejaht (VIZ 1993, 28, und VIZ 1993, 120), vom Bundesverwaltungsgericht allerdings verneint wurde (VIZ 1994, 606)

den. Nach dem 31.10.1990 hatte dies die Treuhandanstalt zu veranlassen, wenn sie gemäß § 20 Abs. 3 THG tätig wurde. Sofern die gesetzlichen Voraussetzungen für die Eintragung der Kapitalgesellschaft vorlagen, wurde die Eintragung insofern vorgenommen, als das Registergericht den Zusatz "im Aufbau" in der bisherigen Firma der Kapitalgesellschaft löschte (§ 21 Abs. 3 i. V. m. § 14 THG). § 22 THG bestimmte sodann, daß Kapitalgesellschaften, die nach § 11 Abs. 2 des Gesetzes entstanden sind, mit dem Ablauf des 30.06.1991 aufgelöst sind, wenn die nach den §§ 19 und 21 THG erforderlichen Maßnahmen bis zu diesem Tage nicht durchgeführt worden sind.

Eine explizite Regelung, wer im Nachgründungsverfahren die Gründerstellung einnimmt, findet sich in den §§ 19 ff. THG nicht.[61] Da die Treuhandanstalt personell überhaupt nicht in der Lage war, die erforderlichen Maßnahmen zu ergreifen,[62] agierten hier materiell die vorläufigen Leitungsorgane gemäß § 16 THG.

4 Die Rechtsnatur des Umwandlungsverfahrens

4.1 Meinungsstand

Hinsichtlich der Einordnung der Rechtsnatur des Umwandlungsverfahrens gemäß § 11 THG in die vor dem UmwG 1994 bekannten zwei grundlegenden Umwandlungsarten, nämlich Formwechsel oder errichtende Umwandlung, wurden nahezu alle denkbaren Auffassungen vertreten. Neben einer Vielzahl von Autoren, die von einer errichtenden Umwandlung ausgingen,[63] wurde ebenso stark die Auffassung vertreten, es handele sich

---

[61] Vgl jedoch § 303 UmwG 1994 und für das vor dem UmwG 1994 geltende Recht z. B. § 385 a Abs 3 AktG

[62] Die Treuhandanstalt wurde mit einer Stärke von 120 Mitarbeitern gebildet; vgl Beschluß des Ministerrats 18/7/90 vom 15 03 1990 (unveröffentlicht - BArch. Berlin, DC 20 MR I/3 - 2935) - Anlage: Vorschlag zur Grobstruktur sowie zur Sicherung der Arbeitsbedingungen der Treuhandanstalt und ihren territorialen Außenstellen

[63] Graf, WR 1991, 8, 10; Hebing/Jaletzke, BB 1990, Beilage 37 zu Heft 30, S 5, 8; Horn, FS Kellermann 1991, S 201, 204; ders in: Mittel- und Osteuropa im marktwirtschaftlichen Umbruch 1991, S 33, 48 (später jedoch einschränkend); Köstler BB 1990, Beilage 40 zu Heft 35,36/1990, S 21; Metzlaff, DB 1992, 1714, 1715, Stute, VIZ 1994, 381; Ulmer in: Hommelhoff (Hrsg.), Treuhandunternehmen im Umbruch, 1991, S 39, 45 ff (sympathisierend) wie auch Weimar, DtZ 1991, 182 (Fn. 3), BB 1991, Beilage 13 zu Heft 15, S. 12, 17, GmbHR 1991, 507, 508

um einen Formwechsel.[64] Damit blieb nicht aus, daß sich auch einige Stimmen meldeten, welche eine vermittelnde Auffassung vertraten, dem Umwandlungsvorgang somit sowohl formwechselnden als auch errichtenden Charakter zumaßen.[65] Auch die Rechtsprechung hat zu dieser Frage unterschiedliche Positionen eingenommen.[66] Schließlich hat auch die Bundesregierung durch das BMJ im Gesetzgebungsverfahren zum SpTrUG zu der Frage Stellung genommen.[67] In den Materialien zum THG findet sich zu dieser Frage wiederum nichts, wenn auch der Wirtschaftsausschuß im Zuge seines Änderungsvorschlags zu § 11 Abs. 1 Satz 2 THG von der Errichtung von Kapitalgesellschaften sprach.[68]

4.2 Einordnung

Um die Umwandlung nach dem THG in das bundesrepublikanische Umwandlungsrecht, wie es zum 01.07.1990 bestand,[69] aber auch, wie es seine Gestalt mit dem UmwG 1994 erfahren hat, einordnen zu können, stellen sich wieder die gleichen Fragen, wie sie sich bereits hinsichtlich der dogmatischen Einordnung der Umwandlung nach der UmwVO stellten:

- Wird im Zuge des Umwandlungsvorgangs ein neues Rechtssubjekt zum Zwecke der Vermögensaufnahme gegründet oder wird ein bereits existierendes Rechtssubjekt zum Zwecke der Vermögensaufnahme am Umwandlungsvorgang beteiligt und werden daher Regelungen hinsichtlich des Fortbestands des alten - umzuwandelnden - Rechtssubjekts getroffen?

---

[64] Vgl nur Ganske, DB 1992, 125, 126 (Fn 24); Schießel, VIZ 1994, 377, 379, 380; Spoerr, Treuhandanstalt und Treuhandunternehmen zwischen Verfassungs-, Verwaltungs-, und Gesellschaftsrecht, S. 85 ff ; Timm, ZIP 1991, 413, 417; Winter, DZWir 1991, 172, 174; wohl auch Hommelhoff/Habighorst, ZIP 1992, 665, 669

[65] Z B K Schmidt, GmbHR 1992, 570; Horn, Das Zivil- und Wirtschaftsrecht im neuen Bundesgebiet, S 835.

[66] Der 2 Zivilsenat des Kammergerichts ging in einer Entscheidung vom 19 10 1992 (VIZ 1993, 113, 114) von einer übertragenden Umwandlung aus Der 2. Zivilsenat des Bundesgerichtshofes nimmt einen Formwechsel an (ZIP 1997, 656).

[67] Allgemeine Begründung des RegE vom 19 02 1991 - BT-Drucks 12/105, S. 7.

[68] Beschlußempfehlung und Bericht des Wirtschaftsausschusses vom 14.06 1990 zum Antrag des Ministerrats der Deutschen Demokratischen Republik vom 06 06.1990, abgedruckt bei Hommelhoff/Krebs (Hrsg.), Treuhandanstalt und Treuhandgesetz, II Ziff. 2 7 , S 25

[69] UmwG in der Fassung der Bekanntmachung vom 06 11 1969 (BGBl I S 2081), Viertes Buch des AktG vom 06 09 1965 (BGBl I S. 1089)

- Oder vollzieht sich der Umwandlungsvorgang alleine bezogen auf das vorhandene Rechtssubjekt, ohne daß zum Zwecke der Vermögensaufnahme ein neues Rechtssubjekt gegründet bzw. beteiligt wird (bloßer Formwechsel)?

Betrachtet man bei Beantwortung dieser Fragen zum einen § 13 THG und zum anderen § 11 Abs. 2 Satz 1 THG, so scheint der Gesetzgeber des THG von einer formwechselnden Umwandlung ausgegangen zu sein. Die bisherige Wirtschaftseinheit wird in eine Kapitalgesellschaft umgewandelt. Sie besteht daher in der Rechtsform der Kapitalgesellschaft fort (§ 11 Abs. 2 Satz 1 THG). Auf dem Registerblatt der bisherigen Wirtschaftseinheit ist die Umwandlung „in" eine Kapitalgesellschaft einzutragen. Eine Löschung wird nicht vorgenommen (§ 13 THG). Eine Regelung hinsichtlich des Erlöschens der alten Wirtschaftseinheit findet sich auch an anderer Stelle des THG nicht. Dieser Eindruck, den §§ 11 Abs. 2 Satz 1 und 13 THG vermitteln, wird jedoch durch § 11 Abs. 2 Satz 2 THG hinsichtlich seiner Regelung eines Vermögensübergangs gestört, ist doch die Übertragung von Vermögen der formwechselnden Umwandlung als der Umwandlung im eigentlichen Sinne fremd. Im 3. Kap.[70] wurde jedoch herausgearbeitet, daß der Einordnung eines Umwandlungsvorgangs als formwechselnde Umwandlung ein gleichzeitig einhergehender Vermögensübergang nicht entgegensteht, sofern dieser von außen[71] erfolgt. So kann es auch durchaus geboten sein, einen Formwechsel zugleich uno actu mit einem Akt der Vermögensübertragung einhergehen zu lassen, was an der Einordnung des Rechtsvorgangs als Formwechsel nichts ändert. Allenfalls mag man eine Betrachtung des Schwergewichts vornehmen und untersuchen, ob somit der Vorgang primär (formwechselnden) Umwandlungscharakter und sekundär Vermögensübertragungscharakter hat oder ob es sich umgekehrt verhält, also der Vermögensübertragungscharakter überwiegt.

Im Falle der Umwandlung nach § 11 THG liegt somit zumindest im Hinblick auf die Wirtschaftseinheit und die sodann entstehende Kapitalgesellschaft ein bloßer Formwechsel vor. Die Wirtschaftseinheit erhält mit dem 01.07.1990 das rechtliche Gewand einer AG oder GmbH (allerdings vorerst lediglich „im Aufbau" befindlich). Die Wirtschaftseinheit bestand damit mit dem 01.07.1990 als AG i. A. oder GmbH i. A. fort. Ein Vermögensübergang von der bisherigen Wirtschaftseinheit auf die Kapitalgesellschaft vollzieht sich damit nicht, womit auch eine Rechtsnachfolge nicht eintritt. Es ist die Wirtschaftseinheit, die ab dem 01.07.1990 als Kapitalgesellschaft agiert. Dieser Betrachtung steht auch nicht entgegen, daß die Wirt-

---

[70] Ziff 2.1 2 2.

[71] I e von einem Rechtssubjekt, welches nicht mit dem formwechselnden Rechtssubjekt identisch ist, vorgenommen wird

schaftseinheit gegenüber der Kapitalgesellschaft anders strukturiert war, sie eher anstaltliche Züge trug,[72] denn Strukturgleichheit oder -ähnlichkeit der Ausgangsform des Rechtssubjekts mit der Zielform des Rechtssubjekts ist nicht Voraussetzung des Formwechsels selbst.[73]

§ 11 Abs. 2 Satz 2 THG steht der Einordnung des Umwandlungsvorgangs als formwechselnde Umwandlung nicht entgegen. Die Wirtschaftseinheit selbst verfügte weder über Eigentum an Grund und Boden noch über Eigentum bzw. Vollrechtsinhaberschaft an sonstigen Vermögensgegenständen. Vielmehr war sie lediglich Fondsinhaber bzw. Rechtsträger. Sollte die Kapitalgesellschaft i. A. Eigentümer des in Rechtsträgerschaft der Wirtschaftseinheit stehenden Grund und Bodens sowie Eigentümer bzw. Vollrechtsinhaber der sonstigen Vermögensgegenstände werden, so mußte ihr dieses Eigentum bzw. die Vollrechtsinhaberschaft gesondert (vom Staat) übertragen werden.

Alleine im Rahmen eines Formwechsels konnte dieser Rechtserwerb nicht stattfinden, da durch den Formwechsel selbst die vermögensrechtliche Stellung des Rechtssubjekts unberührt bleibt. Da Eigentümer bzw. Vollrechtsinhaber das Volk bzw. der Staat war, konnte die Wirtschaftseinheit bzw. sodann die Wirtschaftseinheit in ihrer neuen Rechtsform als Kapitalgesellschaft i. A. nur von diesem, also von außen, das Eigentum erwerben. Dieser Vermögenserwerb vollzog sich aufgrund Gesetzes durch § 11 Abs. 2 Satz 2 THG. Für die Einordnung des Umwandlungsvorgangs als formwechselnde Umwandlung ist dieser Vermögenserwerb nicht von Bedeutung. Inbesondere weil es an der Gründung eines neuen Rechtssubjekts fehlt, muß der Gedanke, aufgrund der Vermögensübertragung eine errichtende Umwandlung zu sehen, als eher fernliegend bezeichnet werden. Wichtig ist jedoch zu erkennen, daß der Vorgang insgesamt nicht nur einen Formwechsel, sondern auch einen Vermögenserwerb beinhaltet. Ob man den Vermögenserwerb lediglich als Umqualifizierung der bisherigen Rechtsposition, nämlich der Rechtsträgerschaft und der Fondsinhaberschaft, sieht, oder ob man hierbei von einer echten Übertragung einer Vermögensposition sprechen kann, ist letztlich ohne praktische Relevanz. Das Gesetz selbst spricht von einer Übertragung. Zumindest hinsichtlich der Fondsinhaberschaft wird man jedoch eher von einer Umqualifizierung auszugehen haben, da hier eine eigentumsähnliche Position zu Volleigentum erstarkt.

Das THG regelt somit die formwechselnde Umwandlung der Wirtschaftseinheit in eine Kapitalgesellschaft i. A. zum 01.07.1990 in Kombi-

---

[72] 3. Kap. Ziff. 3 2.

[73] Vgl hierzu 3 Kap Ziff 3 1 2 1 3

nation mit einer Vermögensübertragung. Das zuvor bestehende, einheitliche Volkseigentum wird auf die Wirtschaftseinheiten, nunmehr Kapitalgesellschaften i. A., aufgespalten, dessen Fondsinhaber bzw. Rechtsträger diese zuvor waren. Beide Umwandlungsvorgänge, also zum einen der Formwechsel, zum anderen die Vermögensübertragung, waren erforderlich, um zum 01.07.1990 im Hinblick auf die Währungs-, Wirtschafts- und Sozialunion Rechtssubjekte zu schaffen, die von ihrem Typus her mit den in der BRD bekannten Kapitalgesellschaften identisch waren - hierfür der Formwechsel - und gleichzeitig auch zur selbständigen Teilnahme am Wirtschaftsverkehr über eigenes und damit auch für Finanzierungszwecke beleihbares[74] Vermögen verfügten - hierfür die Vermögensübertragung. Insofern zeigt sich - wie bereits im Falle der Beleuchtung der Rechtsnatur des Umwandlungsverfahrens nach der UmwVO -[75] auch hier, daß für die zutreffende Einordnung von Umwandlungsvorgängen nicht der Blick auf durch eine Rechtsordnung geprägte Typen zu richten ist, sondern vielmehr der Umwandlungsvorgang selbst unter Beachtung der Elementaria des Umwandlungsrechts zu untersuchen ist, um nicht in die Irre geleitet zu werden.

5 Die Rechtsnatur der Kapitalgesellschaft im Aufbau

5.1 Meinungsstand

Ähnlich wie im Falle der Einordnung des zuvor nie dagewesenen Umwandlungsverfahrens gemäß § 11 THG ist auch das Meinungsspektrum hinsichtlich der Beurteilung der Rechtsnatur der AG i. A. bzw. GmbH i. A.,[76] die mit dem 01.07.1990 durch den Gesetzgeber des THG ins Leben gerufen wurden, ausgesprochen breit. Im wesentlichen läßt sich das Bild der hierzu vertretenen Meinungen wie folgt skizzieren:

Zu beginnen ist mit der Frage, ob denn die Kapitalgesellschaft i. A. überhaupt juristische Person ist. Diese Frage wird von denjenigen verneint, die

---

[74] Siehe hierzu auch Anlage IX Ziff 3 zum Staatsvertrag, wonach vorgesehen war, daß nach der Umwandlung den neu entstandenen Kapitalgesellschaften der volkseigene Grund und Boden zu Eigentum zu überlassen war

[75] 5 Kap Ziff 4

[76] Im folgenden zusammenfassend als Kapitalgesellschaft i A. bezeichnet

die Kapitalgesellschaft i. A. als Vorgesellschaft oder einer Vorgesellschaft entsprechend einordnen und gleichzeitig der Vorgesellschaft, wie man sie bei der GmbH als GmbH i. G. und bei der AG als AG i. G. kennt, den Charakter einer juristischen Person absprechen.[77]

Hinsichtlich derer, die in der Kapitalgesellschaft i. A. eine juristische Person sehen, ist zwischen denjenigen zu unterscheiden, die der Kapitalgesellschaft i. A. nicht nur die Bezeichnung Kapitalgesellschaft i. A., sondern auch die Qualitäten einer Kapitalgesellschaft zubilligen,[78] und denjenigen, die zwar von einer Kapitalgesellschaft i. A. sprechen, aber in dieser den Charakter der vollwertigen Kapitalgesellschaft nicht zu erkennen vermögen.[79]

Schließlich sind noch diejenigen zu erwähnen, die in der Kapitalgesellschaft i. A. einen eigenen Rechtstypus sehen, der auch nicht juristische Person sei.[80]

5.2 Einordnung

Für die Beantwortung der Frage, ob die Kapitalgesellschaft i. A. tatsächlich juristische Person ist, lohnt ein Blick zurück auf die dogmatische Einordnung des Umwandlungsvorgangs, wie sie zuvor vorgenommen wurde. Die Umwandlung der Wirtschaftseinheit in die Kapitalgesellschaft i. A. ist hiernach Formwechsel. Somit besteht auch Identität zwischen Ausgangsrechtssubjekt und Zielrechtssubjekt, womit allerdings nur festgestellt wer-

---

[77] So eingehend Timm, ZIP 1991, 413, 417; Mayer, DB 1991, 1609, 1610; wohl auch Priester, DB 1991, 2373; wohl auch Ulmer in: Hommelhoff (Hrsg.), Treuhandunternehmen im Umbruch, S. 44; Lutter/Hommelhoff, GmbHG - Kommentar, § 11 Rn. 14. Zur Rechtsnatur der Vorgesellschaft als Gesamthandsgesellschaft vgl. nur Lutter/Hommelhoff, GmbHG - Kommentar, § 11 Rn. 2 sowie K. Schmidt in: Scholz, GmbHG - Kommentar, § 11 Rn. 24

[78] So eindeutig Ganske, DB 1991, 791, 792, Fn. 12; Gutbrod, GmbHR 1993, 622, 625.

[79] So wohl die überwiegende Meinung. Vgl. z. B. Horn, Das Zivil- und Wirtschaftsrecht im neuen Bundesgebiet, S. 834, der von einer „Vorgründungskapitalgesellschaft" spricht; Spoerr, Treuhandanstalt und Treuhandunternehmen zwischen Verfassungs-, Verwaltungs- und Gesellschaftsrecht, S. 260, nach dem für die Kapitalgesellschaften i. A. „im Grundsatz" das Recht der fertigen Kapitalgesellschaft gilt; vgl. weiter auch K. Schmidt, GmbHR 1992, 570, 571. Ebenso der II. Zivilsenat des BGH, DB 1994, 1666

[80] So Weimar, BB 1991, Deutsche Einigung - Rechtsentwicklungen, Folge 22, S. 12, 18; ders. GmbHR 1991, 507, 509, ders. THG, § 11 Rn. 6 ff.; ihm folgend Purwins, VIZ 1991, 41, 43; in diese Richtung tendierend auch Biener, DB 1990, 3066, 3067, der von einer „Art Vorgesellschaft" spricht

den kann, daß der „rechtssubjektivierte Kern“ derselbe bleibt.[81] Über die Ausgestaltung dieses rechtssubjektivierten Kerns sind hiermit noch keine Erkenntnisse gewonnen und damit ist auch nicht ohne weiteres geklärt, ob aufgrund der Umwandlung der Wirtschaftseinheit als juristischer Person nicht nun etwa doch „lediglich“ eine Gesamthandsgemeinschaft bzw. im Hinblick auf die Ein-Mann-Gesellschafterstellung der Treuhandanstalt eine Art Sondervermögen[82] entstanden ist - hängt dies doch von der Frage ab, inwieweit man der Gesamthandsgemeinschaft Rechtssubjektivität zuzubilligen bereit ist und wie man sich hinsichtlich der Einordnung der Ein-Mann-Vorgesellschaft zu positionieren gedenkt.[83] Die Frage der rechtlichen Einordnung der Kapitalgesellschaft im Aufbau kann somit unter Heranziehung der Rechtsnatur des Umwandlungsverfahrens nur im Ansatz beantwortet werden. Letztlich entscheidend ist die mit dem THG verwirklichte Zielstellung des Umwandlungsverfahrens vor dem Hintergrund der für den 01.07.1990 erwarteten Währungs-, Wirtschafts- und Sozialunion sowie weiter die Ausgestaltung der GmbH i. A. bzw. AG. i. A. durch das THG selbst. Hierbei ist der Verweis auf die „entstandene Kapitalgesellschaft“ in den §§ 14, 18 und 22 THG wiederum Indiz, kann jedoch von dezidierteren Überlegungen nicht befreien.

Ziel der gesetzlichen Umwandlung nach § 11 THG war es, zum 01.07.1990 die von der Umwandlung umfaßten Wirtschaftseinheiten als der Rechtsordnung der BRD angeglichene Rechtssubjekte im Rechtsverkehr auftreten lassen zu können. Bereits diese Zielvorgabe läßt es ausgesprochen fraglich erscheinen, daß mit dem 01.07.1990 die zuvor als juristische Personen agierenden Wirtschaftseinheiten in ihrer Rechtsentwicklung zunächst einen Schritt zurück haben nehmen sollen und als Vorgesellschaft bzw. im Hinblick auf die Alleingesellschafterstellung der Treuhandanstalt als (teil-)rechtsfähige Organisation[84] vorerst ihre neue Existenz gefunden haben sollen. Betrachtet man sodann weiter die Stellung der Kapitalgesellschaft i. A., die ihr durch das THG vermittelt wird, so ergibt sich nicht nur das Bild einer juristischen Person, sondern auch das einer vollwertigen Kapitalgesellschaft. Die Kapitalgesellschaft i. A. ist mit dem 01.07.1990 bereits entstanden. Ihre Eintragung im Handelsregister gemäß § 15 THG hat lediglich deklaratorischen Charakter. Die „innere Ausgestaltung“ der Kapitalgesellschaft i. A. sollte sodann folgen, wobei

---

[81] Siehe hierzu 3 Kap Ziff 2.1.2

[82] Vgl hierzu eingehend Lutter/Hommelhoff, GmbHG - Kommentar, § 11 Rn. 24.

[83] Zur Einordnung der Ein-Mann-Vorgesellschaft allgemein, vgl K Schmidt in: Scholz, GmbHG - Kommentar, § 11 Rn. 146

[84] Dies wäre im Hinblick auf die unterschiedlichen zur Ein-Mann-Vorgesellschaft vertretenen Auffassungen die wohl umfassendste Rechtsstellung der Ein-Mann-Vorgesellschaft; vgl nur K Schmidt in: Scholz, GmbHG - Kommentar, § 11 Rn. 149.

vor dem eigentlichen Nachgründungsverfahren nach §§ 19 ff. THG dem Registergericht bereits gemäß § 15 Abs. 2 THG Firma und Sitz der Gesellschaft wie auch Gegenstand des Unternehmens mitzuteilen waren.

Zwar konnte die Treuhandanstalt als Alleingesellschafterin bzw. Alleinaktionärin der neuen Kapitalgesellschaften ohne weiteres Standardsatzungen bzw. Standardgesellschaftsverträge herausgeben, die grundsätzlich auch mit Erlaß des THG hätten vorliegen können, jedoch mußten zumindest die Kapitalverhältnisse, die Firma und der Unternehmensgegenstand der einzelnen, von der Umwandlung betroffenen Wirtschaftseinheit individuell angepaßt werden. Da sodann die Treuhandanstalt tatsächlich Mustersatzungen bzw. Mustergesellschaftsverträge vorgab, beschränkten sich die Gestaltungen in der Tat grundsätzlich auf die Kapitalverhältnisse. Unternehmensgegenstand und Firma wurden bereits zuvor festgelegt und im Register eingetragen. Doch selbst die Kapitalverhältnisse der Gesellschaft sollten auch nach Durchführung der Nachgründungsmaßnahmen nicht endgültig feststehen, vielmehr sah das DMBilG gemäß § 26 Abs. 2 i. V. m. § 27 eine Kapitalneufestsetzung auch nach Abschluß des Nachgründungsverfahrens vor, die zwar gemäß § 56 b Abs. 6 DMBilG erst mit Eintragung im Handelsregister bewirkt war, allerdings auf den 01.07.1990 aufgrund § 27 Abs. 7 DMBilG zurückwirkte.

Die weitere Entwicklung der Kapitalgesellschaft i. A. bis zur Streichung des Zusatzes „im Aufbau" durch das Registergericht ist daher lediglich eine solche der endgültigen inneren Strukturierung innerhalb des gesetzgeberisch vorgegebenen Rahmens der AG oder der GmbH. Es handelt sich somit um bloße Maßnahmen der Strukturierung innerhalb einer bereits bestehenden Kapitalgesellschaft. Die Mindestbestandteile einer Satzung bzw. des Gesellschaftsvertrages lieferte das Gesetz. Der Unternehmensgegenstand ergab sich aus der wirtschaftlichen Tätigkeit der Gesellschaft. An der Existenz der Kapitalgesellschaft und ihrer Form änderte dies nichts mehr. Diese war damit nicht lediglich eine besondere Form einer Vorgesellschaft, sondern bereits bestehende Kapitalgesellschaft (AG oder GmbH) bei offener innerer Verfassung.

So entschied sich der Gesetzgeber auch für den Fall, daß die nach §§ 19 und 21 THG gebotenen Maßnahmen nicht nachgeholt werden, am Bestand der Umwandlung und damit der Kapitalgesellschaft nichts zu ändern. Sie geriet vielmehr gemäß § 22 THG lediglich in Liquidation.

Die sodann im weiteren Verlauf gemäß §§ 19 ff. THG einzuleitenden Maßnahmen - § 19 THG spricht hier von der Einleitung der erforderlichen Maßnahmen für die Gründung - sind damit bei Lichte besehen nicht Gründungsmaßnahmen im eigentlichen Sinne, sondern Maßnahmen der inneren Strukturierung der bereits bestehenden GmbH oder AG.

8. KAPITEL

VON DER UMWANDLUNG (VORERST) AUSGENOMMENE WIRTSCHAFTSEINHEITEN

1 Der Ausnahmekatalog des § 11 Abs. 3 THG

Bereits die UmwVO kannte eine Vielzahl von Gruppen von Wirtschaftseinheiten, die einer Umwandlung nicht zugeführt werden sollten.[1] Während diesem - sich im wesentlichen außerhalb der UmwVO ergebenden - Ausnahmekatalog durch bloße Nichteinleitung der Umwandlung nach der UmwVO Rechnung getragen werden konnte, verhielt sich dies im Falle des gesetzlichen Umwandlungsautomatismus nach § 11 THG anders. Hier war eine klare Regelung dahingehend, welche Wirtschaftseinheiten von der nunmehrigen gesetzlichen Umwandlung ausgenommen sein sollten, erforderlich. Der Gesetzgeber entschied sich für einen die Generalklausel in § 11 Abs. 1 und 2 THG einschränkenden Ausnahmekatalog, welchen er in § 11 Abs. 3 THG aufnahm. Dieser Ausnahmekatalog ist teilweise deckungsgleich hinsichtlich der Gruppen von Wirtschaftseinheiten, welche bereits nach der UmwVO einer Umwandlung nicht zuzuführen waren;[2] er steht jedoch nicht für sich allein, sondern ist im Zusammenhang mit § 1 THG, insbesondere dessen Absätzen 4, 5 und 6 zu sehen.

Da auch das THG, ähnlich wie die UmwVO, in der Tradition der Zurückhaltung des Gesetzgebers, Entscheidungen für den Bereich der Landwirtschaft sowie für kommunal-, kreis- oder bezirksgeleitete Einrichtungen zu treffen, stand, lassen sich bereits von daher die vom Negativkatalog des § 11 Abs. 3 THG betroffenen Wirtschaftseinheiten in zwei Gruppen einteilen: zum einen in diejenigen, die endgültig einer Umwandlung nicht zugeführt werden sollten, und zum anderen in diejenigen, hinsichtlich derer mit

---

[1] Vgl hierzu nur Ziff. 6 des Beschlusses zur Gründung der Anstalt zur treuhänderischen Verwaltung des Volkseigentums (Treuhandanstalt) vom 01 03 1990, GBl. I S 107, sowie ausführlich 5 Kap. Ziff. 2.

[2] Auch nach der UmwVO waren von ihrer Zielrichtung her Wirtschaftseinheiten, für die bereits ein Liquidationsvermerk im Register der volkseigenen Wirtschaft eingetragen war, einer Umwandlung nicht zuzuführen Auch Wirtschaftseinheiten, für die eine Liquidation lediglich beabsichtigt war bzw für die die Liquidation bereits beschlossen, aber noch nicht eingetragen war, wurden einer Umwandlung nicht zugeführt

Erlaß des THG eine Entscheidung noch nicht getroffen werden sollte bzw. konnte. So ist der Ausnahmekatalog des § 11 Abs. 3 THG i. V. m. § 1 THG in seiner Endfassung das Ergebnis dreier Verhandlungen[3] der Volkskammer, die auch in ihrer Sitzung am 17.06.1990 aufgrund erheblicher Meinungsdifferenzen in den Fraktionen hinsichtlich der Zuordnung von Vermögen zur Treuhandanstalt wegen der gravierenden Angst eines Ausverkaufs der DDR das Gesetz teilweise offen gestalten mußte.[4]

1.1 Wirtschaftseinheiten, für die bis zum Inkrafttreten des Treuhandgesetzes ein Liquidationsvermerk im Register der volkseigenen Wirtschaft eingetragen worden war

Der Gesetzgeber des THG ging noch davon aus, daß grundsätzlich eine Privatisierung der neu entstandenen Kapitalgesellschaften durch Übertragung der Anteile der Treuhandanstalt hieran an "Investoren" erfolgen konnte. Demzufolge enthielt auch das THG keine Regelungen über die Neustrukturierung des Vermögens der Wirtschaftseinheiten, wie dies sodann beim SpTrUG der Fall war.[5] Wirtschaftseinheiten, für die bereits bei Inkrafttreten des THG ein Liquidationsvermerk im Register der volkseigenen Wirtschaft eingetragen war, die sich also auflösen sollten, weil bereits im System der DDR-Volkswirtschaft sich herausstellte, daß ihr Fortbestand aufgrund Änderung der wirtschaftlichen Rahmenbedingungen zumindest nicht mehr erforderlich sein würde, galten somit als nicht privatisierungsfähig und brauchten daher auch nicht zum Zwecke der Privatisierung in Kapitalgesellschaften umgewandelt zu werden. Diese Wirtschaftseinheiten behielten somit ihren Status - zum Beispiel als volkseigener Betrieb. Ihre Abwicklung selbst richtete sich nach § 39 KomVO. Ihre Rechtsfähigkeit endete mit Beendigung des Abwicklungsverfahrens (§ 39 Abs. 3 Satz 3 KomVO).

Nach dem eindeutigen Wortlaut des § 11 Abs. 3, 1. Anstrich THG war je-

---

[3] Einer ersten Lesung am 01 06 1990, einer zweiten Lesung am 15 06 1990 nach Vorliegen eines abgeänderten Entwurfs durch den Wirtschaftsausschuß der Volkskammer und sodann einer fortgesetzten zweiten Lesung (dritten Lesung) am 17.06.1990 nach Rücküberweisung an den Wirtschaftsausschuß in der Sitzung vom 15 06 1990.

[4] Siehe hierzu insbesondere den erst in der Lesung am 17 06 1990 nach Rücküberweisung in den Wirtschaftsausschuß eingefügten § 1 Abs 6 THG Zu den Verhandlungen der Volkskammer selbst und den Änderungsvorschlägen des Wirtschaftsausschusses vgl Hommelhoff/Krebs (Hrsg), Treuhandanstalt und Treuhandgesetz, II Ziff. 2 8, S 1 ff

[5] Daß aus dem Vermögen der Wirtschaftseinheit jedoch weitere Gesellschaften gegründet werden sollten bzw. konnten, ergibt sich mittelbar aus § 20 Abs 1 Nr 1 Satz 1 THG

doch die Eintragung eines Liquidationsvermerks im Register der volkseigenen Wirtschaft zum 01.07.1990 erforderlich, um die Wirtschaftseinheit von der Teilnahme an der gesetzlichen Umwandlung auszuschließen, obwohl bereits die Abwicklungsanweisung gemäß § 39 Abs. 1 KomVO mit dem in der Abwicklungsanweisung genannten Zeitpunkt das Liquidationsverfahren beginnen ließ.[6] In der Praxis hat das dazu geführt, daß eine nicht gerade kleine Anzahl von Wirtschaftseinheiten, die sich bereits in Liquidation befanden, dennoch in Kapitalgesellschaften i. A. umgewandelt wurden. Hinsichtlich ihres tatsächlichen Status bestand allerdings erhebliche Unsicherheit.

1.2 Deutsche Post mit ihren Generaldirektionen, Deutsche Reichsbahn, Verwaltung von Wasserstraßen, Verwaltung des öffentlichen Straßennetzes sowie andere Staatsunternehmen

Die Deutsche Post, die Deutsche Reichsbahn, die Verwaltung von Wasserstraßen sowie die Verwaltung des öffentlichen Straßennetzes waren bereits gemäß § 1 Abs. 2 UmwVO von deren Anwendbarkeit ausgenommen. Das THG erweiterte diesen Katalog generalklauselartig um „andere Staatsunternehmen", wobei diese Formulierung erst aufgrund der Beschlußempfehlung des Wirtschaftsausschusses aufgenommen wurde. Hierbei ist der Begriff des Staatsunternehmens allerdings diffus,[7] da sämt-

---

[6] Gleiches gilt im übrigen auch für die Liquidation der GmbH oder die Abwicklung der AG, die bereits mit Beschlußfassung bzw dem in der Beschlußfassung genannten Zeitpunkt beginnt und nach herrschender Meinung nicht Satzungsänderung - Änderung des Gesellschaftszwecks - sein soll (Vgl für die GmbH nur Lutter/Hommelhoff, GmbHG - Kommentar, § 60 Rn 5; für die AG nur Geßler, Aktiengesetz - Kommentar, §§ 262, 263 Rn. 14)

[7] Bereits in der ersten Lesung des THG wurde von dem Abgeordneten Dr. Meyer-Bodemann, insbesondere aber von dem Abgeordneten Bergt, der Begriff des Staatsunternehmens kritisiert und die Frage gestellt:

> „Was ist ein Staatsunternehmen?"

(so der Abgeordnete Bergt) Der Wirtschaftsausschuß begründete die Änderung des § 1 Abs. 5, 2. Anstrich THG sowie dementsprechend § 11 Abs 3, 2 Anstrich THG durch Aufnahme der Formulierung:

> „ und andere Staatsunternehmen"

lapidar damit, daß es sich bei der Deutschen Post mit ihren Generaldirektionen, der Deutschen Reichsbahn, der Verwaltung von Wasserstraßen sowie der Verwaltung des öffentlichen Straßennetzes um Staatsunternehmen handele und noch weitere bestehen bzw entstehen könnten (Beschlußempfehlung und Bericht des Wirtschaftsausschusses vom 14 06 1990 zum Antrag des Ministerrats der DDR vom 06 06 1990 - Volkskammer der DDR, 10 Wahlperiode, Drucksache Nr. 55 a, u. a abgedruckt bei

liche volkseigenen Wirtschaftseinheiten staatlich waren[8], und selbst die Unterscheidung zwischen Verwaltungs- und Finanzvermögen - welche ein möglicher Anknüpfungspunkt für die Abgrenzung des Begriffs „Staatsunternehmen" wäre - Schwierigkeiten bereitet, da die Grenzen der Verwaltungstätigkeit in der DDR sehr viel weiter gesteckt waren als in der BRD.[9]

Auch die Begründung[10] der Beschlußempfehlung des Wirtschaftsausschusses zur Änderung des § 1 Abs. 5, 2. Anstrich THG und damit auch § 11 Abs. 3, 2. Anstrich THG führt zu keiner Erhellung, macht sie doch lediglich deutlich, daß es sich um eine redaktionelle Änderung handelt.

Hintergrund der Regelung des § 11 Abs. 3, 2. Anstrich THG ist, daß auch in diesem Falle eine Umwandlung nicht erfolgen sollte, da eine Privatisierung nicht beabsichtigt war. Vielmehr sollten diese Unternehmen grundsätzlich auch als „Staatsunternehmen" weiterbetrieben werden. Unbefriedigend an der Lösung des Gesetzgebers ist die generalklauselartige Umschreibung, die eine Vielzahl von Fragen offenläßt. So verwundert es nicht weiter, daß aufgrund des § 11 THG Unternehmen als umgewandelt im Handelsregister eingetragen wurden, bei denen es sich um Staatsunternehmen gehandelt haben soll.[11]

Für die Lösung der Frage, ob die betreffende Wirtschaftseinheit als Staatsunternehmen von der gesetzlichen Umwandlung nach § 11 Abs. 3, 2. Anstrich THG ausgeschlossen ist, ist aufgrund der Zielrichtung des Gesetzes eine funktionale - wertende - Betrachtung der Wirtschaftseinheit vorzunehmen. Eine rein organisationsrechtliche Betrachtung - der Blick auf die Zuordnung der Wirtschaftseinheit zu einem Staatsorgan (also ihr Unterstellungsverhältnis) - genügt hierfür nicht, da die staatliche Unterstellung und damit auch Leitung der Wirtschaftseinheit gerade ein Charakteristikum der zentral geleiteten Volkswirtschaft der DDR war[12] und eine

---

Hommelhoff/Krebs, Treuhandanstalt und Treuhandgesetz, II Ziff 2.7). Das THG selbst konterkariert den Begriff des Staatsunternehmens in § 1 Abs 5, 2 Anstrich sowie § 11 Abs. 3, 2 Anstrich bereits im ersten Anstrich der Präambel, in welchem allgemein von der unternehmerischen Tätigkeit des Staates die Rede ist. Kritisch auch Maskow/Hoffmann, BB 1990, Deutsche Einigung - Rechtsentwicklungen, Folge 17, S. 1, 5

[8] Vgl hierzu insbesondere 2. Kap

[9] Siehe hierzu Lange, DtZ 1991, 329, 330 sowie Protokoll-Notiz Nr. 6 zu Art. 13 EVertr, die sich mit der Abwicklung solcher Einrichtungen befaßt, die künftig nicht mehr von der öffentlichen Verwaltung betrieben werden sollen

[10] Siehe Fn 7

[11] Zu den hieraus resultierenden Folgen siehe nachfolgend 10 Kap sowie die Entscheidung des AG Charlottenburg in ZIP 92, 520; hierzu auch Neye, EWiR 92, 387

[12] Siehe hierzu 2. Kap. Ziff 3 2

Vielzahl von Wirtschaftseinheiten staatlichen Organen, nämlich den jeweiligen Ministerien bzw. ihren Ministern, unterstellt waren. § 31 Abs. 1 Satz 2 KomVO, welcher auf die Unterstellung eines Betriebs unter ein Staatsorgan einerseits oder ein wirtschaftsleitendes Organ andererseits verweist, bildet daher keinen Anknüpfungspunkt hinsichtlich der Herausbildung des Begriffs „Staatsunternehmen" im Sinne des § 11 Abs. 3, 2. Anstrich THG.[13] Die Verwendung der Begriffe „Staatsorgan" einerseits und „wirtschaftsleitendes Organ" andererseits in § 31 Abs. 1 Satz 2 KomVO ist nämlich nicht Ergebnis einer bewußten Unterscheidung des DDR-Gesetzgebers zwischen Staatsunternehmen einerseits und sonstigen staatlich geleiteten Unternehmen andererseits, sondern vielmehr Resultat der Zuordnung der einzelnen Wirtschaftseinheiten zu unterschiedlichen Leitungsebenen nach Wegfall der VVB und damit dem Entstehen der unmittelbar staatsgeleiteten Betriebe zum einen und der lediglich mittelbar staatsgeleiteten Betriebe zum anderen.[14] Für die Charakterisierung als Staatsunternehmen ist damit nicht das Unterstellungsverhältnis entscheidend. Die unmittelbare Unterstellung einer Wirtschaftseinheit unter ein Staatsorgan führte daher nicht dazu, daß es sich sodann um ein Staatsunternehmen handelte.

Ein volkseigener Betrieb, welcher dem statistischen Amt der DDR als Recheneinrichtung unterstellt war, war damit nicht ohne weiteres Staatsunternehmen, bloß weil es sich bei dem statistischen Amt der DDR um ein Staatsorgan handelte.[15] Es handelte sich nur dann um ein Staatsunternehmen, wenn die Wirtschaftseinheit überwiegend für Zwecke des Statistischen Amtes eingesetzt worden ist . Dies dürfte in dem vom Amtsgericht Charlottenburg entschiedenen Fall zu bezweifeln sein, war doch der VEB bis zur Neuunterstellung Kombinatsbetrieb und erfolgte die Neuunterstellung mit Beschluß des Ministerrats vom 08.03.1990. Aus dieser Neuunterstellung läßt sich im übrigen ersehen, daß es dem Kombinatsbetrieb - wie seinerzeit vielen anderen Betrieben - offenbar um sein selbständiges Überleben außerhalb des Kombinatsverbunds ging,[16] was ihm allerdings offenbar mit der Entscheidung des Amtsgerichts Charlottenburg den Tod als Rechtssubjekt brachte bzw. bringen sollte.

---

[13] So allerdings AG Charlottenburg (a a O , Fn 11); dem zustimmend Neye, ebenda

[14] Vgl hierzu Hochbaum in: Heuer u a. (Hrsg), Wirtschaftsrecht, 2 Kap Ziff 2 2 3 , und zum Aufbau der staatlichen Leitung insbesondere Friedrich u a (Hrsg), Leitung der sozialistischen Wirtschaft, S 62 ff.

[15] So allerdings AG Charlottenburg und auch Neye (a a O , Fn 11)

[16] Siehe zum Wandel in der Wirtschaft der DDR, insbesondere zu ihrer Neustrukturierung zu Beginn des Jahres 1990, auch 1 Kap wie auch 6. Kap. Ziff. 1

1.3 Gemeinden, Städten, Kreisen und Ländern unterstellte Betriebe oder Einrichtungen

Handelte die UmwVO hinsichtlich ihres Anwendungsbereichs - anders als im Falle der „Staatsunternehmen" – betreffend die Städten und Gemeinden unterstellten Betriebe nicht ausdrücklich vom Ausschluß der Umwandlung, ergab sich doch deren Nichtteilnahme mittelbar aus dem Gründungsbeschluß der Treuhandanstalt vom 01.03.1990, wonach der Verantwortungsbereich der Anstalt nicht das volkseigene Vermögen, das sich in Rechtsträgerschaft der den Städten und Gemeinden unterstellten Betriebe und Einrichtungen befand, umfaßte.[17]

Die Treuhandanstalt war somit für solche Wirtschaftseinheiten nicht zuständig. Die Betriebe bzw. ihre Vermögenswerte gelangten somit noch nicht einmal in die Treuhandschaft der Treuhandanstalt.[18] So galt auch § 2 Abs. 1 Satz 3 THG, welcher der Treuhandanstalt auferlegte, die vermögensrechtliche Stellung von nicht umgewandelten Betrieben zu bestimmen und zu sichern, nur für die Wirtschaftseinheiten, die auch der Zuständigkeit der Treuhandanstalt unterfielen. Schon bereits mit der Regierungserklärung vom 17.11.1989 war beabsichtigt, zur Stärkung der Kommunen diesen auch Volkseigentum zu übertragen.[19]

Mit der am 17.05.1990 in Kraft getretenen Kommunalverfassung[20] wurde sodann auch das Gesetz über die örtlichen Volksvertretungen in der DDR aufgehoben und die wirtschaftliche Tätigkeit der Kommunen in §§ 57 ff. sowie der Kreise in § 95 neu geregelt. Gleichzeitig war die Länderbildung in Sichtweite gerückt. Durch Beschluß der Volkskammer über die Beendigung der Legislaturperiode der Bezirkstage - ebenfalls vom 17.05.1990 - wurde der Ministerpräsident beauftragt, bis zur Länderbildung Regie-

---

[17] Beschluß zur Gründung der Anstalt zur treuhänderischen Verwaltung des Volkseigentums (Treuhandanstalt) vom 01 03 1990, (GBl. I S 107) Ziff 6

[18] Die Treuhandschaft dieses Vermögens nahmen die „zuständigen kommunalen bzw territorialen Organe" wahr; vgl hierzu Beschluß des Ministerrats 18/7/90 vom 15.03.1990 - Beschluß über Statut, Grobstruktur und Sicherung der Arbeitsbedingungen der Anstalt zur treuhänderischen Verwaltung des Volkseigentums, Ziff. 13 (unveröffentlicht - BArch Berlin, DC 20 MR I/3, 2935)

[19] Vgl hierzu Arbeitsgruppe Wirtschaftsreform beim Ministerrat der DDR, „Zielstellung, Grundrichtungen, Etappen und unmittelbare Maßnahmen der Wirtschaftsreform in weiterer Verwirklichung der Regierungserklärung vom 17 11.1989", Ziff II 2, und insbesondere Anlage 4.

[20] Gesetz über die Selbstverwaltung der Gemeinden und Landkreise in der DDR (Kommunalverfassung) vom 17.05.1990 (GBl I S 255)

rungsbevollmächtigte einzusetzen.[21] Eine Übertragung der volkseigenen Wirtschaftseinheiten, welche kommunal-, kreis- oder bezirksgeleitet waren, erfolgte mit diesen Gesetzen jedoch noch nicht. Allerdings beschloß der Ministerrat bereits unter Ziffer 4 seines Beschlusses über die Kommunalverfassung, daß ihm Vorschläge für die rechtliche Neuregelung über das Eigentum der Gemeinden und Landkreise und die Schaffung von städtischem und gemeindlichem Grundeigentum zu unterbreiten seien.[22] Gemäß Ziffer 6 des Beschlusses des Ministerrats 9/9/90 vom 30.05.1990[23] waren dem Ministerrat Vorschläge über das Verfahren bei der Überführung solcher staatseigener Betriebe und Einrichtungen in das Eigentum der Kommunen vorzulegen, die für den eigenen Wirkungskreis gemäß §§ 2 und 72 Kommunalverfassung von Bedeutung sind. § 1 Abs. 1 THG deutete sodann den weiteren Werdegang an. Volkseigenes Vermögen, das kommunalen Aufgaben und kommunalen Dienstleistungen diente, war hiernach durch Gesetz den Gemeinden und Städten zu übertragen. Hierfür folgte sodann mit dem 06.07.1990 das Kommunalvermögensgesetz.[24] Nach den Vorstellungen der Volkskammer sollte hiernach die Gliederung innerhalb des Volkseigentums insofern beibehalten werden, als die Betriebe und Einrichtungen die bereits Gemeinden, Städten oder Kreisen unterstellt waren, auch in deren Eigentum übergehen sollten.

So bestimmte § 2 Abs. 1 lit. b) KVG, daß in das Vermögen der Gemeinden und Städte nicht nur alle volkseigenen Betriebe, Einrichtungen und Anlagen, die zur Erfüllung der kommunalen Selbstverwaltung gemäß § 2 Kommunalverfassung benötigt werden (§ 2 Abs. 1 lit. a) KVG), sondern auch alle anderen volkseigenen Betriebe und Einrichtungen, die den ehemaligen Räten der Gemeinden und Städte unterstellt waren, übergehen sollten. Gleiches bestimmte § 3 lit. b) KVG hinsichtlich der volkseigenen Betriebe und Einrichtungen, die den ehemaligen Räten der Kreise unterstellt waren. Darüber hinaus enthielt § 3 lit. b) KVG noch einen unternehmerischen Auftrag an die Landkreise insofern, als diese gehalten waren, marktfähige Unternehmen durch zweckmäßige Entflechtung der ehemaligen kreisgeleiteten Betriebe zu fördern.[25] Das Verfahren der Durchfüh-

---

[21] Beschluß der Volkskammer über die Beendigung der Legislaturperiode der Bezirkstage vom 17.05 1990 (GBl I S 269).

[22] Beschluß des Ministerrats 4/4/90 vom 02 05 1990 (unveröffentlicht - BArch. Berlin, DC 20 MR I/3, 2943 - 2950)

[23] Unveröffentlicht - BArch. Berlin, DC 20 MR I/3, 2943 - 2950

[24] Gesetz über das Vermögen der Gemeinden, Städte und Landkreise (Kommunalvermögensgesetz - KVG) vom 06 07 1990 (GBl. I S 660), mit dem 20 07.1990 in Kraft getreten.

[25] Dies ähnelt der Stellung der Treuhandanstalt gemäß § 2 Abs. 6 Satz 2 THG; siehe auch Ziff 13 des Beschlusses des Ministerrats 18/7/90 vom 15 03 1990 (a. a O., Fn 18)

rung der Übertragung auf Gemeinden, Städte und Landkreise regelte eine Durchführungsverordnung zum KVG.[26]

Während mit Inkrafttreten des THG tatsächlich auch von Städten, Gemeinden und Landkreisen gesprochen werden konnte und zu diesem Zeitpunkt die Kommunalverfassung bereits in Kraft getreten war, kann dies hinsichtlich des Begriffs "Länder" nicht behauptet werden, da auch am 01.07.1990 die DDR nach wie vor in Bezirke, welche im Jahre 1957 die Länder ablösten, gegliedert war und gemäß dem Ländereinführungsgesetz[27] Länder erst zum 14.10.1990 eingeführt werden sollten.[28] Allerdings befaßte sich der Ministerrat bereits in seiner Sitzung vom 02.05.1990 mit dem ihm vorgelegten Gesetzentwurf zur Bildung von Ländern in der DDR einschließlich Ländergliederung und bestätigte diesen.[29]

§ 11 Abs. 3 THG erwähnt in seinem dritten Anstrich somit Länder, die es zum 01.07.1990, also dem Zeitpunkt des Inkrafttretens des THG, noch gar nicht gab und trifft keine Regelung über die zu diesem Zeitpunkt noch bestehenden Bezirke und die diesen unterstellten Betriebe und Einrichtungen. Vor dem Hintergrund, daß beide Gesetze nahezu zeitgleich in der Volkskammer beraten wurden - der Entwurf des Ländereinführungsgesetzes sogar mehr als einen Monat vor dem des THG durch den Ministerrat verabschiedet wurde -, muß man jedoch davon ausgehen, daß der Gesetzgeber mit dem Begriff "Länder" einen vorgreiflichen Begriff gewählt hat und hiermit eigentlich die Bezirke meinte, die sich ohnehin zu diesem Zeitpunkt bereits „in Auflösung" befanden. So stellt bereits auch die Kommunalverfassung vom 17.05.1990 auf die künftige Länderbildung ab.[30] § 11 Abs. 3, 3. Anstrich THG schließt damit von der Umwandlung auch die den Bezirken unterstellten Betriebe und Einrichtungen aus.[31]

---

[26] Durchführungsverordnung zum Gesetz über das Vermögen der Gemeinden, Städte und Landkreise - Verfahren zur Überführung volkseigenen Vermögens in das Eigentum der Gemeinden, Städte und Landkreise - (Eigentumsüberführungsverfahrensordnung) vom 25 07.1990 (GBl I S 781) - aufgehoben durch den EVertr

[27] Verfassungsgesetz zur Bildung von Ländern in der DDR (Ländereinführungsgesetz) vom 22 07 1990 (GBl I S 955)

[28] Gemäß § 25 Abs 1 Ländereinführungsgesetz sollte das Gesetz erst mit dem 14 10 1990 in Kraft treten. Vgl zur Historie der Länder in der DDR auch Bernet, ROW 1991, 33 ff

[29] Beschluß des Ministerrats 4/3/90 vom 02.05 1990 zum Vorschlag für ein Gesetz zur Bildung von Ländern in der DDR einschließlich Ländergliederung (unveröffentlicht - BArch Berlin, DC 20 MR I/3, 2943 - 2950).

[30] Siehe §§ 98 Abs 1, 100 Kommunalverfassung

[31] So auch VG Berlin, VIZ 1995, 672 und Schillo, NJ 1991, 291, 292, der allerdings betreffend die bezirksunterstellten Betriebe in § 11 Abs 3 THG eine Regelungslücke sieht A A : BAG, VIZ 1993, 256, welches anscheinend alleine auf den Wortlaut der Norm abstellt. Ablehnend in der Anmerkung zur Entscheidung: Busche, VIZ 1993, 259. Die Frage hat offengelassen BVerwG,

Weiter sind unter „Betriebe oder Einrichtungen“ im Sinne des § 11 Abs. 3, 3. Anstrich THG sämtliche dem THG unterfallende Formen von Wirtschaftseinheiten, also auch insbesondere Kombinate und ihre Betriebe, zu verstehen. Aus § 1 Abs. 4 THG kann hierzu nichts anderes geschlossen werden. Zwar bezeichnet § 1 Abs. 4 THG volkseigene Kombinate, Betriebe, Einrichtungen und sonstige juristisch selbständige Wirtschaftseinheiten zusammenfassend als Wirtschaftseinheiten, womit in der Tat die Nichterwähnung der Kombinate und lediglich die Erwähnung der Betriebe und Einrichtungen in § 11 Abs. 3, 3. Anstrich THG auf den ersten Blick dahingehend interpretiert werden könnte, daß der Gesetzgeber absichtlich die Kombinate von einem Umwandlungsausschluß hat ausnehmen wollen,[32] jedoch ist ein sachlicher Grund hierfür nicht erkennbar. Vielmehr ist auch hier zu sehen, daß das THG sehr kurzfristig entstand und gerade auch im Hinblick auf seine textlichen Veränderungen durch die Volkskammer eine Vielzahl von sprachlichen Unschlüssigkeiten in sich trägt. An das Gesetz selbst kann daher nicht die übliche Meßlatte bei der Gesetzesinterpretation, insbesondere bei der wörtlichen Auslegung, angelegt werden. Vielmehr hat die Auslegung vorhandene, vom Gesetzgeber nicht gewollte, Inkongruenzen zu berücksichtigen und die eigentliche Zielrichtung nicht aus den Augen zu verlieren. Weiter ist zu beachten, daß grundsätzlich der Begriff des Betriebs in der Gesetzessprache der DDR Oberbegriff war, und daher unter den Betriebsbegriff grundsätzlich eben auch Betriebe in Form von Kombinaten zu subsumieren sind.[33]

1.4 Außenhandelsbetriebe in Abwicklung

In seinem vierten Anstrich bestimmt § 11 Abs. 3 THG, daß Außenhandelsbetriebe[34] in Abwicklung, die gemäß Anlage I Art. 8 § 4 Abs. 1 des Vertrages über die Schaffung einer Währungs-, Wirtschafts- und Sozialunion zwischen der Deutschen Demokratischen Republik und der Bundes-

---

VIZ 1997, 644, 645. Für eine Gleichstellung der Länder mit den Bezirken insofern jedoch BVerwG, ZIP 1996, 249, 250 (Hoppegarten) A. A Ohle, Vermögensübergang auf Kapitalgesellschaften mit Treuhandbeteiligung, S. 69, der offenbar alleine auf den Wortlaut der Norm abstellen will.

[32] So BVerwG, VIZ 1997, 644, 645, welches weiter der Auffassung ist, daß im Hinblick auf ihre Holdingfunktion die bloße Nichtgeltung des § 11 Abs 3, 3 Anstrich THG für die Kombinate keinen Sinn mache und somit auch hiervon nicht die Kombinatsbetriebe betroffen seien.

[33] Zum Begriff des Betriebs siehe eingehend 3 Kap Ziff 2 1

[34] Vgl hierzu AHB-Verordnung vom 29 06 1989 (GBl. I S. 183)

republik Deutschland Forderungen und Verbindlichkeiten in westlichen Währungen abzuwickeln haben, nicht der Umwandlung gemäß § 11 Abs. 1 THG unterliegen. Die Bestimmung wurde auf Vorschlag des Wirtschaftsausschusses zum Zwecke der Sicherung ausstehender Forderungen aus abgeschlossenen Außenwirtschaftsverträgen nachträglich aufgenommen.[35] „In Abwicklung" bedeutete hier eine gesondert geregelte Liquidation.[36] Sie ist eine vorgreifliche Bezeichnung zur ClearingVO vom 04.07.1990.[37] Anlage I Art. 8 § 4 Abs. 1 des Staatsvertrages, auf welchen § 11 Abs. 3, 4. Anstrich THG verweist, bestimmte nämlich über eine Abwicklung dieser Außenhandelsbetriebe nichts. Jedoch bereits mit Beschluß des Ministerrats 13/16/90 vom 20.06.1990[38] über Maßnahmen im Zusammenhang mit der Umwandlung volkseigener Außenhandelsbetriebe in Kapitalgesellschaften wurde angeordnet, daß Außenhandelsbetriebe (als solche) bestehen bleiben, wenn sie per 30.06.1990 in ihrem Buchwerk Forderungen und Verbindlichkeiten gegenüber Devisenausländern in westlichen Währungen ausweisen, sie sodann mit Teilen ihres Vermögens Kapitalgesellschaften gründen und danach in Abwicklung gehen. Hierauf aufbauend regelte die ClearingVO, welche vom Ministerrat am 04.07.1990[39] beschlossen wurde, Näheres. Der Grundsatz, daß Außenhandelsbetriebe, die per 30.06.1990 in ihrem Buchwerk Forderungen und Verbindlichkeiten in westlichen Währungen abzuwickeln haben, mit diesen Forderungen und Verbindlichkeiten in Abwicklung gehen, wurde bestätigt. Über Ausnahmen von diesem Grundsatz konnte der Minister für Wirtschaft in Abstimmung mit dem Minister der Finanzen und dem Vorsitzenden des Direktoriums der Anstalt zur treuhänderischen Verwaltung des Volksvermögens entscheiden. Das Abwicklungsverfahren selbst wurde durch den Minister für Wirtschaft angewiesen. Entgegen dem Eindruck, den § 11 Abs. 3, 4. Anstrich THG somit vermittelt, existierten mit Inkrafttreten des THG die von der Umwandlung auszunehmenden „Außenhandelsbetriebe in Abwicklung" in dieser Form noch nicht. In das Ab

---

[35] Beschlußempfehlung und Bericht des Wirtschaftsausschusses vom 14.06.1990, a a O (Fn 4)

[36] Siehe zu der als Abwicklung bezeichneten Liquidation der AG die §§ 264 ff AktG.

[37] Verordnung zur Abwicklung der Forderungen und Verbindlichkeiten realisierter Verträge in westlichen Währungen (konvertierbare Währungen, Clearing-Währungen und Verrechnungseinheiten) und Deutscher Mark gegenüber Devisenausländern und Vertragspartnern in der Bundesrepublik Deutschland und Westberlin vom 04 07 1990 (GBl. I S. 662), nachfolgend auch: ClearingVO. Sie ist gemäß Anlage II Kap. IV. Abschnitt 3 Ziff. 4 EVertr mit der Maßgabe in Kraft geblieben, daß alle Kostenfragen entsprechend den Festlegungen zur Abwicklung der Forderungen und Verbindlichkeiten gegenüber dem Ausland und der Bundesrepublik Deutschland gemäß Art. 24 EVertr zu behandeln sind.

[38] Unveröffentlicht - BArch. Berlin, DC 20 MR I/3, 2991 - 2997

[39] Beschluß des Ministerrats 15/14/90 vom 04 07 1990 (unveröffentlicht - BArch Berlin, DC 20 MR I/3, 3011 - 3015)

wicklungsstadium gelangten sie vielmehr erst aufgrund der Anweisung des Abwicklungsverfahrens durch den Minister für Wirtschaft auf Basis von § 2 Abs. 2 ClearingVO, die ohnehin erst mit dem 20.07.1990 in Kraft trat.[40]

Hinzu kommt, daß auch die ClearingVO nicht dazu führte, daß sämtliche unter Art. 8 § 4 Abs. 1 der Anlage I zum Staatsvertrag fallende Außenhandelsbetriebe in ein Abwicklungsverfahren geführt wurden. So sah die ClearingVO durchaus Ausnahmen von diesem Grundsatz vor.[41] Hinsichtlich der Außenhandelsbetriebe bestand somit zum 01.07.1990 keinesfalls Klarheit darüber, welche unter ihnen von der Umwandlung ausgeschlossen sein sollten - eine Situation, die sich mit einer gesetzlichen Umwandlung zum Stichtag 01.07.1990 nicht verträgt. Ohnehin ist auch die rechtliche Umsetzung der der Regelung zugrundeliegenden Erwägungen des Gesetzgebers in der ClearingVO nicht recht gelungen. Art. 8 § 4 Abs. 1 der Anlage I zum Staatsvertrag forderte letztendlich, daß mit dem 30.06.1990 die bisherige wirtschaftliche Tätigkeit der Außenhandelsbetriebe, die unter diese Regelung fielen, gegenüber einer eventuell fortgesetzten Tätigkeit mit dem 01.07.1990 abzugrenzen ist. Eine Vermengung zwischen „Altgeschäft" einerseits und „Neugeschäft" andererseits, die letztendlich zur Folge hätte haben können, daß das „Neugeschäft" über den Ausgleichsfonds mitfinanziert wird, mußte vermieden werden. Die gerade erst nach der UmwVO aus Außenhandelsbetrieben entstandenen Kapitalgesellschaften sollten jedoch nicht wiederum zerschlagen werden, sondern vielmehr war in diesen Gesellschaften zur Abgrenzung der wirtschaftlichen Tätigkeit ein Abwicklungsbereich zu bilden.[42] Andererseits sollte es auch den noch nicht umgewandelten Außenhandelsbetrieben möglich sein, als Kapitalgesellschaft fortzubestehen. Die ClearingVO sah hierfür vor, daß die Außenhandelsbetriebe Kapitalgesellschaften gründen konnten, die sodann auch Rechtsnachfolger der Außenhandelsbetriebe wurden, allerdings die Gründung der Kapitalgesellschaft nicht mit den unter § 1 ClearingVO fallenden Forderungen bzw. Verbindlichkeiten vornehmen durften.[43]

Im Falle des § 11 Abs. 3, 4. Anstrich THG kommt man somit hinsichtlich der Umwandlung nur dann zu einer eindeutigen Regelung, wenn man

---

[40] Die ClearingVO trat gemäß § 15 mit ihrer Veröffentlichung in Kraft Ihre Veröffentlichung erfolgte im Gesetzblatt der DDR vom 20.07 1990

[41] Siehe § 2 Abs 1 Satz 2 ClearingVO.

[42] Siehe § 14 ClearingVO

[43] Siehe § 4 ClearingVO

nicht auf den Status „in Abwicklung“ abstellt, sondern allein darauf, ob der Außenhandelsbetrieb unter Art. 8 § 4 Abs. 1 der Anlage I des Staatsvertrages fällt, denn der Kreis dieser Außenhandelsbetriebe war ohne weiteres bestimmbar. Wollte man die gesetzliche Regelung so verstehen, wären diese Außenhandelsbetriebe, unabhängig davon, ob sie in Abwicklung geführt wurden oder nicht, von der Umwandlung gemäß § 11 Abs. 1 und 2 THG ausgenommen.

Somit bestünde mit dem 01.07.1990 eine klare und eindeutige Situation auch betreffend die Umwandlung der Außenhandelsbetriebe. Die Situation ist letztendlich ähnlich der nach § 11 Abs. 3, 3. Anstrich THG von der Umwandlung ausgeschlossenen, den Ländern unterstellten Betriebe und Einrichtungen.[44]

Bestätigt wird dieses Ergebnis sodann durch den Ministerratsbeschluß vom 20.06.1990,[45] war doch hiernach bereits durch den Ministerrat vor Inkrafttreten des THG bestimmt worden, daß diese Außenhandelsbetriebe in Abwicklung gehen würden,[46] und waren sie hierin bereits schon als „Außenhandelsbetriebe in Abwicklung“ bezeichnet. Der Beschluß selbst erging ausweislich seiner Präambel auf der Grundlage des THG zum Zwecke seiner Durchführung. Die unter § 11 Abs. 3, 4. Anstrich THG fallenden Außenhandelsbetriebe behielten daher mit dem 01.07.1990 ihren Status als Außenhandelsbetriebe und unterlagen weiterhin der AHB-VO vom 29.06.1989. Außenhandelsbetriebe, die nicht § 11 Abs. 3, 4. Anstrich THG unterfielen, waren jedoch Gegenstand der Umwandlung nach § 11 Abs. 1 und 2 THG.[47]

Wurden damit diejenigen Außenhandelsbetriebe, welche zum 30.06.1990

---

[44] Vgl zuvor Ziff 1 3

[45] a a. O (Fn 38)

[46] Vgl hierzu aber auch die Entscheidung des 5. Zivilsenats des OLG Dresden, DtZ 1995, 133 Nach Auffassung des 5 Zivilsenats konnte § 11 Abs 3, 4. Anstrich THG keine Wirkung entfalten, da diese Regelung offenbar eine bereits in Geltung befindliche Liquidationsregelung, wie sie dann die ClearingVO vom 04 07.1990 enthielt, voraussetzte. Diese Liquidationsregelung bestand jedoch bereits schon mit dem Ministerratsbeschluß vom 20 06 1990 Vgl weiter auch Tintelnot, EWiR 1991, 575, der der Auffassung ist, daß die Außenhandelsbetriebe zuerst GmbH i A. und sodann mit Inkrafttreten der ClearingVO zum 20.07 1990 Außenhandelsbetriebe in Abwicklung geworden seien.

[47] Vgl hierzu auch Ziff. 1 des Beschlusses des Ministerrats 13/16/90 vom 20.06.1990, in dem betont wurde, daß die Umwandlung der Außenhandelsbetriebe in Kapitalgesellschaften grundsätzlich entsprechend den geltenden Rechtsvorschriften für die Umwandlung volkseigener Betriebe erfolgt A. A auch hier Ohle, Vermögensübergang auf Kapitalgesellschaften mit Treuhandbeteiligung, S 73, der alleine darauf abstellt, daß AHB in Abwicklung zum 01 07 1990 noch nicht existierten und daher die AHB der Umwandlung nach dem THG uneingeschränkt unterfielen.

in ihrem Buchwerk Forderungen und Verbindlichkeiten gegenüber Devisenausländern in westlichen Währungen auswiesen, nicht in Kapitalgesellschaften i. A. umgewandelt, ist damit jedoch nicht ausgeschlossen, daß im weiteren Verlauf diese trotzdem noch die Rechtsform einer GmbH i. A. annahmen, da mit dem 01.07.1990 über das endgültige Schicksal dieser Außenhandelsbetriebe noch nicht entschieden war. Die ClearingVO sah insofern auch vor, daß die Außenhandelsbetriebe nicht zwingend in Abwicklung zu gehen hatten, sondern durchaus Ausnahmen hiervon zulässig waren. Insofern konnte auf Basis von § 2 Abs. 1 Satz 2 ClearingVO auch noch entschieden werden, daß eine Abwicklung dieser Außenhandelsbetriebe alleine mit ihren Forderungen und Verbindlichkeiten gegenüber Devisenausländern nicht erfolgen sollte, und damit endgültig festgelegt werden, daß diese nicht Außenhandelsbetriebe in Abwicklung würden. Auch hier enthält das THG somit in Ausnahme zur gesetzlichen Umwandlung ein voluntatives Element. Soweit eine solche Entscheidung getroffen wurde, der Außenhandelsbetrieb also von der gesonderten Abwicklung ausgenommen wurde, erfolgt jedoch auch hier das Entstehen der Kapitalgesellschaft nicht rückwirkend zum 01.07.1990,[48] sondern vielmehr erst im Interesse des Rechtsverkehrs mit seiner Eintragung als Kapitalgesellschaft im Handelsregister gemäß § 15 THG.[49] Eine grundsätzliche Umwandlung der Art. 8 § 4 Abs. 1 der Anlage I zum Staatsvertrag unterfallenden Außenhandelsbetriebe in Kapitalgesellschaften i. A. zum 01.07.1990 - eventuell gesondert neben den Außenhandelsbetrieben in Abwicklung - ist jedoch nicht erfolgt.[50] Sie kann unter anderem auch im Hinblick auf den Ministerratsbeschluß vom 20.06.1990 nicht damit begründet werden, daß es zum 01.07.1990 noch gar keine Außenhandelsbetriebe in Abwicklung gegeben habe, womit die Bestimmung leerliefe.[51]

---

[48] Zu den hiergegen zu erhebenden dogmatischen Bedenken siehe bereits 7 Kap Ziff 3 1.2

[49] So im Ergebnis auch KG, VIZ 1993, 113, jedoch ohne dezidierte Begründung Die Besonderheit des Falles in der Entscheidung des KG lag darin, daß das Ministerium für Wirtschaft mit dem 14.08 1990 das Abwicklungsverfahren anordnete und dem Antrag des seinerzeitigen Außenhandelsbetriebs zur Bildung eines Bereichs Abwicklung in der noch nicht eingetragenen GmbH zustimmte Die Eintragung selbst erfolgte erst im Dezember 1990 Das KG gesteht damit die Möglichkeit zu, eine Abwicklung anzuordnen, dies allerdings innerhalb einer neu entstehenden Kapitalgesellschaft ähnlich dem Falle der bereits nach der UmwVO umgewandelten Außenhandelsbetriebe Ablehnend zu der Entscheidung des Kammergerichts Neye, EWiR 1993, 397, der allerdings nicht darauf eingeht, daß Außenhandelsbetriebe in Abwicklung im Sinne des § 11 Abs. 3, 4 Anstrich THG zum 01 07 1990 noch nicht existierten.

[50] A A offenbar Lieffering/Schönholz, WPg 1993, 662 ff ; siehe hierzu auch Breitenstein/Zeißig, WPg 1993, 665.

[51] Vgl. aber OLG Dresden, a a. O. (Fn 46). Hinsichtlich des Ministerratsbeschlusses vom 20 06 1990 als ein die hier vertretene Auffassung unterstützendes Argument kann im übrigen auch nicht eingewandt werden, dieser Beschluß sei nie veröffentlicht worden, da er u a auch der Treuhandanstalt bekanntgemacht wurde (zum Wirksamwerden von Ministerratsbeschlüssen vgl auch Akademie für Staats- und Rechtswissenschaft der DDR (Hrsg), Lehrbuch Verwaltungsrecht, S 234)

1.5 Volkseigene Güter und staatliche Forstwirtschaftsbetriebe

Auch hinsichtlich der staatlichen Forstwirtschaftsbetriebe und der volkseigenen Güter lag dem THG noch kein klares Konzept zugrunde. Ebenfalls hier sah der Regierungsentwurf des THG Einschränkungen hinsichtlich der Privatisierung - und damit auch der Umwandlung - des volkseigenen Vermögens in der Land- und Forstwirtschaft nicht vor. Ein § 1 Abs. 6 THG und dementsprechend ein § 11 Abs. 3, 5. Anstrich THG war nicht enthalten.[52] Bereits in der ersten Lesung des THG wurde allerdings gefordert, daß für diesen Bereich eine gesonderte Regelung aufgenommen werden müsse. Für dieses Vermögen seien ebenfalls „geeignete Rechtsformen im Sinne der marktwirtschaftlichen Ordnung für die Privatisierung oder in begründeten Fällen für die Überführung in Staatseigentum oder in das Eigentum von Ländern bzw. Gebietskörperschaften zu erarbeiten" und eindeutig mit dem THG zu regeln.[53]

Allerdings enthielt auch die zur 14. Tagung der Volkskammer durch den Wirtschaftsausschuß vorgelegte veränderte Fassung des THG eine gesonderte Regelung für diesen Bereich nicht.[54] In der zweiten Lesung des THG am 15.06.1990 wurde das Thema nur angerissen.[55] Hintergrund für die in der Volkskammer erhobenen Forderungen war ebenso hier wie im Falle des Gemeinden, Städten, Kreisen und Ländern unterstellten Vermögens, daß ein Rest an „Volkseigentum" erhalten bleiben sollte. Der Wirtschaftsausschuß einigte sich schließlich lediglich auf die Aufnahme eines Handlungsauftrags, wie er sodann in der zur dritten Lesung des THG durch den Wirtschaftsausschuß eingebrachten Fassung des zu § 1 hinzugekommenen Abs. 6 zum Ausdruck kommt und so auch von der Volkskammer angenommen wurde.[56] Das volkseigene Vermögen in der Land-

---

[52] Beschluß des Ministerrats 10/16/90 vom 06 06 1990 über den Entwurf zum Gesetz zur Privatisierung und Reorganisation des volkseigenen Vermögens - Treuhandgesetz (unveröffentlicht - BArch. Berlin, DC 20 MR I/3, 2974 - 2981).

[53] So die Forderung des Abgeordneten Dr. Ringstorff für die Fraktion der SPD - Stenografische Berichte über die 11 Tagung der Volkskammer in der 10 Wahlperiode, S 359, auch abgedruckt bei Hommelhoff/Krebs (Hrsg.), Treuhandanstalt und Treuhandgesetz, II Ziff 2 8, S 7.

[54] Vgl Beschlußempfehlung und Bericht des Wirtschaftsausschusses vom 14 06 1990 zum Treuhandgesetz, Volkskammer - Drucksache Nr. 55 a, auch abgedruckt bei Hommelhoff/Krebs (Hrsg), Treuhandanstalt und Treuhandgesetz, II Ziff. 2 7

[55] Siehe hierzu die Stellungnahme des Abgeordneten Noke, Bündnis 90/Grüne, Stenografische Berichte der 14 Tagung der Volkskammer in der 10 Wahlperiode, S 487, auch abgedruckt bei Hommelhoff/Krebs (Hrsg.), Treuhandanstalt und Treuhandgesetz, II Ziff 2 8, S 18

[56] Siehe Drucksache Nr. 55 b der Volkskammer der DDR, 10. Wahlperiode. Vgl auch den Bericht des Vorsitzenden des Wirtschaftsausschusses Dr. Steinecke in: Stenografische Berichte über die 15 Tagung der Volkskammer in der 10 Wahlperiode

und Forstwirtschaft verblieb in der Treuhandschaft der Treuhandanstalt, in die es mit dem Gründungsbeschluß vom 01.03.1990 übergegangen war, und es war auch grundsätzlich zu privatisieren. Eine endgültige Entscheidung, wie mit diesem Vermögen jedoch zu verfahren ist, erfolgte nicht. Vielmehr erging lediglich der Auftrag gemäß § 1 Abs. 6 THG an die Treuhandanstalt, die Treuhandschaft so zu gestalten, daß den ökonomischen, ökologischen, strukturellen und eigentumsrechtlichen Besonderheiten dieses Bereichs Rechnung getragen wird. Dementsprechend wurden die volkseigenen Güter und staatlichen Forstwirtschaftsbetriebe gemäß § 11 Abs. 3, 5. Anstrich THG von der gesetzlichen Umwandlung ausgenommen - jedoch ausdrücklich nur diese, womit ein allgemeiner Umwandlungsvorbehalt der Wirtschaftseinheiten in der Land- und Forstwirtschaft nicht bestand.[57] Ohne weiteres umgewandelt wurden daher Wirtschaftseinheiten in der volkseigenen Land- und Forstwirtschaft, welche nicht volkseigene Güter und staatliche Forstwirtschaftsbetriebe waren, wie z. B. die Binnenfischereibetriebe, die volkseigenen Gestüte, Pferdezuchtdirektionen und Rennbetriebe sowie Betriebe in der industriellen Tierproduktion,[58] soweit sie nicht dem Umwandlungsausschluß gemäß § 11 Abs. 3, 3. Anstrich THG als kommunal-, kreis- oder bezirksgeleitete Betriebe unterfielen.

Das Gesetz über die Übertragung volkseigener Güter, staatlicher Forstwirtschaftsbetriebe und anderer volkseigener Betriebe der Land- und Forstwirtschaft in das Eigentum der Länder und Kommunen[59] bestimmte sodann den Kreis der zu übertragenden Betriebe näher und regelte das Übertragungsverfahren. Ausgenommen von der Übertragung waren gemäß dessen § 1 Abs. 2 die Unternehmen, die bereits Kapitalgesellschaften aufgrund der UmwVO oder des THG geworden sind und deren Anteile damit gemäß § 1 Abs. 4 THG in der Inhaberschaft der Treuhandanstalt standen. § 1 Abs. 3 GÜG sprach die Zuständigkeit in den Übertragungsverfahren der „Treuhand Land- und Forstwirtschaft" zu. Dies entspricht im Ansatz der Forderung des Abgeordneten Dr. Ringstorff in der 11. Sitzung

---

(Sondertagung) der DDR, S 558, auch abgedruckt bei Hommelhoff/Krebs (Hrsg), Treuhandanstalt und Treuhandgesetz, II Ziff. 2.8, S 26 Zum Ganzen vgl auch Meyer-Ravenstein, DtZ 1995, 225

[57] So auch BVerwG, ZIP 1996, 249

[58] Siehe hierzu auch § 1 des Gesetzes über die Übertragung volkseigener Güter, staatlicher Forstwirtschaftsbetriebe und anderer volkseigener Betriebe der Land- und Forstwirtschaft in das Eigentum der Länder und Kommunen vom 22 07 1990 (GBl I S 897), das Gesetz über die Übertragung des Eigentums und die Verpachtung volkseigener landwirtschaftlich genutzter Grundstücke an Genossenschaften, Genossenschaftsmitglieder und andere Bürger vom 22.07.1990 (GBl I S 899), sowie den Katalog in § 1 der 3. DVO zum THG vom 29 08 1990, in Kraft getreten mit ihrer Veröffentlichung am 04 09 1990 (GBl I S. 1333), ferner BVerwG, ZIP 1996, 249

[59] Gemäß seinem § 10 in Kraft getreten am 22.07 1990; im folgenden auch: GÜG

der Volkskammer,[60] wonach in den Gesetzentwurf zwingend die Bildung einer eigenständigen Treuhand-Aktiengesellschaft für Land- und Forstwirtschaft aufzunehmen sei. Weder das THG selbst noch die Satzung der Treuhandanstalt[61] sahen jedoch die Gründung einer Treuhand-Aktiengesellschaft für die Land- und Forstwirtschaft vor. Die 3. DVO zum THG[62] regelte sodann die Vermögenszuständigkeit der Treuhandanstalt näher. Von einer „Treuhand Land- und Forstwirtschaft" war nicht mehr die Rede. § 1 der 3. DVO bestimmte, daß die volkseigenen Güter, staatlichen Forstwirtschaftsbetriebe und Forsteinrichtungsämter, die volkseigenen Binnenfischereibetriebe, die volkseigenen Gestüte, Pferdezuchtdirektionen und Rennbetriebe sowie die Betriebe der bereits ausgegliederten Betriebe des volkseigenen Kombinats Industrielle Tierproduktion der Treuhandanstalt zur zeitweiligen treuhänderischen Verwaltung übergeben werden. Eine Vermögenszuständigkeit der Treuhandanstalt begründete diese Norm vom Prinzip her allerdings nicht.[63] Das GÜG sah sodann auch vor, daß diejenigen dem Gesetz unterfallenden Betriebe, welche letztendlich nicht auf Kommunen oder Länder übertragen werden, von der Treuhandanstalt grundsätzlich in Kapitalgesellschaften umzuwandeln sind.[64] Die 3. DVO zum THG erwähnt die Umwandlung in Kapitalgesellschaften sodann nicht mehr ausdrücklich. Allerdings bestimmt § 2 Satz 2 der 3. DVO die entsprechende Anwendung der Bestimmungen des THG auf die Privatisierung der der 3. DVO unterfallenden Betriebe. Die Begründung zum seitens der Treuhandanstalt dem Ministerrat vorgelegten Entwurf der 3. DVO macht sodann auch deutlich, daß grundsätzlich von einer Umwandlung dieser Betriebe in Kapitalgesellschaften ausgegangen wird.[65] Hier wurde ausdrücklich darauf hingewiesen, daß die Umwandlung

---

[60] Vgl Fn 53

[61] Satzung der Treuhandanstalt vom 18 06.1990, GBl I S. 809

[62] a a O., Fn 58

[63] Die Vermögenszuständigkeit ging bereits gemäß Ziff. 2 des Beschlusses zur Gründung der Anstalt zur treuhänderischen Verwaltung des Volkseigentums vom 01.03.1990 auf diese über; zu den Einschränkungen vgl allerdings Ziff 6 des Beschlusses Die Treuhandanstalt hatte sodann auch bereits im Juli 1990 Liquiditätsbürgschaften in Höhe von DM 200.000 000,00 in diesem Bereich und im August die Bürgschaft für alle ehemaligen volkseigenen Betriebe der Land- und Forstwirtschaft zur Überbrückung akuter Zahlungsschwierigkeiten übernommen; vgl. Begründung zum seitens der Treuhandanstalt am 27.08.1990 dem Ministerpräsidenten vorgelegten Entwurf einer 3. DVO zum THG (unveröffentlicht - BArch. Berlin, DC 20 MR I/3, 3050 - 3055)

[64] Siehe §§ 3 und 9 GÜG.

[65] Die Begründung zur 3 DVO zum THG ist dem Beschluß des Ministerrats 27/2/90 vom 29 08 1990 über die 3. Durchführungsverordnung zum Treuhandgesetz vom 17 06 1990 beigefügt (unveröffentlicht - BArch Berlin, DC 20 MR I/3, 3050 – 3055) Nicht zutreffend ist daher die Auffassung von Meyer- Ravenstein, daß eine Umwandlung in Kapitalgesellschaften (GmbH) in keinem Falle gewollt war - DtZ 1995, 225, 226

von volkseigenen Gütern sowie volkseigenen Betrieben der Land- und Forstwirtschaft in Kapitalgesellschaften mit dem GÜG erfolgte.

2 Die Rechtslage mit dem 03.10.1990

Der EVertr bestimmte in seinem Art. 25 die Fortgeltung des THG mit den in Art. 25 Abs. 1 bis 7 enthaltenen Maßgaben. Die zum THG erlassenen Durchführungsverordnungen blieben in Kraft.[66] Grundsätzlich anders verhielt sich dies hinsichtlich der von der Vermögenszuständigkeit der Treuhandanstalt ausgenommenen Betriebe und Einrichtungen, welche Gemeinden, Städten, Kreisen und Ländern (Bezirken) unterstellt (§ 1 Abs. 5 THG) und somit auch von der Umwandlung gemäß § 11 Abs. 3 THG ausgenommen waren. Hier traf der EVertr betreffend die Vermögensübertragung eine grundsätzliche Neuregelung. So war mit dem EVertr klar, daß die §§ 21, 22 Ländereinführungsgesetz nie geltendes Recht werden würden.[67] Auch das bereits in Kraft getretene Kommunalvermögensgesetz mit seiner Durchführungsverordnung wurde insofern modifiziert, als den Gemeinden, Städten und Landkreisen nur das ihren Verwaltungsaufgaben unmittelbar dienende Vermögen (Verwaltungsvermögen) und das sonstige Vermögen (Finanzvermögen) in Übereinstimmung mit Art. 10 Abs. 6 und Art. 26 Abs. 4 des Vertrages über die Schaffung einer Währungs-, Wirtschafts- und Sozialunion sowie Art. 21 und Art. 22 EVertr zu übertragen war.[68] Den Übergang von Einrichtungen regelten Art. 13 und Art. 14 E-Vertr.

Gleiches galt für den Bereich der volkseigenen Land- und Forstwirtschaft, der gemäß dem GÜG auf Kommunen oder Länder zu übertragen war. Auch hier änderte sich mit dem EVertr die Rechtslage insofern, als das GÜG als fortgeltendes Recht der DDR nicht übernommen wurde,[69] während allerdings, wie bereits erwähnt, die 3. DVO zum THG bestehenblieb.

---

[66] Anlage II Kap IV Abschnitt I Ziff 6, 7, 8 und 10 EVertr für die 1 - 3 sowie die 5. DVO und Anlage II Kap IV Abschnitt III Ziff 13 EVertr für die 4 DVO.

[67] Siehe Anlage II Kap II Sachgebiet A Abschnitt II EVertr.

[68] Siehe Anlage II Kap IV Abschnitt III Ziff 2 EVertr

[69] Da in Anlage II EVertr nicht aufgeführt

Damit wurde jedoch zugleich § 11 Abs. 3, 3. Anstrich THG weitestgehend seine Berechtigung entzogen, da nunmehr nur ein geringer Teil der Gemeinden, Städten, Kreisen und Ländern (Bezirken) unterstellten Betriebe oder Einrichtungen letztendlich nach Art. 21 und Art. 22 EVertr auf diese auch überging.[70] So fielen zum Beispiel die kommunal- oder kreisgeleiteten Baubetriebe nicht mehr unter das auf die Kommunen oder die Kreise übergehende Vermögen.[71] Die von § 11 Abs. 3, 5. Anstrich THG umfaßten volkseigenen Güter und staatlichen Forstwirtschaftsbetriebe unterlagen mit dem 03.10.1990 grundsätzlich nicht der Übertragung auf Kommunen, Kreise oder Länder, sondern sind, soweit es sich hierbei um Finanzvermögen handelte, in die Treuhandverwaltung des Bundes übergegangen. Für die VEB Wohnungswirtschaft wurde in Art. 22 Abs. 4 EVertr eine Sonderregelung getroffen.[72]

Von den Vermögenswerten, die gemäß Art. 22 Abs. 1 EVertr in die Treuhandverwaltung des Bundes übergingen, sind sodann die gemäß Entscheidung des Bundesfinanzministers auf der Grundlage von Art. 22 Abs. 2 EVertr zu privatisierende Betriebe, die gemäß § 1 Abs. 5 THG nicht der Treuhandanstalt unterstanden und die kein kommunales Vermögen darstellten, einschließlich der betriebsnotwendigen Grundstücke zur Verwaltung auf die Treuhandanstalt übertragen worden.[73]

Mit dem Inkrafttreten des Einigungsvertrags fanden auch die meisten Regelungen des DDR-Wirtschaftsrechts ihr Ende, soweit der Einigungsvertrag ihr Fortbestehen nicht bestimmte.[74] Die Rechtsgrundlage[75] der bis zu diesem Zeitpunkt bestehenden Wirtschaftseinheiten wurde diesen somit mit Ablauf des 02.10.1990 entzogen. Gemeinhin wird die Auffassung ver-

---

[70] Keine Vermögensübertragungsfunktion kommt Art 13 und 14 EVertr zu. Siehe hierzu nur Lange, DtZ 1991, 329, 330, sowie BGH, DtZ 1995, 368, 369

[71] Siehe hinsichtlich des auf Kommunen, Kreise und Länder gemäß Art. 21 und 22 EVertr übertragenen Vermögens näher Schillo, NJ 91, 291; Lipps, VIZ 1992, 14; Lange, a a O (Fn 67); OLG Dresden, VIZ 94, 427 und auch Schmidt/Leitschuh in: Rechtshandbuch Vermögen und Investitionen in der ehemaligen DDR, Band II, Art 22 EVertr Rn 11

[72] Das Gesetz über die Umwandlung volkseigener Wohnungswirtschaftsbetriebe in gemeinnützige Wohnungsbaugesellschaften und zur Übertragung des Grundeigentums an die Wohnungsgenossenschaften vom 22.07 1990 wurde mangels Aufführung in Anlage II EVertr nicht aufrechterhalten

[73] Erlaß des Bundesministers der Finanzen vom 30.12.1991 - VIC C 4 - O 1002 - 879/91, veröffentlicht in: Bundesanzeiger vom 26 10.1993, Nr 202, S 9701.

[74] Art 9 EVertr

[75] Unter Rechtsgrundlage soll nachfolgend einheitlich sowohl die Regelung der gesetzlichen Ausgestaltung einer juristischen Person (Typenregelung) wie auch ihre (gesetzliche) Entstehungsgrundlage verstanden werden.

treten, daß mit Ablauf des 02.10.1990 somit auch die juristischen Personen des Wirtschaftsrechts der DDR, die ihre Existenz bzw. zumindest ihre Ausgestaltung dieser mit diesem Tage fortfallenden Rechtsvorschriften verdankten, zu existieren aufhörten.[76] Dies hat in der Praxis dadurch zu erheblichen Schwierigkeiten geführt, daß die von diesen juristischen Personen begründeten Rechtsverhältnisse mit Ablauf des 02.10.1990 in einer Vielzahl von Fällen noch nicht vollständig beendet waren. Es erfolgte sogar eine weitere wirtschaftliche Tätigkeit. Insofern stellte sich die Frage der Rechtsnachfolge bzw. des Fortbestands als juristische Person, wenn auch eventuell in anderem Gewande.

Nachfolgend soll daher untersucht werden, ob eine juristische Person, der durch Akt des Gesetzgebers die gesetzliche Regelung ihrer Ausgestaltung oder gar ihre Entstehungsgrundlage entzogen wird, mit Wirksamkeit dieser gesetzgeberischen Maßnahme ihre Existenz als juristische Person verliert,[77] und sodann weiter, ob nicht mit Wegfall des Anlasses des Umwandlungsausschlusses durch den EVertr die unter § 11 Abs. 3, 3. und 5. Anstrich THG fallenden Wirtschaftseinheiten im nachhinein gemäß § 11 Abs. 1 und 2 THG in Kapitalgesellschaften i. A. umgewandelt worden sind.[78]

2.1 Der Fortbestand der juristischen Person bei Wegfall der Regelung ihrer Ausgestaltung bzw. Entstehungsgrundlage

Das Thema „Fortbestand der juristischen Person bei Wegfall ihrer Rechtsgrundlage“ dürfte mit Fug und Recht als Stiefkind der sich mit der juristischen Person befassenden zivilrechtlichen Literatur bezeichnet werden können. In der Regel wird auf dieses Thema nicht eingegangen; soweit man sich im Schrifttum mit dieser Frage befaßt, ist die Antwort eher plakativ und dementsprechend die Begründung, wenn denn überhaupt eine solche abgegeben wird, dürftig.

---

[76] Siehe z B nur Stute, VIZ 1994, 381, 382; Busche in: Rechtshandbuch Vermögen und Investitionen in der ehemaligen DDR, THG, § 11 Rn 18 a; Weimar, THG, § 11 Rn 28, wohl auch Papier, DtZ 1993, 290 Vgl. auch Reuter in: MK-BGB, Vor § 21 Rn 134; KG NJ 1993, 321; OLG Dresden, Urteil vom 27 10 1993 - 6 U 224/93 - (unveröffentlicht), VIZ 94, 427 sowie Beschluß vom 07 10.1994 - 3 W 433/93 - (unveröffentlicht). Die Treuhandanstalt hat die Auffassung vertreten, die dem Umwandlungsausschluß unterliegenden Unternehmen seien Eigenbetriebe des Bundes geworden (vgl Stute, VIZ 1994, 381, 382)

[77] Sub 2 1

[78] Sub 2.2

So hat es allerdings auch Anlaß, über diese Frage nachzudenken, seit Bestehen des BGB im Bereich des Zivilrechts nicht gegeben, da es dort bis zum 03.10.1990 Fälle des Fortfalls der Rechtsgrundlage/Tätigkeitsgrundlage einer juristischen Person durch bloßen Federstrich des Gesetzgebers nicht gegeben hat.[79] Der Gesetzgeber des BGB hatte sich die Abhandlung der sich um die Existenz bzw. die innere rechtliche Regelung der bis zum Inkrafttreten des BGB bestehenden juristischen Personen rankenden Fragen insofern einfach gemacht, als er mit Art. 163 EGBGB auf die Vorschriften des BGB verwies, indem er bestimmte, daß auf die zur Zeit des Inkrafttretens des BGB bestehenden juristischen Personen von dieser Zeit an die Vorschriften der §§ 25 bis 53, 85 bis 89 BGB Anwendung finden, soweit sich nicht aus Art. 164 bis Art. 166 EGBGB ein anderes ergibt. Für die juristischen Personen der DDR hat der EVertr unmittelbar hinsichtlich deren Fortbestands bzw. des auf sie anzuwendenden Rechts mit der Wiedervereinigung mit Ausnahme des Art. 13 und Art. 14 grundsätzlich nichts bestimmt. Über Art. 231 EGBGB[80] wurden allerdings Regelungen über die Vereine der DDR wie auch ihre Stiftungen getroffen. Für alle nicht unter Art. 231 § 2 EGBGB fallenden rechtsfähigen Vereinigungen wird hieraus der Schluß gezogen, daß diese mit Ablauf des 02.10.1990 untergegangen seien.[81] Unabhängig von der Frage der Richtigkeit dieses Schlusses hilft dieser jedoch für die hier untersuchten Wirtschaftseinheiten der DDR nicht weiter. Diese waren nicht korporativ organisiert, sondern hatten weitestgehend anstaltlichen Charakter.[82]

Hinzu kommt weiter, daß die volkseigenen Wirtschaftseinheiten der DDR, namentlich Kombinate und volkseigene Betriebe, als staatliche Organisationsformen eher öffentlich-rechtlichen Charakter[83] hatten. Als juristische Personen mit einem einer öffentlich-rechtlichen Anstalt ähnlichem Charakter sind sie damit hinsichtlich der Erlangung ihrer Rechtsfähigkeit den üb-

---

[79] Lohnend ist allerdings ein Blick auf die im internationalen Gesellschaftsrecht diskutierten Fälle der internationalen Sitzverlegung und Grenzveränderungen So hatte für den Fall, daß durch internationale Grenzveränderungen die juristische Person dem Rechtsregime eines anderen Staates unterfiel, das Reichsgericht in RGZ 107, 94 angenommen, die Rechtsfähigkeit sei hierdurch weggefallen; kritisch hierzu Karl, AcP 159 (1960), 293, 310 Für den Fall der Sitzverlegung in ein anderes Land wird nach wohl heute immer noch h M. angenommen, daß auch dies den Tod der juristischen Person in Raten durch Zwangsliquidation bedeute (kritisch hierzu z B Kronke, ZGR 1994, 26 ff) Sehr instruktiv aber auch Schubel, ZRG Germ. Abt. 116 (1999), 314 ff , der sich mit dem (rechtlichen) Schicksal der Schiffer-Compagnie Stralsund von 1488 befaßt.

[80] Hier dessen §§ 2 und 3

[81] Siehe hierzu nur Reuter in: MK-BGB, Vor § 21 Rn 130 ff.

[82] Siehe hierzu 2 Kap Ziff 3 2

[83] Vgl hierzu auch Timm, ZIP 1991, 413, 418 und dort Fn 49

licherweise zugrundezulegenden drei Systemen der Erlangung der Rechtsfähigkeit durch die juristische Person, welche im Privatrecht unterschieden werden, nicht zuordenbar,[84] da es sich um Gründungen des Staates handelte. Kombinate und Betriebe entstanden mit dem in der Gründungsanweisung des übergeordneten Organs genannten Zeitpunkt aufgrund der Gründungsanweisung. Gleiches galt für die Außenhandelsbetriebe. Konzert- und Gastspieldirektionen wie auch die Bezirksfilmdirektionen waren vormals VEB und wurden sodann durch Anordnung (in Haushaltsorganisationen) umgewandelt. Gleiches gilt für die Hauptauftraggeber komplexer Wohnungsbau.[85] Volkseigene Güter und staatliche Forstwirtschaftsbetriebe entstanden grundsätzlich wie volkseigene Betriebe. Entstehungsgrundlage war daher jeweils der innerstaatliche Organisationsakt, dem entweder eine Verordnung des Ministerrats oder eine Anordnung des zuständigen Fachministers zugrundelag oder der in der Anordnung selbst enthalten war.[86]

Soweit diese - was in der Regel der Fall ist - nicht mehr fortgelten, läßt sich jedoch nicht ohne weiteres schließen, daß damit auch die auf Grundlage dieser Verordnungen oder Anordnungen errichteten juristischen Personen untergegangen sind. So ist z. B. für die rechtsfähige Körperschaft des öffentlichen Rechts anerkannt, daß sie nur durch Gesetz oder aufgrund eines Gesetzes ihre Rechtsfähigkeit verlieren kann.[87] Gleiches gilt für die Anstalten des öffentlichen Rechts.[88] Eine Beendigung tritt hier nicht mit dem Geltungsende des Gesetzes, aufgrund dessen die öffentlichrechtliche juristische Person geschaffen worden ist, ein.[89] Hintergrund hierfür ist der „actus-contrarius-Gedanke", wonach es eines die Gründung aufhebenden Gegenaktes bedarf.[90] Allerdings wird man es für möglich

---

[84] Siehe hierzu Schultze-v. Lasaulx in: Soergel, Kommentar zum BGB, Vor § 21 Rn. 15 ff

[85] Vgl hinsichtlich der Einzelheiten 4 Kap Ziff 2

[86] Da in Anlage II EVertr auch Anordnungen und Ministerratsbeschlüsse der DDR als weitergeltendes Recht der DDR aufgeführt sind, ergibt sich aus einem Umkehrschluß, daß, soweit diese Anordnungen und Ministerratsbeschlüsse dort nicht aufgeführt sind, diese nicht weiter gelten sollen Gemäß Art. 19 EVertr bleiben jedoch vor dem Wirksamwerden des Beitritts ergangene Verwaltungsakte wirksam

[87] Siehe hierzu z. B Rasch, DVBl 1970, 765, 770; Wolff/Bachof/Stober, Verwaltungsrecht I, S 454 (allgemein für die juristischen Personen des öffentlichen Rechts) sowie Forsthoff, Verwaltungsrecht I, S 493 (für die Körperschaften) Vgl auch OLG Dresden, DtZ 95, 133, 135 für Außenhandelsbetriebe und OLG Dresden, Urteil vom 27 09.1995 - 12 U 632/94 - (unveröffentlicht), für einen Hauptauftraggeber komplexer Wohnungsbau

[88] Siehe hierzu nur Wolff/Bachof/Stober, Verwaltungsrecht I, § 98 III

[89] Siehe Wolff/Bachof/Stober, Verwaltungsrecht I, § 34 III

[90] Siehe hierzu Forsthoff, Verwaltungsrecht I, § 25 II 2

halten müssen, daß durch ausdrücklichen gesetzlichen Akt die Existenz einer als Kategorie gesetzlich vorgesehenen öffentlichen Körperschaft beendet werden kann, auch wenn diese erst aufgrund eines Organisationsakts auf Basis des die Kategorie bestimmenden Gesetzes entstand.[91] So ist das zugrundeliegende Gesetz oder die zugrundeliegende Anordnung sowie der eventuell hierauf ergehende staatliche Organisa- tionsakt lediglich Ursache für das Entstehen der juristischen Person, jedoch nicht für deren Fortbestehen. Ohnehin erledigt sich der staatliche Organisationsakt mit Entstehen der juristischen Person, soweit in ihm keine Regelungen mit Dauerwirkung enthalten sind. Weiter verliert mit dem Wegfall der gesetzlichen Grundlage die bereits entstandene juristische Person sodann auch nicht ihre Struktur, da sie sich diese auf Basis der gesetzlichen Grundlage in der Regel durch eine Satzung/ein Statut gegeben hat. Diese Satzung bzw. dieses Statut besteht unabhängig von der Grundlage fort.

Sollten also die juristischen Personen der DDR mit Ablauf des 02.10.1990 und damit mit der Wiedervereinigung zum 03.10.1990 untergehen, hätte es unter diesem Blickwinkel entweder einer einzelfallbezogenen Auflösungs- und Beendigungsentscheidung oder einer ausdrücklichen gesetzlichen Regelung bedurft.[92] Das bloße Schweigen des Gesetzgebers bzw. die Nichtüberleitung von Rechtsvorschriften der DDR[93] genügt hierfür nicht.

Tatsächlich findet sich für einen Teil der juristischen Personen des Rechts der DDR hierzu auch im EVertr - allerdings versteckt - eine Regelung. Art. 13 und Art. 14 EVertr befassen sich mit dem Übergang von Einrichtungen der öffentlichen Verwaltung und Rechtspflege.[94] Gemäß Art. 13

---

[91] Siehe hierzu Forsthoff, Verwaltungsrecht I, S. 493.

[92] So auch Schubel, ZRG Germ Abt 116 (1999), 314 ff, 374 ff

[93] Der Begriff „Rechtsvorschriften" ist hier weit zu verstehen; er umfaßt auch die zuvor erwähnten Ministerratsbeschlüsse und Anordnungen einzelner Fachministerien.

[94] Art. 13 Abs 3 EVertr erweitert allerdings den Anwendungsbereich der Norm über Einrichtungen der öffentlichen Verwaltung und Rechtspflege, indem zu den Einrichtungen nach Abs 1 und 2 des Art. 13 EVertr auch die Einrichtungen der Kultur, der Bildung und Wissenschaft, des Sports sowie Einrichtungen des Hörfunks und des Fernsehens gehören, soweit deren Rechtsträger die öffentliche Verwaltung ist. Nach der ursprünglichen Konzeption gingen die Einrichtungen vorbehaltlos gemäß dem nie wirksam gewordenen Art 22 Ländereinführungsgesetz auf die Länder über Mit Beschluß des Ministerrats 29/8/90 vom 05.09.1990 zur Vorbereitung des Übergangs von Verwaltungsorganen und sonstigen der öffentlichen Verwaltung oder Rechtspflege dienenden Einrichtungen der Republik in die Hoheit der Länder wurden die Grundsätze der Überführung und Abwicklung geregelt, wobei grundsätzlich von einer Abwicklung ausgegangen wurde (unveröffentlicht - BArch Berlin, DC 20 MR I/3, 3056 - 3062).

EVertr ist entweder von der Landesregierung bzw. den Landesregierungen oder der zuständigen obersten Bundesbehörde die Überführung oder Abwicklung der Einrichtung zu regeln. Aus dem Normzusammenhang zwischen Art. 13 EVertr und Art. 20 EVertr wie auch Anlage I Kapitel XIX Sachgebiet A Abschnitt III Nr. 1 Abs. 2 EVertr hatte sodann das Bundesverwaltungsgericht geschlossen, daß, soweit bis zum 03.10.1990 eine Überführungsentscheidung nicht getroffen worden sei, diese Einrichtungen automatisch mit dem 03.10.1990 in ein Abwicklungsverhältnis übergegangen seien.[95]

Folgte man der Interpretation des Bundesverwaltungsgerichts hinsichtlich des Regelungsinhalts des Art. 13 EVertr, hätte dies gleichzeitig zur Folge, daß die hierunter fallenden Einrichtungen, sofern eine Überführungsentscheidung zum 03.10.1990 nicht getroffen war, mit dem 03.10.1990 ihre Rechtspersönlichkeit verloren hätten und daher als juristische Person mit dem 03.10.1990 untergegangen wären. Eines Abwicklungsverfahrens bedurfte es nämlich in diesen Fällen grundsätzlich nicht. Mit der Auflösung trat sogleich Vollbeendigung wie im Falle des § 47 BGB ein. Denn zum einen finden die §§ 45 bis 47 BGB bei der Auflösung einer juristischen Person des öffentlichen Rechts analoge Anwendung, sofern keine anderweitige Regelung getroffen wurde,[96] und zum anderen trifft das Land bzw. den Bund ohnehin die Gewährsträgerpflicht bei den von ihm errichteten bzw. auf ihn übergegangenen juristischen Personen des öffentlichen Rechts, die damit auch nicht konkursfähig sind.[97]

Die hier untersuchten Wirtschaftseinheiten fallen jedoch grundsätzlich nicht in den Anwendungsbereich des Art. 13 EVertr, da es sich bei ihnen nicht um Verwaltungsorgane oder sonstige der öffentlichen Verwaltung oder Rechtspflege dienende Einrichtungen oder diesen gemäß dessen Absatz 3 gleichgestellte Einrichtungen handelt. Diese sind daher auch nicht mangels ausdrücklicher oder konkludenter Überführungsentscheidung zum 03.10.1990 untergegangen.[98]

---

[95] BVerwG, ZIP 1992, 1275 Dem folgend das BAG, BB 1992, 2509 Allerdings ist zu beachten, daß die Überführungsentscheidung nach Auffassung des BVerwG auch konkludent ergehen konnte und sich die Entscheidung des BVerwG ausdrücklich nur auf den Übergang von Einrichtungen auf den Bund bezieht Siehe zum ganzen auch BVerfGE 84, 133, 147

[96] RGZ 130, 169, 177 f

[97] BVerfG NJW 1994, 1466; vgl auch für eine auf den Freistaat Sachsen übergegangene und sodann zum 30 09.1992 aufgelöste Hochschule, BGH NJW 1996, 343

[98] A. A : OLG Dresden, Urteil vom 27 09 1995 – 12 U 632/94 - (unveröffentlicht), welches einen Hauptauftraggeber komplexer Wohnungsbau dem Anwendungsbereich des Art. 13 EVertr unterwirft, allerdings davon ausgeht, daß dieser, sofern die Liquidation nicht beendet ist, über den 03 10.1990 hinaus als öffentlich-rechtliche Anstalt fortbesteht.

Auch mit diesen Erkenntnissen kann die Betrachtung jedoch noch nicht endgültig abgeschlossen werden, kann doch hiermit lediglich festgestellt werden, daß der Wegfall der gesetzlichen Grundlage nicht für sich genommen zum Ende der juristischen Person führt. Dies ändert jedoch nichts an der Tatsache, daß der „Typus der juristischen Person" auch nach dem Wegfall der gesetzlichen Grundlage vom sodann geltenden Recht anerkannt sein muß. Denn erkennt das weitergeltende Recht die Existenz von juristischen Personen nicht an, so hat es - dies dürfte selbstverständlich sein - auch mit der Existenz ehemals bestehender juristischer Personen sein Ende, unabhängig davon, ob eine ausdrückliche Beendigungsregelung vorliegt oder nicht. So ist sodann ferner auch zu fragen, ob das weitergeltende Recht hinsichtlich der juristischen Person typenoffen ist - also alle denkbaren Typen juristischer Personen zuläßt - oder ob sich aus ihm ergibt, daß es nur bestimmte Typen bzw. Arten anerkennen will. Ist letzteres der Fall, wird sich zuerst die häufig nicht ohne weiteres zu beantwortende Frage stellen, ob die durch Rechtsänderung ihrer gesetzlichen Grundlage oder ihrer gesetzlichen Ausgestaltung verlustig gegangene juristische Person einen materiell eigenständigen Charakter hatte und damit einen eigenen Typus darstellte oder ob sie sich nur als besondere Ausgestaltung innerhalb eines Typus erwies. Aber auch wenn man bei der vorzunehmenden Einordnung dieser juristischen Personen in das weitergeltende Recht zu dem Ergebnis kommen sollte, daß diese einen eigenständigen Typus darstellen, wird man sodann die Frage zu beantworten haben, ob sie nicht einem anerkannten Typus ähneln und damit fortan als ein solcher behandelt werden können. Für die nicht zum 01.07.1990 umgewandelten Wirtschaftseinheiten der DDR bedeutet dies, daß man hier wieder nahezu am Ausgangspunkt der Betrachtungen angelangt wäre, nämlich der Frage der Anerkennung ihres Grundtypus durch das ab dem 03.10.1990 geltende Recht und der Frage, ob diese juristischen Personen, soweit sie lediglich ihre gesetzliche Ausgestaltung verloren haben, in Form ihrer Reduktion auf einen Grundtypus weiter als juristische Personen existenzfähig sind. Diese sich damit in dieser Form stellende Frage wird man sodann unter Berücksichtigung des eigentlichen Kerns der juristischen Person - nämlich ihrer Rechtssubjektivität - mit „ja" beantworten müssen.[99]

Mit diesen Ausführungen soll aufgezeigt sein, daß die vielfach anzutreffende plakative Behauptung, das Recht der BRD kenne volkseigene Betriebe nicht, womit es diese nicht mehr geben könne und sie somit zum 03.10.1990 untergegangen seien, den Kern der Sache in keiner Weise trifft. Andererseits kann natürlich der bloße Verweis darauf, daß die aufgrund eines Gesetzes errichtete juristische Person, sofern anderweitige spezielle Übergangsbestimmungen nicht vorliegen, auch nach der Aufhe-

---

[99] Vgl. hierzu die Überlegungen zum Formwechsel im 3 Kap

bung des zugrundeliegenden Gesetzes existent bleibt, nur Antwort auf einen Teil der sich stellenden Fragen sein. Das Recht des wiedervereinigten Deutschlands kennt nämlich keine Kombinate, volkseigene Betriebe, Außenhandelsbetriebe, staatliche Forstwirtschaftsbetriebe, volkseigene Güter, Bezirksfilmdirektionen, Konzert- und Gastspieldirektionen oder Hauptauftraggeber komplexer Wohnungsbau. Diese Einrichtungen bzw. Wirtschaftseinheiten der DDR können vorbehaltlich anderweitiger Regelungen daher ein Fortbestehen über den 02.10.1990 hinaus nur dann gefunden haben, wenn der ihnen zugrundezulegende Typus als juristische Person (zumindest im wesentlichen) auch seine Anerkennung durch das ab dem 03.10.1990 geltende Recht findet. Die von der Umwandlung gemäß § 11 Abs. 3 THG ausgeschlossenen Wirtschaftseinheiten wären daher den Kategorien der juristischen Person des Rechts zum 03.10.1990 zuzuordnen,[100] wollte man abschließend über ihre Fortexistenz befinden, wenn sie nicht wiederum mit dem 03.10.1990 eine Veränderung ihrer Ausgestaltung, etwa durch nunmehrige Geltung des § 11 Abs. 1 und 2 THG für sie, erfahren hätten oder aufgelöst wurden.

2.2 Umwandlung nach § 11 Abs. 1 und 2 THG zum 03.10.1990 trotz Ausschlusses der Umwandlung nach § 11 Abs. 3 THG

Während für Wirtschaftseinheiten, für die bis zum Inkrafttreten des THG ein Liquidationsvermerk im Register der volkseigenen Wirtschaft eingetragen wurde, die Deutsche Post mit ihren Generaldirektionen, die Deutsche Reichsbahn, die Verwaltung von Wasserstraßen, die Verwaltung des öffentlichen Straßennetzes und andere Staatsunternehmen sowie Außenhandelsbetriebe in Abwicklung, die gemäß Anlage I Art. 8 § 4 Abs. 1 des Vertrages über die Schaffung einer Währungs-, Wirtschafts- und Sozialunion zwischen der Deutschen Demokratischen Republik und der Bundesrepublik Deutschland Forderungen und Verbindlichkeiten in westlichen Währungen abzuwickeln hatten, sich der Hintergrund des Ausschlusses von der gesetzlichen Umwandlung gemäß § 11 Abs. 1 und 2 THG nicht änderte, verhielt sich dies hinsichtlich der meisten der Gemeinden, Städten, Kreisen und Ländern unterstellten Betriebe oder Einrichtungen sowie der volkseigenen Güter und staatlichen Forstwirtschaftsbetriebe mit dem Inkrafttreten des Einigungsvertrages am 03.10.1990 anders.

Im Falle der den Gemeinden, Städten, Kreisen und Ländern unterstellten Betriebe oder Einrichtungen war der Hintergrund insofern ein anderer, als sich die Übertragung mit dem Einigungsvertrag nicht mehr nach dem Län-

---

[100] Hinsichtlich einer Zuordnung vgl 3 Kap Ziff 4.2

dereinführungsgesetz bzw. dem Kommunalvermögensgesetz richten sollte, sondern diese gemäß Art. 21 und Art. 22 EVertr bzw. gemäß Art. 10 Abs. 6 und Art. 26 Abs. 4 des Vertrages vom 18.05.1990 über die Schaffung einer Währungs-, Wirtschafts- und Sozialunion zu übertragen waren. Dies führte dazu, daß eine Vielzahl von Betrieben, nämlich zum Beispiel sämtliche Kreisbaubetriebe, nicht mehr auf die Kreise übergingen, sondern vielmehr als Finanzvermögen der Bundesrepublik Deutschland zustanden.[101]

Nach dem Einigungsvertrag verfügte der Bund somit entgegen den Vorstellungen des THG und seinerzeit der Volkskammer der DDR über erhebliche Vermögenswerte, die auch zu privatisieren waren und somit eigentlich in die Obhut der Treuhandanstalt gehörten. Träger dieser Vermögenswerte, die in Volkseigentum standen, war bis zum 02.10.1990 die DDR. Die Wirtschaftseinheiten, die nicht der Umwandlung nach § 11 THG unterliegen sollten, verfügten lediglich über Rechtsträgerschaft bzw. Fondsinhaberträgerschaft an dem insoweit noch einheitlichen Volkseigentum. Der Bundesfinanzminister beauftragte sodann auch die Treuhandanstalt mit der Verwaltung dieser Vermögenswerte. Soweit in diesen Fällen klar war, daß auch tatsächlich eine Zuständigkeit der Treuhandanstalt bestand, vertrat diese die Rechtsauffassung, daß es sich hierbei um Eigenbetriebe des Bundes handele. Privatisierungen wurden als sogenannte "asset-deals" vorgenommen.[102]

Tatsächlich entstand jedoch mit dem Fortfall des Konzepts des THG, in diesen Fällen eine Übertragung des Vermögens auf Gemeinden, Städte, Kreise und Länder vorzunehmen, nunmehr ein bei Erlaß des THG noch nicht vorhandenes Regelungsdefizit in der gesetzlichen Ausgestaltung zur Privatisierung des Volkseigentums. Es dürfte feststehen, daß für den Fall, daß bei Erlaß des THG bereits absehbar gewesen wäre, daß eine Vermögenszuständigkeit der Treuhandanstalt entstehen würde, der Gesetzgeber diese Betriebe und Einrichtungen von der Umwandlung nicht ausgeschlossen hätte.[103] Mit Wirksamwerden des EVertr ist daher hinsichtlich dieser Betriebe und Einrichtungen eine planwidrige Lücke im System der Vermögensübertragung, Umwandlung und Privatisierung, wie es dem

---

[101] Siehe hierzu bereits zuvor Ziff 2

[102] Hierzu bereits Fn 76 Dies hätte zum Entstehen von bis dahin unbekannten und auch rechtlich nicht geregelten „Bundeseigenbetrieben" geführt. Zum Entstehen von Eigenbetrieben in der kommunalen Wohnungswirtschaft vgl nur OLG Dresden, VIZ 1995, 670, 671

[103] So bereits §§ 3, 9 GÜG und die Begründung zum Entwurf der 3. DVO zum THG für diejenigen Betriebe, die bei der Treuhandanstalt verbleiben sollten Diese sollten umgewandelt werden.

THG zugrundelag, entstanden.[104] Diese Lücke, die der EVertr in dem aus THG, Ländereinführungsgesetz sowie Kommunalvermögensgesetz samt seiner Durchführungsverordnung bestehenden Normengefüge aufriß, hat er selber nicht geschlossen. Der EVertr enthält keine Regelungen dahingehend, daß das THG etwa mit der Maßgabe weitergälte, daß § 11 Abs. 3, 5. Anstrich gestrichen wäre und der 3. Anstrich nur noch nach bestimmten Maßgaben gälte. Die Lücke ist auch nicht etwa deswegen geschlossen bzw. hat sich nicht etwa deswegen gar nicht aufgetan, weil auch nach dem 02.10.1990 die von der Umwandlung ausgenommenen Wirtschaftseinheiten als juristische Personen fortbestehen könnten. Zwar ermöglichte dies grundsätzlich das Fortbestehen als geschlossene Einheit, nicht jedoch wäre hiermit das mit der Umwandlung nach dem THG verfolgte Ziel der Teilnahme am Rechtsverkehr als klar definierte, die Form der AG oder GmbH annehmende, juristische Person sowie der Übertragbarkeit von Anteilen an der juristischen Person zum Zwecke der Privatisierung erreicht. Hinzu kommt, daß diese eher anstaltlich strukturierten juristischen Personen als Anstalten des Privatrechts[105] im Recht des wiedervereinigten Deutschlands zwar lebensfähig wären, aber dennoch einen Fremdkörper darstellten. Sie hätten damit eigentlich der näheren Ausgestaltung durch den Gesetzgeber bedurft.

Allerdings ist die Frage der Rechtsform der Wirtschaftseinheiten als juristische Personen mit dem 03.10.1990 nur die eine Seite ihrer Umwandlung. Die andere, mindestens ebenso wichtige Seite ist die ihrer Vermögensausstattung bzw. ihres Vermögenserwerbs mit diesem Tage. Denn trotz aller Überlegungen zum Fortbestehen der juristischen Person bei Wegfall ihrer Entstehungsgrundlage, wie sie zuvor unter Ziff. 2.1. angestellt wurden, ist doch ihre Existenz als juristische Person und eventuell das Erfordernis ihrer Neueinkleidung mit dem Gewande einer Kapitalgesellschaft, wie bereits zuvor mit den meisten anderen Wirtschaftseinheiten aufgrund § 11 Abs. 1 und 2 THG geschehen, fraglich, wenn sie ab diesem Tage nur noch als leere Hüllen ohne jegliches Vermögen bzw. ohne jegliche Vermögensbefugnissse ihr Dasein gefunden hätten. Denn mit dem 03.10.1990 existierte das einheitliche Volkseigentum und daraus resultierend die Zuordnung desselben lediglich über Rechtsträgerschaft bzw. Fondsinhaberschaft nicht mehr. Nur hierin bestand allerdings die vermögensrechtliche Stellung der von der Umwandlung ausgenommenen Wirtschaftseinheiten, welche § 11 Abs. 3, 3. Anstrich THG unterfielen. Das Volkseigentum selbst - und auch die mit ihm verbundenen Verbindlichkeiten - wurden durch die Regelungen in Art. 21 und Art. 22 EVertr Bund,

---

[104] Vgl zur Ausfüllung „offener Lücken" nur Larenz, Methodenlehre der Rechtswissenschaft, S 366 ff

[105] Man wird annehmen müssen, daß die Wirtschaftseinheiten mit ihrer endgültigen Zuweisung an die Treuhandanstalt ihren zuvor zumindest tendenziell vorhandenen öffentlich-rechtlichen Charakter verloren haben

Ländern und Gebietskörperschaften zugeordnet, womit die von der Umwandlung ausgeschlossenen Wirtschaftseinheiten, sofern sie nicht über eine gesonderte Regelung dennoch Vermögen zugeordnet erhielten, vermögenslos wurden und damit auch eine Abwicklung dieser juristischen Personen nicht hat stattfinden müssen.[106] Folge dieser Vermögenszuordnung ohne Berücksichtigung der Wirtschaftseinheiten als juristische Personen wäre damit grundsätzlich auch die vollständige Haftung des Übernehmenden des Vermögens, also der Kommunen, der Kreise und der Länder bzw., da es sich in der Regel um Finanzvermögen im Sinne von Art. 22 EVertr handelte, des Bundes.[107]

2.2.1 Gemeinden, Städten, Kreisen und Ländern unterstellte Betriebe oder Einrichtungen

Die Frage, wie die aufgrund des EVertr entstandene Lücke im Normgefüge des THG nebst Ländereinführungsgesetz sowie Kommunalvermögensgesetz samt seiner Durchführungsverordnung geschlossen wird bzw. ob sie sich letztendlich im Hinblick auf ein eventuelles Fortbestehen der juristischen Personen über den 02.10.1990 hinaus tatsächlich geöffnet hat, ist daher zuerst im Hinblick auf die Vermögenszuordnung nach dem EVertr zu stellen. Sie besteht darin, ob nach dem EVertr eine unmittelbare Zuordnung des in Fondsinhaberschaft bzw. Rechtsträgerschaft stehenden Vermögens der gemäß § 11 Abs. 3, 3. Anstrich von der Umwandlung ausgeschlossenen Wirtschaftseinheiten - letztendlich in den meisten Fällen auf den Bund - gewollt war oder ob hier nur mittelbar Vermögen über die Zuweisung der jeweiligen juristischen Personen als Vermögensträger zugeordnet sein sollte. Es geht hierbei somit um die Frage der Vermögensorganisation, die sich letztendlich aus dem EVertr und dem DMBilG[108] selbst beantworten läßt.

Das DMBilG bestimmte, daß eine DM-Eröffnungsbilanz unter anderem auch von volkseigenen Kombinaten, Betrieben, selbständigen Einrichtungen und wirtschaftsleitenden Organen, zwischenbetrieblichen Einrichtungen und sonstigen im Register der volkseigenen Wirtschaft eingetragenen Wirtschaftseinheiten sowie volkseigenen Gütern aufzustellen ist

---

[106] Vgl hierzu zuvor Ziff 2 1

[107] Für den Fall des Übergangs einer Hochschule auf den Freistaat Sachsen hat der BGH (a. a. O Fn 96) eine Haftungsbeschränkung auf das übernommene Vermögen ausgeschlossen.

[108] Gesetz über die Eröffnungsbilanz in Deutscher Mark und die Kapitalneufestsetzung (D-Markbilanzgesetz, DMBilG) vom 31.08 1990 (BGBl. II S. 885) - in Kraft getreten zum 01 07 1990 (§ 60 DMBilG)

(§ 1 Abs. 2 Ziff. 1 DMBilG). Die Kapitalausstattung dieser „Unternehmen" wurde in den §§ 24 ff. DMBilG näher geregelt. Zum Erlaß eines solchen Gesetzes verpflichtete sich die DDR gegenüber der BRD im Staatsvertrag vom 18.05.1990 (Anlage I Art. 7 § 3). Das Gesetz selbst bedurfte in wesentlichen Regelungen der Zustimmung der BRD.[109] Obwohl es sich um ein Gesetz der DDR handelt, stammt sein Entwurf letztendlich aus der Feder des BMJ und des BMF.[110] Ein Kernstück des DMBilG sind die §§ 24 ff., welche gleichzeitig auch Haftungsbegrenzungsfunktion hatten.[111] Den Rahmen hierfür zog bereits der Staatsvertrag vom 18.05.1990 in Anlage I Art. 7 § 3 lit. e). Eindeutiges Ziel der Regelung des Staatsvertrages in Bezug auf das zu erlassende DMBilG war es, daß die BRD - den Bund - durch die zu erwartende Übernahme der Wirtschaftseinheiten der DDR nicht eine unbegrenzte Haftung aus deren wirtschaftlicher Tätigkeit treffen sollte. Umgekehrt war man allerdings grundsätzlich bereit, die Wirtschaftseinheiten selbst auch mit Geld bzw. Vermögen auszustatten. Es entstanden damit die in ihrer Kapitalstruktur vom DMBilG her geprägten Kapitalgesellschaften der neuen Bundesländer, die prinzipiell von ihrer Struktur her eine Haftung des neuen Anteilsinhabers vermieden bzw. ihn weitestgehend eine Haftung vermeiden lassen konnten.[112] Von daher konnte und sollte es auch nicht im Belieben der Volkskammer der DDR stehen, durch Ausschluß einer bestimmten Gruppe von Wirtschaftseinheiten von der Umwandlung eine Haftung des Bundes mit dem Tage der Wiedervereinigung zu begründen.

Auch hier wird man daher sagen müssen, daß im Falle von Wirtschaftseinheiten, bei denen der Umwandlungsausschluß gemäß § 11 Abs. 3, 3. Anstrich THG wie auch der Ausschluß von der Zuständigkeit der Treuhandanstalt gemäß § 1 Abs. 5, 3. Anstrich THG mit dem 03.10.1990 entfiel, der EVertr durch die Zuweisung von Finanzvermögen an den Bund gemäß seinem Art. 22 nicht die Auflösung dieser Wirtschaftseinheiten als juristische Personen und damit auch zugleich ihre Vollbeendigung zum

---

[109] Siehe Staatsvertrag vom 18 05.1990, Anlage I Art. 7 § 3 lit. e).

[110] In der Vorlage des Gesetzentwurfes, welche dem Beschluß des Ministerrats 25/6/90 vom 15 08.1990 zum Entwurf des Gesetzes über die Eröffnungsbilanz in Deutscher Mark und die Kapitalneufestsetzung (DMBilG) zugrundeliegt, heißt es:

> „Die Vorlage wurde ausgearbeitet: Arbeitsgruppe des Ministeriums der Finanzen und des Statistischen Amtes der DDR in Verbindung mit einer Expertengruppe unter Leitung des Bundesministeriums der Justiz unter Mitwirkung von Experten des Bundesministeriums der Finanzen, weiterer Bundesministerien und Ämter."

(unveröffentlicht - BArch Berlin, DC 20 MR I/3, 3043 - 3049) Zum Entwurf des DMBilG vgl auch Biener, DB 1990, 3066

[111] Siehe hierzu ausführlich 13 Kap Ziff 3

[112] Vgl näher 13 Kap Ziff. 3 2

Ziel hatte, sondern daß sich vielmehr schon allein aus dem Zweck des mit dem EVertr einhergehenden[113] DMBilG ergibt, daß das Vermögen über die weiter bestehenbleibende juristische Person zugeordnet wird, welche es mit dem 03.10.1990 erwirbt. Von der Intention her wird dies sogar in § 24 DMBilG für Wirtschaftseinheiten bestätigt, die bereits kommunalisiert wurden.

So handelt § 24 DMBilG nicht nur von Gesellschaften, wenngleich die amtliche Begründung hierzu den Anschein erweckt. Die Norm bezieht ausdrücklich auch Unternehmen mit ein, die Gemeinden, Städten, Kreisen, Ländern oder anderen Vermögensträgern unentgeltlich übertragen wurden und die damit nicht Kapitalgesellschaften i. A. geworden sind. Zu Recht bezeichnet für diese Unternehmen § 24 Abs. 3 Satz 2 DMBilG den Schuldner der Ausgleichsforderung nicht als Inhaber von Anteilsrechten - wie noch zuvor Satz 1 die Treuhandanstalt oder deren Unternehmen -, sondern vielmehr als „Stelle". Soll jedoch die übernehmende Stelle Schuldner einer Ausgleichsforderung sein, muß zur Vermeidung von Konfusion das Unternehmen, also die Wirtschaftseinheit, als juristische Person auch über den 02.10.1990 hinaus existent bleiben.[114]

Mag die Relevanz des § 24 DMBilG für kommunalisierte Wirtschaftseinheiten jedoch letztendlich zweifelhaft sein, da diese grundsätzlich als Eigenbetriebe geführt und daher als geschlossene Wirtschaftseinheit wohl konkludent aufgelöst wurden, diese weiter auch nicht die gesetzliche Umwandlung nach dem THG für sich in Anspruch nehmen konnten, ist die Sachlage für die § 11 Abs. 3, 3. Anstrich THG unterfallenden Wirtschaftseinheiten bereits unter Beachtung des DMBilG eine andere, weil es die schon im Staatsvertrag vereinbarte eindeutige Absicht der Parteien des EVertr war, durch die Übernahme der zu privatisierenden Wirtschaftseinheiten durch den Bund über die Treuhandanstalt nicht eine uferlose Haftung eintreten zu lassen. Dies jedoch setzt voraus, daß die § 11 Abs. 3, 3. Anstrich THG unterfallenden Wirtschaftseinheiten als Rechtssubjekte auch mit dem 03.10.1990 erhalten blieben.

Weiter kann auch Art. 13 EVertr allgemein entnommen werden, daß das Schicksal der juristischen Personen der DDR allgemein nicht durch den EVertr selbst im Sinne einer generellen Auflösung bestimmt wird, sondern daß hierüber zur Ermöglichung einer Fortführung entschieden werden

---

[113] Anlage II Kap III Sachgebiet D Abschnitt I EVertr

[114] Somit stellt sich hier nicht das Problem der Frage der Bilanzierungsfähigkeit von Forderungen gegen den Träger eines Eigenbetriebs Siehe hierzu jedoch Müller in: Budde/Forster, D-Markbilanzgesetz, Kommentar, Ergänzungsband, § 24 Rn. 4 Der eigentliche Sinn der Zubilligung einer Ausgleichsforderung würde im übrigen im Falle des Vorliegens eines Eigenbetriebs auch nicht erreicht

soll.[115] Schließlich ist speziell für die an den Bund als Finanzvermögen fallenden, von § 11 Abs. 3, 3. Anstrich THG umfaßten Wirtschaftseinheiten zu sehen, daß sie der Sache nach dem THG und damit Art. 25 EVertr unterfielen, auch wenn es im Hinblick auf § 1 Abs. 5, 3. Anstrich THG, Art. 22 EVertr noch formal der Überweisung dieser Wirtschaftseinheiten in die Zuständigkeit der Treuhandanstalt bedurfte.

Hier war es sodann wiederum das Grundprinzip des THG, sämtliche zu privatisierenden Wirtschaftseinheiten in Kapitalgesellschaften umzuwandeln. Der Ausschluß der § 11 Abs. 3, 3. Anstrich THG unterfallenden Wirtschaftseinheiten[116] erklärte sich lediglich mit ihrer beabsichtigten Zuordnung bzw. Übertragung außerhalb der Vermögenszuständigkeit der Treuhandanstalt. Bereits hinsichtlich der § 11 Abs. 3, 5. Anstrich THG unterfallenden Wirtschaftseinheiten hatte sich sowohl mit dem GÜG als auch mit der 3. DVO zum THG der Gesetzgeber dahingehend erklärt, daß, soweit diese Wirtschaftseinheiten nicht in das Vermögen von Kommunen, Kreisen oder Ländern übergehen sollten, eine Umwandlung in Kapitalgesellschaften stattzufinden habe.[117] Somit wird man zumindest aus dem Gesamtgefüge von Art. 13 und Art. 25 EVertr unter weiterer Beachtung der Zweckrichtung des DMBilG zu dem Ergebnis kommen müssen, daß mit der Zuweisung von Finanzvermögen auf den Bund durch Art. 22 E-Vertr Wirtschaftseinheiten, die Rechtsträger oder Fondsinhaber dieses Vermögens waren, nicht zum 03.10.1990 hierdurch aufgelöst wurden, sondern daß der Bund über die Zuweisung der Berechtigung an der juristischen Person über diese das Vermögen erhalten hat.

Weiter ist vor diesem Hintergrund eine entsprechende Anwendung von § 11 Abs. 1 und 2 THG auf diese Wirtschaftseinheiten geboten. Gemeinden, Städten, Kreisen und Ländern unterstellte Betriebe oder Einrichtungen sind damit gemäß § 11 Abs. 1 und 2 THG mit dem 03.10.1990 in GmbH i. A., unter Umständen auch AG i. A., umgewandelt worden, soweit sie gemäß Art. 22 EVertr in die Treuhandverwaltung des Bundes übergingen.[118] Eine rückwirkende Umwandlung auf den 01.07.1990 erfolgte je-

---

[115] Für die VEB der Wohnungswirtschaft enthält jedoch der EVertr in Art 22 Abs 4 eine solche Auflösungsbestimmung

[116] Die Anzahl der von § 11 Abs 3, 3 Anstrich THG umfaßten Wirtschaftseinheiten ist erheblich. So weist das Statistische Jahrbuch der DDR 1989 im Bereich der Industrie z. B 126 zentralgeleitete gegenüber 95 bezirksgeleiteten Kombinaten, im Bauwesen 21 zentralgeleitete gegenüber 31 bezirksgeleiteten Kombinaten und im Verkehrswesen 3 zentralgeleitete gegenüber 17 betriebsgeleiteten Kombinaten aus

[117] Vgl. auch zuvor Ziff 1 5 Wie sich die Umwandlung zu vollziehen habe, wurde allerdings nicht geregelt

[118] So im Ergebnis auch OLG Dresden, 6. Zivilsenat, Urteil vom 27 10 1993 - 6 U 224/93 - (unveröffentlicht) sowie VIZ 1994, 427, wobei der 6 Zivilsenat allerdings entscheidend darauf abstellt, daß ohne analoge Anwendung des § 11 Abs 1 und 2 THG mit dem 03.10.1990 ein Verlust der Rechtsfähigkeit und damit die Beendigung der Möglichkeit für die Wirtschaftseinheit zur selb-

doch nicht. Zum einen sind gegen eine rückwirkende Umwandlung grundsätzlich dogmatische Bedenken zu erheben.[119] Zum anderen ließe sich ansonsten auch nicht § 1 Abs. 2 Ziff. 1 DMBilG erklären, der noch ausdrücklich die Rechtsformen der seinerzeitigen Wirtschaftseinheiten erwähnt.

In vielen Fällen sind sodann auch tatsächlich die unter § 11 Abs. 3, 3. Anstrich THG fallenden, nicht übertragenen Wirtschaftseinheiten als GmbH i. A. im Handelsregister eingetragen worden. Soweit allerdings die Maßnahmen gemäß §§ 19 und 21 THG hier nicht nachgeholt wurden, befinden sich diese GmbH i. A. seit dem 01.07.1991 in Liquidation. Anteilsinhaber an diesen Gesellschaften ist aufgrund Art. 22 EVertr der Bund geworden. Die Verwaltung erfolgt durch die Treuhandanstalt. Das DMBilG mit seinen Haftungsprivilegierungen ist auch auf diese Gesellschaften anzuwenden.[120]

---

ständigen Teilnahme am Rechtsverkehr einträte, was nicht hinnehmbar sei. Der 3 Zivilsenat des OLG Dresden ist mit Beschluß vom 07 10 1994 - 3 W 433/93 – (unveröffentlicht) allerdings davon ausgegangen, daß die dem § 11 Abs 3, 3 Anstrich THG unterfallende Wirtschaftseinheit mit dem 03 10 1990 als juristische Person zu existieren aufhörte und auch nicht in eine GmbH i. A umgewandelt worden sei

[119] Hierzu bereits 7 Kap Ziff 3 1 2 Die Frage der Rückwirkung wurde ausdrücklich offengelassen von BGH, ZIP 1994, 1314, 1318. Gegen eine Rückwirkung Weimar, EWiR 94, 1025,1026

[120] Der VIII. Zivilsenat des BGH hat zwischenzeitlich mit Urteil vom 24.02 1999 – VIII ZR 158/98 – (ZIP 1999, 612) eine Umwandlung der Gemeinden, Städten, Kreisen und Ländern unterstellten Betriebe oder Einrichtungen nach dem Treuhandgesetz verneint und sogar angenommen, dass der nicht der Umwandlung nach dem Treuhandgesetz unterfallende Betrieb auch seinen Charakter als juristische Person verloren habe. In seiner Entscheidung hat sich der BGH lediglich mit der hierzu bisher ergangenen – teilweise eine Umwandlung bejahenden – Literatur und Rechtsprechung befasst Die in dieser Arbeit zugrundegelegten völlig anderen Ansätze und Nachweise konnten naturgemäß vom BGH nicht berücksichtigt werden Insofern sei hier lediglich deutlich gemacht, dass die hier vertretene Auffassung nicht der zwischenzeitlich eingetretenen Entwicklung in der Rechtsprechung entspricht Allerdings sei auch darauf aufmerksam gemacht, dass die vom BGH angenommene praktische Bedeutung der Fallgruppe – hier wird von lediglich 100 Betrieben ausgegangen – nicht den Tatsachen entspricht (siehe bereits oben, Fn 116) Nach einer Auskunft des Justitiariats der Bundesanstalt für vereinigungsbedingte Sonderaufgaben geht diese von einem Bestand von ca 2 000 kommunal- und kreisgeleiteten Betrieben zum 30 06.1990 bzw 03 10.1990 aus Nach dem bei der Bundesanstalt für vereinigungsbedingte Sonderaufgaben vorhandenen statistischen Material steht fest, dass in über 200 Fällen kommunal- und kreisgeleitete Unternehmen im Rahmen einer Liquidation – bei Annahme des Bestehens einer juristischen Person – abgewickelt wurden Weiter sind zumindest 231 Anteilsveräußerungsverträge (share-deals) und zumindest 186 Betriebsteilsveräußerungen (asset-deals) bekannt

2.2.2 Volkseigene Güter und staatliche Forstwirtschaftsbetriebe

Vom Ausgangspunkt her anders, jedoch nicht grundsätzlich anders, verhält es sich bei den volkseigenen Gütern und staatlichen Forstwirtschaftsbetrieben. Hier bestimmte bereits die 3. DVO zum THG die Vermögenszuständigkeit der Treuhandanstalt, auch wenn diese Betriebe bzw. Einrichtungen gemäß § 11 Abs. 3, 3. Anstrich THG Gemeinden, Städten, Kreisen oder Ländern (Bezirken) unterstellt waren. Dies bedeutete jedoch lediglich, daß gemäß der 3. DVO zum THG die volkseigenen Güter und staatlichen Forstwirtschaftsbetriebe unabhängig von einer eventuellen Übertragung auf Gemeinden, Städte, Landkreise oder Länder in die treuhänderische Verwaltung durch die Treuhandanstalt übergingen bzw. daß die treuhänderische Verwaltung durch die Treuhandanstalt bestätigt wurde. Hinsichtlich einer Umwandlung der volkseigenen Güter und staatlichen Forstwirtschaftsbetriebe traf diese Durchführungsverordnung keine Regelung. Auch traf sie nicht etwa dahingehend eine Regelung, daß die Treuhandanstalt endgültig die Inhaberschaft betreffend die volkseigenen Güter und staatlichen Forstwirtschaftsbetriebe erhielt. § 2 Satz 1, 2. Halbsatz der 3. DVO bestimmte, daß, soweit eine Übertragung in das Eigentum der Länder und Kommunen nicht vorgesehen ist, die Privatisierung auf Grundlage des § 1 Abs. 2 THG erfolgt. Die übrigen Bestimmungen des THG sollten entsprechende Anwendung finden.

Letzteres bedeutete aber nicht, daß auch § 11 Abs. 1 und 2 THG hinsichtlich der hierin vorgesehenen gesetzlichen Umwandlung nunmehr galt. Dies war bereits im Hinblick auf die Unsicherheit, welche volkseigenen Güter und staatlichen Forstwirtschaftsbetriebe letztendlich in das Eigentum der Länder bzw. der kommunalen Gebietskörperschaften zu überführen waren, vom Verordnungsgeber nicht gewollt. Allerdings gingen sowohl das GÜG wie auch die 3. DVO zum THG davon aus, daß für den Fall, daß die Wirtschaftseinheit bei der Treuhandanstalt verblieb, grundsätzlich eine Umwandlung in eine Kapitalgesellschaft zu erfolgen habe.[121]

Dieses Abgrenzungsproblem stellte sich jedoch nicht mehr mit dem 03.10.1990, da mit dem EVertr feststand, daß eine weitere Überführung dieser Wirtschaftseinheiten nicht mehr erfolgen würde. Hiervon unbenommen blieben jedoch vermögensrechtliche Ansprüche. Nach Auffassung des Bundesgerichtshofes[122] ergibt sich aufgrund der im EVertr - und

---

[121] Vgl hierzu bereits zuvor Ziff 1 5

[122] So bereits schon BezG Dresden, VIZ 1992, 116 und sodann BGH, Versäumnisurteil vom 06.07 1994, VIII ZR 62/93, ZIP 1994, 1316, und sodann Urteil vom 21 12 1994, ZIP 1995, 320 Zustimmend Weimar, EWiR 1994, 1025. Eine Umwandlung der VEG in GmbH i. A zum 03.10 1990 annehmend auch Fin. Min Sachsen-Anhalt - Erlaß vom 21.08 1992 - GmbHR 1992, 777 Gegen eine Umwandlung der VEG in GmbH i A Meyer-Ravenstein, DtZ 1995, 225; Neye, EWiR 1992, 181, 182 gegen BezG Dresden, VIZ 1992, 116

somit gleichrangig neben der Fortgeltung des THG - bestimmten Fortgeltung der 3. DVO zum THG, daß die Umwandlungsregelung in § 11 Abs. 1 und 2 THG auch für volkseigene Güter gilt und daher aus volkseigenen Gütern GmbH i. A. geworden seien. Die Vorinstanz, das Kammergericht,[123] war der Auffassung, daß eine Anwendung von § 11 Abs. 1 und 2 THG auch aus der Regelung des EVertr hinsichtlich der Fortgeltung des THG und der 3. DVO nicht entnommen werden könne.

Ob tatsächlich dem EVertr eine unmittelbare Anwendung des § 11 Abs. 1 und 2 THG auf volkseigene Güter mit der Folge zu entnehmen ist, daß diese sich aufgrund Gesetzes in GmbH i. A. zum 03.10.1990 oder gar zum 01.07.1990 umwandelten, ist zumindest zweifelhaft. Die 3. DVO zum THG bestimmte zwar den einheitlichen Vermögensübergang auf die Treuhandanstalt, nicht jedoch die gesetzliche Umwandlung nach § 11 Abs. 1 und 2 THG.[124] Außer der Bestimmung der Fortgeltung des THG und der 3. DVO zum THG mit bestimmten Maßgaben enthält der EVertr hierzu nämlich keine weitergehenden Regelungen. Insbesondere ist aus dem EVertr nicht zu entnehmen, daß § 11 Abs. 3, 5. Anstrich THG nicht mehr fortgeltendes Recht sein soll. Entsprechende Maßgaben enthält der EVertr genausowenig wie für die Betriebe und Einrichtungen, welche Gemeinden, Städten, Kreisen oder Ländern unterstellt waren. Insbesondere ist kaum nachvollziehbar, daß sich einerseits durch Aufrechterhaltung der 3. DVO zum THG im EVertr der EVertr-Gesetzgeber dahingehend geäußert haben soll, daß volkseigene Güter (und demgemäß auch staatliche Forstwirtschaftsbetriebe) nunmehr mit dem 03.10.1990 gemäß § 11 Abs. 1 und 2 THG in Kapitalgesellschaften i. A. umgewandelt werden, jedoch, obwohl die Rechtslage für die dem § 11 Abs. 3, 3. Anstrich THG unterfallenden Wirtschaftseinheiten grundsätzlich[125] dieselbe war, zu deren Umwandlung sich nicht äußerte.

Hinzu kommt, daß auch zumindest zweifelhaft sein dürfte, daß durch die Regelung der Fortgeltung der 3. DVO zum THG im EVertr eine Änderung des THG selbst hat gesetzestechnisch erfolgen können. In der Normen-

---

[123] Kammergericht, Urteil vom 22 01 1993, 7 U 3266/92, NJ 1993, 321

[124] Wenngleich sich aus der Begründung zum seitens der Treuhandanstalt dem Ministerrat vorgelegten Entwurf einer 3. DVO zum THG entsprechend dem GÜG eindeutig ergibt, daß die bei der Treuhandanstalt verbleibenden, dem 5 Anstrich des § 11 Abs 2 THG unterfallenden Wirtschaftseinheiten in Kapitalgesellschaften umgewandelt werden (Beschluß des Ministerrats 27/2/90 vom 29 08 1990 über die 3 DVO zum THG vom 17 06 1990 (unveröffentlicht - BArch Berlin, DC 20 MR I/3, 3050 - 3055)

[125] Ein Unterschied bestand insofern, als mit dem 03 10.1990 sämtliche VEG und staatlichen Forstwirtschaftsbetriebe nicht mehr den Gegenstand einer Übertragung bilden konnten, bestimmte, unter den 3. Anstrich des § 11 Abs. 3 THG fallende Betriebe und Einrichtungen jedoch noch übertragen wurden.

hierarchie steht die 3. DVO unterhalb des THG. Sie hat es daher lediglich ergänzen, nicht jedoch abändern können. Zwar ist sie im EVertr selbst erwähnt, allerdings nur insofern, als dieser ihre Fortgeltung bestimmt. Dies führt in der Normenhierarchie nicht dazu, daß die 3. DVO auf die gleiche Ebene wie das THG selbst rückt. Eine Nivellierung sämtlicher in Anlage II zum EVertr erwähnter Gesetze, Verordnungen oder gar Ministerratsbeschlüsse auf eine (legislatorische) Ebene sollte hiermit nicht erfolgen. Der EVertr-Gesetzgeber wollte lediglich deren Weitergeltung absichern, war er sich doch hinsichtlich ihrer rechtlichen Einordnung selbst unsicher. Eine Veränderung der Rechtsnatur sollte gerade nicht erfolgen.[126] Alleine von daher verbietet sich die Annahme, durch den EVertr sei eine Gleichsetzung der in seiner Anlage II aufgeführten rechtlichen Regelungen erfolgt.[127]

Wie auch im Falle der vorerwähnten, unter den 3. Anstrich des § 11 Abs. 3 THG fallenden Betriebe und Einrichtungen hat damit der EVertr auch hinsichtlich der volkseigenen Güter und staatlichen Forstwirtschaftsbetriebe[128] die sich durch die mit ihm einhergehende geänderte Vermögensübertragungsregelung im Hinblick auf die nunmehr vorzunehmende Privatisierung auftuende Lücke selbst nicht geschlossen. Die Umwandlung der volkseigenen Güter und staatlichen Forstwirtschaftsbetriebe in GmbH i. A. zum 03.10.1990 ergibt sich daher trotz des Sonderfalls der hierzu ergangenen 3. DVO zum THG aus denselben Gründen, wie sie zuvor hinsichtlich der von der Umwandlung vorerst gemäß § 11 Abs. 3, 3. Anstrich THG ausgenommenen Wirtschaftseinheiten herausgearbeitet wurden.

---

[126] Vgl nur Stern/Bleibtreu, EVertr mit Begründung zu Art 9 EVertr, wo ausdrücklich darauf hingewiesen wird, daß die Aufnahme von Anordnungen und Ministerratsbeschlüssen in Anlage II zum EVertr nicht bedeute, daß hiermit ihre Rechtsnatur verändert würde Dementsprechend läßt sich genausowenig annehmen, daß die Rechtsnatur der 3 DVO als Durchführungsverordnung geändert werden sollte.

[127] So allerdings BGH, ZIP 1994, 1316, und hierzu anschließend BGH, ZIP 1995, 320, gegen KG NJ 1993, 321. Zutreffend gegen eine Vereinheitlichung des Normengefüges durch Anlage II zum EVertr, Meyer-Ravenstein, DtZ 1995, 225

[128] Zur Umwandlung der staatlichen Forstwirtschaftsbetriebe in GmbH i A vgl. nur Papier, DtZ 1993, 290 ff (Umwandlung in GmbH i A.) sowie Zindel, NJ 1993, 162 (Verlust des Status als juristische Person mit dem 03 10 1990) Gegen eine Umwandlung in GmbH i. A auch Meyer-Ravenstein, DtZ 1995, 225.

9. KAPITEL

UMWANDLUNG NICHT ZU 100 % VOLKSEIGENER WIRTSCHAFTSEINHEITEN – DIE GROSSHANDELSGESELLSCHAFTEN

Das THG findet grundsätzlich nur Anwendung auf volkseigene Wirtschaftseinheiten.[1] Das Wirtschaftsrecht der DDR kannte allerdings auch kooperative Zusammenschlüsse von Wirtschaftseinheiten unterschiedlicher Eigentumsformen innerhalb des sozialistischen Eigentums, welchen teilweise sogar eine eigene Rechtspersönlichkeit zukam.[2] Solche kooperativen Zusammenschlüsse mit eigener Rechtspersönlichkeit waren im Bereich der Landwirtschaft häufig anzutreffen. Außerhalb des Bereichs der Landwirtschaft waren sie selten. Hier nehmen die Großhandelsgesellschaften eine Sonderstellung ein, da diese als Gesellschaft mit einem genossenschaftlichen Gesellschaftsanteil wie auch einem volkseigenen Gesellschaftsanteil konstruiert waren. Nachfolgend soll die Struktur der Großhandelsgesellschaften[3] und die Anwendbarkeit des THG auf sie - insbesondere die des § 11 THG[4] - betrachtet werden.

1 Die Struktur der Großhandelsgesellschaften

Noch in den fünfziger Jahren war der Großhandel in der DDR nur zum Teil staatlich.[5] Ein nicht unwesentlicher Teil des Großhandels wurde von den

---

[1] Im THG mit dem Begriff „volkseigenes Vermögen" umschrieben - siehe hierzu ausführlich 7 Kap Ziff 1

[2] Siehe hierzu Görner/Hesse in: Heuer (Hrsg), Wirtschaftsrecht, S 151 ff , Hillmann, DB 1995, 1215 sowie Stein in: Hommelhoff, Hagen, Röhricht (Hrsg), Umwandlungsrecht in der Bewährung, ZGR Sonderheft 14, S. 231 ff.

[3] Sub 1

[4] Sub 2

[5] Der staatliche Großhandel wurde durch sogenannte Großhandelskontore betrieben - siehe nur Anordnung vom 05 08 1955 über das Statut der Niederlassungen der dem Ministerium für Handel und Versorgung nachgeordneten Großhandelskontore (GBl. II S 287)

genossenschaftlichen Großhandelsbetrieben in den Händen gehalten. Dem sollte gegen Ende der fünfziger Jahre durch Bildung von staatlich-genossenschaftlichen Großhandelsgesellschaften ein Ende bereitet werden.[6] Aufgrund des vom Ministerium für Handel und Versorgung erlassenen „Statut der Großhandelsgesellschaften - GHG" vom 27.09.1958 wurden bereits beginnend mit dem 01.10.1958 in einer Art Vorphase Großhandelsgesellschaften gebildet. Die weitere Bildung von Großhandelsgesellschaften erfolgte sodann auf Basis der Verordnung über die Bildung von Großhandelsgesellschaften.[7] Die Großhandelsgesellschaften waren juristische Personen.[8] Ihre Besonderheit bestand allerdings darin, daß sie nicht wie volkseigene Betriebe als Struktureinheiten des einheitlichen Volkseigentums organisiert waren, sondern (auch) über eine korporative Struktur verfügten.[9] Gründungsgesellschafter war in der Regel das Volk, also der Staat (in der Vorphase das staatliche Großhandelskontor) und ein Konsumgenossenschaftsverband.[10]

Eingebracht wurde das Vermögen eines staatlichen Großhandelskontors und eines genossenschaftlichen Handelsbetriebs.[11] Der Gesellschaftsanteil der Gesellschafter wurde in Höhe der eingebrachten Grund- und Umlaufmittel begründet, wobei allerdings mit Eigenmitteln finanzierte Grundmittel der konsumgenossenschaftlichen Gesellschafter diesen in der eingebrachten Höhe erhalten blieben und der Gesellschaft gegen Kürzung des Anteils wieder entzogen werden konnten.[12] Den konsumgenossenschaftlichen Gesellschaftern stand eine Gewinnbeteiligung entsprechend ihrer Beteiligung an der Gesellschaft nicht zu. Vielmehr erhielten sie „als Gewinnbeteiligung"[13] eine auf den effektiven an den konsumgenossenschaftlichen Einzelhandel getätigten Umsatz zum Einzelhandelsverkaufspreis bezogene Vergütung - sogenannte Umsatzvergütung - ausgezahlt. Hierbei bildete der geplante Umsatz mit den Konsumgenossenschaften

---

[6] Zu den Hintergründen vgl insbesondere Möllers, VIZ 1995, 695.

[7] Verordnung über die Bildung von Großhandelsgesellschaften vom 10 03 1960 (GBl I S. 183); nachfolgend: GHG-VO.

[8] § 3 Abs 1 Satz 1 GHG-VO

[9] Zur Struktur der staatlichen Wirtschaftseinheiten vgl 2 Kap. Ziff 2 3 und 3 2.

[10] Vgl Anlage 1 zur Ersten Durchführungsbestimmung zur Verordnung über die Bildung von Großhandelsgesellschaften vom 10 03 1960 (GBl I 185, 186)

[11] § 1 Abs 1 GHG-VO

[12] § 7 Abs. 4 und Abs 5 GHG-VO

[13] So die ausdrückliche Formulierung in § 8 Abs 1 Satz 1 GHG-VO

jedoch die Höchstgrenze.[14]

Diese Umsatzvergütung stellte damit lediglich eine Rückführung eines Teilbetrages der dem konsumgenossenschaftlichen Einzelhandel auferlegten Gewinnspanne im Einzelhandelsverkaufspreis dar. Mit einer Gewinnbeteiligung im eigentlichen Sinne hatte diese Umsatzvergütung somit nichts zu tun. Sie war auch völlig unabhängig vom konsumgenossenschaftlichen Anteil an der Gesellschaft und erfolgte unabhängig von der effektiv erwirtschafteten Höhe des geplanten Gewinns der Großhandelsgesellschaft.[15] Lediglich der überplanmäßige Gewinn wurde im Verhältnis der Gesellschaftsanteile verteilt.[16]

Wie dem konsumgenossenschaftlichen Gesellschafter an der Gesellschaft eine Gewinnbeteiligung im eigentlichen Sinne nicht zustand, war er auch von der Willensbildung der Gesellschaft selbst ausgeschlossen. Galt für die Konsumgenossenschaft selbst und damit auch für den Handelsbetrieb das Prinzip der kollektiven Leitung und unterlagen sie auch nur eingeschränkt der sozialistischen Planwirtschaft,[17] veränderte sich dies mit der Bildung der Großhandelsgesellschaften dahingehend, daß diese fortan dem aus dem demokratischen Zentralismus resultierenden Prinzip der Einzelleitung durch den Direktor unterlagen[18] und im System der Leitung der sozialistischen Wirtschaft dem örtlich zuständigen Rat des Bezirks oder dem örtlich zuständigen Rat des Kreises als übergeordnetem Organ unterstellt waren.[19] Dies war im übrigen auch offen ausgesprochenes Ziel der Bildung der Großhandelsgesellschaften, heißt es doch in der Präambel der GHG-VO:

> „... Im Zusammenhang damit ist es notwendig, mehr als bisher die Verantwortung der örtlichen Organe der Staatsmacht für die Durchführung der Handelsaufgaben zu stärken und den Einfluß der Werktätigen auf die Arbeit des Großhandels zu erhöhen. ...".

---

[14] Siehe die Regelung zur Gewinnbeteiligung in § 8 GHG-VO.

[15] Vgl. § 8 Abs 3 GHG-VO

[16] § 8 Abs 4 GHG-VO.

[17] Siehe hierzu Institut für Wirtschaftsrecht der Hochschule für Ökonomie „Bruno Leuschner" Berlin (Hrsg), Wirtschafts- und Außenwirtschaftsrecht, S 112; es bestand lediglich ein Zuordnungsverhältnis, kein Unterstellungsverhältnis zu den örtlichen Räten

[18] Siehe § 6 des Statuts der Großhandelsgesellschaften - Anlage 3 zur Ersten Durchführungsbestimmung zur Verordnung über die Bildung von Großhandelsgesellschaften vom 10 03.1960 (GBl. I 185, 189); nachfolgend: GHG-Statut.

[19] Siehe § 1 Abs 2 GHG-Statut

So war es auch der jeweils örtlich zuständige Rat, der den Direktor der Großhandelsgesellschaft ernannte bzw. abberief.[20]

Allerdings verfügten die Großhandelsgesellschaften, anders als die volkseigenen Wirtschaftseinheiten, über ein zusätzliches Organ, nämlich den handelsökonomischen Rat.[21] Dieser war beratendes und kontrollierendes Organ der Großhandelsgesellschaft,[22] änderte aber nichts an dem für die Großhandelsgesellschaft bestehenden Prinzip der Einzelleitung und damit auch der alleinigen Verantwortlichkeit wie auch Entscheidungskompetenz des Direktors innerhalb des Leitungssystems. Zwar hatte der Direktor der Großhandelsgesellschaft das Ergebnis von Beratungen im handelsökonomischen Rat seinen Entscheidungen zugrundezulegen, im Falle von Meinungsverschiedenheiten entschied jedoch das übergeordnete Organ, also der Rat des Kreises bzw. der Rat des Bezirks.[23] Auch die Zusammensetzung des handelsökonomischen Rats war unabhängig von der Höhe des Gesellschaftsanteils der Konsumgenossenschaft an der Großhandelsgesellschaft. So erfolgte auch ihre Bildung durch die jeweils zuständigen Räte der Kreise oder Bezirke.[24]

Somit zeigt sich, daß auch die Großhandelsgesellschaften an sich nicht anders als die sonstigen staatlichen Wirtschaftseinheiten geleitet und strukturiert waren. Zwar bestand formal ein Gesellschaftsanteil der jeweils beteiligten Konsumgenossenschaft, jedoch fehlte diesem Gesellschaftsanteil die gesellschaftsrechtliche Ausgestaltung. Er vermittelte weder Mitwirkungsrechte noch grundsätzlich ein Gewinnbezugsrecht, sondern umschrieb lediglich den Anteil des durch die jeweilige Konsumgenossenschaft in die Großhandelsgesellschaft eingebrachten Vermögens.

Anders verhielt es sich mit dem anderen Gesellschafter der Großhandelsgesellschaft, dem Staat. Dieser konnte aufgrund der Einbindung der Großhandelsgesellschaften in das System der Leitung und Planung der

---

[20] Siehe § 9 GHG-Statut

[21] § 5 Abs. 2 GHG-VO; Richtlinie für die Tätigkeit und Zusammensetzung der handelsökonomischen Räte der Großhandelsgesellschaften - Anlage 2 zur Ersten Durchführungsbestimmung zur Verordnung über die Bildung von Großhandelsgesellschaften vom 10.03.1960 (GBl. I 185, 187); § 7 GHG-Statut.

[22] Ziff. I. 1. der Richtlinie für die Tätigkeit und Zusammensetzung der handelsökonomischen Räte der Großhandelsgesellschaften sowie § 7 Abs. 1 Satz 2 GHG-Statut

[23] Siehe § 6 Abs. 2 Satz 4 GHG-Statut sowie Ziff. III. 8. der Richtlinie für die Tätigkeit und Zusammensetzung der handelsökonomischen Räte der Großhandelsgesellschaften

[24] Siehe § 5 Abs. 4 GHG-VO; Ziff. II. der Richtlinie für die Tätigkeit und Zusammensetzung der handelsökonomischen Räte der Großhandelsgesellschaften sowie § 7 Abs. 2 GHG-Statut

sozialistischen Wirtschaft wie ein Alleingesellschafter agieren und tat dies auch. Ihm stand auch grundsätzlich der gesamte planmäßige Gewinn zu. Bei näherem Hinsehen ergibt sich daher, daß eine Gleichstellung beider Gesellschafter nicht gegeben war. Unabhängig von der Ausgestaltung der Gewinnbeteiligung waren die Gesellschafter zwar "als Gesellschafter" formal gleichberechtigt, jedoch dominierte bzw. überlagerte den staatlichen Gesellschaftsanteil ein weiteres Rechtsverhältnis, nämlich die grundsätzlich gegebene Ausgestaltung der Berechtigung des sozialistischen Staats an den Wirtschaftseinheiten, der demokratische Zentralismus. Nur unter Beachtung dessen kann das Berechtigtenverhältnis an den Großhandelsgesellschaften der DDR zutreffend erfaßt und eingeordnet werden.[25]

2 Zur Anwendbarkeit des THG auf Großhandelsgesellschaften

Die Großhandelsgesellschaften nahmen innerhalb der Volkswirtschaft der DDR eine Sonderstellung ein. Es handelt sich bei ihnen außerhalb des Bereichs der Landwirtschaft um den wohl einzigen Typus von Wirtschaftseinheiten, die eine Mischbeteiligung kannten. Bei den Beratungen der Volkskammer zum THG wie auch in der Beschlußempfehlung und in dem Bericht des Wirtschaftsausschusses finden sie keine Erwähnung.[26] Dies dürfte den Schluß nahelegen, daß der Gesetzgeber des THG die Großhandelsgesellschaften bei Konzeption des THG schlicht übersehen hat. Dennoch gilt auch die Zielstellung des THG für die Großhandelsgesellschaften. Es handelt sich um staatlich geleitete Wirtschaftseinheiten, somit einen Teil der unternehmerischen Tätigkeit des Staates, deren Vermögen überwiegend aus Volkseigentum gebildet wurde. Das THG ist damit erweiternd dahingehend auszulegen, daß von ihm auch diese überwiegend in Volkseigentum stehenden Wirtschaftseinheiten erfaßt werden.[27] Soweit die Großhandelsgesellschaft bzw. ihr Nachfolgebetrieb[28]

---

[25] Zur umwandlungsrechtlichen Bedeutung des Berechtigtenverhältnisses siehe 2. Kap Ziff. 3 1 und insbesondere 3.Kap. Ziff 2 3.

[26] Abgedruckt bei Hommelhoff/Krebs (Hrsg), Treuhandanstalt und Treuhandgesetz, II. Ziff 2 7. und 2.8

[27] So im Ergebnis auch BGH, ZIP 1997, 656 Dem zustimmend, jedoch mit einem anderen dogmatischen Ansatz, Stein, a a. O. (Fn 2), S 252 f

[28] Einen sehr anschaulichen Sachverhalt weiterer Umstrukturierungen enthält der der Entscheidung des BGH (a a. O., Fn. 27)

weiterhin, was die Regel war, kreis- oder bezirksgeleitet war, unterfielen diese allerdings dem § 11 Abs. 3, 3. Anstrich THG. Jedoch ist hier die Umwandlungssperre mit dem 03.10.1990 entfallen.[29]

Als Zwischenergebnis ist somit festzuhalten, daß die Großhandelsgesellschaften bzw. ihre Nachfolgebetriebe dem THG unterliegen. Auch sie wurden zum 01.07.1990 in Kapitalgesellschaften umgewandelt; sofern sie unter § 11 Abs. 3, 3. Anstrich THG fielen, erfolgte die Umwandlung mit dem 03.10.1990.

Die Anwendbarkeit des THG auf die Großhandelsgesellschaften hätte allerdings, ginge es alleine nach dem Wortlaut des THG, zur Folge, daß alleiniger Inhaber der Geschäftsanteile oder gar Aktien gemäß § 1 Abs. 4 THG die Treuhandanstalt würde. Der Gesellschaftsanteil des konsumgenossenschaftlichen Gesellschafters würde sich somit nicht in einer GmbH-Gesellschafterstellung bzw. Aktionärsstellung fortsetzen. Dieses Ergebnis widerspräche allerdings - zumindest auf den ersten Blick - dem Grundsatz des Formwechsels, wonach im Falle des Formwechsels zuvor bestehende Berechtigtenverhältnisse grundsätzlich fortbestehen.[30] Bei der soeben als geboten festgestellten Anwendbarkeit des THG auf die Großhandelsgesellschaften geht es somit weiter um die Frage, ob der konsumgenossenschaftliche Gesellschaftsanteil wegfällt[31], und, verneinendenfalls,[32] wie bzw. in welcher Form die konsumgenossenschaftliche Beteiligung fortbesteht.

Zur Beantwortung dieser Frage ist zuvor zu sehen, daß die eigentlich von der Umwandlung des § 11 THG umfaßten Wirtschaftseinheiten ein gesellschaftsrechtlich ausgestaltetes Berechtigtenverhältnis nicht kannten, sondern daß vielmehr lediglich das durch den demokratischen Zentralismus anstaltlich, unter Umständen jedoch gesellschaftsähnlich ausgeprägte Berechtigtenverhältnis vorlag. Dieses lag alleine beim Staat.[33] Bei den Groß-

---

zugrundeliegende Sachverhalt. Hier war die Großhandelsgesellschaft im Jahre 1982 in einen (volkseigenen) Großhandelsbetrieb umgewandelt und sodann in ein Kombinat eingegliedert worden.

[29] Siehe zuvor 8 Kap Ziff. 1 3.

[30] Siehe hierzu 3 Kap Ziff 2 1 2 3 ; zur Einordnung der Umwandlung gemäß § 11 THG als formwechselnde vgl 7 Kap. Ziff. 4.

[31] So OLG Dresden, Urteil vom 15 01 1996 - 2 U 1208/95 - als Vorinstanz zu BGH, ZIP 1997, 656

[32] So bereits Möllers, VIZ 1995, 695, 700; Bommel/Wissmann, ZGR 1997, 206, 247 f , und sodann BGH, ZIP 1997, 656 Zustimmend Stein, Gesellschafts- und Umwandlungsrecht in der Bewährung, ZGR-Sonderheft 14, S 231, 252 f Vgl auch Goette, ZNotP 1998, 42, 57

[33] Zur Einordnung des Berechtigtenverhältnisses an den Wirtschaftseinheiten der DDR vgl. 2 Kap Ziff 3 2

handelsgesellschaften verhielt sich dies vom Grundsatz her, wie oben aufgezeigt, nicht anders. Es bestand lediglich die Besonderheit, daß das von der jeweiligen Konsumgenossenschaft eingebrachte Vermögen durch einen „Gesellschaftsanteil" weiterhin ausgewiesen wurde. Bis auf die Bezeichnung als Gesellschaftsanteil hatte dieser mit einem Gesellschaftsanteil im eigentlichen Sinne nichts zu tun. So finden sich weder in der Verordnung über die Bildung von Großhandelsgesellschaften vom 10.03.1969 noch der zeitgleich erlassenen Ersten Durchführungsbestimmung zur Verordnung über die Bildung von Großhandelsgesellschaften wie auch des dieser als Anlage beigefügten (Muster-) Statuts und schließlich auch des (Muster-) Gründungsvertrags nur ansatzweise Regelungen betreffend die Berechtigung der Gesellschafter an der Gesellschaft (der Ausgestaltung ihres Rechtsverhältnisses zu ihr), den Anspruch auf Gewinnbeteiligung einmal ausgenommen.

Auch hier zeigt sich somit, daß insgesamt auf das Berechtigtenverhältnis als der bei sämtlichen juristischen Personen – also auch den nicht korporativ organisierten – auszumachenden (umfassenden) Rechtsbeziehung ihrer Veranstalter oder Gründer zu ihr zu blicken ist, um diese zutreffend zu beurteilen. So kann man bei Betrachtung der Stellung der Gesellschafter der Großhandelsgesellschaften (Staat und Konsumgenossenschaftsverband) nicht bei deren rein gesellschaftsrechtlichen Ausgestaltung stehen bleiben - also alleine hierauf den Blick verhaftet sein lassen -, sondern muß auch erkennen, daß der Hauptgesellschafter sich gleichzeitig seiner aufgrund des demokratischen Zentralismus alleine bei ihm ruhenden Leitungsbefugnisse bediente und bedienen konnte, die seine Stellung als Gesellschafter zumindest überlagerten. Es war gerade Zweck der Bildung der Großhandelsgesellschaften, dem Staat diese Leitungsbefugnisse zu verschaffen. Gerade in ihnen findet sich der Inhalt dessen, was normalerweise bei rein gesellschaftsrechtlicher Beteiligung in stärkerer oder abgeschwächter Form Inhalt des Gesellschaftsverhältnisses ist und dieses - insbesondere bei der GmbH - bestimmt. Wenn aber - anders gewendet - ein wesentlicher und bestimmender Teil des typischen Inhalts eines Gesellschaftsverhältnisses in ein gesondertes Rechtsverhältnis ausgelagert ist, müssen im Falle einer formwechselnden Umwandlung beide Rechtsverhältnisse beachtet werden bzw. muß nach der hier vertretenen Auffassung das Berechtigtenverhältnis des jeweils Berechtigten insgesamt eingeordnet werden. Hier zeigt sich sodann recht schnell, daß der Berechtigte (Gesellschafter) Staat gegenüber dem Berechtigten (Gesellschafter) Konsumgenossenschaftsverband zur juristischen Person eine völlig andere Stellung hatte, eben Inhaber eines völlig anderen Berechtigtenverhältnisses war.

Weder das GmbH-Recht noch das Aktienrecht lassen Raum für eine solchermaßen unterschiedliche Ausgestaltung des Berechtigtenverhältnisses, wie sie bei den Großhandelsgesellschaften bestand. Auch die Tatsache, daß es sich bei der Umwandlung gemäß § 11 THG um eine formwechselnde handelt, führt somit nicht dazu, entgegen § 1 Abs. 4 THG, daß von einem Fortbestand und damit einer Aufwertung der konsumgenossenschaftlichen Beteiligung nach der Umwandlung in Form einer Anteilsinhaberschaft an der entstandenen Kapitalgesellschaft auszugehen wäre.[34] Vielmehr ist zuerst einmal das Gegenteil der Fall.

Im 3. Kap. wurde unter Ziff. 3.3 aufgezeigt, daß der reine Formwechsel die Umwandlung in ein Rechtssubjekt, welches aufgrund seiner Ausgestaltung zwingend unterschiedliche Arten der Berechtigung vorsieht, bei zuvor gleichartiger Berechtigung der Inhaber des jeweiligen Berechtigtenverhältnisses nicht zu leisten imstande ist. Es treten hier Umwandlungen des oder der Berechtigtenverhältnisse hinzu, die gesondert rechtsgeschäftlich herbeigeführt werden müssen (berechtigtenverhältnisintendierende Umwandlungsvorgänge). Allerdings ist der Formwechsel für sich genommen in der Lage, bei zuvor unterschiedlicher Ausgestaltung von Berechtigtenverhältnissen durch sich selbst eine gleichartige Ausgestaltung von Berechtigtenverhältnissen an dem sodann formgewechselten Rechtssubjekt herbeizuführen (berechtigtenverhältnisreflektierender Umwandlungsvorgang). Dies rechtfertigt sich allerdings nur aufgrund der ausdrücklichen gesetzlichen Zulassung dieses Umwandlungsvorgangs sowie der Entscheidung der Berechtigten am Rechtssubjekt zum Formwechsel. Vor diesem Hintergrund muß die analoge Anwendung eines gesetzlichen Umwandlungstatbestands, der zu einer gleichartigen Berechtigung sodann zweier Berechtigter bei zuvor unterschiedlicher Ausgestaltung des Berechtigtenverhältnisses führen würde, insbesondere dann auf Befremden stoßen, wenn das Gesetz selbst von einer Einzelgesellschafterstellung über die eigentliche Umwandlungsregelung hinaus ausgeht, es quasi darauf aufbaut, und dem Inhaber - bzw. seinem Treuhänder - des vor der Umwandlung befugnisreicher und damit stärker ausgestalteten Berechtigtenverhältnisses die Einzelgesellschafterstellung zuspricht.[35]

Das den §§ 11 und 1 Abs. 4 THG zugrundeliegende Umwandlungsverfahren steht somit der Nichtfortsetzung der konsumgenossenschaftlichen Beteiligung in Form einer Anteilsinhaberschaft bei der sodann entstehenden GmbH oder AG nicht entgegen[36].

---

[34] Vgl OLG Dresden, Urteil vom 15 01 1996, 2 U 1208/95, welches allerdings auf den Formwechsel selbst nicht eingeht, sondern auf die Erschwerung des gesetzlichen Privatisierungsauftrags der Treuhandanstalt im Falle des Fortbestehens der konsumgenossenschaftlichen Beteiligung verweist

[35] Dies allerdings bei Annahme ohnehin nur eines zuvor bestehenden Berechtigtenverhältnisses

[36] Anders jedoch der II Senat des Bundesgerichtshof, ZIP 1997, 656, der alleine auf die gesellschaftsrechtliche Beteiligung gemäß der GHG-VO abstellt und der Ausprägung des Berechtigtenverhältnisses durch die im demokratischen Zentralismus verankerten Leitungs- und Planungsbefugnisse des Staats offenbar keine Bedeutung beimißt

Vor diesem Hintergrund können somit nur Erwägungen außerhalb des THG wie auch der umwandlungsrechtlichen Dogmatik dazu führen, bei Unterstellung der Großhandelsgesellschaften unter das THG - entgegen der Konzeption des Gesetzes - von einer nach der Umwandlung bestehenden Beteiligung der Konsumgenossenschaften als GmbH-Gesellschafter oder Aktionär bei der sodann entstandenen Kapitalgesellschaft auszugehen. Hier ist dem Bundesgerichtshof insofern Recht zu geben, als sicherlich das gesamte Sonderrecht der neuen Bundesländer nicht nur vom Grundsatz der Privatisierung des volkseigenen Vermögens geprägt ist, sondern daß, nicht weniger bedeutsam und sicherlich auch grundlegenden Gerechtigkeitsgeboten Rechnung tragend, der Grundsatz „Rückgabe vor Entschädigung" erhebliche Bedeutung entfaltet und daher bei der Auslegung der ohnehin teilweise nur fragmentarischen Rechtsvorschriften auch dieser Grundsatz zu beachten ist.[37]

Bevor allerdings Prinzipien des Sonderrechts der neuen Bundesländer bemüht werden, um ein Ergebnis zu rechtfertigen bzw. ein Ergebnis zu korrigieren, muß zuerst ein Blick darauf geworfen werden, was bei stringenter Gesetzesanwendung überhaupt als Folge eintritt. Daß der konsumgenossenschaftliche Gesellschafter der Großhandelsgesellschaft nicht auch ohne weiteres Gesellschafter der sodann entstehenden Kapitalgesellschaft wird, wurde zuvor mit der völlig anderen Qualität der konsumgenossenschaftlichen Beteiligung gegenüber der staatlichen Beteiligung erklärt, deren Gleichschaltung die formwechselnde Umwandlung des THG im Falle seiner analogen Anwendung im Hinblick auf die es bestimmende Alleingesellschafterstellung der Treuhandanstalt nicht zu leisten vermag.

Nun könnte man meinen, hier enthalte das THG dann offensichtlich eine ausfüllungsbedürftige Lücke. Der Gesetzgeber habe die Besonderheiten der Großhandelsgesellschaften offensichtlich nicht gesehen. Letzteres ist sicherlich der Fall, doch tut sich hierdurch wirklich eine Lücke auf? Wohl nicht: Denn blickt man näher auf die Stellung des konsumgenossenschaftlichen Gesellschafters, so hat seine Beteiligung Ähnlichkeit mit der Beteiligung eines stillen Gesellschafters, allerdings mit dem wesentlichen Unterschied, daß er nach der eigentlichen Strukturierung der Großhandelsgesellschaften selbst Gesellschafter war,[38] der stille Gesellschafter jedoch ein eigenständiges Gesellschaftsverhältnis eingeht. Doch rein faktisch war der konsumgenossenschaftliche Gesellschafter ein solcher „stiller Gesellschafter" - dies auch als Gesellschafter bei der Großhandelsgesellschaft, betrachtet man seine Rechtsstellung gegenüber dem weiteren Gesell-

---

[37] BGH, a. a O (Fn 36)

[38] Zur GmbH Still vgl nur K Schmidt, Gesellschaftsrecht, S 1551

schafter Staat. Hätte man die Großhandelsgesellschaften von vornherein als volkseigenen Betrieb ausgestaltet und den Konsumgenossenschaften hieran eine Beteiligung eingeräumt, wäre die Sachlage eindeutig gewesen, da die volkseigenen Betriebe ein gesellschaftliches Berechtigtenverhältnis mehrerer gerade nicht kannten. Die Einräumung einer Beteiligung unmittelbar an den Großhandelsgesellschaften erweist sich somit als formaler Mangel der GHG-VO, dem im Hinblick auf die staatlichen Leitungsbefugnisse keine Bedeutung zukam. Bestätigt wird diese Betrachtungsweise durch die sodann teilweise weiter vorgenommenen Umstrukturierungen der Großhandelsgesellschaften in sogenannte Großhandelsbetriebe und ihre Eingliederung in Kombinate.[39] Diese Großhandelsbetriebe unterlagen fortan der KomVO und waren Kombinatsbetrieb im Sinne der KomVO, jedoch nicht volkseigener Betrieb, da ihr Vermögen teilweise aus dem nach wie vor vorhandenen konsumgenossenschaftlichen Vermögen bestand, welches mit der Umstrukturierung in eine andere Betriebsform auch nicht in Volkseigentum überführt werden sollte. Nach solchen Umstrukturierungen war von einer Gesellschafterstellung - hier sodann am Betrieb - fortan auch nicht mehr die Rede.[40]

Hiermit ergibt sich, daß die Großhandelsgesellschaften zwar nach dem THG in Kapitalgesellschaften - in der Regel GmbH – umgewandelt wurden, jedoch sich die zuvor bestehende konsumgenossenschaftliche Beteiligung nicht in eine Anteilsinhaberschaft bei der sodann entstehenden Kapitalgesellschaft umwandelt. Vielmehr besteht hier lediglich eine stille Beteiligung, die vom Wesen her der zuvor bestehenden Stellung des konsumgenossenschaftlichen Gesellschafters entspricht.

---

[39] Vgl hierzu auch die Vierte Durchführungsbestimmung zur GHG-VO vom 19 12.1968 (GBl. II, S 993).

[40] Eine solche Umstrukturierung letztlich in die Form eines einem Kombinat unterstellten Großhandelsbetriebs vollzog sich auch zuvor in dem vom II Zivilsenat des BGH entschiedenen Fall

10. KAPITEL

FEHLERHAFTE UMWANDLUNGEN NACH DEM TREUHANDGESETZ

1 Einführung

Ebenso wie die UmwVO kannte das THG die Spaltung von Wirtschaftseinheiten im Zuge der Umwandlung nicht.[1] Auch hier war somit nur die „Umwandlung 1 : 1“, also einer Wirtschaftseinheit in eine Kapitalgesellschaft, möglich. Darüber hinaus war die Spaltung von Wirtschaftseinheiten auf Basis des THG von dessen Wesen noch weiter entfernt als sie es bereits bei der UmwVO war, da sich aufgrund des gesetzlichen Umwandlungsautomatismus im THG grundsätzlich[2] jede Form der gestaltenden Umwandlung verbot. Dennoch wurde die durch die Treuhandanstalt bereits auf Basis der UmwVO gehandhabte Praxis, Spaltungen im Zuge der Umwandlung der Wirtschaftseinheiten vorzunehmen, mit Inkrafttreten des THG zum 01.07.1990 fortgesetzt.[3]

Hintergrund war, daß sich mit Inkrafttreten des THG an dem Spaltungsbedürfnis der Praxis nichts änderte, dieses vielmehr durch das THG selbst aufgrund des nunmehr auf den Fahnen[4] der Treuhandstalt stehenden Privatisierungsziels eher verstärkt wurde. In einem Rundschreiben an die Niederlassungen durch den Präsidenten der Treuhandanstalt wurde dementsprechend auch die Spaltung hervorgehoben und für zulässig erklärt.[5]

Diese „Praxis der Treuhandanstalt“ dürfte allerdings im wesentlichen zu-

---

[1] Siehe hierzu 7 Kap. Ziff 2

[2] Zum Sonderfall der Umwandlung der Wirtschaftseinheiten der dritten Ebene nicht in GmbH i A siehe 7 Kap Ziff. 3.2.

[3] Zu den Spaltungen nach der UmwVO siehe 6 Kap

[4] Siehe § 2 Abs 6 THG, welcher einen Handlungsauftrag an die Treuhandanstalt dahingehend erhält, darauf hinzuwirken, durch zweckmäßige Entflechtung von Unternehmensstrukturen marktfähige Unternehmen herauszubilden und eine effiziente Wirtschaftsstruktur zu schaffen

[5] Rundschreiben des Präsidenten der Treuhandanstalt vom 23.08.1990 an die Leiter der Außenstellen (Niederlassungen), unter anderem auch erwähnt bei Kübler, FS Merz, S 333 336, dort Fn 7, und Ganske, DB 1991, 791, 797, dort Fn 100

rückgehen auf ein Fehlverständnis der Verfasser des DMBilG[6] hinsichtlich der Rechtslage betreffend die Zulässigkeit von Spaltungen in der DDR. Am 31.08.1990 wurde der EVertr zwischen der BRD und der DDR von den Regierungen unterzeichnet. Das DMBilG ist in diesen „Zweiten" Staatsvertrag aufgenommen worden.[7]

In der amtlichen Begründung zu § 1 Abs. 5 DMBilG heißt es sodann:

> „...
>
> Nach dem Gesetz zur Privatisierung und Reorganisation des volkseigenen Vermögens (THG) vom 17.07.1990 (GBl. I Nr. 33 S. 300) ist insbesondere die Treuhandanstalt damit beauftragt, unverzüglich, spätestens innerhalb von zwei Monaten nach dem Inkrafttreten des THG zum 01.07.1990, spätestens also bis zum 31.08.1990, Treuhand-Aktiengesellschaften zu gründen (§ 7 Abs. 2 Satz 1 des THG). Sie wird zum Zwecke der Privatisierung auch andere Unternehmen gründen, **spalten** (Heraushebung durch den Verfasser) oder umwandeln. Innerhalb kürzester Frist vollzieht sich ein Umstrukturierungsprozeß, der wiederum jeweils die Aufstellung eines Inventars und einer Eröffnungsbilanz erforderlich macht.
>
> ...".[8]

Der am 15.08.1990 beschlossene Entwurf wurde sodann nebst seiner Begründung unter anderem auch dem Präsidenten der Treuhandanstalt übersandt. Unmittelbar hierauf erging das Rundschreiben des Präsidenten der Treuhandanstalt.

Auch die Registergerichte verschlossen sich den gesetzeswidrigen Spaltungen nicht. Die Spaltungserklärungen der Betriebsdirektoren gegenüber dem Registergericht, welche in der Regel vorsahen, daß ein bisheriger Betriebsteil des volkseigenen Betriebs nunmehr GmbH sei, wurden in der Regel anstandslos im Handelsregister vollzogen.

---

[6] Das DMBilG wurde erarbeitet von einer Arbeitsgruppe des Ministeriums der Finanzen und des Statistischen Amtes der DDR in Verbindung mit einer Expertengruppe unter Leitung des Bundesministeriums der Justiz und der Mitwirkung von Experten des Bundesministeriums der Finanzen sowie weiterer Bundesministerien und Ämter - vgl Beschluß des Ministerrats 25/6/90 vom 15 08 1990 zum Entwurf des Gesetzes über die Eröffnungsbilanz in Deutscher Mark und die Kapitalneufestsetzung (DM-Bilanzgesetz) - Vorlagenblatt (unveröffentlicht - BArch Berlin, DC 20 MR I/3, 3043 - 3049).

[7] Siehe Anlage II B Kap. III, Geschäftsbereich Bundesministerium der Justiz, Sachgruppe D: Handels- und Gesellschaftsrecht, Versicherungsvertragsrecht EVertr, wonach mit Inkrafttreten des EVertr das DMBilG der DDR in Kraft tritt

[8] Gesetz über die Eröffnungsbilanz in Deutscher Mark und die Kapitalneufestsetzung (D-Markbilanzgesetz - DMBilG), amtliche Begründung, BT-Drucks. 11/7817, S 65 ff , unter anderem auch abgedruckt bei Claussen/Korth, DM-Bilanzgesetz

Die Besonderheit der Spaltungen nach dem THG gegenüber den nach der UmwVO vorgenommenen Spaltungen liegt darin, daß in der Regel die Eintragung der Spaltgesellschaft durch die Betriebsdirektoren veranlaßt wurde und nicht unmittelbar auf eine Willenserklärung der Gesellschafterin Treuhandanstalt zurückzuführen war. Unter Umständen erst im nachhinein hat sich die Treuhandanstalt unter unmittelbarer Mitwirkung im Nachgründungsverfahren gemäß §§ 19 ff. THG zu dieser Gesellschaft bekannt. Wie auch in den Fällen der Spaltung nach der UmwVO stellt sich die Frage nach dem Entstehen der Kapitalgesellschaft[9] sowie nach dem Vermögensübergang.[10]

Weiter ist ebenfalls - wie in den Fällen der fehlerhaften Umwandlungen nach der UmwVO - auch hier die Frage zu beantworten, wie mit den vollzogenen Umwandlungen von Wirtschaftseinheiten umgegangen werden soll, auf die das Gesetz überhaupt keine Anwendung fand.[11] Schließlich muß man sich im Bereich der fehlerhaften Umwandlungen nach dem THG mit einer weiteren Fallgruppe befassen, die die fehlerhaften Umwandlungen auf Basis der UmwVO so nicht kannte: Gründung von Kapitalgesellschaften aus Vermögen von Wirtschaftseinheiten, die vorerst von der Umwandlung ausgeschlossen waren.[12]

2 Das Entstehen der GmbH i. A. bei Gründung mehrerer GmbH im Zuge der Umwandlung nach dem THG

Für die durch Umwandlung nach dem THG entstandenen Kapitalgesellschaften i. A. war die Eintragung im Handelsregister wegen ihres Entstehens durch Gesetz zum 01.07.1990 lediglich deklaratorischer Natur.[13] Die aufgrund Spaltung unter Zugrundelegung des THG gegründeten bzw. in ihrer Gründung beabsichtigten Gesellschaften können diesen gesetzlichen Entstehungstatbestand für sich naturgemäß nicht in Anspruch nehmen. Für sie ist auf das allgemeine GmbH-Recht zurückzugreifen, wonach

---

[9] Sub 2

[10] Sub 3

[11] Sub 4

[12] Sub 5. Vgl hierzu 8. Kap. Ziff 2 2

[13] Siehe hierzu 7 Kap Ziff. 3

gemäß § 11 GmbHG die Gesellschaft erst mit ihrer Eintragung entstanden ist.

Im Falle der Spaltungen nach dem THG ist allerdings zu berücksichtigen, daß hier grundsätzlich den Eintragungen der GmbH eine rechtsgeschäftliche Gründung nicht zugrundeliegt und es auch an einer Anmeldung zur Eintragung im Handelsregister im eigentlichen Sinne fehlt. Eintragungsgrundlage war die Mitteilung des jeweiligen Betriebsdirektors gemäß § 15 Abs. 1 THG. Bei Eintragung der Spaltgesellschaften gingen sodann die Registergerichte grundsätzlich auch von einem Entstehen gemäß § 11 Abs. 1 und 2 THG aus.[14] Für die durch das Registergericht eingetragene Gesellschaft gibt es daher im Zeitpunkt der Eintragung weder eine Gründungserklärung der Alleingesellschafterin Treuhandanstalt noch eine Anmeldung zur Eintragung entsprechend § 7 GmbHG, vielmehr ist das Registergericht von Amts wegen tätig geworden (§ 15 Abs. 1 THG). Von daher liegt hier das Entstehen lediglich einer Scheingesellschaft[15] nahe, da weder Gründungserklärung noch Eintragungsantrag nach § 7 GmbHG vorliegen. Die wohl durchweg herrschende Meinung geht daher vom Entstehen einer Scheingesellschaft aus.[16] Einer sodann entstandenen Schein gesellschaft verhälfe im übrigen auch § 12 SpTrUG nicht zur rechtlichen Existenz. Die Heilungswirkung beschränkt sich hier lediglich auf den Vermögensübergang, nicht jedoch auf Mängel des Entstehens der Gesellschaft selbst.[17]

---

[14] Entsprechende Eintragungen wurden in Spalte 6 des Registerblatts vorgenommen. Eine häufig anzutreffende Formulierung war:

„Gesellschaft mit beschränkter Haftung, entstanden neben weiteren Unternehmen durch Umwandlung des VEB ..."

[15] Zur Scheingesellschaft siehe nur Schulze-Osterloh in: Baumbach/Hueck, GmbH-Gesetz, § 75 Rn. 8

[16] So zum Beispiel Gutbrod, GmbHR 1993, 622, 629; Schießl, VIZ 1994, 377, 381; Horn, Das Zivil- und Wirtschaftsrecht im neuen Bundesgebiet, S 884; Winter, DWiR 1991, 172, 174. Aus der Rechtsprechung vgl nur AG Charlottenburg, ZIP 1992, 520 Zur Eintragung einer „Restgesellschaft" in das Handelsregister siehe Bezirksgericht Dresden, VIZ 1991, 78, und hierzu Neye, EWiR 1991, 1013 Für das Entstehen lediglich fehlerhafter Gesellschaften jedoch Stute, VIZ 1994, 381, 386. Kein Beleg gegen das Entstehen von Scheingesellschaften ist die Entscheidung des Kammergerichts in VIZ 1993, 113 Ablehnend zu dieser Entscheidung jedoch Neye, EWiR 1993, 397 (vgl. hierzu ausführlich 8 Kap. Ziff. 1 4).

[17] Der Bundesrat hat in seiner Stellungnahme (BR-Drucks 71/91 - dort Ziff 5.) eine entsprechende Prüfungsbitte geäußert und ausgeführt, es erscheine über den bisherigen Entwurf hinaus zumindest zweckmäßig, auch etwaige sonstige Gründungsmängel, die insbesondere darin liegen könnten, daß keine Gründungserklärungen vorliegen, ausdrücklich zu heilen Die Annahme in der Begründung des RegE, alle eingetragenen Kapitalgesellschaften genössen Bestandsschutz, erscheine nicht zweifelsfrei Teilweise solle die Treuhandanstalt die umgewandelten Kapitalgesellschaften als unmittelbar in viele Einzelgesellschaften gespalten behandelt haben Es sei daher nicht ausgeschlossen, daß zwar Anmeldungen der einzelnen Gesellschaften zum Handelsregister erfolgt seien, aber keine weiteren Gründungserklärungen vorlägen

Ob in diesen Fällen jedoch tatsächlich eine Scheingesellschaft entstanden ist, erscheint fraglich. Das THG geht von einem gesetzlichen Entstehungstatbestand aus, der gerade Gründungs- bzw. Beitrittserklärungen nicht kennt und dem auch die Anmeldung der Gesellschaft gemäß § 7 GmbHG zum Register fremd ist. Von daher mag sicherlich bei erster Betrachtung auf der Hand liegen, daß in Ermangelung des Bestehens auch nur eines Teils des rechtsgeschäftlichen Entstehungstatbestands sowie bei Nichtbestehen des gesetzlichen Entstehungstatbestands die sodann erfolgende Eintragung eine nicht existente und damit eine Scheingesellschaft ausweist. Doch worum geht es bei der Scheingesellschaft wirklich? Sind es letztendlich nicht lediglich Zurechnungsfragen, die sich im Falle der rechtsgeschäftlich gegründeten GmbH und ihrer Eintragung der aus §§ 10, 75 GmbHG eintretenden Rechtsfolge des Entstehens der GmbH im besonderen Falle entgegenstellen?[18] Bei der aufgrund Gesetzes entstehenden und sodann lediglich deklaratorisch einzutragenden GmbH stellen sich diese Zurechnungsfragen völlig anders, wenn man nicht von vornherein in diesen, außerhalb des Üblichen liegenden Fällen die Auffassung vertreten wollte, daß es hier - unabhängig von einer sodann erfolgten Eintragung - nur die dem gesetzlichen Entstehungstatbestand entsprechende GmbH geben könne, alles andere könne gar nicht existieren. Denn wie will man mit einer solchen, dem gesetzlichen Entstehungstatbestand nicht entsprechenden, aber dennoch eingetragenen GmbH umgehen? Ist nicht auch hier eine fehlerhafte Gesellschaft denkbar? Im klassischen Sinne ist dies sicherlich nicht der Fall, denn der gesetzliche Entstehungstatbestand kennt eigentlich nur ein „entweder-oder" und nicht „ja, aber", wie er doch bei der fehlerhaften Gesellschaft Voraussetzung ist. Doch wird die Gesellschaft dann in das Handelsregister eingetragen, ist der gesetzliche Entstehungstatbestand - allerdings fehlerhaft bzw. fälschlich - offiziell verlautbart. Man wird dieser Gesellschaft sodann Bestandsschutz zu gewähren haben, wenn der Rechtsschein ihres Entstehens zurechenbar von außen gesetzt wurde. Die üblichen Erwägungen, die zur Scheingesellschaft angestellt wurden, passen hier nämlich nicht, da sie von einem rechtsgeschäftlichen Entstehungstatbestand ausgehen, der ohnehin nicht vorliegt.

Die Bundesregierung hielt eine solche Erweiterung nicht für notwendig (siehe BT-Drucks 12/214 zu Ziff 5.). Auch der Rechtsausschuß des Deutschen Bundestages hat die Anregung des Bundesrates nicht aufgegriffen Vgl. zum Heilungsumfang des § 12 SpTrUG näher Strobel, BB 1991, 636 sowie Haritz in: Rechtshandbuch Vermögen und Investitionen in der DDR, B 230 § 12 SpTrUG, Rn 6; Neye in: Rädler/Raupach/Bezzenberger (Hrsg), Vermögen in der ehemaligen DDR, § 12 SpTrUG, Rn. 13; Ganske, DB 1991, 791, 797; Mayer, DB 1991, 1609, 1615; Horn, Das Zivil- und Wirtschaftsrecht im neuen Bundesgebiet, S 884; siehe aber auch Spoerr, Treuhandanstalt und Treuhandunternehmen zwischen Verfassungs-, Verwaltungs- und Gesellschaftsrecht, S 266

[18] Siehe hierzu vom Grundsatz her auch Hohner in: Hachenburg, GmbHG, § 75 Rn 8, 12 und 17

Im Falle der aufgrund Spaltung nach dem THG entstandenen Gesellschaften muß sodann gesehen werden, daß ihr Entstehen durchaus dem Willen der Handelnden und letztendlich auch der Treuhandanstalt entsprach, da diese mit der Durchführung der Umwandlung die jeweiligen Betriebsdirektoren beauftragte;[19] die Registergerichte reichten sodann zum Vollzug des „Eintragungsersuchens" bereitwillig ihre Hand. Anlaß, hier das Entstehen einer GmbH zu verneinen, besteht somit nicht.[20]

Von daher erweisen sich die Fälle, in denen im Spaltungsverfahren die Gründungsmaßnahmen gemäß §§ 19 ff. THG nachgeholt werden und sodann das Registergericht die Löschung des Zusatzes „i. A." vornimmt, nur als Maßnahmen bezogen auf die bereits entstandene GmbH und führen nicht durch die Löschung des Zusatzes „i. A." zu deren Entstehen.[21] Hervorzuheben ist jedoch, daß diese Spaltgesellschaften erst mit ihrer Eintragung im Handelsregister entstanden sind, wobei die Eintragung als Gesellschaft „i. A." genügt. Ist die Gesellschaft von vornherein ohne den Zusatz „i. A." eingetragen worden, führt diese Eintragung zu ihrem Entstehen.[22]

Abschließend bleibt noch anzumerken, daß § 12 SpTrUG die Möglichkeit des Entstehens von Kapitalgesellschaften aufgrund Spaltung nach dem THG voraussetzt, da ausdrücklich sowohl auf die UmwVO wie auch auf das THG abgestellt wird.

---

[19] Hierzu bereits 7 Kap Ziff 3 1 2. Vom Grunde her auch alleine auf eine Zurechenbarkeit abstellend, diese jedoch ablehnend, Gutbrod, GmbHR 1993, 622, 629

[20] Die Fälle des Entstehens von Scheingesellschaften stark einschränkend K Schmidt in: Scholz, GmbHG - Kommentar, § 75 Rn 1 und 6 Auf Zurechenbarkeit abstellend auch Hohner in: Hachenburg, GmbHG - Kommentar, § 75 Rn 17, der das Entstehen der GmbH nur dann versagen will, wenn die unter Verletzung wesentlicher Verfahrensvorschriften erfolgte Eintragung zu einem besonders schwerwiegenden, vom Willen der Beteiligten nicht gedeckten Eingriff in ihre Rechte führt. Der II Zivilsenat des BGH hat sodann mit Urteil vom 23 11 1998 – II ZR 70/97 – (VIZ 1999, 233) mit eben dieser Begründung das Entstehen der Spaltgesellschaft als GmbH bejaht.

[21] Vgl zum Heilungstatbestand der Nachgründung jedoch Horn, Zivil- und Wirtschaftsrecht im neuen Bundesgebiet, S. 884, sowie Gutbrod, GmbHR 1993, 622, 629

[22] Tatsächlich sind auch noch im Jahre 1992 eine Vielzahl von Eintragungen solcher Spaltgesellschaften vorgenommen worden Hierbei haben die Registergerichte, da bereits die Unterlagen gemäß §§ 19 ff THG vorlagen, sogleich die Gesellschaft ohne den Zusatz „i. A." eingetragen

3 Der Vermögenserwerb der GmbH i. A. bei Gründung mehrerer GmbH im Zuge der Umwandlung nach dem THG

In Ermangelung des Ausfüllens des gesetzlichen Entstehungstatbestands gemäß § 11 Abs. 1 und Abs. 2 Satz 1 THG vollzog sich hinsichtlich der Spaltungen nach dem THG auch nicht der gesetzliche Vermögensübergang gemäß § 11 Abs. 2 Satz 2 THG. Erklärungen hinsichtlich eines Vermögensübergangs wurden überhaupt nicht abgegeben, wenngleich sich die Eintragungsmitteilungen gemäß § 15 THG in der Regel auf abgrenzbare Betriebsteile bezogen. Erst die im Zuge der Nachgründung dem Registergericht gemäß §§ 19 ff. THG vorzulegenden Unterlagen ließen sodann hinsichtlich desjenigen Vermögensteils der Wirtschaftseinheit, der im Wege der Spaltung übergehen sollte, Näheres erkennen. Zu einer Übertragung des Vermögens, das zwischenzeitlich mit dem 01.07.1990 Eigentum der Wirtschaftseinheit geworden ist, die ab diesem Tage sodann auch GmbH i. A. oder AG i. A. geworden ist, auf die Spaltgesellschaft bzw. die Spaltgesellschaften, konnten jedoch die hierin enthaltenen Erklärungen nicht führen, wenngleich sich aus der tatsächlichen Handhabung der Spaltung durch die Beteiligten eine rechtsgeschäftliche Übertragung einzelner Vermögensgegenstände, soweit diese nicht besonderen Formvorschriften oder der Zustimmung Dritter bedurfte, unter Umständen entnehmen ließ.[23] Hier kommt jedoch sodann § 12 SpTrUG zum Zuge. Einschränkungen wie im Falle der auf Basis der UmwVO vorgenommenen Spaltungen ergeben sich hier nicht, da nach der Absicht der Handelnden sowohl Eigentum an bisher in Fondsinhaberschaft stehendem Vermögen wie auch Eigentum an bisher in Rechtsträgerschaft gehaltenem volkseigenen Grundbesitz übergehen sollte. Bei Anwendung des § 12 SpTrUG ist allerdings zu beachten, daß sich die Heilungswirkung lediglich auf diejenigen Kapitalgesellschaften bezieht, welche vor dem 12.04.1991 (Tag des Inkrafttretens des SpTrUG)[24] entstanden, also im Handelsregister eingetragen waren.[25]

Hinsichtlich des Übergangs von Verbindlichkeiten bzw. Vertragsverhältnissen in Gesamtheit ergibt sich kein Unterschied zu den Spaltungen nach der UmwVO. Insofern sei auf die dortigen Ausführungen verwie-

---

[23] Siehe hierzu im einzelnen 4. Kap Ziff 3 2

[24] Vgl § 17 SpTrUG

[25] Vgl hierzu die amtliche Begründung zu § 12 SpTrUG, in der auf den Bestandsschutz der Kapitalgesellschaften, die im Handelsregister „eingetragen worden sind", abgestellt wird (BT-Drucks 12/105, S. 13) Hierzu auch Ganske, DB 1991, 791, 797. Dagegen D Mayer, DB 1991, 1609, 1614, welcher auf praktische Erwägungen abstellt Vgl hierzu auch D Mayer/Kössinger in: Widmann/Mayer, Umwandlungsrecht, SpTrUG, § 12 Rn 3252

sen.[26]

Anders verhält sich dies mit der gesamtschuldnerischen Haftung gemäß § 12 Abs. 2 Satz 1 SpTrUG. Für Spaltungen unter Zugrundelegung der UmwVO wurde im 6. Kap. unter Ziff. 3.4. aufgezeigt, daß auch hier - wie bereits Absatz 1 - Absatz 2 Satz 1 Rechtswirkungen nicht entfaltet, da aufgrund der sich als Aufspaltung darstellenden Spaltungsvorgänge sich bereits eine gesamtschuldnerische Haftung nach allgemeinen Grundsätzen ergibt. Im Falle der Spaltungen auf Basis des THG liegen die Sachverhalte jedoch anders. Hier hat sich eine Aufspaltung meist nicht vollzogen. Zum einen bestand aufgrund des gesetzlichen Umwandlungstatbestands die juristische Person Wirtschaftseinheit formgewechselt fort, ist also in ihrer Existenz als Rechtssubjekt nicht beendet worden, zum anderen bezogen die Handelnden die Wirtschaftseinheit in die Spaltung mit ein, indem auch sie - allerdings nur mit einem Teil ihres Vermögens (in der Regel vermindert um bestimmte Betriebsteile) - fortbestehen sollte. Es handelt sich somit in der Regel um Abspaltungsvorgänge,[27] bei denen sich eine gesamtschuldnerische Haftung bereits aus allgemeinen Grundsätzen - anders als im Falle der vollständigen Vermögensverteilung durch Aufspaltung - nicht herleiten läßt. Demnach begründet hier § 12 Abs. 2 Satz 1 SpTrUG die gesamtschuldnerische Haftung.[28]

4 Das Entstehen der GmbH i. A. sowie ihr Vermögenserwerb bei Umwandlung einer umwandlungsausgeschlossenen Wirtschaftseinheit

Eine ähnliche Problematik wie die Spaltungen nach dem THG werfen die Umwandlungen nach dem THG auf, bei denen zwar eine Wirtschaftseinheit in eine Kapitalgesellschaft umgewandelt werden sollte, also eine „Umwandlung 1 : 1“ vorlag, die umzuwandelnde Wirtschaftseinheit jedoch nicht dem THG unterfiel. Auch hier konnte die Kapitalgesellschaft (i. A.) in Ermangelung des Bestehens des gesetzlichen Umwandlungsvorgangs nicht mit dem 01.07.1990 entstehen, da § 11 Abs. 1 und Abs. 2 Satz 1 THG für sie nicht galt. Aus dem gleichen Grunde trat ein Vermögensübergang gemäß § 11 Abs. 2 Satz 2 THG nicht ein.

---

[26] Vgl 6 Kap Ziff 3 4

[27] Vgl zum Begriff auch § 1 Nr 2 SpTrUG

[28] A A wohl Ganske, DB 1991, 791, 797 - dort Fn. 111

Wie im 8. Kap. unter Ziff. 2.2 aufgezeigt, ist der Kreis der von der Umwandlung gemäß § 11 THG letztendlich ausgeschlossenen Wirtschaftseinheiten jedoch wesentlich kleiner als vielfach angenommen. Soweit allerdings die Wirtschaftseinheit der gesetzlichen Umwandlung durch das THG auch mit dem 03.10.1990 nicht unterlag, konnte sie gemäß § 11 Abs. 1 und Abs. 2 Satz 1 THG nicht GmbH i. A. werden. Sofern allerdings dennoch eine von außen veranlaßte Eintragung durch das Registergericht als GmbH i. A. vorgenommen wurde, ist durch sie die GmbH i. A. auch entstanden.[29]

Der Vermögenserwerb dieser Kapitalgesellschaften vollzieht sich, soweit er wirksam rechtsgeschäftlich vorgenommen wurde. Ein Vermögenserwerb gemäß § 12 SpTrUG scheidet für die nicht dem THG unterfallenden Betriebe von vornherein bereits deswegen aus, weil diese Wirtschaftseinheiten damit ohnehin nicht dem Anwendungsbereich des SpTrUG unterliegen.[30][31]

Soweit die Wirtschaftseinheit jedoch dem Anwendungsbereich des THG unterliegt, ist insofern auch eine Anwendbarkeit des § 12 SpTrUG nicht ausgeschlossen. Allerdings setzt § 12 Abs. 1 SpTrUG einen Vermögensübergang im Wege der „realen Teilung" voraus. Vom Wortlaut der Norm her darf also nicht beabsichtigt gewesen sein, das gesamte Vermögen der Wirtschaftseinheit auf das neue Rechtssubjekt zu übertragen, wenngleich auch das gesamte Vermögen der Wirtschaftseinheit von den realen Teilungen umfaßt sein kann. Von daher wäre eine Heilung über § 12 Abs. 1 Satz 1 SpTrUG ausgeschlossen.

Jedoch wird man im Wege des „Erst-recht-Schlusses" zu dem Ergebnis kommen müssen, daß auch hier ein mangelbehafteter, als Gesamtübertragung gedachter Vermögensübergang geheilt wird; denn hätten die Beteiligten sich hinsichtlich der umwandlungsausgeschlossenen Wirtschaftseinheit für eine Spaltung entschlossen, hätten die Spaltgesellschaften hier ohne weiteres das ihnen zugedachte Vermögen erworben. Es wäre jedoch ein absonderliches Ergebnis, die verteilende „Zuordnung" von Vermögen zu privilegieren, jedoch die einheitswahrende „Zuordnung" zu negieren. So liegt die eigentliche ratio legis des § 12 SpTrUG darin, im Zuge von Umwandlungen wirksam entstandene Kapitalgesellschaften, die be-

---

[29] Es sind hier die gleichen Erwägungen wie zuvor unter Ziff 2 anzustellen

[30] Das Gesetz selbst handelt gemäß seinem Titel von der Spaltung der von der Treuhandanstalt verwalteten Unternehmen § 12 Abs. 1 SpTrUG setzt voraus, daß die Wirtschaftseinheit entweder § 1 Abs 1 UmwVO oder § 1 Abs 4 THG unterlag

[31] Das Gesetz selbst handelt gemäß seinem Titel von der Spaltung der von der Treuhandanstalt verwalteten Unternehmen § 12 Abs 1 SpTrUG setzt voraus, daß die Wirtschaftseinheit entweder dem § 1 Abs 1 der UmwVO oder dem § 1 Abs 4 des THG unterlag.

reits längere Zeit im Rechtsverkehr als solche aufgetreten sind und über das ihnen zugeordnete, teilweise bereits auch schon erworbene Vermögen auch disponiert bzw. verfügt haben, mit sämtlichen ihnen zugedachten, jedoch in Ermangelung der Einhaltung des erforderlichen Übertragungswegs nicht zu Eigentum erworbenen Vermögensgegenständen zu versehen. Ob dieser heilungsbedürftige Tatbestand im Zuge von Vermögensverteilungen oder einheitlichen Übertragungen erfolgte, ist deshalb gleichgültig.

Daß dem Ganzen eigentlich ein Formwechsel zugrundeliegt, ändert an dem Ergebnis nichts. Denn zum einen besteht bei den formwechselnden Umwandlungen gemäß § 11 THG die Besonderheit, daß zusätzlich Vermögen übertragen wird, und zum anderen sollen ja auch die Spaltungen nach dem THG von der Heilung des § 12 Abs. 1 SpTrUG umfaßt werden.[31] Auch bei den dem THG unterfallenden, jedoch umwandlungsausgeschlossenen Wirtschaftseinheiten vollzieht sich daher im Falle ihrer Eintragung als Kapitalgesellschaft im Handelsregister der Vermögenserwerb gemäß § 12 Abs. 1 SpTrUG.[32]

5 Spaltung von vorerst umwandlungsausgeschlossenen Wirtschaftseinheiten

Im Falle der Wirtschaftseinheiten, die gemäß § 11 Abs. 3, 3. und 5. Anstrich THG von der Umwandlung ausgeschlossen waren, hat die Treuhandanstalt teilweise durch Neugründung von Kapitalgesellschaften - in der Regel GmbH - versucht, privatisierungsfähige Einheiten aus Teilen des Vermögens der ehemaligen Wirtschaftseinheit zu schaffen.[33] Um Spaltungsvorgänge im eigentlichen Sinne, nämlich der im Wege der Par-

---

[31] Diese lassen sich jedoch nur schwerlich als Sachgründungen und damit Vermögensübertragungen verstehen, da hier die Handelnden nicht von einer Vermögensübertragung ausgegangen sind, sondern sich der Vermögensübergang und das Entstehen der neuen Kapitalgesellschaften nach dem THG vollziehen sollte; die Wirtschaftseinheiten wurden insofern „formwechselnd" gespalten Zum dogmatischen Ansatz für eine formwechselnde Spaltung siehe 3. Kap. Ziff 3 1 2.1.2

[32] Hiergegen anscheinend von Spiessen/Gruber, VIZ 1994, 209, 210, bezogen auf organisationseigene Betriebe, jedoch verkennend, daß für diese das SpTrUG ohnehin nicht Geltung beansprucht - insofern auch nicht einschlägig AG Charlottenburg, ZIP 1992, 520 (vgl zu dieser Entscheidung bereits schon 8 Kap Ziff 1 2) Gegen eine Anwendung des § 12 Abs. 1 SpTrUG in diesen Fällen jedoch Neye, EWiR 1992, 181, 182 sowie 387, 388, wonach die Heilungsvorschrift des § 12 SpTrUG als Voraussetzung habe, daß überhaupt ein umwandlungsfähiger Rechtsträger vorhanden sei

[33] Auch hier ging die Initiative regelmäßig von den ehemaligen Betriebsdirektoren aus

tialsukzession gedachten Vermögensübertragung auf die neu gegründete GmbH im Zuge ihrer Gründung, handelt es sich – zumindest auf den ersten Blick – nicht. Die Fälle weisen jedoch Parallelen zu den Spaltungen unter Zugrundelegung der UmwVO oder des THG dadurch auf, daß zum einen der Umfang des zu übertragenden Vermögens im Gesellschaftsvertrag nicht ausreichend bestimmt wurde und zum anderen auch formgemäße Übertragungshandlungen im Falle von Grundbesitz nicht für nötig gehalten bzw. zumindest versäumt wurden. Tieferer Hintergrund hierfür ist, wie auch im Falle der Spaltungen unter Zugrundelegung der UmwVO und des THG, daß bei den Handelnden die aus dem demokratischen Zentralismus resultierende Vermögenszuweisungsbefugnis des Staates das Verständnis von dem, was nunmehr seit dem 01.07.1990 durch die Währungs-, Wirtschafts- und Sozialunion und damit auch die Übernahme einer anderen Rechtsordnung in wesentlichen Teilen von ihnen verlangt wurde, noch erheblich prägte[34] und die Einhaltung von Formalien - wenn auch materiell-rechtlich geboten - kaum Stärke der Rechtspraxis des Wirtschaftsrechts der DDR war. Auch diese Neugründungen waren daher mit den zuvor aufgezeigten, spaltungstypischen Mängeln behaftet, womit auch hier sich wiederum Heilungsfragen hinsichtlich des Vermögensübergangs auf die aufgrund Eintragung im Handelsregister entstandene Kapitalgesellschaft stellen.[35] Es ist daher auch hier zu fragen, inwieweit § 12 SpTrUG zu helfen imstande ist.

Letztlich wird man auch in diesen Fällen zu einer Anwendbarkeit des § 12 Abs. 1 SpTrUG kommen.[36] Zwar handelt es sich bei den hier vorliegenden Fällen um Neugründungen von Kapitalgesellschaften, bei denen – formal betrachtet – ein einheitlicher Vermögensübergang noch ferner liegt als im Falle von Spaltungen, jedoch ist auch hier der heilungsbedürftige Sachverhalt der gleiche. Hinzu kommt, daß die Handelnden zwar wohl nicht von einem Vermögensübergang uno actu, jedoch von einem solchen ohne das Erfordernis der Beachtung besonderer Formvorschriften ausgegangen sind. Auch hier war wohl letztendlich § 37 Abs. 6 KomVO handlungsbestimmend.

---

[34] Vgl. zu der aus dem demokratischen Zentralismus resultierenden Vermögenszuweisungsbefugnis des Staates 4. Kap Ziff 1 6; zu ihrer Bedeutung bei Spaltungen auf Grundlage der UmwVO vgl auch 6 Kap. Ziff 1

[35] Zu den Folgen nicht ausreichender Bestimmung des zu übertragenden Vermögens aus haftungsrechtlichen Gesichtspunkten vgl 13. Kap Ziff 4.1.

[36] Hiergegen jedoch D. Mayer/Vossius, Spaltung und Kapitalneufestsetzung nach dem SpTrUG und dem DMBilG, S. 3 Fn 8

11. KAPITEL

UMWANDLUNG VON WIRTSCHAFTSEINHEITEN IN KAPITALGESELLSCHAFTEN NACH DEM UNTERNEHMENSGESETZ

1 Einführung

Das Gesetz über die Gründung und Tätigkeit privater Unternehmen und über Unternehmensbeteiligungen vom 07.03.1990[1] ermöglichte in seinen §§ 17 ff. die Umwandlung ehemaliger Betriebe mit staatlicher Beteiligung sowie privater Betriebe, die auf der Grundlage des Beschlusses des Präsidiums des Ministerrats vom 09.02.1972 sowie damit im Zusammenhang stehender Regelungen in Volkseigentum übergeleitet wurden.[2]

Von der Regelung umfaßt waren weiter auch ehemalige Produktionsgenossenschaften des Handwerks, die ebenfalls auf der Grundlage des Beschlusses vom 09.02.1972 in volkseigene Betriebe übergeleitet wurden.[3] Die §§ 17 bis 19 UnternG wurden durch § 39 Nr. 10 VermG mit Wirkung vom 03.10.1990 aufgehoben und durch Regelungen im Vermögensgesetz selbst[4] ersetzt. Sie stellen kein Umwandlungsrecht im eigentlichen Sinne dar. Es handelt sich primär um Reprivatisierungsrecht mit der Zielrichtung der (Rück-) Übertragung ehemals enteigneten Vermögens auf die Berechtigten. Die Regelungen liegen daher außerhalb des Regelungsbereichs von UmwVO und THG. Sie sollen dennoch hier wegen der Besonderheit des umwandlungsrechtlichen Vorgangs kurz beleuchtet werden. Immerhin wurden auf Basis dieser Bestimmungen 1.565 Unternehmen reprivatisiert.[5]

---

[1] Gesetz über die Gründung und Tätigkeit privater Unternehmen und über Unternehmensbeteiligungen vom 07 03 1990 (GBl I S 141) geändert durch Gesetz vom 28.06 1990 (GBl I S 483) im folgenden nur: Unternehmensgesetz bzw UnternG.

[2] Abgedruckt in: Fieberg/Reichenbach (Hrsg), Enteignung und offene Vermögensfragen in der ehemaligen DDR, Band II, Ziff 3 24 ; vgl zum Enteignungsverfahren selbst auch Gräf, Handbuch der Rechtspraxis in der DDR, S 4

[3] Vgl. § 18 UnternG

[4] § 1 Abs 1 lit d) sowie § 6 VermG

[5] Vgl Nolting in: Kimme (Hrsg), Offene Vermögensfragen, VermG § 6 Rn 458

§ 19 Abs. 6 UnternG sah vor, daß die Einzelheiten der Umwandlung durch den Ministerrat zu regeln sind. Entsprechende Regelungen/Ministerratsbeschlüsse hierzu ergingen jedoch nicht, zumal alsbald das Vermögensgesetz in Sichtweite kam. Die auf Basis der §§ 17 bis 19 UnternG vorgenommenen Umwandlungsvorgänge waren, da die Regelungen lückenhaft und - zumindest auf den ersten Blick - teilweise widersprüchlich[6] gefaßt waren, fehleranfällig. Die Unternehmensrückgabeverordnung[7] bestimmte sodann in ihrem § 13 näher, welche Umwandlungen nach den §§ 17 bis 19 UnternG, die innerhalb der Geltungsdauer des Unternehmensgesetzes nicht zu einem Abschluß kamen, nach diesem Gesetz noch durchzuführen waren. Im Hinblick auf eine Vielzahl von Beurkundungsmängeln wurde im Jahr 1993 durch Ergänzung des Art. 231 EGBGB um einen Absatz 4[8] eine Heilungsvorschrift für notariell nicht beurkundete Umwandlungserklärungen erlassen.

2 Umwandlungsverfahren

Das Umwandlungsverfahren vollzog sich in zwei Schritten, zum einen in einem dem eigentlichen Umwandlungsverfahren vorgelagerten Verwaltungsverfahren über die Zulässigkeit der Umwandlung und zum anderen im Umwandlungsverfahren selbst.[9]

2.1 Entscheidung über die Umwandlung

Ob ein ehemaliger Betrieb mit staatlicher Beteiligung oder ein ehemaliger privater Betrieb, der auf der Grundlage des Beschlusses des Präsidiums

---

[6] Vgl hierzu auch BGH, VIZ 1996, 219, 220.

[7] Verordnung zum Vermögensgesetz über die Rückgabe von Unternehmen (Unternehmensrückgabeverordnung - URüV) vom 13 07 1991 (BGBl I S 1542); geändert durch Art. 5 des Gesetzes vom 04 07.1995 (BGBl I S. 895)

[8] Art 13 des Gesetzes zur Vereinfachung und Beschleunigung registerrechtlicher und anderer Verfahren (Registerverfahrensbeschleunigungsgesetz - RegVBG) vom 20 12 1993, verkündet am 24 12 1993 (BGBl. I S 2182)

[9] Vgl. zum Verfahren auch Thietz-Bartram/Pfeifer, WM 1990, Sonderbeilage zu Heft 20, S 3, 8; Petter/Schade, DB 1990, 3023; Gebhardt, BB 1990, DDR-Rechtsentwicklungen Folge 11, S. 21; Hebing, BB 1990, DDR-Rechtsentwicklungen Folge 6, S 1, 6 f.

des Ministerrats vom 09.02.1972 in Volkseigentum überführt worden war, auf Basis der §§ 17 ff. UnternG umzuwandeln war, entschied gemäß § 17 Abs. 2 Satz 1 UnternG der jeweils zuständige Rat des Bezirks auf Antrag der ehemals Berechtigten, also der privaten Gesellschafter oder Inhaber oder deren Erben (§ 17 Abs. 1 Satz 1 UnternG). Der Antrag war gemäß § 17 Abs. 2 Satz 1 UnternG innerhalb von sechs Monaten nach Inkrafttreten des Gesetzes zu stellen und vom zuständigen Rat des Bezirks innerhalb von drei Monaten zu bescheiden. Gegen die sodann getroffene Entscheidung waren Rechtsmittel gemäß §§ 20 und 21 des Gesetzes zugelassen.

Im Rahmen des Entscheidungsverfahrens über die Umwandlung war die gewählte Interessenvertretung der Beschäftigten des volkseigenen Betriebs in Anwesenheit des Antragstellers anzuhören. Das übergeordnete Organ des volkseigenen Betriebs traf eine Mitwirkungspflicht zur Ermöglichung einer zügigen Bearbeitung des Antrags. § 19 Abs. 1 Satz 2 UnternG forderte, daß über die zu übernehmenden Fonds, Verbindlichkeiten, Forderungen und Vertragsverhältnisse eine Vereinbarung zwischen dem ehemaligen volkseigenen Betrieb und der neu gegründeten Kapitalgesellschaft zu treffen ist.[10] Diese Vereinbarung war Grundlage der Entscheidung des zuständigen Rates des Bezirks hinsichtlich der Umwandlung. Wurde daher in eine Personengesellschaft oder Kapitalgesellschaft umgewandelt, mußte diese im Zeitpunkt des Abschlusses der Vereinbarung bereits bestehen. Die Existenz einer Gründungsgesellschaft reichte allerdings aus. § 17 Abs. 4 UnternG bestimmte eine Veränderungssperre für den Zeitraum der Antragsfrist von sechs Monaten bezogen auf Betriebe, die der Umwandlung nach §§ 17 ff. des Gesetzes unterfallen konnten. Die Veränderungssperre verlängerte sich im Falle eines gestellten Antrags bis zu einer Entscheidung hierüber.

2.2 Durchführung des Umwandlungsverfahrens

War sodann die Genehmigung des Rates des Bezirks erteilt, konnte die Umwandlung durch Umwandlungserklärung, welche vom volkseigenen Betrieb und dem Übernehmenden abzugeben war, durchgeführt werden. Sie war notariell zu beurkunden und bildete die Grundlage der Eintragung in das Register. § 19 Abs. 6 UnternG wies darauf hin, daß Einzelheiten der Umwandlung durch den Ministerrat zu regeln sind, was jedoch nicht geschah.[11]

---

[10] Für den Fall, daß neuer Rechtsträger eine Kapitalgesellschaft sein sollte - siehe auch § 19 Abs 5 Satz 1 UnternG

[11] Es ergingen jedoch Durchführungsverordnungen, die allerdings das eigentliche Umwandlungsverfahren nicht näher regelten -

3 Rechtsnatur des Umwandlungsvorgangs

Zur Herausarbeitung der Rechtsnatur des Umwandlungsvorgangs unter Heranziehung der Dogmatik des Umwandlungsrechts der BRD, insbesondere aber der im 3. Kapitel entwickelten Grunddogmatik des Umwandlungsrechts, soll vorab noch einmal festgehalten werden:

- Zum Zwecke der Umwandlung mußte die Kapitalgesellschaft zumindest als Gründungsgesellschaft bereits bestehen.[12]

- Zwischen der übernehmenden Rechtsperson und der übertragenden Wirtschaftseinheit war eine Vereinbarung über die zu übernehmenden Fonds, Verbindlichkeiten, Forderungen und Vertragsverhältnisse zu schließen.

- Die eigentliche Umwandlungserklärung erfolgte sodann, nachdem zuvor auch die Genehmigung des Rates des Bezirks erteilt worden war.

Das Unternehmensgesetz wie auch seine Durchführungsverordnungen bestimmten weder die Rechtsnachfolge - unabhängig davon, ob nun Vermögen im Wege der Singular-, Partial- oder Universalsukzession übertragen wurde - noch wurden Regelungen hinsichtlich des weiteren Schicksals der umgewandelten Wirtschaftseinheit - etwa hinsichtlich ihres gleichzeitigen Erlöschens oder der Durchführung eines Abwicklungsverfahrens - getroffen.

Charakteristisch für das Umwandlungsverfahren nach den §§ 17 ff. UnternG ist jedoch, daß auch hier eine Vermögensübertragung erfolgt, das Umwandlungsverfahren sich also nicht auf reine Strukturänderungen bezogen auf den Unternehmensträger, also die Wirtschaftseinheit, beschränkt. Somit kann an dieser Stelle vorerst festgehalten werden, daß

---

1 DVO zum Gesetz über die Gründung und Tätigkeit privater Unternehmen und über Unternehmensbeteiligungen vom 08.03 1990 (GBl I S 144) sowie 2. DVO zum Gesetz über die Gründung und Tätigkeit privater Unternehmen und über Unternehmensbeteiligungen vom 13 07 1990 (GBl I S 363)

[12] Siehe hierzu auch OLG Naumburg, VIZ 1996, 674; anders jedoch BGH, VIZ 1996, 219, 220, im Anschluß an Hebing, BB 1990, DDR-Rechtsentwicklungen Folge 6, S 1, 7, der darauf verweist, daß die Gründung der Gesellschaft einerseits und andererseits allerdings erst der Vollzug der Umwandlung auf Basis der Umwandlungserklärung und sodann die Eintragung der Umwandlung ins Register gemäß § 19 Abs. 5 Satz 2 UnternG eine widersprüchliche Regelung darstellten Der BGH ließ daher auch die Abgabe der Umwandlungserklärung durch eine Vorgündungsgesellschaft zu. Zur tatsächlichen Bedeutung dieser Regelung vgl sogleich nachfolgend Ziff 3 1 und 3 2

ein Formwechsel nicht beabsichtigt war. Auch hier fällt die Umwandlung daher in den Bereich der übertragenden Umwandlungen.

Dort öffnet sich jedoch ein weites Feld, welches den gesamten Bereich der Umwandlungen außerhalb des Formwechsels abdeckt.[13] Welcher spezielle Umwandlungsfall sodann vorliegt, ergibt sich im weiteren bei Betrachtung des neuen Rechtsträgers zum einen (Rechtssubjektsbereich)[14] und des Umfangs des übertragenen Vermögens (Vermögensbereich) zum anderen.[15]

3.1 Rechtssubjektsbereich

Die §§ 17 bis 19 UnternG ließen dem Rechtsanwender hinsichtlich der Rechtsnatur des am Umwandlungsvorgang beteiligten Rechtssubjekts einen ausgesprochen weiten Spielraum. Zielrechtsträger konnten Personengesellschaften, aber auch natürliche Personen sein.[16] Hierbei mußte es sich noch nicht einmal um nur eine Person handeln, denkbar war auch - und die Praxis griff auf diese Gestaltungsmöglichkeit vielfach zurück -, daß zwei Zielrechtsträger auftraten, da das „neue Unternehmen" in Besitz- und Betriebsgesellschaft aufgeteilt werden sollte. Weiter war es nicht zwingend, daß der oder die Zielrechtsträger erst im Zuge des Umwandlungsverfahrens entstanden. Teilweise wurden auch Bargründungen von Kapitalgesellschaften vorgenommen, die sodann das zu reprivatisierende Vermögen übernahmen. Bereits an dieser Gestaltungsvielfalt zeigt sich, daß letztendlich sich bei exakter Betrachtung ein Widerspruch zwischen § 19 Abs. 5 Satz 1 UnternG zum einen und seinem Satz 2 zum anderen nicht ausmachen läßt,[17] denn die Existenz bzw. das Entstehen des übernehmenden Rechtsträgers vollzog sich teilweise unabhängig vom weiteren Verfahren gemäß § 19 UnternG. So ist auch die Eintragung der Umwandlung im Register gemäß § 19 Abs. 5 Satz 2 UnternG als solche beim Worte zu nehmen. Eine Eintragung einer damit sogleich entstehenden Kapitalgesellschaft ist damit nicht zwingend verbunden. Diese konnte bereits schon zuvor existent geworden sein.

---

[13] Umwandlungsbegriff im weitesten Sinne - vgl hierzu auch 3 Kap Ziff 1

[14] Sub 2.1

[15] Sub. 2 2

[16] Siehe § 17 Abs 1 Satz 1 UnternG.

[17] Siehe jedoch die in Fn 12 Genannten

Schließlich war mit der Umwandlung, also der Übertragung von Vermögen der Wirtschaftseinheit auf einen oder mehrere andere Rechtsträger, nicht auch zwingend ein Erlöschen der alten Wirtschaftseinheit verbunden. Die Frage der Fortexistenz der alten Wirtschaftseinheit hing vielmehr vom Umfang der Vermögensübertragung ab.

3.2 Vermögensbereich

Hinsichtlich des Umfangs des zu übertragenden Vermögens eröffneten die §§ 17 bis 19 UnternG den Beteiligten einen Verhandlungsspielraum.[18] Es mußte also nicht das gesamte Vermögen der Wirtschaftseinheit übernommen werden, bestimmte Vermögensgegenstände konnten bei der Wirtschaftseinheit verbleiben und mußten dies sogar, soweit es sich um Grund und Boden handelte, der nicht Eigentum des ehemaligen Betriebes mit staatlicher Beteiligung oder des privaten Inhabers war.[19] In der Regel wurde in Anwendung der §§ 17 bis 19 UnternG auch nur ein Teil des Vermögens der Wirtschaftseinheit übertragen. Diese bestand somit weiter. Mit der Umwandlung selbst war jedoch bezweckt, daß das zu übertragende Vermögen einheitlich[20] übergeht. Maßgeblich für den Umfang des Vermögensübergangs war die zu schließende Vereinbarung, die das zu übertragende bzw. zu übernehmende Vermögen sowohl positiv als auch negativ umschreiben konnte. Es konnte somit einerseits das zu übertragende Vermögen wie im Falle der Umwandlung eines einzelkaufmännischen Unternehmens aufgeführt werden, andererseits konnten jedoch auch nicht zu übernehmende Vermögensgegenstände aufgeführt werden, womit jegliches sonstige Vermögen und auch jegliche sonstigen Vertragsverhältnisse übergingen. Grundlage hierfür war die zu schließende „Vereinbarung". Entsprechende Formulare waren beim Rat des Bezirks erhältlich.[21]

---

[18] Vgl auch Nolting in: Kimme (Hrsg), Offene Vermögensfragen, VermG, § 6 Rn. 463; Horn, Das Zivil- und Wirtschaftsrecht im neuen Bundesgebiet, S 993, Gebhardt, BB 1990, DDR-Rechtsentwicklungen Folge 11, S 21

[19] Vgl hierzu § 4 der 1 DVO zum UnternG

[20] Also im Wege der Partial- oder Universalsukzession (vgl hierzu 3 Kap. Ziff 3 2)

[21] Diese Formulare gingen grundsätzlich von einer negativen Umschreibung des zu übernehmenden Vermögens aus; nicht zu übernehmende Vermögensgegenstände bzw Vertragsverhältnisse waren daher aufzuführen; siehe auch Lindner, Der Übergang des Rechts der Wirtschaft von der Plan- zur Marktwirtschaft in Ostdeutschland, S 160 Diese „Vereinbarung" wurde sodann vielfach auch als die Umwandlungserklärung angesehen – eine notarielle Beurkundung unterblieb sodann (vgl hierzu Art. 231 § 7 Abs. 4 EGBGB)

3.3 Ergebnis

Von einer einheitlichen Rechtsnatur des Umwandlungsverfahrens, welches die §§ 17 bis 19 UnternG ermöglichten, kann somit nicht die Rede sein. §§ 17 bis 19 UnternG eröffneten dem Rechtsanwender ein breites Spektrum von Umwandlungsmöglichkeiten innerhalb der übertragenden Umwandlung, bei der jedoch die Vermögensübertragung selbst sich einheitlich im Wege der gesetzlich zugelassenen Partialsukzession bzw. in Ausnahmefällen der Universalsukzession vollzog.[22]

[22] Die Einordnung des Umwandlungsverfahrens gemäß §§ 17 bis 19 UnternG erfolgt unterschiedlich Das OLG Naumburg, VIZ 1996, 674, spricht allgemein von einer übertragenden Umwandlung So auch Heinrichs in: Palandt, Bürgerliches Gesetzbuch, EGBGB, Art 231, § 7 Rn 6 und Staudinger/Rauscher (1996), EGBGB, Art 231 § 7 Rn. 26 Gebhardt, BB 1990, DDR-Rechtsentwicklungen, Folge 11, S 21, spricht von einer Umwandlung „eigener Art"; ebenso Nolting in: Kimme (Hrsg), Offene Vermögensfragen, VermG, § 6 Rn 459 („neue eigentümliche Form der Umwandlung"); Lindner, Der Übergang des Rechts der Wirtschaft von der Plan- zur Marktwirtschaft in Ostdeutschland, S 161, unterscheidet zwei Fallgruppen, zum einen die der errichtenden Umwandlung, zum anderen die der Umwandlung sui generis; Gutbrod, GmbHR 1993, 622, 624, schließlich meint, es handele sich hierbei um eine Neugründung, nicht eine Umwandlung, und verweist hierbei auf LG Berlin, Urteil vom 22 07.1992, 98 T 22/92 (unveröffentlicht); ähnlich von Spiessen/ Gruber, VIZ 1994, 209, 211, die jedoch von Sach- und Bargründungen sprechen.

12. KAPITEL

ABGRENZUNG DER UMWANDLUNGEN NACH DER UMWANDLUNGSVERORDNUNG, DEM TREUHAND-GESETZ SOWIE DEM UNTERNEHMENSGESETZ

1 Einführung

Die Tatsache, daß das THG keinerlei Regelungen hinsichtlich der Weitergeltung der UmwVO oder auch nur eine Übergangsregelung hinsichtlich der bereits nach der UmwVO eingeleiteten Umwandlungsmaßnahmen enthielt, führte dazu, daß sich mit Inkrafttreten des THG eine Vielzahl von Abgrenzungsproblemen zwischen THG einerseits und UmwVO andererseits ergaben. Eine Vielzahl von Umwandlungen nach der UmwVO wurden durch die Registergerichte noch bis weit in den Herbst des Jahres 1990 hinein als solche behandelt, unabhängig davon, ob sie durch Stellung des Eintragungsantrags vor dem 01.07.1990 und damit bereits vor Inkrafttreten des THG und der mit ihm einhergehenden gesetzlichen Umwandlung der hierunter fallenden Wirtschaftseinheiten zum 01.07.1990 zu diesem Zeitpunkt mit der nach der UmwVO vorgenommenen Umwandlung bereits befaßt waren. Gerade in diesen Fällen stellte sich die Frage, ob denn die als nach der UmwVO entstanden bzw. gegründet eingetragenen Kapitalgesellschaften - in der Regel GmbH - tatsächlich das geworden sind, was man sich von ihnen versprach, nämlich der Rechtsnachfolger der seinerzeitigen Wirtschaftseinheit.[1]

Kaufreuige Erwerber solchermaßen eingetragener Gesellschaften verfielen hier zum Teil auf den Gedanken, die Treuhandanstalt habe ihnen das versprochene Unternehmen nicht verschafft. Andererseits veräußerte die Treuhandanstalt die Geschäftsanteile dieser Wirtschaftseinheiten als in ihrer Anteilsinhaberschaft stehend, auch wenn es sich um einem Kombinat zugehörige volkseigene Betriebe handelte, deren Anteilsinhaber bei Geltung des THG gemäß dessen § 12 das Kombinat wurde. Diejenigen, die in der Umwandlung nach der UmwVO eine gerade im Hinblick auf die hierdurch eingegangene Einlageverpflichtung der Treuhandanstalt wie auch die hieraus resultierenden Haftungskonsequenzen[2] eine qualitativ

[1] Siehe zu den vielfältigen Kontroversen Badestein, WR 1993, 258

[2] Vgl hierzu sogleich 13 Kap

völlig andere Umwandlung sahen, verfolgten zum Teil Einlageansprüche gegen die Treuhandanstalt und stützten sich hierbei auf die Behauptung, die Treuhandanstalt sei insbesondere im Hinblick auf einzubringendes Gebäudeeigentum[3] die Erfüllung der ihrerseits eingegangenen Verpflichtungen schuldig geblieben.[4]

Nahm das THG zum weiteren Schicksal der UmwVO nicht ausdrücklich Stellung,[5] so ergab sich jedoch mittelbar eine Kollisionsregelung, indem § 20 Abs. 2 THG bestimmte, daß diejenigen Wirtschaftseinheiten, die einen Antrag auf Umwandlung und die dazu erforderlichen Unterlagen ordnungsgemäß bei der Treuhandanstalt vor Inkrafttreten dieses Gesetzes eingereicht haben, die Anforderungen gemäß § 20 Abs. 1 THG - Vorlagepflicht der Wirtschaftseinheit zur Durchführung des Nachgründungsverfahrens - erfüllt hätten. Mit Beschluß des Ministerrats 26/I.4/90 vom 17.08.1990 über die Aufhebung der Verordnung vom 01.03.1990 zur Umwandlung von volkseigenen Kombinaten, Betrieben und Einrichtungen in Kapitalgesellschaften[6] sollte sodann diese aufgehoben werden, allerdings war nach dem Beschluß die Aufhebung im Gesetzblatt bekanntzumachen. Diese Bekanntmachung ist jedoch nie erfolgt. Die Beschlußvorlage selbst stammte aus dem Hause der Treuhandanstalt. Sie wurde damit begründet, daß sie aufgrund des Gesetzes zur Privatisierung und Reorganisation des volkseigenen Vermögens - Treuhandgesetz - notwendig sei.[7]

---

[3] Vgl zum Inhalt der Einbringung der Fondsinhaberschaft ausführlich 5. Kap Ziff 4 1

[4] So der der Entscheidung des II Zivilsenats des BGH, ZIP 1998, 86, zugrundeliegende Sachverhalt

[5] Auch der der Volkskammer zugeleitete Entwurf sah keine Aufhebung der UmwVO vor; vgl. Beschluß des Ministerrats 10/16/90 vom 06 07 1990 über den Entwurf zum Gesetz zur Privatisierung und Reorganisation des volkseigenen Vermögens - THG (unveröffentlicht - BArch Berlin, DC 20 MR I/3, 2974 - 2381)

[6] Unveröffentlicht - BArch Berlin, DC 20 MR I/3, 3050 - 3055

[7] So das Schreiben des Vorstandsmitglieds Krause der Treuhandanstalt vom 09.08.1990 (a a O – Fn 6) an den Minister im Amt des Ministerpräsidenten Reichenbach Die Begründung zum Beschluß lautet wie folgt:

> „Mit der Verordnung vom 01 März 1990 zur Umwandlung von volkseigenen Kombinaten, Betrieben und Einrichtungen in Kapitalgesellschaften wurde der Prozeß der Vorbereitung der volkseigenen Betriebe und Kombinate auf die soziale Marktwirtschaft und der Sicherung ihrer Wettbewerbsfähigkeit durch Umwandlung dieser Betriebe in Kapitalgesellschaften eingeleitet.
>
> Auf der Grundlage dieser Verordnung wurden durch die Treuhandanstalt ca 3600 Betriebe umgewandelt
>
> Um zu sichern, daß mit der Einführung der Währungs-, Wirtschafts- und Sozialunion alle bisherigen volkseigenen Betriebe der sozialen Marktwirtschaft gerecht werden, ist mit dem am 17 Juni 1990 von der Volkskammer beschlossenen Gesetz zur Privatisierung und Reorganisation des volkseigenen Vermögens festgelegt, daß die bis zum 01 Juli

Anlage II zum EVertr führt die UmwVO nicht mehr auf. Diese gehört damit nicht mehr zu dem gemäß Art. 9 EVertr fortgeltenden Recht der DDR.

2 Meinungsstand

Die zur Abgrenzung zwischen UmwVO und THG[8] vertretenen Meinungen lassen sich in drei Gruppen, hierbei mit allerdings zum Teil unterschiedlicher Begründung innerhalb der jeweiligen Gruppe, unterteilen.

Zum einen wurde vertreten, daß die für ihr Wirksamwerden der Eintragung im Handelsregister bedürfenden Umwandlungen nach der UmwVO mit dem 01.07.1990 nicht mehr möglich waren. Unabhängig vom Stand des Umwandlungsverfahrens nach der UmwVO sei die Wirtschaftseinheit mit dem 01.07.1990 in Anwendung des THG GmbH i. A. oder AG i. A. geworden.[9] Weiter sind diejenigen zu erwähnen, die im Falle des Eingangs des Eintragungsantrags beim Registergericht vor dem 01.07.1990 von einer weiteren Geltung der UmwVO für das Umwandlungsverfahren und damit einer Sperrwirkung hierdurch hinsichtlich der Anwendbarkeit des treuhandgesetzlichen Umwandlungsverfahrens ausgingen[10] und schließ-

---

> 1990 noch nicht in Kapitalgesellschaften umgewandelten volkseigenen Betriebe und Kombinate ab diesem Zeitpunkt kraft Gesetzes Aktiengesellschaften und Gesellschaften mit beschränkter Haftung sind
>
> Gleichzeitig werden mit diesem Gesetz die wesentlichen Vorschriften für die Umwandlung der volkseigenen Betriebe und Kombinate in Kapitalgesellschaften geregelt Die Verordnung vom 01 März 1990 ist damit gegenstandslos geworden und somit mit sofortiger Wirkung aufzuheben "

Die Aufhebung hätte somit hiernach deklaratorischen Charakter gehabt.

[8] Zur Abgrenzung zum UnternG vgl nachfolgend Ziff. 4.

[9] So zum Beispiel Horn, Das Zivil- und Wirtschaftsrecht im neuen Bundesgebiet, S 781; Purwiens, VIZ 1991, 41, 42; de Weerth, DB 1994, 1405; Gutbrod, GmbHR 1993, 622, 625; Maskow/Hoffmann, BB 1990, Deutsche Einigung - Rechtsentwicklungen, Folge 17, S 1 ff.; Küting, FS Forster, S 321, 323, Targan; DB 1990. 3060, 3061; Bleckmann/Erberich in: Rädler/ Raupach/Bezzenberger (Hrsg), Vermögen in der ehemaligen DDR, Teil 2, C Rn 35; Busche in: Rechtshandbuch Vermögen und Investitionen in der ehemaligen DDR, B 200, THG, § 23 Rn 2 sowie K Schmidt in: Scholz, GmbHG - Kommentar, § 11 Rn. 209 Unentschlossen Vossius, DDR-spezial 51 – 52/91, S 1, 2. In der Rechtsprechung mußten sich insbesondere die Finanzgerichte mit dieser Frage befassen; vgl nur FinG Mecklenburg-Vorpommern, GmbHR 1995, 605, und 1996, 146, Der gleichen Auffassung BMF, Schreiben vom 03 05 1991, BStBl 1991, 506.

[10] So zum Beispiel D Mayer/Vossius, Spaltung und Kapitalneufestsetzung nach dem SpTrUG und dem DMBilG, S 2 (Fn. 4); Targan, DB 1990, 3060, 3061; Schmidt-Habersack in: Kimme (Hrsg.), Offene Vermögensfragen, THG, § 23 Rn 3 sowie auch

lich *Badestein*, der einen Umwandlungsbeschluß vor dem 01.07.1990 genügen ließ.[11]

3 Rechtstatsächlicher Befund - Stellungnahme

Aus der - zumindest formell - parallelen Weitergeltung der UmwVO neben dem THG über den 01.07.1990 hinaus und der Handhabung der Praxis, Umwandlungen nach der UmwVO als solche auch nach dem 01.07.1990 noch zu vollziehen, ergeben sich für den Rechtsanwender eine Vielzahl von Problemen, deren Lösung bei Entscheidung über das Verhältnis zwischen UmwVO und THG mit ins Auge gefaßt werden muß. Insofern verbietet sich eine rein dogmatische Lösung, soweit diese nicht imstande ist, dem gesetzgeberischen Ziel des THG, das zumindest mit dem 01.07.1990 primäre Geltung beanspruchte, gerecht zu werden. Diese Zielstellung des THG bestand zum einen darin, zum 01.07.1990 sämtliche Wirtschaftseinheiten, soweit sie nicht ausdrücklich von einer Umwandlung ausgeschlossen waren, in Kapitalgesellschaften umzuwandeln, und damit eine Vereinheitlichung der Arten der Rechtssubjekte beider deutscher Staaten herbeizuführen.[12] Gleichzeitig war es zum anderen sicherlich nicht Absicht des Gesetzgebers des THG, durch eine eventuelle Ablösung der UmwVO durch das THG mit dem 01.07.1990 bezogen auf bereits erklärte Umwandlungen nach der UmwVO die hierunter fallenden Wirtschaftseinheiten als Rechtssubjekte im Hinblick auf die bereits entstandenen Gründungsgesellschaften zu duplizieren und für die Zukunft einen Streit darüber entstehen zu lassen, welche Gesellschaft nun tatsächlich Rechtsnachfolgerin der Wirtschaftseinheit ist und insbesondere, welche Gesellschaft ihr Vermögen erworben hat.

Denn das mit der Umwandlungserklärung auf den Weg gebrachte Umwandlungsverfahren nach der UmwVO führte aufgrund der hierin enthaltenen Errichtung einer AG oder GmbH[13] zum Entstehen einer Vorgesell-

---

Weimar, THG, § 11 Rn 2 sowie § 23 Rn. 1 und 27

[11] Badestein, a. a. O. (Fn 1) Hierbei dürfte Badestein mit „Umwandlungsbeschluß" die notariell zu beurkundende Umwandlungserklärung meinen (zum Umwandlungsverfahren nach der UmwVO vgl 5 Kap Ziff. 3.)

[12] Vgl hierzu 7 Kap. Ziff 1

[13] Zum Verhältnis zwischen Umwandlungsgründungsgesellschaft und Wirtschaftseinheit vgl. 5 Kap Ziff. 5

schaft. Diese bestand fortan neben der Wirtschaftseinheit. Erst mit der Eintragung der Umwandlung im Register der volkseigenen Wirtschaft erlosch die Wirtschaftseinheit, ihr Vermögen ging auf die sodann auch mit der Eintragung dem Gründungsstadium entrückende und entstehende GmbH oder AG über. War das Umwandlungsverfahren in Ermangelung der Eintragung zum 01.07.1990 noch nicht abgeschlossen, stellt sich damit die Frage, ob auf diese Wirtschaftseinheiten das THG mit der Folge einer Umwandlung zum 01.07.1990 anzuwenden ist und, wenn ja, was hier durch § 11 Abs. 1 und Abs. 2 Satz 1 THG umgewandelt wird. Ist es die Wirtschaftseinheit, also der volkseigene Betrieb oder das Kombinat, ist es die bereits entstandene Vorgesellschaft, sind es beide Rechtssubjekte, die damit beide Kapitalgesellschaften i. A. werden oder werden durch das THG beide Rechtssubjekte zum 01.07.1990 wieder zu einem einheitlichen Rechtssubjekt zusammengeführt?

Vielfach wurde hierzu die Auffassung vertreten, es sei die Vorgesellschaft, die sodann der Umwandlung nach dem THG unterliege.[14] Diese ist jedoch vermögenslos, Vermögensinhaber ist die Wirtschaftseinheit. Sie ist damit auch das zum 30.06.1990 noch bestehende Rechtssubjekt, welches sodann zum 01.07.1990 Kapitalgesellschaft werden soll. Hierbei gilt es allerdings zu vermeiden, zwei Kapitalgesellschaften zur Entstehung zu bringen, zum einen eine aus der Vorgesellschaft, zum anderen eine aus der Wirtschaftseinheit.[15] Dieses ungewollte Entstehen zweier Kapitalgesellschaften bzw. einer Kapitalgesellschaft und einer Vorgesellschaft mag man dadurch verhindern, daß die Eintragung der nach der UmwVO entstandenen Vorgesellschaft nicht mehr weiterverfolgt wird und daher die Vorgesellschaft auch sogleich liquidiert und nicht mehr existent ist bzw. daß man mit der sodann erfolgten Eintragung der auf Basis der UmwVO gegründeten Gesellschaft von einer Identität sowohl der zum 01.07.1990 entstandenen Kapitalgesellschaft i. A. wie auch der sodann eingetragenen Kapitalgesellschaft,[16] also faktisch von einer Verschmelzung, ausgeht. Die These der einheitlichen Rechtsnachfolge aufgrund Eintragung im Handelsregister scheitert jedoch dann, wenn nach dem THG ein anderer Typus von Kapitalgesellschaft entstanden ist, als es nach der Umwandlung gemäß der UmwVO beabsichtigt war.[17] Dies wäre zum Beispiel dann der Fall, wenn nach der UmwVO das Kombinat hat GmbH werden sollen, obwohl es nach dem THG nur hat AG werden können.

---

[14] Vgl. nur Purwins, VIZ 1991, 41, 42; Weimar, ZIP 1992, 73, 80; Jürgens, DB 1990, 3162; de Weerth, DB 1994, 1405, 1407

[15] So vom Grundsatz her auch Weimar, ZIP 1992, 73, 80; Gutbrod, GmbHR 1993, 622, 626

[16] Zu beiden Fällen siehe Gutbrod, a a O (Fn 15)

[17] So auch Weimar und Gutbrod, a a O (Fn 15)

Der II. Zivilsenat des Bundesgerichtshofes hat offenbar all diese für die Praxis unerwünschten Probleme gesehen und sie mit seiner Entscheidung vom 02.10.1997[18] zu vermeiden gewußt. Hiernach hatte die UmwVO nach dem Grundsatz lex posterior derogat legi priori mit Ablauf des 30.06.1990 im Hinblick auf das Inkrafttreten des THG zum 01.07.1990 ihre Schuldigkeit[19] getan. Jedoch tat sie dies nicht deswegen, weil mit dem 01.07.1990 die bereits eingeleiteten Umwandlungsvorgänge nach dem THG - allerdings sodann sogleich mit dem Entstehen einer Kapitalgesellschaft i. A. - von vorne begannen, sondern weil das THG den Umwandlungsvorgang nach der UmwVO verkürzte.

Nach Auffassung des II. Zivilsenats entstand mit dem 01.07.1990 aus der Vorgesellschaft aufgrund der gesetzlichen Umwandlung nach dem THG eine juristische Person,[20] womit es auf das Eintragungserfordernis zur Beendigung des Umwandlungsverfahrens gemäß § 7 UmwVO nicht mehr ankam. Soweit bei Erfüllung aller sonstigen Voraussetzungen nach der UmwVO es jetzt nur noch an der Eintragung fehlte, war diese - jedoch ohne Belang für das Entstehen der juristischen Person - noch auszuführen. Ein Nebeneinander einer Gründungsgesellschaft und einer Kapitalgesellschaft i. A. entstand damit mit dem 01.07.1990 nicht.

Diese Entscheidung überzeugt in ihrer Stringenz und sogleich auch der Einfachheit der dogmatischen Konstruktion. Eine Duplizität der Rechtssubjekte im Falle von Umwandlungen nach der UmwVO, die ihr Ende mit dem 30.06.1990 noch nicht gefunden hatten, wird vermieden. Aufwendige dogmatische Konstruktionen, um ein Ende dieser Duplizität herbeizuführen, werden nicht beansprucht.[21] Sollte jedoch nach der UmwVO ein Kombinat in eine GmbH umgewandelt werden und ist auch die GmbH sodann im Handelsregister eingetragen worden, wäre die Eintragung fehlerhaft. Praktische Relevanz dürfte diese mögliche Konstellation jedoch nicht besitzen, da Kombinate in der Praxis der Handhabung der Umwandlung nach der UmwVO grundsätzlich in AG umgewandelt wurden.

---

[18] a. a O (Fn 4)

[19] Dies entspricht der Begründung der Beschlußvorlage der Treuhandanstalt zur Aufhebung der UmwVO – siehe Fn. 7

[20] Vgl. zur Rechtsnatur der Gesellschaften i. A 7. Kap Ziff 5

[21] Bei dieser Entscheidung zeigt sich im übrigen, daß zur Beantwortung der Frage, welche Wirtschaftseinheiten nach dem THG umgewandelt wurden, nicht auf deren Eintragung im Register der volkseigenen Wirtschaft abgestellt werden kann, denn die aus der nach der UmwVO eingeleiteten Umwandlung entstandene Vorgesellschaft war dies nicht

4 Abgrenzung zum Unternehmensgesetz

Zwischen UmwVO und UnternG ergeben sich grundsätzlich keine Abgrenzungsprobleme. Dies liegt daran, daß es sich in beiden Fällen um gewillkürte Umwandlungsvorgänge handelt und die Praxis es trotz Vorkommens einer Vielzahl von Absonderlichkeiten[22] im Falle von Umwandlungen nach UmwVO und THG es nicht so weit trieb, daß ein Unternehmen parallel nach UmwVO und UnternG umgewandelt wurde.[23] Anders verhält sich dies jedoch zwischen UnternG und THG. Zum einen war der Zweck des Umwandlungsverfahrens gemäß den §§ 17 bis 19 UnternG ein anderer als der des THG, zum anderen wurde für bereits hiernach begonnene Umwandlungsverfahren in § 13 URüV eine Übergangsregelung geschaffen.[24] Schon daher ergibt sich somit, daß eine Kollision zwischen Umwandlung nach dem THG einerseits und Umwandlungen nach dem UnternG andererseits, soweit diese mit dem 30.06.1990 noch nicht beendet waren, nicht zu Lasten der Umwandlung nach dem UnternG gelöst werden können. Weiter ergeben sich echte Kollisionsfälle auch nur dann, wenn nach den §§ 17 bis 19 UnternG das gesamte Vermögen der Wirtschaftseinheit übergehen sollte, diese also mit der Umwandlung ihr Ende finden sollte. War dies nicht der Fall, mußte ohnehin die Wirtschaftseinheit als „Vermögensträger" des nicht übertragenen Vermögens erhalten bleiben. Die nach dem UnternG eingeleitete Umwandlung schloß also die zum 01.07.1990 eintretende Umwandlung nach dem THG nicht aus, vielmehr vollzog sich diese ohne weiteres, konnte allerdings sodann auch den Fortgang der Umwandlung nach dem UnternG und dem hiermit verbundenen Vermögenserwerb nicht beeinflussen. Soweit das gesamte Vermögen der Wirtschaftseinheit im Zuge des Umwandlungsverfahrens nach den §§ 17 bis 19 UnternG übergehen sollte, das Umwandlungsverfahren jedoch mit dem 30.06.1990 noch nicht abgeschlossen war, trat auch hier eine Umwandlung der Wirtschaftseinheit gemäß § 11 THG zum 01.07.1990 ein. Mit Beendigung des Umwandlungsverfahrens nach dem UnternG wurde diese sodann vermögenslos.[25]

---

[22] Vgl 6 und 10. Kap

[23] Zumindest sind solche Fälle nicht bekannt geworden.

[24] Hier allerdings in Abgrenzung zu den Bestimmungen des Vermögensgesetzes und der URüV – vgl. hierzu auch 11. Kap. Ziff. 1.

[25] Ob zur Beendigung ihrer Existenz als juristische Person sodann allerdings eine Löschung im Handelsregister erforderlich war, wenn sie zuvor ihre Eintragung als Kapitalgesellschaft i. A. dort erfahren hat, wird, auch wenn man hier der neueren Lehre vom „Doppeltatbestand" folgt, zu bezweifeln sein. Denn war die Eintragung im Handelsregister für ihr Entstehen nicht konstitutiv, so bedarf es auch für ihre Vollbeendigung keines actus contrarius der Löschung im Register

13. KAPITEL

HAFTUNGSFRAGEN

1 Einführung

Die Frage der Haftung der Umwandlungsbeteiligten,[1] insbesondere der Treuhandanstalt als Gesellschafterin der aus Umwandlungsmaßnahmen[2] entstandenen Kapitalgesellschaften, hat bereits unmittelbar nach Inkrafttreten von UmwVO und THG[3] die Diskussion über die Umwandlung der Wirtschaftseinheiten in Kapitalgesellschaften begleitet. Die literarische Auseinandersetzung mit ihr erlebte sodann ihren Höhepunkt in den Jahren 1991 und 1992.[4] Auf eine weitestgehende obergerichtliche Klärung mußte die Rechtspraxis jedoch bis zur Rechtskraft der Entscheidung des OLG Dresden vom 04.08.1994[5] durch Nichtannahmebeschluß des Bundesgerichtshofs[6] warten. Man wird sie nunmehr - auch im Hinblick auf zahlreiche Änderungen und Ergänzungen des DMBilG - wohl als im wesentlichen geklärt bezeichnen können, einige Detail- und dogmatische Fragen sind es jedoch noch nicht. Nachfolgend soll daher am Beispiel der in eine GmbH umgewandelten Wirtschaftseinheit versucht werden herauszuarbeiten, welche Haftungsnormen hier grundsätzlich nach der Dog-

---

[1] Handelnde, Geschäftsführer bzw. Betriebsdirektoren und Gesellschafter (Treuhandanstalt).

[2] Umwandlungen nach der UmwVO, dem THG, aber auch Spaltungen.

[3] So z B schon bereits Jürgens, DB 1990, 3162.

[4] Vgl nur Ulmer, ZHR 155 (1991), 93, 95; ders in: Hommelhoff (Hrsg), Treuhandunternehmen im Umbruch, S 39; K Schmidt, GmbHR 1992, 570; ders. in: Scholz, GmbHG - Kommentar, § 11 Rn. 186 ff.; Timm, ZIP 1991, 416; Timm/Schöne, ZIP 1992, 969; Priester, Gesellschaftsrechtliche Überlegungen in den neuen Bundesländern, in: Bericht über die IDW-Fachtagung in Berlin 1991, S 81, 98; Lutter/Hommelhoff, GmbHG - Kommentar, § 11 Rn. 14 ff.; Horn, Das Zivil- und Wirtschaftsrecht im neuen Bundesgebiet, 1 Auflage, S 351; ders in: FS Kellermann, 1991, S 208; Purwins, VIZ 1991, 41; Weimar, GmbHR 1991, 507; ders. BB 1990, Deutsche Einigung – Rechtsentwicklungen, Folge 22, S. 12; ders., Nachprivatisierungsprobleme, S 142 ff ; Weimar/Bartscher, ZIP 1991, 69

[5] DZWiR 1995, 114; vgl hierzu auch die Besprechung von Hommelhoff/Spoerr, DZWir 1995, 89

[6] Nichtannahmebeschluß vom 13 11.1995 – II ZR 218/94

matik des jeweils geltenden Umwandlungsrechts[7] zur Anwendung zu kommen haben[8] und welche Besonderheiten für die Wirtschaftseinheiten der DDR aufgrund der Bestimmungen des DMBilG gelten.[9] Sodann werden im einzelnen die Haftungsfragen bei Umwandlungen nach der UmwVO, dem THG wie auch bei Spaltungen betrachtet.[10]

2 GmbH-Haftungsrecht und Umwandlungsverfahren

2.1 Errichtung von GmbH im Zuge des Umwandlungsverfahrens

Soweit zur Durchführung von Umwandlungsmaßnahmen eine GmbH neu errichtet wird, gilt für die Haftung der Umwandlungsbeteiligten grundsätzlich das GmbHG.[11] Denn die Errichtung im Zuge eines Umwandlungsvorgangs ändert nichts daran, daß die GmbH neu entsteht und daher Anlaß für den Schutz des Rechtsverkehrs in gleicher Weise wie im Falle der Errichtung einer GmbH ohne Umwandlungsbezug besteht. Die Tatsache, daß es sich um einen Umwandlungsvorgang handelt, wirkt grundsätzlich nur insofern, als eine einheitliche Vermögensübertragung vorgenommen

---

[7] Vgl hierzu bereits 3 Kap

[8] Sub 2

[9] Sub. 3.

[10] Sub. 4 Allerdings beschränkt auf die Fragen der Haftung bei nicht ausreichender Bezeichnung der Sacheinlage gemäß § 5 Abs 4 Satz 1 GmbHG, der Vorbelastungshaftung im Sinne von BGHZ 80, 129 (zur weiteren Entwicklung in der Rechtsprechung des BGH siehe auch Kleindiek, ZGR 1997, 427 ff.) und der Differenzhaftung gemäß § 9 GmbHG Zum darüber wesentlich weiter hinausgehenden Spektrum möglicher Haftungsverhältnisse vgl insbesondere Ulmer, Gläubigerschutz bei Treuhandunternehmen, a a. O. (Fn. 4), S 40 Zur Unterkapitalisierung vgl nur Lutter, Finanzausstattung der Treuhandgesellschaften, in: Hommelhoff (Hrsg.), Treuhandunternehmen im Umbruch, S 61. Siehe ferner auch die Thesen der Treuhandanstalt (bzw ihres damaligen Direktors Recht, Balz) zu Haftungsfragen, ZIP 1992, 446

[11] Die Verneinung einer Vorbelastungshaftung (vgl nur K. Schmidt in: Scholz, GmbHG - Kommentar, § 11 Rn 125 sowie Karollus in: Lutter (Hrsg), UmwG - Kommentar, § 159 Rn 31; aber auch Ulmer, Gläubigerschutz bei Treuhandunternehmen, a. a O - Fn. 4, S. 47) erfolgt nur deswegen, weil die Umwandlungsvorgesellschaft noch über keinerlei Vermögen verfügt, dieses vielmehr noch beim übertragenden Rechtssubjekt liegt. Zur Frage der Haftung und Vertretungsbefugnis bei der Umwandlungsvorgesellschaft vgl auch Ihrig, GmbHR 1995, 622

wird und hierbei das übertragende Rechtssubjekt ohne komplizierten Liquidationsvorgang in seiner Existenz beendet werden kann.[12]

Diese soeben dargestellte Erkenntnis der grundsätzlichen Geltung des GmbHG für die Haftung der Umwandlungsbeteiligten im Falle errichtender Umwandlungen mag profan erscheinen, doch sollte sie es tatsächlich bei Erörterung umwandlungsbezogener Haftungsfragen sein, so wird doch oft hinsichtlich dieser Erkenntnis an ihr vorbeigegangen.[13] Auch wenn bei sodann genauer Betrachtung möglicher Haftungsverhältnisse wiederum Einschränkungen zu machen sind, kann auf sie als „dogmatischer Ausgangspunkt“ bei Beantwortung sich stellender Haftungsfragen nicht verzichtet werden.

Von diesem Grundsatz eine Ausnahme zu machen, ließe sich jedoch unter Umständen dann rechtfertigen, wenn die GmbH aus einer juristischen Person entsteht, die bereits bei ihrer Errichtung eine mindestens ebenso strenge Prüfung erfahren hat, wie sie nunmehr bei der Errichtung der GmbH anzulegen wäre, weiter auch mit deren gesamten Vermögen errichtet wird und schließlich ihr „Kapital“ sich auf zumindest das der GmbH beliefe. Denn hier besteht zwar nicht Kontinuität des Rechtssubjekts, jedoch besteht Kontinuität des Vermögens, das innerhalb der bewußten juristischen Sekunde auf die GmbH übertragen wird und damit stellt der Vorgang selbst sich lediglich als Änderung des rechtlichen Rahmens dieses Vermögens dar.[14]

Anlaß, dennoch eine erneute Überprüfung des Vermögens (des Garantiekapitals) zu verlangen, ist hierbei der dogmatische Ansatz am Rechtssubjekt selbst und nicht an dem von ihm nunmehr erworbenen bzw. zu erwerbenden Vermögen als weiterhin geschlossene Einheit. Von daher kommt

---

[12] Vgl ausführlich 3 Kap und hier insbesondere das Erfordernis der gesonderten Betrachtung von Rechtssubjektsbereich, Vermögensbereich und Berechtigtenbereich bei der dogmatischen Einordnung von Umwandlungsvorgängen

[13] So vertrat Ulmer für die nach dem THG umgewandelten Wirtschaftseinheiten die Auffassung, es komme nicht darauf an, ob hier eine formwechselnde oder errichtende Umwandlung vorliege, weil die Kapitalgesellschaft i A bereits von Anfang an als vollgültige GmbH oder AG entstanden sei Eine Vorbelastungs- oder Unterbilanzhaftung könne daher nicht entstehen (Ulmer, a a. O. - Fn. 4, S. 47; siehe auch die Zusammenfassung des Beitrags von Hommelhoff, Generalbericht, ebenda, S. 185, 192) Dem schloß sich sodann pauschal die Treuhandanstalt mit Ziff 4 ihrer Haftungsthesen an (abgedruckt in ZIP 1992, 446) Dies wird man jedoch in dieser Absolutheit so nicht sagen können, da zwar damit eine Vorbelastungshaftung (Allgemeine Differenzhaftung) wegen sofortigen Entstehens der neuen Kapitalgesellschaft ausgeschlossen ist, die Verneinung einer Unterbilanzhaftung bzw Differenzhaftung sich hierdurch jedoch nicht rechtfertigen läßt

[14] In diese Richtung argumentierend z B Hennrichs, Formwechsel und Gesamtrechtsnachfolge bei Umwandlungen, S 35 und auch ZIP 1995, 794, 796, wonach es sowohl im Falle der Gesamtrechtsnachfolge bei Umwandlungen wie auch dem Formwechsel um ein und dasselbe, nämlich die Herstellung der gewollten rechtlichen Kontinuität des Unternehmens gehe

man auch dann nicht weiter, wenn man in einer hierzu geführten dogmatischen Diskussion meinen wollte, im Ergebnis sei das hier praktizierte Verfahren ja nichts anderes als ein Formwechsel und bei diesem sei schon zu überlegen, ob man die nunmehrige GmbH bei Kontinuität des Rechtssubjekts auf den „Vermögensprüfstand" des GmbHG stellen wolle, wenn dasselbe Rechtssubjekt zum Beispiel bei seinem Entstehen als AG bereits sämtliche Hürden genommen habe. Damit erweist sich jedoch die Errichtung der GmbH bereits hier lediglich als eindeutiger Umweg, da es beim Umwandlungsvorgang selbst alleine um das Rechtssubjekt in der einen oder der anderen Form geht. Konsequenz dieser Erkenntnis ist, sich in den Fällen der Umwandlung eines Rechtssubjekts in ein anderes alleine auf den Formwechsel zu beschränken - wie sodann grundsätzlich mit dem UmwG 1994 geschehen. Wird dieser vereinfachende Weg jedoch nicht gewählt, besteht somit eine Kontinuität des Rechtssubjekts nicht, gilt für das neue Rechtssubjekt auch dessen Gründungsrecht und damit auch im Falle einer GmbH grundsätzlich die Haftung der Umwandlungsbeteiligten nach dem GmbHG, insbesondere die Einstandspflicht der Gründungsgesellschafter für das der Gesellschaft versprochene Kapital.

Damit zeigt sich, daß die Umwandlungen nach der UmwVO nach dem ihnen zugrundeliegenden System der übertragenden Umwandlung[15] den Umwandlungsbeteiligten im Hinblick auf die teilweise desolaten Vermögensverhältnisse so mancher umgewandelter Wirtschaftseinheit vom Grundsatz her ein erhebliches Haftungsrisiko aufbürdeten. Der Verweis in § 4 Abs. 3 UmwVO auf das GmbHG hinsichtlich der Gründungsvorschriften war daher durchaus ernst zu nehmen.

2.2 Formwechsel

Wie die Errichtung einer GmbH im Zuge eines Umwandlungsverfahrens grundsätzlich die Haftung der Umwandlungsbeteiligten nach dem GmbHG gerade wegen der Errichtung begründet, kann jedoch umgekehrt der Formwechsel trotz Fortbestands des Rechtssubjekts und des grundsätzlich mit dem Formwechsel einhergehenden Unangetastetseins des Vermögens nicht ohne weiteres einen Ausschluß von der Anwendbarkeit des GmbH-Gründungsrechts und damit verbunden einer möglichen Haftung der Umwandlungsbeteiligten bewirken. Denn ob und inwieweit das bereits existente Rechtssubjekt auf den „Vermögensprüfstand" des GmbHG zu stellen und damit Gründungsrecht zu beachten ist, beantwortet sich nach

---

[15] Vgl hierzu 5 Kap Ziff 4

der Strukturgleichheit von formwechselndem Rechtssubjekt und GmbH.[16] Für die Umwandlungen nach dem THG[17] bedeutet dies, daß die Frage, ob hier für die Umwandlungsbeteiligten die gründungsbezogenen Haftungsnormen des GmbHG gelten, insbesondere ob die Treuhandanstalt für das Kapital einer nach dem THG entstandenen GmbH einzustehen hat, sich danach beantwortet, ob bzw. inwieweit die Struktur des Rechtssubjekts zuvor als volkseigener Betrieb der einer GmbH entsprach.

Im 3. Kap. wurde unter Ziff. 3.1.2.1 herausgearbeitet, daß im Hinblick auf die Kontinuität des Rechtssubjekts im Falle des Formwechsels für die Frage, ob das Rechtssubjekt hinsichtlich seiner Vermögensausstattung den Anforderungen der neuen Struktur genügt, bei rein dogmatischer Betrachtung auf den Zeitpunkt des Entstehens des Rechtssubjekts abzustellen ist. In allen übrigen Fällen, in denen eine solche, zumindest den Anforderungen der neuen Form entsprechende Überprüfung bei Entstehen des formwechselnden Rechtssubjektes nicht erfolgte, wird jedoch aus Praktikabilitätsgründen grundsätzlich auf einen Zeitpunkt zwischen Beginn und Ende des formwechselnden Umwandlungsverfahrens abgestellt werden müssen.[18] Dies gilt auch dann, wenn vernünftige Zweifel daran, daß zum Zeitpunkt des Beginns der Existenz des formwechselnden Rechtssubjekts das in seiner nunmehrigen Form als GmbH ausgewiesene Kapital vorhanden war, nicht bestehen können. Für die in GmbH formwechselnden Wirtschaftseinheiten der DDR bedeutete dies, daß, da sie anstaltlich strukturiert waren[19] und somit gegenüber der GmbH, zu der sie nunmehr grundsätzlich werden sollten, in wesentlichen Zügen strukturverschieden waren, auf sie insoweit GmbH-Gründungsrecht[20] und damit auch die insofern geltenden Haftungsbestimmungen für die Umwandlungsbeteiligten prinzipiell Anwendung zu finden hatten.[21] Dies gilt bereits schon deswegen, weil zuvor eine der GmbH entsprechende Überprüfung der Kapitalverhältnisse nicht erfolgt war.[22] Auch hier ist somit der - allerdings

---

[16] Vgl hierzu bereits 3 Kap. Ziff 3 1 2 1 A A offenbar Timm, ZIP 1991, 413, 417, der einen der Vorteile der formwechselnden Umwandlung in der (grundsätzlichen) Nichtanwendbarkeit des Gründungsrechts sieht

[17] Zur Einordnung der Rechtsnatur der Umwandlung nach dem THG vgl 7. Kap. Ziff. 4

[18] Vgl § 9 GmbHG, wonach auf den Zeitpunkt der Stellung des Eintragungsantrags abgestellt wird

[19] Es lassen sich jedoch auch korporative Züge feststellen - vgl. hierzu 2 Kap Ziff. 3.3

[20] Jedoch nicht grundsätzlich Sachgründungsrecht; vgl. auch hierzu 3 Kap. Ziff. 3 1 2.1.

[21] Die Anwendung von Gründungsrecht, zumindest des § 9 GmbHG, unter Bezugnahme auf Priester, AG 1986, 29, 33 f, im Falle des Formwechsels jedoch verneinend: Spoerr, Treuhandanstalt und Treuhandunternehmen zwischen Verfassungs-, Verwaltungs- und Gesellschaftsrecht, S 249

[22] Allerdings wurde in der DDR Ende der 50er Jahre erwogen, die Wirtschaftseinheiten mit einem Haftkapital auszustatten

verhaltene - Hinweis auf die gesetzlich erforderlichen Maßnahmen für die Gründung in § 19 THG ernst zu nehmen, will man nicht wegen des gesetzlichen Charakters des Formwechsels eine Einlagepflicht überhaupt verneinen.[23]

3 Haftungsprivilegierung durch das DMBilG

3.1 Rechtfertigung einer Haftungsprivilegierung

Die zuvor unter Ziff. 2 festgestellte grundsätzliche Geltung sämtlicher gründungsbezogener Haftungsnormen des GmbHG für die nach UmwVO oder THG erfolgten Umwandlungen der Wirtschaftseinheiten der ehemaligen DDR und damit auch das grundsätzliche Einstehenmüssen des Gründungsgesellschafters - hier also der Treuhandanstalt - für das Haftkapital stößt zumindest im Falle des Formwechsels auf erhebliche rechtspraktische Bedenken, die eine Einschränkung rechtfertigen, wenn nicht sogar gebieten. Sie ergeben sich zum einen aus der Kontinuität des Rechtssubjekts, zum weiteren aus der einheitlich vollzogenen gesetzlichen Umwandlung ohne die Möglichkeit der Einflußnahme auf den Kreis der Umwandlungsgesellschaften und schließlich auch aus einer wohl gebotenen Eindämmung der Haftung des die Anstaltslast der Treuhandanstalt tragenden Bundes mit dem 01.07.1990.

Die Wirtschaftseinheiten hafteten nicht nur für ihre Verbindlichkeiten, sondern es traf auch grundsätzlich nur sie die Haftung.[24] Ein Haftungsdurchgriff auf den an den Wirtschaftseinheiten Berechtigten – also den Staat – bestand nicht. Auch wenn tatsächlich nach dem Recht der DDR der Konkurs einer Wirtschaftseinheit nicht denkbar[25] und daher auch nicht

---

(Erwähnt bei Kellner, WR 90, 49) Zur Geltung des Prinzips der Reinvermögensdeckung im Falle des Formwechsels zwischen Kapitalgesellschaften nach dem UmwG 1994 siehe entgegen der h M kritisch Happ, in: Lutter (Hrsg), UmwG - Kommentar, § 245 Rn 11 ff

[23] So Lutter/Hommelhoff, GmbHG - Kommentar, 14 Auflage, § 11 Rn 14; Hommelhoff/Spoerr, DZWiR 1995, 89, 94

[24] Vgl 2 Kap Ziff 3 3

[25] Volkseigene Betriebe waren quasi per definitionem wirtschaftlich erfolgreich. Sie unterlagen dem Prinzip der wirtschaftlichen Rechnungsführung und erwirtschafteten - zumindest buchmäßig - Gewinne Soweit die zumindest buchmäßige Gewinnerwirtschaftung nicht mehr darstellbar war, wurden ehemalige Wirtschaftseinheiten in Haushaltsorganisationen umgewandelt, so z. B

geregelt[26] war, handelte es sich bei den Wirtschaftseinheiten um juristische Personen mit einer auf ihr Vermögen beschränkten Haftung. Was jedoch nach DDR-Vorstellungen als ausreichend mit Eigenkapital ausgestattet (und finanziert) angesehen werden konnte,[27] konnte mit Einführung der DM und der Geltung anderer Bilanzierungs- und Bewertungsgrundsätze von einem Tag auf den anderen überschuldet sein.[28] Eine Kapitalgarantie der Treuhandanstalt zum 01.07.1990 wäre damit für jede ehemalige Wirtschaftseinheit ein - wenn sie nicht sanierungsfähig war - unberechtigter und kaum zu vertretender Segen gewesen.[29] Auch die Gläubiger hätten mit einer im Zuge des Formwechsels einhergehenden Kapitalgarantie Vorteile gehabt, die nicht zu rechtfertigen gewesen wären.

Der gesetzliche Umwandlungsautomatismus mit der aufgrund Gesetzes einhergehenden Garantieerklärung der Treuhandanstalt hinsichtlich eines Mindestkapitals von DM 50.000,00 für GmbH forderte somit ein gewillkürtes Korrekturelement. Der Treuhandanstalt als Gesellschafterin kraft Gesetzes mußte die Möglichkeit eingeräumt werden, sich von der ihr gesetzlich aufgedrängten Kapitalgarantie loszusagen bzw. es mußte das gesetzliche Umwandlungsverfahren um eine Einstandserklärung der Treuhandanstalt ergänzt werden. Der Gesetzgeber entschied sich insofern für eine Ergänzung des Umwandlungsrechts des THG durch das DMBilG mit seinen §§ 24 bis 26.

Hinsichtlich der auf Grundlage des THG vorgenommenen Spaltungen ist die Grundlage einer eventuell vorzunehmenden Haftungsprivilegierung

---

die VEB Konzert- und Gastspieldirektionen und die volkseigenen Lichtspielbetriebe Vgl. hierzu auch 2 Kap. Ziff 3

[26] Die Verordnung über die Gesamtvollstreckung vom 18 12 1975 (GBl. I 1976 S 5) entstand auf Grundlage der Dominanz des rechtlich umfassend geschützten Volkseigentums und war dementsprechend im wesentlichen auf den Einzelschuldner ausgerichtet, der als Inhaber eines kleinen Privatunternehmens in Konkurs ging. Vgl. zum Erfordernis einer Veränderung des „Konkursrechts" der DDR insbesondere auch die Begründung zum Entwurf der Verordnung über die Gesamtvollstreckung vom 06 06 1990 (GBl I 285) - unveröffentlicht (BArch. Berlin, DC 20 MR I/3, 2974 - 2981). Die Gesamtvollstreckungsordnung war daher – zumindest faktisch – auf die staatlichen Wirtschaftseinheiten nicht anwendbar; siehe hierzu auch Kellner, WR 90, 49, 50; Schmidt-Räntsch, ZIP 1990, 1045 und ferner Lübchen/Landfermann, ZIP 1990, 829.

[27] Die Wirtschaftseinheiten verfügten über einen ausgesprochen hohen Fremdkapitalanteil (vgl. nur Hess/Binz/Wienberg, Gesamtvollstreckungsordnung - Kommentar, § 1 Rn 127 a; Smid/Zeuner, Gesamtvollstreckungsordnung - Kommentar, § 1 Rn 66) - sie waren „chronisch unterfinanziert" (so Hommelhoff, in: Hommelhoff (Hrsg), Treuhandunternehmen im Umbruch, S. 185, 189)

[28] So wies zum Beispiel in dem der Entscheidung des LG Berlin, VIZ 1995, 609, zugrundeliegenden Fall die Gesellschaft einen nicht durch Eigenkapital gedeckten Fehlbetrag in Höhe von DM 33 730 778,27 aus.

[29] Zur Anwendbarkeit des § 9 GmbHG auf die Fälle der gesetzlichen Umwandlung überhaupt siehe sogleich Ziff 4 3.2 Zur Rechtfertigung der (einschränkenden) Regelungen der §§ 24 bis 26 DMBilG vgl auch Bommel/Wissmann, ZGR 1997, 206,223 f.

der Treuhandanstalt und damit letztendlich des Bundes schon eine andere, wenn man hier von einer Sachgründung ausgeht.[30] Doch muß man auch hier sehen, daß das Verfahren selbst der Treuhandanstalt aus den Händen genommen war, da die Betriebsdirektoren - allerdings der Treuhandanstalt zurechenbar -[31] die Spaltgesellschaften zur Eintragung brachten. Grundlage war auch hier wiederum der Gedanke der gesetzlichen Umwandlung nach dem THG, dem eine vorherige Überprüfung der Vermögensverhältnisse des umzuwandelnden Rechtssubjekts und einer darauf beruhenden Entscheidung zur Umwandlung fremd war. Entscheidend ist jedoch einer der wesentlichen, das gesamte DMBilG tragenden Grundgedanken:

Hinsichtlich der Umwandlung (Errichtung) von Kapitalgesellschaften aus den Wirtschaftseinheiten der ehemaligen DDR bestand zum 01.07.1990 - und auch noch geraume Zeit danach -[32] keine ausreichende Grundlage für eine nach dem Recht der BRD erforderliche zuverlässige Beurteilung des Wertes des Vermögens der Wirtschaftseinheiten bzw. einzelner Vermögensgegenstände. Dies betraf nicht nur den Wert von Grund und Boden,[33] sondern insbesondere auch das in der Fondsinhaberschaft stehende Vermögen. Die Bestimmung der bisherigen Anschaffungs- und Herstellungskosten erfolgte auf der Grundlage staatlicher Preisfestsetzungen. Marktpreise zur Absicherung des Niederstwertprinzips gab es nicht. Hinzu kam, daß mehrfach die Grundmittel nach dem Vorbild der Wiederbeschaffungsbewertung mit staatlich vorgegebenen Indices hochgerechnet und Abschreibungsfristen verlängert wurden. Damit schlossen es die Bilanzierungsvorschriften aus, ein den tatsächlichen Verhältnissen entsprechendes Bild der Vermögenslage zu vermitteln; Aktiva waren häufig überbewertet, Passiva demgegenüber häufig unterbewertet, was unter anderem daran lag, daß Rückstellungen für ungewisse Verbindlichkeiten nur eingeschränkt zulässig, Rückstellungen für drohende Verluste aus schwebenden Geschäften überhaupt nicht bekannt waren.[34] Neugründungen von GmbH waren daher von vornherein mit dem Risiko der Überbewertung

---

[30] Zur Möglichkeit formwechselnder Spaltungen vgl. 3 Kap Ziff 3 1.2.1.

[31] Siehe hierzu 10 Kap. Ziff. 2

[32] Siehe nur die durch § 36 DMBilG geschaffene Möglichkeit der vereinfachten Änderung der DM-Eröffnungsbilanz bis zum Jahresabschluß 1994 bzw. sogar 2000 im Falle werterhellender Erkenntnisse hinsichtlich des Ansatzes von Vermögenspositionen in der Eröffnungsbilanz

[33] Zur Bewertungsunsicherheit hier siehe Anlage IX Ziff 4 des Staatsvertrages, wobei in der Regel davon ausgegangen wurde, daß eine Wertsteigerung erfolgen würde.

[34] So die amtliche Begründung - Allgemeiner Teil - zum DMBilG, BT-Drucks. 11/7817, S 65 ff., 66

des Vermögens behaftet, welches nicht beherrschbar war. Insofern verwundert es nicht weiter, daß § 1 Abs. 5 DMBilG in seiner ursprünglichen Fassung bestimmte, daß zur Rechnungslegung verpflichtete Unternehmen, die innerhalb der Aufstellungsfrist nach § 4 Abs. 1 Satz 1 DMBilG für die Eröffnungsbilanz - also bis zum 31.10.1990 - entstehen oder in eine private Rechtsform umgewandelt werden, als für die Zwecke des DMBilG zum 01.07.1990 gegründet angesehen werden können.[35]

Im Falle der Umwandlungen nach der UmwVO wie auch den hierauf beruhenden Spaltungen kann jedoch auf einen gesetzlichen oder quasigesetzlichen Charakter der Umwandlung zur Begründung einer Haftungsprivilegierung nicht verwiesen werden. Hier ist alleine auf die zuvor dargestellte Unsicherheit in der Bewertung der Vermögenslage der Wirtschaftseinheiten zur Rechtfertigung der Haftungsprivilegierung zu verweisen.[36]

3.2 Die §§ 24 bis 26 DMBilG als Ergänzung des gesetzlichen Umwandlungsrechts des THG

Gemäß § 24 Abs. 1 Satz 1 DMBilG wurde den umgewandelten Wirtschaftseinheiten, bei denen sich bei Aufstellung der DM-Eröffnungsbilanz ein nicht durch Eigenkapital gedeckter Fehlbetrag ergab, in Höhe des Fehlbetrags eine gesondert auszuweisende, verzinsliche Forderung (Ausgleichsforderung) in Höhe des Fehlbetrags eingeräumt. Sie kam der nunmehr umgewandelten Wirtschaftseinheit sogleich mit dem 01.07.1990 zu, stand jedoch unter der auflösenden Bedingung der Ablehnung durch den Anteilsinhaber. Nach der sodann letztlich geltenden Fassung des § 24 Abs. 1 Satz 1 DMBilG[37] war der Schuldner berechtigt, die Ausgleichsforderung innerhalb von drei Monaten nach Einreichung der festgestellten Eröffnungsbilanz abzulehnen. Eine Ablehnung hatte zu erfolgen, wenn das Unternehmen nicht sanierungsfähig war. Mit einer Ablehnungserklärung entfiel die Ausgleichsforderung rückwirkend.

Diejenigen ehemaligen Wirtschaftseinheiten, die eine solche Ausgleichs-

---

[35] Mit Neufassung des DMBilG vom 18 04 1991 (BGBl. I S 971) wurde § 1 Abs 5 dahingehend geändert, daß das Wahlrecht hinsichtlich der Anwendung des DMBilG bis zum 30 06.1991 ausgeübt werden konnte

[36] Die Möglichkeit, die Kapitalverhältnisse neu festzusetzen, also ein gegebenes Kapitalversprechen zu revidieren, bestand auch für private Unternehmen gemäß §§ 27 ff DMBilG Dem § 24 Abs 1 Satz 1 sowie dem § 26 Abs 3 DMBilG entsprechende Vorzüge waren jedoch nicht vorgesehen

[37] DMBilG in der Fassung der Bekanntmachung vom 18 04 1991 (BGBl I S 971)

forderung auszuweisen hatten, verfügten damit aber noch nicht über das gesetzliche Kapital als GmbH von DM 50.000,00. Hier war gemäß § 26 Abs. 3 DMBilG eine ausstehende Einlage auszuweisen.[38] Auch hiervon konnte sich jedoch der Anteilsinhaber befreien, nämlich indem er innerhalb der Feststellungsfrist für die Eröffnungsbilanz die Auflösung des Unternehmens beschloß oder indem innerhalb dieser Frist die Eröffnung des Gesamtvollstreckungsverfahrens beantragt wurde.[39]

§ 24 Abs. 1 Satz 1 DMBilG und § 26 Abs. 3 DMBilG decken daher von ihrer Zielrichtung her wirtschaftlich den bzw. die Ansprüche gemäß § 9 GmbHG – allerdings aufgeteilt in einen Anspruch zur Beseitigung einer Überschuldung (§ 24 Abs. 1 Satz 1 DMBilG) und einen Anspruch auf Herbeiführung der Stammeinlage nach zuvor beseitigter Überschuldung – ab. Sie ersetzen damit als umwandlungsrechtliche leges speciales insofern ansonsten bestehende Ansprüche gemäß § 9 GmbHG. Diese bestehen daneben nicht. § 24 Abs. 1 Satz 1 DMBilG und § 26 Abs. 3 DMBilG stellen daher umwandlungsrechtliche leges speciales zu § 9 GmbHG bzw. den ihn tragenden Rechtsgedanken dar.[40]

---

[38] Es handelt sich um ein gestuftes Verfahren, wobei die Ermittlung des gemäß § 26 Abs 3 DMBilG auszuweisenden Betrags auf zweiter Stufe - nach Ermittlung der Ausgleichsforderung - stand; siehe hierzu Biener, DB 1990, 3066, 3071; Immenga, NJW 1993, 2471, 2472 sowie LG Berlin, VIZ 1995, 609

[39] Nach dem Wortlaut des § 26 Abs 3 DMBilG bestand die Möglichkeit, eine sich ergebende Verpflichtung zur Leistung einer ausstehenden Einlage in Wegfall zu bringen, für den Anteilsinhaber nur kurzfristig - nämlich bis zum 31.10.1990 Tatsächlich hängt jedoch die Verpflichtung zur Leistung der ausstehenden Einlage wohl von einer zuvor erfolgten Kapitalneufestsetzung ab (so KG Berlin, Urteil vom 04 07.1996 - 2 U 9905/95 - unveröffentlicht). Weiter ist zu sehen, daß die Verpflichtung zur Leistung einer ausstehenden Einlage auf der „zweiten Stufe" des Systems der Kapitalsicherung nach den §§ 24 bis 26 DMBilG das Bestehen einer Ausgleichsforderung bzw ihre Nichterforderlichkeit voraussetzt, denn es würde wenig Sinn machen, der neu entstandenen GmbH zwar einen Anspruch nach § 26 Abs 3 DMBilG zuzusprechen, jedoch einen Anspruch auf Beseitigung einer Unterbilanz zu verneinen So lag den §§ 24 Abs. 1 Satz 1 und 26 Abs 3 DMBilG ursprünglich auch einheitlich der 31 10 1990 als Frist für den Anteilsinhaber, eine Inanspruchnahme hiernach zu vermeiden, zugrunde Hieraus wird man schließen müssen, daß, wenn die Ausgleichsforderung wegfällt, hiermit auch der Anspruch gemäß § 26 Abs. 3 DMBilG in Wegfall gerät

[40] So zumindest im Ergebnis die nahezu einhellige Meinung Vgl nur Hommelhoff/Spoerr, DZWiR 1995, 89, 93 f ; Lutter/Hommelhoff, GmbHG - Kommentar, S. 857 ff ; Bommel/Wissmann, ZGR 1997, 206, 223 ff ; Weimar, Nachprivatisierungsprobleme, S 143 ff ; OLG Dresden, DZWiR 1995, 114 Im Ergebnis auch Timm, ZIP 1991, 413; Timm/Schöne, ZIP 1992, 969 und Haarmeyer/Wutzke/Förster, Gesamtvollstreckungsordnung - Kommentar, § 1 Rn. 125 ff Nach dem Urteil des BGH vom 27.03 2000 – II ZR 109/99 – ist Voraussetzung für das Eingreifen der §§ 24 – 26 DMBilG eine festgestellte DM-Eröffnungsbilanz.

4 Die einzelnen Umwandlungsarten und ihr Umwandlungshaftungsrecht

4.1 Barzahlungsanspruch wegen nicht ausreichender Bestimmung der Sacheinlage - § 5 Abs. 4 GmbHG

4.1.1 Umwandlungen nach der UmwVO

Das GmbHG vom 20.04.1892[41] war in der DDR – allerdings nur in dieser Fassung – weiter geltendes Recht. Erst mit dem Gesetz über die Inkraftsetzung von Rechtsvorschriften der Bundesrepublik Deutschland in der Deutschen Demokratischen Republik vom 21.06.1990[42] trat zum 01.07.1990 das GmbHG[43] auf Basis der zu diesem Zeitpunkt in der BRD geltenden Fassung des GmbHG in Kraft.[44] Jedoch entsprach § 5 Abs. 4 des alten GmbHG hinsichtlich des Erfordernisses der Bezeichnung einer zu leistenden Sacheinlage inhaltlich § 5 Abs. 4 Satz 1 GmbHG.[45] Insofern kann nachfolgend ohne weiteres alleine von § 5 Abs. 4 Satz 1 GmbHG gesprochen werden. Dieser fordert, daß für den Fall, daß Sacheinlagen geleistet werden, der Gegenstand der Sacheinlage und der Betrag der Stammeinlage, auf die sich die Sacheinlage bezieht, im Gesellschaftsvertrag festgesetzt werden müssen. Erfolgt eine solche hinreichende Festsetzung nicht, ist die Sacheinlagevereinbarung unwirksam. Es ist in Höhe des Wertes der Sacheinlage Geldeinlage zu leisten, unabhängig davon,

---

[41] RGBl S 477 (auf dem Stand des Reichsrechts vom 08 05 1945) Siehe hierzu auch Niederleithinger, GmbHR 1992, 220; eine Textfassung auf diesem Stand wurde herausgegeben von: Preuße/Howald, Aktiengesetz, GmbH-Gesetz, Textausgabe mit einer Einführung, Halle 1990

[42] GBl. I S 357, nachfolgend auch: InkrG

[43] Zu den einschränkenden Maßgaben siehe § 18 InkrG Daß ein paar Tage später lediglich ein Kapital von DM 20 000,00 verlangt wurde, entsprach nicht den Vereinbarungen im Staatsvertrag (siehe hierzu wie überhaupt zu Problemen der Ausdehnung des GmbH-Rechts auf die neuen Bundesländer, Niederleithinger, GmbHR 1992, 220 ff)

[44] § 34 InkrG

[45] § 5 Abs 4 lautete dort:

> „Sollen von Gesellschaftern Einlagen, welche nicht in Geld zu leisten sind, auf das Stammkapital gemacht oder soll die Vergütung für Vermögensgegenstände, welche die Gesellschaft übernimmt, auf Stammeinlagen angerechnet werden, so muß die Person des Gesellschafters, der Gegenstand der Einlage oder Übernahme sowie der Geldwert, für welchen die Einlage angenommen wird, oder die für die übernommenen Gegenstände zu gewährende Vergütung im Gesellschaftsvertrage festgesetzt werden "

ob die Sacheinlage erbracht wurde.[46] Im Falle von errichtenden Umwandlungen eines Rechtssubjekts in ein anderes, bei denen von vornherein klar ist, daß hier eine Sacheinlage erfolgt und auch der Gegenstand der Sacheinlage durch das Vermögen des umzuwandelnden Rechtssubjekts bestimmt ist, stellt sich jedoch die Frage, welche Anforderungen hier gemäß § 5 Abs. 4 Satz 1 GmbHG zu stellen sind.[47]

Erwähnt im Falle einer nicht umwandlungsverbundenen GmbH-Gründung der Gesellschaftsvertrag mit keinem Wort die zu leistende Sacheinlage - etwa ein einzubringendes Unternehmen -, dürfte auch im Wege der Auslegung die Sacheinlagevereinbarung nicht mehr zu retten sein.[48] Nimmt man § 5 Abs. 4 Satz 1 GmbHG daher für sich, führte auch bei der umwandlungsverbundenen Errichtung einer GmbH die sodann insofern nicht hinreichende Bestimmung der Sacheinlage im Gesellschaftsvertrag und damit erst recht ihre Nichterwähnung zur Unwirksamkeit der Sacheinlagevereinbarung, womit in entsprechender Höhe Geldeinlage zu leisten wäre. Sieht man jedoch § 5 Abs. 1 GmbHG im Zusammenhang mit dem Umwandlungsverfahren, so ergibt sich, daß hier die Norm, so wie sie bei isolierter - also nicht umwandlungsverbundener - Betrachtung Anwendung zu finden hat, nicht anzuwenden ist, da bereits die Umwandlungserklärung deutlich macht, daß es sich um eine Sachgründung handelt und auch der Gegenstand der Sacheinlage zumindest ohne weiteres bestimmbar ist. Eine nicht hinreichende Bestimmung der Sacheinlage im Gesellschaftsvertrag, sogar ihre Nichterwähnung, führt damit nicht zur Unwirksamkeit des Sacheinlageversprechens, solange sich aus dem Umwandlungsverfahren insgesamt - was in der Regel auch der Fall ist - ergibt, daß hier mit dem Vermögen eines Rechtssubjekts auf ein anderes Rechtssubjekt, welches hierbei errichtet wird, umgewandelt werden soll.[49]

---

[46] Insofern durchweg h M ; vgl nur Lutter/Hommelhoff, GmbHG - Kommentar, § 5 Rn. 26.

[47] Für das heute geltende Umwandlungsrecht vgl nur exemplarisch M Winter in: Lutter (Hrsg), UmwG - Kommentar, § 56 Rn 20

[48] A A allerdings für eine Umwandlung nach der UmwVO, bei der im Gesellschaftsvertrag mit keinem Wort auf die zu leistende Sacheinlage abgestellt wurde, sondern lediglich ausgeführt war, daß das Stammkapital der Gesellschaft 20.000 000,00 Mark der DDR betrage, LG Berlin, VIZ 1995, 609 und nachfolgend Kammergericht, Urteil vom 04.07 1996 - 2 U 3905/95 (unveröffentlicht) Hier kamen sowohl Landgericht als auch Kammergericht zu dem Ergebnis, daß sich aufgrund Auslegung - die auch gegen den eindeutigen Wortlaut der gesellschaftsvertraglichen Bestimmung erfolgen könne - ergäbe, daß nur eine Sacheinlage gewollt war und diese auch hinreichend bestimmt sei

[49] So im Ergebnis auch LG Berlin und KG (a a O - Fn 25), die allerdings hier die gesellschaftsvertragliche Bestimmung auslegen

4.1.2 Umwandlungen nach dem THG

Auch im Falle der formwechselnden Umwandlung schadet eine nicht hinreichende Bestimmung des Vermögens im Gesellschaftsvertrag der nunmehrigen GmbH nicht. Zwar wird dem Formwechsel überwiegend Sachgründungscharakter zugesprochen,[50] jedoch ist dies als Grundsatz, Prinzip oder gar Dogma zu sehen falsch.[51] So können beim Formwechsel Zweifel über die Gegenstände, die anstelle einer Bareinlage geleistet werden sollen, nicht entstehen, da nichts mehr zu leisten ist. Um welches Vermögen - welches sodann hinsichtlich seiner Werthaltigkeit jedoch noch auf den „Vermögensprüfstand" des GmbHG zu stellen ist - es sich handelt, steht fest. Es ist das Vermögen des seine Struktur ändernden Rechtssubjekts. Für eine Bezeichnung dieses Vermögens gemäß § 5 Abs. 4 Satz 1 GmbHG besteht kein Erfordernis. Für § 5 Abs. 4 Satz 1 GmbHG ist daher bei der formwechselnden Umwandlung nach dem THG schon nach dem Prinzip des Formwechsels kein Platz.[52] So wären dann auch bei einer Geltung des § 5 Abs. 4 Satz 1 GmbHG die Folgen absonderlich. Da das formwechselnde Rechtssubjekt nämlich zu Recht Inhaber seines Vermögens ist, wäre bei nicht der Form des § 5 Abs. 4 Satz 1 GmbHG genügender „Sacheinlagevereinbarung" neben dem vorhandenen Vermögen zusätzlich in Höhe des Nennkapitals Geldeinlage zu leisten.

4.1.3 Spaltungen

Sowohl die auf Grundlage der UmwVO als auch die auf Grundlage des THG vorgenommenen Spaltungen lassen sich grundsätzlich als Sachgründungen verstehen.[53] Damit gilt jedoch für die Errichtung der Spaltgesellschaften § 5 Abs. 4 Satz 1 GmbHG uneingeschränkt; die nachträglich erfolgte Heilung eines eventuell gescheiterten Vermögensübergangs än-

---

[50] Siehe nur bei K. Schmidt, ZIP 1995, 1385, 1389 unter Verweis auf Joost in: Lutter (Hrsg.), Kölner Umwandlungsrechtstage, S 255

[51] Vgl 3 Kap Ziff 3.1.2 1; einschränkend auch K Schmidt, ZIP 1995, 1385; siehe auch Bärwaldt/Schabacker, ZIP 1998, 1293

[52] Vgl hierzu aber auch Frantzen, VIZ 1996, 697, der zwar erkennt, daß es sich bei den Umwandlungen nach dem THG um einen Formwechsel handelt, sich jedoch nicht mit der Frage beschäftigt, ob für § 5 Abs 4 Satz 1 GmbHG im Rahmen des Formwechsels überhaupt ein Anwendungsbedürfnis besteht, da er weiter der Auffassung ist, § 26 DMBilG schließe die Anwendbarkeit von § 5 Abs 4 GmbHG aus Hierbei ist jedoch zu sehen, daß ein Verstoß gegen § 5 Abs. 4 Satz 1 GmbHG dazu führt, daß Geldeinlage zu leisten ist und in diesen Fällen eine Anwendbarkeit des § 26 Abs. 3 DMBilG fraglich erscheinen muß (hierzu sogleich nachfolgend unter Ziff 4 1 3)

[53] Vgl. hierzu 3. Kap Ziff. 3.

dert hieran nichts.[54]

Denn Zweck des § 12 SpTrUG war es, einen seitens der seinerzeit Handelnden angenommenen einheitlichen Vermögensübergang bei Durchführung der Spaltung noch nachträglich herbeizuführen. Darüber hinausgehende Spaltungsmängel heilt § 12 SpTrUG nicht. So treten auch die Folgen bei nicht ausreichender Bestimmung der Sacheinlage gemäß § 5 Abs. 4 Satz 1 GmbHG unabhängig davon ein, ob die Sacheinlage insofern „wirksam" geleistet wurde, indem die Gesellschaft Rechtsinhaber bzw. Eigentümer geworden ist.

Die Anwendbarkeit des § 5 Abs. 4 Satz 1 GmbHG in diesen Fällen hat somit zur Folge, daß im Verstoßfalle das nach dem Willen der Handelnden zu übertragende Vermögen trotz § 12 SpTrUG ohne Rechtsgrund übergegangen und anstelle seiner Geld zu leisten wäre. Die §§ 24 bis 26 DMBilG helfen hier sodann auch nur beschränkt weiter. Sie gehen von im Zuge von Umwandlungen endgültig und wirksam geleisteten Sacheinlagen aus und stellen lediglich eine Sonderregelung für den Fall dar, daß das wirksam Geleistete nicht das der Gesellschaft versprochene Kapital erreicht. Das Geleistete soll somit im Vermögen der Gesellschaft verbleiben und im Gesamtvollstreckungsfalle den Gläubigern zur Befriedigung dienen.[55] Wollte man jedoch hinsichtlich eines Anspruchs auf Leistung von Geldeinlage wegen eines Verstoßes gegen § 5 Abs. 4 Satz 1 GmbHG hier die §§ 24 bis 26 DMBilG voll zum Tragen kommen lassen, so hieße dies, daß am Ende sogar noch nicht einmal die Einlage zu leisten wäre, da das als Einlage Gedachte zurückgefordert werden[56] und die Leistung der eigentlich zu erbringenden Geldeinlage unter den Voraussetzungen der §§ 24 bis 26 DMBilG verhindert werden könnte - ein kaum zu rechtfertigendes Ergebnis. In diesen Fällen ist somit die wegen Verstoßes gegen § 5 Abs. 4 Satz 1 GmbHG geschuldete Bareinlage zu leisten und als ausstehende Einlage in der Eröffnungsbilanz auszuweisen. Für den Ausweis einer ausstehenden Einlage gemäß § 26 Abs. 3 DMBilG ist damit, weil noch überhaupt keine Einlage geleistet ist und es somit nicht um eine Auffüllung des Geleisteten bis zum Werte des Stammkapitals geht, kein Raum. Die Höhe der zu leistenden Geldeinlage bestimmt sich jedoch nicht

---

[54] A. A. jedoch D. Mayer, DB 1991, 1609, 1615, der in § 12 SpTrUG zugleich auch eine Heilungsvorschrift für nicht sachgründungsgerechte Errichtungen von GmbH sieht

[55] Siehe auch § 25 Abs 5 und 6 DMBilG, die zum einen bezwecken, der Treuhandanstalt zu ermöglichen, auf Vermögensgegenstände zurückzugreifen, die Wirtschaftseinheiten im Zuge von Umwandlungen erworben haben, zum anderen aber verhindern, daß eine Gläubigerbenachteiligung eintritt (vgl hierzu OLG Dresden, VIZ 96, 605)

[56] Das aufgrund einer unwirksamen Sacheinlagevereinbarung Geleistete kann gemäß § 812 BGB zurückgefordert werden Im Gesamtvollstreckungsverfahren handelte es sich um eine Forderung gemäß § 17 Abs 3 Ziff 4 GesO.

nach den Festsetzungen im Gesellschaftsvertrag. Auch hier ist eine Neufestsetzung gemäß § 26 DMBilG möglich, denn das dort angegebene - teilweise immens hohe - Kapital resultiert wiederum aus einer Überbewertung des Vermögens (bzw. von Teilen des Vermögens) der Wirtschaftseinheit, womit auch hier eine Korrektur durch Kapitalneufestsetzung letztendlich gerechtfertigt ist.

4.2 Vorbelastungshaftung (allgemeine Differenzhaftung)

4.2.1 Umwandlungen nach der UmwVO

Mit Beurkundung der Umwandlungserklärung nach der UmwVO entstand eine Vorgesellschaft, die jedoch nicht wirtschaftlich tätig wurde. Bis zur Eintragung war weiterhin die ehemalige Wirtschaftseinheit tätig, die bis zum Eintragungszeitpunkt das Betriebsvermögen innehatte. Hinsichtlich der Frage des Bestehens einer Vorbelastungshaftung kann damit nicht auf eine wirtschaftliche Tätigkeit der Umwandlungsvorgesellschaft abgestellt werden. Eine Vorbelastungshaftung besteht in Ermangelung einer wirtschaftlichen Tätigkeit der Vorgesellschaft somit nicht.[57] Allerdings muß man auch in diesem Fall sehen, daß das Risiko eines Vermögensverlustes aufgrund weiterer wirtschaftlicher Tätigkeit - nämlich der Wirtschaftseinheit - bestand und daher bis zum Vollzug der Umwandlung das zu übertragende Vermögen der Gefahr seiner Entwertung ausgesetzt war.

Jedoch ist auch hier wiederum ein Blick auf §§ 24 bis 26 DMBilG zu werfen. Diese tragen auch einer bis zum Abschluß des Umwandlungsverfahrens - also seiner Eintragung - entstandenen weiteren Entwertung Rechnung, da auf den 01.07.1990 abgestellt wird.[58]

---

[57] Im Ergebnis ebenso Hommelhoff/Spoerr, DZWiR 1995, 89, 94; Lutter/Hommelhoff, GmbHG - Kommentar, § 11 Rn 14; Bommel/Wissmann, ZGR 1997, 206, 224 f Siehe hierzu allerdings auch Weimar, ZIP 1992, 73 und THG-Kommentar, § 23 Rn 21, wonach die im Zuge von Umwandlungen nach der UmwVO entstandenen Vorgesellschaften über Vermögen verfügten

[58] Ab dem 01 07 1990 war für Umwandlungen nach der UmwVO insofern kein Platz mehr, als mit diesem Tage ein bereits eingeleiteter Umwandlungsvorgang durch Entstehen der juristischen Person aus der Umwandlungsvorgesellschaft abgeschlossen wurde – vgl hierzu 12 Kap.

4.2.2 Umwandlungen nach dem THG

Die Umwandlungen nach dem THG haben sich als formwechselnde Umwandlungen innerhalb der sprichwörtlichen juristischen Sekunde zum 01.07.1990 vollzogen. Aus der Wirtschaftseinheit wurde die GmbH i. A. Zu diesem Zeitpunkt war jedoch die GmbH i. A. nicht nur schon juristische Person, sondern sie war auch bereits Kapitalgesellschaft.[59] Eine Vorbelastungshaftung konnte daher auch für einen Zeitraum ab dem 01.07.1990 bis zur Löschung des Zusatzes „i. A." nicht eintreten.

4.2.3 Spaltungen

Für die Spaltungen unter Zugrundelegung der UmwVO gilt nichts anderes als für die hiernach allein zulässigen Umwandlungen. Auch hier scheidet eine Vorbelastungshaftung aufgrund des Verbleibens des zu übertragenden Vermögens bei der umzuwandelnden Wirtschaftseinheit grundsätzlich aus. Im Falle der unter Zugrundelegung des THG vorgenommenen Spaltungen verhält sich dies schon anders. Dort ist man von einem Vermögenserwerb bereits schon zum 01.07.1990 ausgegangen, ein Entstehen der GmbH erfolgte jedoch erst mit ihrer Eintragung im Register. Nur gab es hier mangels Gründung einer GmbH auch keine Vorgesellschaft, womit auch hier für eine Vorbelastungshaftung - zumindest im eigentlichen Sinne - kein Platz ist.

4.3 Differenzhaftung - § 9 GmbHG

4.3.1 Umwandlungen nach der UmwVO

Das bis zum 30.06.1990 und daher für die Umwandlungen nach der UmwVO geltende GmbH-Recht kannte eine dem mit der GmbH-Novelle vom 04.07.1980[60] eingeführten § 9 GmbHG entsprechende Regelung nicht. Diese war bis zu ihrem Inkrafttreten ohne Vorbild.[61] Mit § 9 GmbHG wurde jedoch vom Gesetzgeber nur das umgesetzt, was bereits zuvor

---

[59] Vgl hierzu ausführlich 7 Kap Ziff 5

[60] BGBl. I S 836 - in Kraft seit 01 01 1981

[61] Vgl nur Lutter/Hommelhoff, GmbHG - Kommentar, § 9 Rn 1

nach der Rechtsprechung Stand der Dinge war.[62] Insofern war § 9 GmbHG keine Neuregelung, womit man eine Anwendung zumindest des sich hinter ihm verbergenden Rechtsgedankens auch für nach der UmwVO vorgenommene Umwandlungen annehmen können wird. Auch für diese Umwandlungen war daher grundsätzlich nach dem für sie geltenden Umwandlungshaftungsrecht zu fordern, daß das mit ihnen versprochene Kapital zumindest zum Zeitpunkt der Anmeldung der Umwandlung zum Handelsregister mit der Folge vorhanden war, daß nicht nur im ungünstigsten Falle das versprochene Kapital in Geld nachzuzahlen war, sondern sogar eine Unterbilanz auszugleichen gewesen wäre.[63] Verdrängt wird diese insoweit bestehende Differenzhaftung jedoch sodann durch die §§ 24 Abs. 1 und 26 Abs. 3 DMBilG als umwandlungshaftungsrechtliche leges speciales.[64] Ausgleichsansprüche bestehen nur, soweit die Anspruchsvoraussetzungen hiernach vorliegen.

4.3.2 Umwandlungen nach dem THG

Umwandlungen nach dem THG vollzogen sich zum 01.07.1990; sogleich galt nunmehr auch das GmbHG mit dem Stande der letzten Änderung vom 15.05.1986 und damit auch der neue § 9 GmbHG. Dieser entfaltete damit auch für die zum 01.07.1990 in GmbH i. A. formgewechselten Wirtschaftseinheiten Geltung.[65] Auch hier treten jedoch sodann die §§ 24 Abs. 1 und 26 Abs. 3 DMBilG als umwandlungshaftungsrechtliche leges speciales auf den Plan.

---

[62] Vgl. nur Lutter/Hommelhoff, a a O - Fn 61 – und auch H. Winter in: Scholz, GmbHG - Kommentar, § 9 Rn 1

[63] Die Anwendbarkeit des § 9 GmbHG bzw des sich hierhinter verbergenden Rechtsgedankens offenlassend, Bommel/Wissmann, ZGR 1997, 206, 223 f Für eine grundsätzliche Anwendbarkeit des § 9 GmbHG hier jedoch wohl Hommelhoff/Spoerr, a a. O. - Fn 57 - S. 94.

[64] So zumindest im Ergebnis durchweg h. M Vgl nur Bommel/Wissmann, a a. O - Fn. 57 – mit weiteren Nachweisen A A hinsichtlich der Ablehnbarkeit der Ausgleichsforderung jedoch Timm, ZIP 1991, 413, 420; Timm /Schöne, ZIP 1992, 969, 972; Timm/Schöne in: Gottwald (Hrsg.), Insolvenzrechtshandbuch, Nachtrag „Gesamtvollstreckungsordnung", S 145, wonach mit Wegfall des Zusatzes „i A." eine Ausgleichsforderung endgültig entstanden ist Dem folgend und sogar von einer herrschenden Auffassung in der Literatur sprechend, Haarmeyer/Wutzke/Förster, Gesamtvollstreckungsordnung - Kommentar, § 1 Rn 130

[65] A A anscheinend Spoerr, Treuhandunternehmen zwischen Verfassungs-, Verwaltungs- und Gesellschaftsrecht, S 249

4.3.3 Spaltungen

Auch für die Spaltungen unter Zugrundelegung der UmwVO galt nichts anderes als für die hiernach allein zulässigen Umwandlungen. Die Treuhandanstalt als Gründungsgesellschafterin hatte für das der Gesellschaft versprochene Kapital voll einzustehen. Ausgleichsansprüche richten sich jedoch letztendlich lediglich nach § 24 Abs. 1 Satz 1 und § 26 Abs. 3 DMBilG.

Bei den Spaltungen in angenommener Zulässigkeit nach dem THG ist die Sachlage vom Grunde her eine andere. Die Einstandspflicht der Treuhandanstalt für die hiernach - teilweise lange Zeit nach dem 01.07.1990 - entstandene GmbH ergibt sich anders als bei den Spaltungen nach der UmwVO nicht aufgrund rechtsgeschäftlichen Leistungsversprechens, sondern wegen des der Treuhandanstalt zuzurechnenden Handelns der die Spaltungsmaßnahmen veranlassenden Betriebsdirektoren. Auch hier gilt vom Grundsatz her § 9 GmbHG, jedoch bestimmt sich die Einstandspflicht für das den Spaltgesellschaften in diesen Fällen versprochene Kapital, soweit diese bis zum 30.06.1991 entstanden waren,[66] letztlich ebenfalls nur nach § 24 Abs. 1 Satz 1 und § 26 Abs. 3 DMBilG.

---

[66] Siehe § 1 Abs 5 DMBilG

ZUSAMMENFASSUNG

I. Erarbeitung einer - fragmentarischen - Dogmatik eines „allgemeinen Umwandlungsrechts“

Um das Recht von Umwandlung und Vermögensübergang nach Umwandlungsverordnung, Treuhandgesetz und Unternehmensgesetz darstellen, insbesondere die sich im Rahmen sogenannter fehlerhafter Umwandlungen sich stellenden Fragen beantworten zu können, erfordert es zum einen eine ausführliche Aufarbeitung des Gründungs- wie auch des Vermögensrechts der Wirtschaftseinheiten der DDR, die bzw. deren Vermögen den Umwandlungsgegenstand dieser Gesetze bildeten. Zum anderen bedarf es jedoch auch der Erarbeitung einer Grunddogmatik des Umwandlungsrechts zur Lösung der sich mit Umwandlung und Vermögensübergang nach Umwandlungsverordnung, Treuhandgesetz und Unternehmensgesetz ergebenden Rechtsprobleme, die bereits an der Grundkonzeption des zugrundeliegenden Umwandlungsverfahrens ansetzen. Der Blick ist hier zu richten auf die Elementaria - die Grundprinzipien bzw. den „Basisbaukasten“ - des Umwandlungsrechts.

So waren die DDR-Wirtschaftseinheiten als Umwandlungsgegenstand entgegen zuweilen erfolgten Äußerungen in jedem Falle juristische Personen, deren Einordnung in herkömmliche Kategorien der juristischen Person jedoch schwerfällt. Allerdings wird man bei genauer Betrachtung der juristischen Person als Faktum eines jeden modernen Rechtslebens alsbald zu dem Ergebnis gelangen, daß entsprechend der Ausgestaltung der juristischen Person das Institut der juristischen Person sich auf sein eigentliches Etwas, nämlich die vorhandene Rechtssubjektivität (Rechtspersönlichkeit), reduzieren läßt und damit das Erscheinungsbild der juristischen Person im Rechtsleben ein breites Spektrum ausfüllt, das klare Grenzziehungen zwischen den einzelnen Erscheinungsformen nicht zuläßt. Nicht nur das Wirtschaftsrecht der DDR hat für seine Staatsunternehmen eine passende Ausgestaltung der juristischen Person zur Verfügung gestellt. Auch die weitere Entwicklung der juristischen Person im Recht des wiedervereinigten Deutschlands - bezeichnenderweise gerade im Bereich der öffentlichen Unternehmen, so zum Beispiel den sogenannten Kommunalunternehmen in Bayern - bestätigt diesen Ansatz. Betrachtet man sodann diese Erscheinungsformen von juristischen Personen in ihrer Funktion als Unternehmensträger näher, fällt in der dogmatischen Arbeit sodann recht bald der Blick auf die Person oder die Personen - wobei völlig ohne Belang ist, ob es sich hierbei um natürliche oder juristische Personen handelt -, die als solche durch ihre Rechtsbeziehung zu der von ihnen gegründeten und sodann „gehaltenen“ juristischen Person diese je nach Ausgestaltung der Rechtsbeziehung mehr oder minder determinieren. Aus diesem Grunde wurde in Anlehnung an die bisher gebräuchlichen Begriffe des Unternehmens und des Unternehmensträgers für die Bezeichnung dieses Rechtsverhältnisses bei einer unternehmenstragenden juristischen Person der Begriff des „Unternehmensberechtigten" verwandt, wenngleich zur dogmatischen Beleuchtung von Umwandlungsverhältnissen sodann allgemein der Begriff des „Berechtigtenverhältnisses", das bei jeder juristischen Person auszumachen ist, zu verwenden war. Unter Beachtung dieses Ansatzes haben sich sodann die Wirtschaftseinheiten der DDR als juristische Personen als der Anstalt ähnlich gezeigt, die jedoch in ihrem Wesen durch das Verhältnis zwischen Staat und seinen Staatsunternehmen, den demokratischen Zentralismus der DDR, als das hier maßgebliche Berechtigtenverhältnis geprägt waren.

Zur - ansatzweisen - Erarbeitung einer allgemeinen Dogmatik des Umwandlungsrechts wurde schließlich dargestellt, was als „Umwandlungsgegenstand" in Betracht kommt, was also die Elementaria des Umwandlungsrechts sind. Hierbei wurde zum einen entsprechend der allgemeinen Entwicklung im Umwandlungsgesetz 1994 festgestellt, daß der Unternehmensbegriff als solcher zu Recht seinen Platz im Umwandlungsrecht endgültig verloren hat, wenn auch dies das Umwandlungsgesetz 1994 noch nicht in letzter Konsequenz vollzog. Auch hier zeigte sich sodann recht bald, will man in die dogmatischen Wurzeln des Umwandlungsrechts gehen, daß das bereits im Zusammenhang mit den unterschiedlichen Erscheinungsformen der juristischen Person als wesentlich identifizierte „Berechtigtenverhältnis" auch hier nicht vernachlässigt werden darf, wenngleich dieses in der bisherigen Umwandlungsdogmatik, die an der juristischen Person und des sich hiernach determinierenden bzw. von sich aus ergebenden Berechtigtenverhältnis ansetzte, so gut wie keinerlei Beachtung fand. Als für Umwandlungsvorgänge zu betrachtende wesentliche „Bereiche" wurden daher das Rechtssubjekt an sich, sein Vermögen wie aber auch das Berechtigtenverhältnis derjenigen, die ein Rechtssubjekt gründen und/oder es sodann weiter halten, herausgearbeitet.

Bei Betrachtung dieser Bereiche im einzelnen ergab sich für den Formwechsel als dogmatisch schwer zu fassendes Rechtsinstitut, daß dieser sich in der Tat und ohne weiteres vereinbar mit dem eigentlichen Wesen der juristischen Person in der Beibehaltung der Identität der juristischen Person an sich, ihrer gleichbleibenden Rechtssubjektivität, bei gleichzeitig möglicher vollständiger Neuausgestaltung ihres Erscheinungsbildes erschöpft. Die formwechselnde juristische Person reduziert auf ihre Rechtssubjektivität ist damit das Umwandlungsvehikel, das jeden Weg nehmen und damit auch jede Neuausgestaltung ansteuern kann. Damit erwies sich sogleich auch weiter, daß die vielfach gestellte und für teilweise erhebliche Verwirrung bei der Einordnung von Umwandlungen sorgende Frage nach der Strukturgleichheit bzw. Strukturähnlichkeit des Rechtssubjekts, aus dem in die neue Rechtsform gewechselt wird mit dem das sodann die neue Rechtsform aufweist, bereits von ihrem Ansatz auf einen falschen dogmatischen Weg weist und die Frage nach Strukturgleichheit oder Strukturähnlichkeit nur Bedeutung bei der Ausgestaltung des Formwechsels selbst zu entfalten hat. So konnte allenfalls die mangelnde Strukturgleichheit oder Strukturähnlichkeit als Erklärung dafür herhalten, daß in einigen Fällen der Formwechsel vom Gesetzgeber nicht zugelassen worden war.

Der sodann weiter zur Erarbeitung einer allgemeinen umwandlungsrechtlichen Dogmatik zu untersuchende Bereich war das Vermögen. Hier wurde herausgearbeitet, daß, richtet sich der Blick nur auf dieses, es alleine um den Übertragungsweg geht, den das Vermögen im Umwandlungsverfahren nimmt. Die sich insofern ergebenden „Übertragungskategorien" sind hierbei Singularsukzession, Partialsukzession und Universalsukzession. Der Begriff der Partialsukzession wurde bewußt zur Unterscheidung zur Universalsukzession verwandt, um auch den dogmatischen Unterschied deutlich zu machen. Denn Partialsukzession ist frei von allen dogmatischen Zwängen oder auch aus der Universalsukzession abgeleiteten Determinismen zu sehen. Sie ist als selbständiges Rechtsinstitut zu erkennen und entfaltet als solches auch ihre eigene Bedeutung im Umwandlungsrecht. Mit Blick auf das Umwandlungsgesetz 1994 ergab sich damit auch, daß bei der Frage der Einordnung des Vermögensüberganges als rechtsgeschäftlich oder gesetzlich auf den gesetzgeberischen Zweck der insofern zugelassenen Vermögensübertragungsform zu schauen ist. Zumindest die Tatsache, daß der Vermögensübergang durch Rechtsgeschäft veranlaßt wird, genügt nicht, um ihm eine rein rechtsgeschäftliche Natur zu attestieren.

Schließlich hat für die Dogmatik beim Formwechsel der Blick auf das Berechtigtenverhältnis gezeigt, daß sich dogmatische Schwierigkeiten bei der Einordnung des Formwechsels mit Blick auf das Berechtigtenverhältnis und dem Erkennen sowohl berechtigtenverhältnisreflektierender aber auch berechtigtenverhältnisintendierender Umwandlungsvorgänge beim Formwechsel beseitigen lassen; denn soweit im Ergebnis des Formwechsels Berechtigtenverhältnisse unterschiedlich strukturiert werden sollen, ist hierzu der Formwechsel an sich nicht in der Lage. Es tut sich in diesen Fällen eindeutig ein weiterer Umwandlungsgegenstand, nämlich das Berechtigtenverhältnis selbst, auf.

II. Grundlage des Vermögensübergangs im Recht der DDR

Nach diesen Grundlagenarbeiten war sodann der Vermögensübergang bei der Gründung von Wirtschaftseinheiten bzw. der Ausstattung von Wirtschaftseinheiten mit Vermögen in Form von Rechtsträgerschaft und Fondsinhaberschaft aufzubereiten, um die Tür für die Betrachtung von Umwandlungen und Vermögensübergang nach Umwandlungsverordnung, Treuhandgesetz und Unternehmensgesetz endgültig geöffnet zu haben. Hier wurde nachgewiesen, daß entgegen vielfältiger Äußerungen im Schrifttum nach der „Wende" das Wirtschaftsrecht der DDR in der neuen KomVO bei Ausgliederung von Betriebsteilen eine Partialsukzession - mit der entsprechenden Folge für die Beurteilung fehlerhafter Umwandlungen - nicht mehr kannte. Auch Äußerungen im Schrifttum der DDR über einen im Zuge einer solchen Betriebsteilsausgliederung sich angeblich vollziehenden Übergang der Rechtsträgerschaft an Grund und Boden aufgrund Gesetzes bzw. aufgrund der erteilten Anweisung konnten einer exakten Überprüfung auf Richtigkeit nicht standhalten.

Damit war der Weg für die eigentliche Untersuchung von Umwandlung und Vermögensübergang nach Umwandlungsverordnung, Treuhandgesetz und Unternehmensgesetz geebnet.

III. Umwandlung und Vermögensübergang nach der UmwVO

Für die Umwandlungsverordnung ergab sich, daß diese von ihrer Zweckrichtung her auch auf die Umwandlung sogenannter Haushaltsorganisationen anwendbar war und der Umwandlungsvorgang selbst sich als sogenannte „übertragende Umwandlung", also die Errichtung einer neuen juristischen Person in Verbindung mit einem sich im Wege der Universalsukzession darstellenden Vermögensübergang, bei dem allerdings gleichzeitig die vorhandene Rechtsträgerschaft an Grund und Boden ausgeklammert blieb - diese wurde auf die Treuhandanstalt übertragen - vollzog. Ohne weitergehende Regelung in der Umwandlungsverordnung konnte somit auch nicht das von der umgewandelten Wirtschaftseinheit in Fondsinhaberschaft gehaltene Vermögen auf die neu errichtete Kapitalgesellschaft als oder in Eigentum übergehen. Dies war zum damaligen Zeitpunkt auch noch nicht gewollt.

Die sowohl vom Angebot des Umwandlungsspektrums wie auch von ihrer Konzeption der übertragenden Umwandlung den damaligen Bedürfnissen in keiner Weise Rechnung tragende Umwandlungsverordnung war damit sogleich auch der Nährboden für eine Vielzahl von fehlerhaften Umwandlungen, die sich mit den Begriffen „Spaltungen" und „Verschmelzungen" umschreiben lassen. Hierbei stellte sich das Entstehen der aufgrund der Umwandlungskonzeption neu gegründeten und als solche in der Regel auch zur Eintragung gelangten Kapitalgesellschaft mit Blick auf § 75

GmbHG in Verbindung mit § 144 FGG als unproblematisch dar. Völlig anders verhielt sich dies mit dem Vermögenserwerb durch diese neu gegründeten Gesellschaften, der sich - da der Umwandlungsfall Spaltung bzw. Verschmelzung nicht von der Umwandlungsverordnung umfaßt war - auch nicht nach dieser vollziehen konnte. Für die Fälle der Spaltung konnte (wie allerdings vielfach vertreten), um das Gewollte herbeizuführen, auch nicht darauf abgestellt werden, daß in diesen Fällen entsprechend den Bestimmungen der KomVO für die Ausgründung eines Betriebsteils zumindest eine neue Wirtschaftseinheit gegründet wurde, die sodann ihre Umwandlung mit dem Treuhandgesetz erfahren hat. Denn zum einen ist die Gründung einer Kapitalgesellschaft wohl kaum auf ein in ihr wohnendes Minus - Gründung einer Wirtschaftseinheit - zu reduzieren und - was entscheidend ist - zum anderen war das eigentliche Problem des Vermögensübergangs hiermit mangels gesetzlich geregelter Partialsukzession nicht gelöst. Auch § 12 SpTrUG vermag - wohl entgegen völlig anderer Intention des Gesetzgebers - hier nicht weiterzuhelfen. Da nämlich sowohl bei der Umwandlung nach der Umwandlungsverordnung wie sodann auch bei den auf Basis der Umwandlungsverordnung durchgeführten Spaltungen gerade nicht Grundstücke auf die neu entstandene Kapitalgesellschaft übergehen sollten, vielmehr sogar die Rechtsträgerschaft auf die Treuhandanstalt übertragen wurde, kann insofern auch keine Heilung durch diese auf gescheiterte, aber beabsichtigte Vermögensübergänge abstellende Norm erfolgen. Dennoch erhielten auch die nach der Umwandlungsverordnung entstandenen Spaltgesellschaften letztlich Eigentum an Grund und Boden, soweit bestimmbar ist, welche Grundstücke von den Spaltgesellschaften genutzt werden sollten (§ 23 i. V. m. § 11 Abs. 2 THG). Bei den nach der Umwandlungsverordnung vorgenommenen, jedoch weder im Schrifttum diskutierten noch durch entsprechende Rechtsprechung bekannt gewordenen Verschmelzungen verhält sich die Sachlage anders. Auch hier ist wiederum grundsätzlich die Kapitalgesellschaft durch ihre Eintragung entstanden. Der Vermögensübergang vollzog sich in diesen Fällen entsprechend den §§ 35 ff. KomVO. Wiederum anders war dies im Falle der Umwandlung von von der Zuständigkeit der Treuhandanstalt ausgenommenen Wirtschaftseinheiten. Auch hier entstanden zwar die im Zuge der Umwandlung gegründeten Kapitelgesellschaften (GmbH) mit ihrer Eintragung im Register, jedoch konnte eine Vermögensübertragung mangels Zuständigkeit der Treuhandanstalt (Verfügungsbefugnis) nicht erfolgen, mag die Übertragung sodann auch später mit Entstehung dieser Verfügungsbefugnis geheilt worden sein.

IV. Umwandlung und Vermögensübergang nach dem THG

Mit einem völlig anderen Umwandlungsrecht operierte das Treuhandgesetz. Dieses bestimmte den Umwandlungsgegenstand nach einer Generalklausel verbunden mit einem Negativkatalog. Von der Umwandlung betroffen waren grundsätzlich alle Wirtschaftseinheiten - die Zuständigkeit der Treuhandanstalt vorausgesetzt -, wobei es allerdings nicht, wie vielfach geäußert, auf ihre Eintragung im Register der volkseigenen Wirtschaft ankam. Insofern erklärt sich auch der Begriff der „sonstigen juristisch selbständigen Wirtschaftseinheiten" in § 1 Abs. 4 THG. Denn wollte man alleine auf die Eintragung im Register der volkseigenen Wirtschaft abstellen, wären eine Vielzahl von im Zuge der Neustrukturierung der Wirtschaft der DDR seit Dezember 1989 im wesentlichen durch Betriebsteilsausgliederung entstandenen Wirtschaftseinheiten nicht zur Kapitalgesellschaft geworden, was so vom Gesetzgeber sicherlich nicht gewollt war. Andererseits war anders als bei der Umwandlungsverordnung wegen des gesetzlichen Charakters der Umwandlung hier kein Platz für eine Umwandlung von Haushaltseinrichtungen, etwa den Kinobetrieben, soweit diese als überlebensfähig beurteilt wurden.

Dem gesetzlichen Charakter der Umwandlung widersprach jedoch die systemwidrige und erst im Zuge der weiteren Beratungen über das Treuhandgesetz in der Volkskammer eingefügte gewillkürte Umwandlung von Kombinatsbetrieben und anderen Wirtschaftseinheiten „vorzugsweise in GmbH". Soweit hier eine Aktiengesellschaft entstehen sollte, ist diese nur dann bereits zum 01.07.1990 entstanden, wenn die zuständigen Kombinats- bzw. Betriebsdirektoren bereits vor dem 01.07.1990 die nach dem THG anzustrebende Rechtsform festgelegt hatten, wozu sie aufgrund der ihnen verliehenen Kompetenz, über wirtschaftsorganisatorische Maßnahmen innerhalb der Kombinate bzw. innerhalb ihres Betriebes in eigener Verantwortung zu entscheiden, auch berechtigt waren. Die Treuhandanstalt war hier lediglich zu informieren, sie selbst konnte sodann alleine im Hinblick auf ihren beginnenden Aufbau bei der hier zu treffenden Entscheidung keinen relevanten Beitrag leisten. Insofern bedarf es in diesen Fällen nicht des Rückgriffs auf die ohnehin mit erheblichen dogmatischen Bedenken zu versehende Rechtsfigur der rückwirkenden Umwandlung.

Unter Beachtung der zuvor erarbeiteten Grunddogmatik eines allgemeinen Umwandlungsrechts ist sodann auch das Umwandlungsverfahren gemäß § 11 THG ohne weiteres einordbar. Der Gesetzgeber ging den Weg des Formwechsels. Soweit Stimmen in der Literatur oder in der Rechtsprechung mit Blick auf § 11 Abs. 2 THG und die dort geregelte Vermögensübertragung einen Formwechsel verneinten, zeigte sich auch in diesen Fällen, daß der dortige Ansatz in der Argumentation unter Beachtung der Grundsätze des allgemeinen Umwandlungsrechts verfehlt war. Denn die zum 01.07.1990 auch gewollte Ausstattung der ehemaligen Wirtschaftseinheiten und nunmehrigen Kapitalgesellschaften mit Vermögen zu Eigentum konnte der Formwechsel selbst so nicht leisten. Die Wirtschaftseinheiten hatten kein Eigentum, womit ihnen dieses gesondert zu übertragen war. Dabei stellt sich das Umwandlungsverfahren nach § 11 THG insgesamt nicht als dogmatisch reine Form des Formwechsels dar, vielmehr liegt ein Mischtatbestand vor, nämlich Formwechsel mit gesetzlich angeordnetem Vermögensübergang eines über die Begriffe Fondsinhaberschaft und Rechtsträgerschaft bestimmten Teils des Volkseigentums. Hier lag somit eine Partialsukzession vor.

Auch für die Frage der Einordnung der Kapitalgesellschaft i. A. haben sich die geleisteten Vorarbeiten zur juristischen Person und der Einordnung der Wirtschaftseinheiten als solche als hilfreich erwiesen, da die Wirtschaftseinheiten bei ihrem Formwechsel in die Kapitalgesellschaft i. A. als juristische Personen in ihrer Rechtsentwicklung sicherlich nicht einen Schritt zurück nehmen sollten, sie sind vielmehr auch als Kapitalgesellschaft i. A. juristische Person geblieben und waren auch schon GmbH oder AG, die lediglich noch ihrer inneren Strukturierung bedurften.

V. Umwandlungsausgenommene Wirtschaftseinheiten?

Wie die Umwandlungsverordnung hatte auch das Treuhandgesetz von der Umwandlung bestimmte Typen von Wirtschaftseinheiten durchweg ausgenommen. Die Motivation hierfür war jedoch unterschiedlich. Bei den Wirtschaftseinheiten, für die bis zum Inkrafttreten des Treuhandgesetzes ein Liquidationsvermerk im Register der volkseigenen Wirtschaft eingetragen worden war, stand fest, daß diese, weil schon bereits als Wirtschaftseinheit nicht erfolgreich, auch als Kapitalgesellschaft kein Fortbestehen haben würden. Die Staatsunternehmen der DDR waren zwar grundsätzlich umwandlungsgeeignet, jedoch nicht - zumindest zunächst nicht – privatisierungsgeeignet. Insofern erfolgte auch hier ein Umwandlungsausschluß, wobei der Begriff des Staatsunternehmens auslegungsbedürftig war. Nicht abzustellen war hierbei allerdings - wie teilweise geschehen - auf das Unterstellungsverhältnis.

Gemeinden, Städten, Kreisen und Ländern unterstellte Betriebe oder Einrichtungen waren von der Umwandlung ausgenommen, weil ein Rest von Volkseigentum durch Übertragung auf Kommunen oder Länder erhalten bleiben sollte. Daß es dabei zum 01.07.1990 noch gar keine Länder gab, führte jedoch nicht dazu, daß die bezirksgeleiteten Betriebe umgewandelt wurden und die „Länderklausel" ins Leere lief. Aus der zum Treuhandgesetz parallelen Genese sowohl der Kommunalverfassung als auch des Ländereinführungsgesetzes ergibt sich nämlich, daß hier der Gesetzgeber mit dem Begriff „Länder" einen vorgreiflichen Begriff gewählt hat und eigentlich die Bezirke meinte, die sich ohnehin zu diesem Zeitpunkt bereits in Auflösung befanden. Gleiches gilt für die ebenfalls von der Umwandlung ausgeschlossenen Außenhandelsbetriebe in Abwicklung, die es ebenfalls so zum 01.07.1990 noch nicht gab. Auch hier ist nachweisbar, daß der Gesetzgeber einen vorgreiflichen Begriff wählte. Immerhin hatte der Ministerrat bereits mit Beschluß vom 20.06.1990 über Maßnahmen im Zusammenhang mit der Umwandlung volkseigener Außenhandelsbetriebe in Kapitalgesellschaften angeordnet, daß Außenhandelsbetriebe (als solche) bestehen bleiben, wenn sie per 30.06.1990 in ihrem Buchwerk Forderungen und Verbindlichkeiten gegenüber Devisenausländern in westlichen Währungen ausweisen und sie sodann mit Teilen ihres Vermögens Kapitalgesellschaften gründen und danach in Abwicklung gehen. Auf diesen Beschluß baute die sodann am 04.07.1990 verabschiedete Clearing-VO auf, so daß auch sich hier zumindest bestimmbar ergab, welche Außenhandelsbetriebe zum 01.07.1990 nicht umgewandelt werden sollten. Wiederum anders war die Lage bei den von der Umwandlung ausgeschlossenen volkseigenen Gütern und staatlichen Forstwirtschaftsbetrieben. Hier erfolgte der Umwandlungsausschluß deswegen, weil zum Zeitpunkt der Verabschiedung des Treuhandgesetzes durch die Volkskammer man sich in der Volkskammer nicht darüber verständigen konnte, was mit diesen Betrieben geschehen sollte.

Durch den Einigungsvertrag und sein Inkrafttreten mit der Wiedervereinigung zum 03.10.1990 änderten sich allerdings für einen Teil der nach § 11 Abs. 3 THG umwandlungsausgeschlossenen Wirtschaftseinheiten die Grundlagen des Umwandlungsausschlusses. Der Einigungsvertrag bestimmte endgültig die Aufteilung des Vermögens der DDR auf Bund, Länder und Kommunen. Die ursprünglich beabsichtigte großzügige Ausstattung von Ländern und Kommunen mit Volksvermögen, die Grundlage für den Umwandlungsausschluß bestimmter Wirtschaftseinheiten war, ließ sich nach eingehenden Verhandlungen zwischen DDR und Bundesrepublik Deutschland nicht mehr aufrechterhalten. Ein Blick auf die weitere gesetzliche Entwicklung wie sodann auch die ergänzend heranzuziehenden zwischenzeitlich seit Inkrafttreten des Treuhandgesetzes ergangenen Ministerratsbeschlüsse zeigt sodann auch, daß die mit dem Inkrafttreten des Einigungsvertrages zum 03.10.1990 sich auftuende Lücke hinsichtlich der Umwandlung der volkseigenen Güter und staatlichen Forstwirtschaftsbetriebe zum einen und der Gemeinden, Städten, Kreisen und Ländern unterstellten Betriebe und Einrichtungen zum anderen sinnvoll nur durch eine entsprechende Anwendung von § 11 Abs. 1 und 2 Treuhandgesetz auf diese Wirtschaftseinheiten zum 03.10.1990 und damit ihre Umwandlung zu diesem Tage in Kapitalgesellschaften i. A. geschlossen werden kann. Von Bedeutung ist hier auch das das Treuhandgesetz hinsichtlich der Kapitalausstattung der Kapitalgesellschaften i. A. ergänzende DM-Bilanzgesetz, dem der Grundsatz zu entnehmen ist, daß durch die Übernahme der Wirtschaftseinheiten der DDR durch den Bund über die Treuhandanstalt auf diesen keine uferlose Haftung für zum 01.07.1990 bestehende Verbindlichkeiten aus der unternehmerischen Tätigkeit der DDR übergehen sollte. Dies wäre jedoch für einen erheblichen Teil der Staatsunternehmen der Fall, wollte man annehmen, daß volkseigene Güter und staatliche Forstwirtschaftsbetriebe wie auch sämtliche Gemeinden, Städten, Kreisen und Ländern unterstellte Betriebe oder Einrichtungen, welche sodann auch im wesentlichen Bundesvermögen wurden, zum 03.10.1990 als beschränkt haftende juristische Personen – denn das waren bei exakter Betrachtung (anders als die Haushaltseinrichtungen) auch die Wirtschaftseinheiten der DDR – zu existieren aufhörten. An diesem Punkt ist anzusetzen, will man zu sachgerechten Ergebnissen kommen. Die zur Begründung einer Umwandlung in Kapitalgesellschaften i. A. dieser Gesellschaften zum 03.10.1990 teilweise verwandte Argumentation, die über den 03.10.1990 hinaus weiter tätigen Betriebe wären ansonsten nicht steuerbar, geht damit an dem, worum es eigentlich geht, vorbei und ist sicherlich in dieser Absolutheit auch falsch.

Darüber hinaus ist zu sehen, daß entgegen einer vielfach anzutreffenden Meinung wegen Wegfalls des größten Teils des Wirtschaftsrechts der DDR mit dem 03.10.1990 die hiernach gegründeten Wirtschaftseinheiten gerade nicht alleine deswegen als juristische Personen zu existieren aufhörten. Denn die Existenz der juristischen Person hängt nicht vom Fortbestand der Regelung ihrer Ausgestaltung bzw. ihrer Entstehungsgrundlage ab. Das Zivilrecht hatte sich bisher mit dieser Frage weniger zu befassen. Im öffentlichen Recht ist anerkannt, daß die entstandene rechtsfähige Körperschaft des öffentlichen Rechts bzw. Anstalt des öffentlichen Rechts grundsätzlich nur durch Gesetz oder aufgrund eines Gesetzes wieder ihre Rechtsfähigkeit verlieren kann. Eine Beendigung tritt hier nicht mit dem Geltungsende des Gesetzes, aufgrund dessen die öffentlich-rechtliche juristische Person geschaffen worden ist, ein, da es am entsprechenden „actus contrarius“ fehlt. Jedoch beschränkt sich die hiermit gewonnene Erkenntnis nicht nur auf die juristischen Personen des öffentlichen Rechts. Sie gilt grundsätzlich für jede juristische Person, womit es bei den hier näher untersuchten Wirtschaftseinheiten der DDR somit gar nicht so sehr darauf ankommt, daß diese als Staatsunternehmen ohnehin einen öffentlich-rechtlichen Charakter hatten und ihre Entsprechung zumindest zum Teil in der öffentlich-rechtlichen Anstalt finden.

Allerdings sind - um den umwandlungsausgeschlossenen Wirtschaftseinheiten der DDR die Existenz als juristische Personen über den 03.10.1990 hinaus attestieren zu können - über diese Erkenntnis hinaus noch Anschlußfragen zu beantworten. Zum einen die Frage, ob die insofern fortbestehende juristische Person sich dem neuen Recht zuordnen läßt oder hier aufgrund eines insofern bestehenden Regelungsdefizites die Weiterexistenz dieser juristischen Person als „Fremdkörper im nunmehr geltenden Recht“ von daher zu verneinen ist. Da das Recht der Bundesrepublik Deutschland jedoch ohne gravierendes Regelungsdefizit auch die ehemaligen Wirtschaftseinheiten der DDR aufzunehmen imstande ist, man sogar wohl so weit gehen muß, daß bei Anerkennung der juristischen Person durch das Recht grundsätzlich auch jede Form ihrer Ausgestaltung vom Recht getragen wird, ergaben sich auch deshalb gegen die Weiterexistenz der nicht umgewandelten Wirtschaftseinheiten der DDR über den 03.10.1990 hinaus keine Bedenken. Etwas problematischer verhielt sich dies mit der Frage ihrer weitergehenden Vermögensausstattung, da hier der Einigungsvertrag zum 03.10.1990 eine Umverteilung des ehemaligen Staatsvermögens der DDR, des Volkseigentums, vorgenommen hat. Doch auch hierin ist nicht etwa eine Entscheidung über die Auflösung der juristischen Personen des Wirtschaftsrechts der DDR zu sehen, vielmehr muß man gerade unter Berücksichtigung einer gewollten Haftungsbegrenzung davon ausgehen, daß die Vermögenszuordnung über die juristische Person erfolgt ist.

VI. Beteiligungen an Großhandelsgesellschaften

Neben diesen aufgrund der weiteren Entwicklung nicht mehr sachgerecht von der Umwandlung ausgeschlossenen Wirtschaftseinheiten gab es auch solche, die der Treuhandgesetzgeber bei Konzeption des THG nicht im Blick hatte. Hierbei stechen insbesondere die Großhandelsgesellschaften hervor, die Ende der 50er Anfang der 60er Jahre als Gesellschaft mit sowohl einem staatlichen als auch einem konsumgenossenschaftlichen Anteil errichtet wurden. Auch diese Wirtschaftseinheiten bedurften sodann zum 01.07.1990 der Einkleidung mit dem Gewande der Kapitalgesellschaft i. A. Ohne weiteres gingen die Registergerichte auch von einer Umwandlung nach dem Treuhandgesetz aus. Nicht so eindeutig verhält es sich jedoch mit der Gesellschafterstellung an der sodann entstandenen neuen Kapitalgesellschaft nach erfolgter Umwandlung zum 01.07.1990. Denn ging das Treuhandgesetz von der alleinigen Gesellschafterstellung der Treuhandanstalt nach Umwandlung aus, was zuvor auch der alleinigen Berechtigung des Staates an den Wirtschaftseinheiten entsprach, wiesen doch die Großhandelsgesellschaften nach ausdrücklicher gesetzlicher Regelung einen staatlichen und einen konsumgenossenschaftlichen Gesellschafter aus. Wer hier den DDR-Gesetzgeber beim Worte nimmt und nicht so sehr auf Inhalte schaut, muß sodann nach der Konzeption von § 11 Abs. 1 THG als Formwechsel zu dem Ergebnis kommen, daß sich nunmehr bei der entstandenen Kapitalgesellschaft i. A. in Entsprechung der zuvor bestehenden Gesellschaftsverhältnisse neben der Treuhandanstalt als weiterer Gesellschafter der bisherige konsumgenossenschaftliche Gesellschafter findet. Betrachtet man jedoch die Inhalte der staatlichen Beteiligung und der konsumgenossenschaftlichen Beteiligung näher, stellt man alsbald fest, daß das vom Buchstaben her vorhandene Gesellschaftsverhältnis von einem weiteren „Rechtsverhältnis", nämlich dem demokratischen Zentralismus, überlagert und determiniert wurde. Dies führte dazu, daß zwar formal bei den Großhandelsgesellschaften ein konsumgenossenschaftlicher Gesellschaftsanteil auszuweisen war, jedoch tatsächlich der maßgebliche Inhalt eines solchen gesellschaftsrechtlichen Verhältnisses auf das im demokratischen Zentralismus verkörperte Recht des Staates zur Organisation und Leitung der Großhandelsgesellschaft ausgelagert war. Das insofern insgesamt zu betrachtende Rechtsverhältnis der Berechtigung zum einen des Staates und zum anderen des konsumgenossenschaftlichen Gesellschafters am Unternehmen war daher mit vollkommen unterschiedlichen Inhalten, Rechten und Befugnissen ausgestaltet. Mit dem Erkennen berechtigtenverhältnisreflektierender und berechtigtenverhältnisintendierender Umwandlungen ergab sich sodann auch im Falle der Großhandelsgesellschaften, daß eine Gleichschaltung der zuvor extrem unterschiedlich bestehenden Berechtigtenverhältnisse einerseits des Staates und andererseits des konsumgenossenschaftlichen Gesellschafters mit dem Prinzip des Formwechsels alleine nicht gerechtfertigt werden kann. Durch den Formwechsel selbst können zwar zuvor unterschiedlich strukturierte Berechtigtenverhältnisse ohne weitere rechtsgeschäftliche Erklärung in sodann einheitliche Berechtigtenverhältnisse umgewandelt werden, dies ist jedoch umgekehrt nicht möglich. So rechtfertigt sich sodann die Gleichschaltung zuvor unterschiedlich strukturierter Berechtigtenverhältnisse durch den Formwechsel auch nur dadurch, daß eine solche Form des Formwechsels ausdrücklich gesetzlich zugelassen ist und sich die Berechtigten am Rechtssubjekt aufgrund der Wahl des Formwechsels zu der damit einhergehenden Gleichschaltung und damit Neuordnung ihrer Rechte zueinander bezogen auf das Rechtssubjekt entschlossen haben. Ist dies nicht der Fall, wird man daher in diesen Fällen eine Gleichschaltung abzulehnen haben. Dies insbesondere dann, wenn das Gesetz, das in diesen Fällen für die formwechselnde Umwandlung zur Anwendung gelangt, davon ausgeht, daß ein Miteinander von Gesellschaftern gerade nicht Folge der gesetzlichen Umwandlung sein soll. Für die Großhandelsgesellschaften bedeutet dies, daß - entgegen der Auffassung des II. Zivilsenates des BGH - nach ihrer Umwandlung alleiniger Gesellschafter die Treuhandanstalt wurde. Dem konsumgenossenschaftlichen Gesellschafter ist eine stille Beteiligung zuzusprechen.

VII. Treuhandgesetz und Umwandlungsfehler

Neben den Fällen der gebotenen analogen Anwendung des Treuhandgesetzes oder einzelner seiner Regelungen auf bestimmte Wirtschaftseinheiten, die so von ihm nicht erfaßt waren, gab es jedoch wie auch im Falle der Umwandlungsverordnung eine Vielzahl fehlerhafter Anwendungen des Treuhandgesetzes bzw. ihm fälschlich unterstellter Rechtsfolgen. Genausowenig wie die Umwandlungsverordnung kannte das Treuhandgesetz die Spaltung, obwohl seit Anbeginn der Umstrukturierung der Wirtschaft der DDR hierfür ein enormes praktisches Bedürfnis bestand. So kam dieses praktische Bedürfnis schließlich auch in der amtlichen Begründung zu § 1 Abs. 5 DMBilG zum Ausdruck, wo ausdrücklich hervorgehoben wurde, daß die Treuhandanstalt zum Zwecke der Privatisierung auch Unternehmen spalten werde. Kaum eine Woche nachdem der Ministerrat den Entwurf des DM-Bilanzgesetzes mit entsprechender Begründung gebilligt hatte, schrieb auch die Treuhandanstalt durch Rundschreiben ihres Präsidenten die Spaltung auf ihre Fahnen und erklärte die Spaltung nach dem Treuhandgesetz für zulässig. Folge war, daß nunmehr auch - ähnlich wie im Falle der Regelung zur vorzugsweisen Umwandlung der Kombinatsbetriebe und Betriebe in GmbH - wiederum durch Erklärung der jeweils zuständigen Direktoren Betriebsteile als nach dem Treuhandgesetz in GmbH oder AG umgewandelt zur Eintragung im Handelsregister „angemeldet" wurden, die sodann auch als solche zur Eintragung gelangten. Die hierdurch durchweg angenommene Scheingesellschaft wird man jedoch in diesen Fällen bei exakter Betrachtung des zugrundeliegenden Vorganges nicht zu erkennen haben. Denn stellt man für die Frage des wirksamen Entstehens einer Kapitalgesellschaft aufgrund Eintragung im Ergebnis zutreffend lediglich auf Zurechnungsgesichtspunkte ab, so war diese Verfahrensweise der Treuhandanstalt aufgrund der den Betriebs- bzw. Kombinatsdirektoren eingeräumten Befugnis über wirtschaftsorganisatorische Maßnahmen innerhalb der Kombinate bzw. Betriebe in eigener Verantwortung zu entscheiden, ohne weiteres zurechenbar und letztlich von ihr auch gewollt. Auch in diesen Fällen sind daher die Spaltgesellschaften wirksam entstanden - wovon im übrigen auch die Regelung in § 12 SpTrUG ausgeht -, ihr Vermögenserwerb vollzog sich - soweit nicht bereits durch Einzelübertragung geschehen - durch § 12 SpTrUG.

Ebenfalls nicht im Entstehen der Kapitalgesellschaft, sondern vielmehr in ihrem Vermögenserwerb liegt die Problematik bei der Umwandlung einer umwandlungsausgeschlossenen Wirtschaftseinheit unter Zugrundelegung des Treuhandgesetzes. Hier wird man mit einem Erst-recht-Schluß zu dem Ergebnis kommen müssen, daß der eigentlich lediglich Teilübertragungen betreffende § 12 SpTrUG auch in diesem Falle der gewollten einheitlichen Übertragung des Vermögens der Wirtschaftseinheit auf die neue Kapitalgesellschaft zur Wirksamkeit verhilft; denn wäre diese umwandlungsausgeschlossene Wirtschaftseinheit gespalten worden, so hätten in jedem Falle die Spaltgesellschaften in unmittelbarer Anwendung von § 12 SpTrUG das Vermögen erworben, das auf sie übertragen werden sollte. Schließlich ist auch eine Anwendung des § 12 SpTrUG geboten, soweit im Falle einer Neugründung einer Kapitalgesellschaft mit Teilen des Vermögens einer umwandlungsausgeschlossenen Wirtschaftseinheit - hierbei handelte es sich um eine häufig von der Treuhandanstalt geübte Rechtspraxis - ausgestattet werden sollte, auch wenn hier nach der Intention der Gründer gar kein einheitlicher Rechtsübergang vorliegen konnte. Auch in diesen Fällen gibt es „Heilungsbedarf“, insbesondere deswegen, weil das Verständnis der seinerzeit Handelnden immer noch durch das ehemalig das Wirtschaftsrecht der DDR prägende allumfassende Recht zur Vermögenszuweisung durch den Staat als Ausfluß des demokratischen Zentralismus bestimmt war. § 12 SpTrUG kommt daher bezogen auf fehlerhafte Umstrukturierungen mit seiner Heilungsfunktion ein weiter Anwendungsbereich zu, allerdings unter der Voraussetzung, daß tatsächlich auch nach dem Willen der seinerzeit Handelnden der jeweilige Vermögensgegenstand übergehen sollte. Bezogen auf Umwandlungen nach der Umwandlungsverordnung, dies sei hier nochmals in Erinnerung gebracht, war dies hinsichtlich des in Rechtsträgerschaft der Gesellschaften stehenden Grundbesitzes nicht der Fall.

VIII. Umwandlungen nach dem Unternehmensgesetz

Im Falle der Umwandlung von Wirtschaftseinheiten in Kapitalgesellschaften nach dem Unternehmensgesetz ist zu konstatieren, daß hier die §§ 17 bis 19 Unternehmensgesetz kein einheitliches Umwandlungsrecht, wie etwa die Umwandlungsverordnung mit der übertragenden Umwandlung oder das Treuhandgesetz mit der formwechselnden Umwandlung nebst Vermögensübertragung, bot. Auch in diesem Falle hat der Blick auf die Elementaria des Umwandlungsrechts gezeigt, daß hierdurch so manche Unsicherheit in der rechtlichen Beurteilung des Regelungsinhaltes der §§ 17 bis 19 Unternehmensgesetz überwunden werden kann.

IX. Abgrenzung der Umwandlungsnormen

Die Abgrenzung der Umwandlungsverfahren nach Umwandlungsverordnung, Treuhandgesetz und Unternehmensgesetz erwies sich, nachdem der Bundesgerichtshof hinsichtlich der Abgrenzung der Umwandlungsverfahren zwischen Umwandlungsverordnung und Treuhandgesetz bereits den Meilenstein gesetzt hatte, ohne weiteres und damit auch ohne weitergehende Erkenntnisse möglich. Die weiter vorzunehmende Abgrenzung zum Unternehmensgesetz, die so gut wie nicht diskutiert wird, war ebenfalls ohne Probleme möglich. Dort vollzogen sich die Umwandlungen nach Unternehmensgesetz und Treuhandgesetz parallel.

X. Umwandlungshaftung

Auch bei den zum Schluß zu beantwortenden Fragen hinsichtlich der Haftung der Umwandlungsbeteiligten, also der Handelnden, der Geschäftsführer bzw. Betriebsdirektoren und der Gesellschafter (Treuhandanstalt) war wiederum auf die eingangs erarbeitete Grunddogmatik des Umwandlungsrechts zurückzugreifen. Hier ergab sich mit Blick auf das GmbH-Haftungsrecht, daß im Falle der Neuerrichtung einer GmbH im Umwandlungsverfahren grundsätzlich das die Gründung einer GmbH umrankende Haftungsrecht Wirkung entfaltet. Vom Prinzip her anders verhält es sich im Falle des Formwechsels. Soweit hier in eine strukturverschiedene Gesellschaft gewechselt wird, sind bei Wechsel in die neue Rechtsform nochmals die Vermögensverhältnisse des Rechtssubjekts auf den Prüfstand zu stellen, wobei vom Prinzip her allerdings aufgrund der Rechtssubjektsidentität zeitlich auf die seinerzeitige Gründung des Rechtssubjekts abzustellen wäre. Unter Umständen erhebliche Probleme der Praktikabilität verhindern dies, womit in diesen Fällen eine Neubeurteilung der Kapitalverhältnisse zu einem Zeitpunkt zwischen Beginn und Ende des formwechselnden Umwandlungsverfahrens zu erfolgen haben wird. Für den Formwechsel der Wirtschaftseinheiten in GmbH nach dem Treuhandgesetz bedeutete dies, daß insoweit auch GmbH-Gründungsrecht und damit auch die insofern geltenden Haftungsbestimmungen für die Umwandlungsbeteiligten prinzipiell Anwendung zu finden hatten. Damit erwies sich, daß ohne entsprechende Korrekturnormen sowohl im Falle der Umwandlungen nach der Umwandlungsverordnung als auch im Falle der Umwandlungen nach dem Treuhandgesetz das Haftungsrisiko erheblich war, wollte man nicht im letzteren Fall wegen des gesetzlichen Charakters des Formwechsels eine Einlagepflicht überhaupt verneinen.

Die hier als geboten erkannte Korrektur erfolgte sodann auch durch die §§ 24 bis 26 des DMBilG, welche ergänzendes Umwandlungsrecht darstellen. Sie stellen die umwandlungsrechtliche leges speciales zu § 9 GmbHG bzw. den ihn tragenden Rechtsgedanken dar.

Damit entfalteten hinsichtlich der Vorbelastungshaftung (allgemeine Differenzhaftung) die §§ 24 bis 26 DMBilG für die Umwandlungen nach der Umwandlungsverordnung Bedeutung. Im Falle der Umwandlungen nach dem THG war dies jedoch nicht der Fall, da sogleich zum 01.07.1990 aus der Wirtschaftseinheit binnen der sprichwörtlichen juristischen Sekunde die Kapitalgesellschaft entstanden war. Etwas anders verhält sich dies bei der Differenzhaftung gemäß § 9 GmbHG. Soweit man hier im Falle der Umwandlungen nach der Umwandlungsverordnung und des seinerzeit geltenden GmbH-Rechts den hinter der Regelung stehenden Rechtsgedanken auch auf die nach der Umwandlungsordnung entstehenden GmbH anwenden möchte, verschaffen sodann die §§ 24 Abs. 1 und 26

Abs. 3 DMBilG Haftungserleichterung. Im Falle der Umwandlungen nach dem THG galt zum 01.07.1990 bereits § 9 GmbHG mit dem Stande der letzten Änderung vom 15.05.1986, so daß sich hier die im Rahmen der Umwandlungen nach der Umwandlungsverordnung zu beantwortenden Fragen nach dem Bestehen der Differenzhaftung gemäß § 9 GmbHG bzw. dem sich hierhinter verbergenden Rechtsgedanken so nicht stellen. § 9 GmbHG war auf die Umwandlungen nach dem Treuhandgesetz anwendbar; hier ist wiederum jedoch auf die Haftungserleichterungen in §§ 24 Abs. 1 und 26 Abs. 3 DMBilG zu blicken. Entsprechendes gilt hier für die Spaltungsfälle, wobei sogar mit Blick auf § 1 Abs. 5 DMBilG die Haftungserleichterungen für bis zum 30.06.1991 entstandene Gesellschaften zu berücksichtigen sind.

Ein Sonderproblem stellt die Frage des Bestehens von Barzahlungsansprüchen wegen nicht ausreichender Bestimmung der Sacheinlage - § 5 Abs. 4 GmbHG - dar, dessen Bedeutung allerdings im Falle der errichtenden Umwandlung beschränkt ist. Gleiches gilt für den Formwechsel. Zu rechtfertigen ist diese beschränkte Bedeutung damit, daß in jedem Falle klar ist, welches Vermögen übergeht bzw. daß eben kein Vermögen übergehen soll und sich das Vermögen der formgewechselten Gesellschaft nach ihrem „bisherigen" Vermögen bestimmt. Anders im Falle der Spaltungen, bei denen § 5 Abs. 4 Satz 1 GmbHG erst einmal uneingeschränkt gilt. Soweit hier sodann Bezeichnungsfehler vorliegen, ist die wegen Verstoßes gegen § 5 Abs. 4 Satz 1 GmbHG geschuldete Einlage zu leisten und als ausstehende Einlage – allerdings nicht gemäß § 26 Abs. 3 DMBilG - auszuweisen. Über die Möglichkeit zur Kapitalneufestsetzung gemäß § 26 DMBilG ist in diesen Fällen das Risiko des Gesellschafters - der Treuhandanstalt - korrigierbar bzw. korrigierbar gewesen.

Literaturverzeichnis

Akademie für Staats- und Rechtswissenschaft der DDR, Potsdam-Babelsberg (Hrsg.)
Verwaltungsrecht – Lehrbuch
Staatsverlag der DDR, 1. Auflage 1979

Aktiengesetz
Gesetz über Aktiengesellschaften und Kommanditgesellschaften auf Aktien vom 30. Januar 1937
Kommentar von Franz Schlegelberger, Leo Quassowsky, Gustav Herbig, Ernst Geßler, Wolfgang Hefermehl,
Verlag Franz Vahlen, Berlin 1939

Arbeitsgruppe Wirtschaftsreform beim Ministerrat der DDR (Hrsg.)
Zielstellung, Grundrichtung, Etappen und unmittelbare Maßnahmen der Wirtschaftsreform in weiterer Verwirklichung der Regierungserklärung vom 17. November 1989
Berlin 1990

Arbeitskreis Umwandlungsrecht
Reinhard Bork, Peter Hommelhoff, Marcus Lutter, Karsten Schmidt, Joachim Schulze-Osterloh, Arndt Teichmann, Wolfgang Zöllner
Vorschläge zum Referentenentwurf eines Umwandlungsgesetzes
ZGR 1993, 321 ff.

Badestein, Hartmut
Überlegungen zur Rechtsstaatlichkeit in unserer Wirtschaftsordnung
WR 1990, 1 ff.

Badestein, Hartmut
Umwandlungsverordnung versus Treuhandgesetz
WR 1993, 258 ff.

Bärwaldt, Roman/Schabacker, Joachim
Der Formwechsel als modifizierte Neugründung
ZIP 1998, 1293 ff.

Balser, Heinrich/Bokelmann, Gunther/Piorreck, Friedrich/Dostmann, Dieter K./Kauffmann, Walter
Umwandlung – Verschmelzung – Vermögensübertragung
Rudolf Haufe Verlag GmbH & Co. KG, Freiburg i. Br. 1990

Baumbach, Adolf/Hueck, Alfred
GmbH-Gesetz
Gesetz betreffend die Gesellschaften mit beschränkter Haftung
Beck'sche Kurzkommentare, Band 20
16., erweiterte und völlig überarbeitete Auflage
Verlag C. H. Beck, München 1996

Bayer, Walter
Privatisierung und Restrukturierung volkseigener und genossenschaftlicher Unternehmen durch Umwandlung
in: Hommelhoff, Peter/Hagen, Horst/Röhricht, Volker (Hrsg.), Gesellschafts- und Umwandlungsrecht in der Bewährung, S. 22 ff.
ZGR-Sonderheft 14
Verlag Walter de Gruyter, Berlin, New York 1998

Bayer, Walter
1000 Tage neues Umwandlungsrecht – eine Zwischenbilanz
ZIP 1997, 1613 ff.

Bernet, Wolfgang
Zur landes- und kommunalrechtlichen Entwicklung in der DDR
ROW 1991, 33 ff.

Beuthien, Volker
Nur formwechselnde Umwandlung von ELG und PGH in eine e. G.
ZIP 1992, 1143 ff.

Beuthien, Volker/Becker, Hartmut
Rechtsprobleme bei der Umwandlung der Produktionsgenossenschaften des Handwerks
ZIP 1992, 83 ff.

BGB-RGRK
Das Bürgerliche Gesetzbuch
mit besonderer Berücksichtigung der Rechtsprechung des Reichsgerichts und des Bundesgerichtshofes
Kommentar
herausgegeben von Mitgliedern des Bundesgerichtshofes
12., neubearbeitete Auflage
Verlag Walter de Gruyter, Berlin, New York 1982

Biener, Herbert
Der Entwurf eines D-Markbilanzgesetzes 1990
DB 1990, 3066 ff.

Bommel, Enno/Wissmann, Guido
Gesellschaftsrecht in den neuen Bundesländern nach der Rechtsprechung des II. Zivilsenats des Bundesgerichtshofs
ZGR 1997, 206 ff.

Borgmann, Olaf
Bilanzierung bei Umwandlung volkseigener Betriebe
BB 1990, DDR-Rechtsentwicklungen, Folge 10, S. 17 ff. (Beilage 26 zu Heft 21/1990)

Breitenstein, Peter/Zeißig, Siegfried
Abwicklung von Außenhandelsbetrieben: Beziehungen zum Haushalt der ehemaligen Deutschen Demokratischen Republik und zur Staatsbank
WPg 1993, 665 ff.

Budde, Wolfgang-Dieter, Forster, Karl-Heinz
D-Mark-Bilanzgesetz – Kommentar, Ergänzungsband
C. H. Beck'sche Verlagsbuchhandlung, München 1991
Busche, Jan
Anmerkung zu BAG, Urteil vom 02. Dezember 1992 – 4 AZR 277/92
VIZ 1993, 259 f.

Canaris, Claus-Wilhelm
Handelsrecht
22. Auflage
C. H. Beck'sche Verlagsbuchhandlung, München 1995

Claussen, Carsten Peter/Korth, Hans-Michael (Hrsg.)
D-Markbilanzgesetz (DMBilG) - Textsammlung
Verlag Kommunikationsforum GmbH
Köln 1990

Claussen, Lorenz
Gesamtnachfolge und Teilnachfolge
Nomos Verlagsgesellschaft, Baden Baden 1995

Clemm, Hermann/Etzbach, Ernst/Fassbender, Josef/Messerschmidt, Burkhard/ Pfister, Wolfgang/Schmidt-Räntsch, Jürgen (Hrsg.)
Rechtshandbuch Vermögen und Investitionen in der ehemaligen DDR – RVI
C. H. Beck'sche Verlagsbuchhandlung, München, Stand Juni 1998

Decher, Christian E.
Formwechsel – Allgemeine Vorschriften
in: Lutter (Hrsg.), Kölner Umwandlungsrechtstage, Verschmelzung, Spaltung, Formwechsel nach neuem Umwandlungsrecht und Umwandlungssteuerrecht, S. 201 ff.
Verlag Dr. Otto Schmidt, Köln 1995

Dehmer, Hans
Umwandlungsgesetz, Umwandlungssteuergesetz - Kommentar
2., völlig neu bearbeitete Auflage
C. H. Beck´sche Verlagsbuchhandlung, München 1996

Deutsches Rechts-Lexikon
herausgegeben von Horst Dilch
2. Auflage
C. H. Beck´sche Verlagsbuchhandlung, München 1992

Dohlus, Horst (Berichterstatter)
6. Tagung des Zentralkomitee der SED, 15./16.06.1983 -
Aus dem Bericht des Politbüros an die 6. Tagung des Zentralkomitee der SED
Dietz Verlag, Berlin 1983

Drobnig, Ulrich
Die Privatisierung von Staatsunternehmen in Deutschland
WR 1992, 491 ff.

Elsner, Joachim
Die Umwandlung der volkseigenen Betriebe in Kapitalgesellschaften
DB 1990, 3027 ff.

Flume, Werner
Allgemeiner Teil des Bürgerlichen Rechts
Erster Band, zweiter Teil, Die Juristische Person
Springer-Verlag, Berlin, Heidelberg 1983

Flume, Werner
Allgemeiner Teil des Bürgerlichen Rechts
Zweiter Band, Das Rechtsgeschäft
4., unveränderte Auflage
Springer-Verlag, Berlin, Heidelberg 1992

Forsthoff, Ernst
Lehrbuch des Verwaltungsrechts
Erster Band, Allgemeiner Teil
10. Auflage
C. H. Beck´sche Verlagsbuchhandlung, München 1973

Frantzen, Markus
Anwendbarkeit der Sachgründungsvorschriften des § 5 IV GmbHG auf die nach § 11 II TreuhG entstandenen Gesellschaften
VIZ 1996, 697 ff.

Friedrich, Gerd/Richter, Helmut/Stein, Horst/Wittig, Gerhard
Leitung der sozialistischen Wirtschaft – Lehrbuch
2., überarbeitete Auflage
Verlag Die Wirtschaft, Berlin 1987

Ganske, Joachim
Der Weg vom Diskussionsentwurf zum Referentenentwurf eines Gesetzes zur Bereinigung des Umwandlungsrechts
in: Reform des Umwandlungsrechts, Vorträge und Diskussionen, IDW-Umwandlungssymposium, 8./9. Oktober 1992, S. 15 ff.
IDW-Verlag GmbH, Düsseldorf 1993

Ganske, Joachim
Spaltung der Treuhandunternehmen
DB 1991, 791 ff.

Ganske, Joachim
Umwandlungsrecht (Textausgabe)
2., aktualisierte Auflage
IDW-Verlag GmbH, Düsseldorf 1995
Ganske, Joachim
Umwandlung von Unternehmen
- Neuere Entwicklungen im Gesellschaftsrecht -
DB 1992, 125 ff.

Gebhardt, Christian
Einzelprobleme bei der Reprivatisierung ehemaliger volkseigener Betriebe (VEB) der DDR
BB 1990, DDR-Rechtsentwicklungen, Folge 11, S. 21 ff. (Beilage 28 zu Heft 22/1990)

Geschichte der sozialistischen Einheitspartei Deutschlands - Abriß
Dietz Verlag, Berlin 1978

Geßler, Jörg H.
Aktiengesetz - Kommentar
Hermann Luchterhand GmbH, Neuwied, Kriftel, Berlin 1998

Göhring, Joachim/Posch, Martin
Zivilrecht – Lehrbuch, Teil 1 und Teil 2
Staatsverlag der Deutschen Demokratischen Republik, Berlin 1981

Goette, Wulf
Die Rechtsprechung des BGH zum Gesellschaftsrecht im Jahre 1997
ZNotP 1998, 42 ff.

Gottwald, Peter (Hrsg.)
Insolvenzrechts-Handbuch mit GesO-Anhang
Verlag C. H. Beck, München 1990/1993

Gräf, Dieter
Handbuch der Rechtspraxis in der DDR
Werner-Verlag GmbH, Düsseldorf 1988

Graf, Heinz
Fragen der Rechtsnachfolge bei der Umwandlung volkseigener Betriebe in Kapitalgesellschaften
WR 1991, 8 ff.

Graf, Heinz
Zur Rechtsnachfolge im Wirtschaftsrecht
WR 1986, Heft 2 – Seminar – I ff.

Gutbrod, Max B.
Gründung von und Vermögensübertragung auf Gesellschaften im Zusammenhang mit der Wende in der DDR
GmbHR 1993, 622 ff.

Haarmeyer, Hans/Wutzke, Wolfgang/Förster, Karsten
Gesamtvollstreckungsordnung
Kommentar zur Gesamtvollstreckungsordnung – GesO und zum Gesetz über die Unterbrechung von Gesamtvollstreckungsverfahren – GUG
3., wesentlich erweiterte Auflage
Verlag Kommunikationsforum GmbH, Köln 1995

Habersack, Mathias
Zur Rechtsnatur der Gesellschaft bürgerlichen Rechts - BAG
NJW 1989, 3034
JuS 1990, 179 ff.

Habighorst, Oliver/Spoerr, Wolfgang
Treuhandanstalt und Konzernrecht in der Diskussion
ZGR 1992, 499 ff.

Hachenburg
Gesetz betreffend die Gesellschaften mit beschränkter Haftung (GmbH)
Großkommentar
8., neubearbeitete Auflage 1992 bis 1997
herausgegeben von Peter Ulmer
Verlag Walter de Gruyter, Berlin, New York

Hahn, Hartmut
Zum Gläubigerschutz bei der Spaltung von Kapitalgesellschaften
GmbHR 1991, 242 ff.

Happ, Wilhelm
Formwechsel von Kapitalgesellschaften
in: Lutter (Hrsg.), Kölner Umwandlungsrechtstage, Verschmelzung, Spaltung, Formwechsel nach neuem Umwandlungsrecht und Umwandlungssteuerrecht, S. 223 ff.
Verlag Dr. Otto Schmidt, Köln 1995

Haritz, Detlef
Offene Fragen und praktische Probleme bei der Spaltung von Treuhandunternehmen
VIZ 1992, 91 ff.

Hebing, Wilhelm
Das neue Unternehmensrecht der DDR
BB 1990, DDR-Rechtsentwicklungen, Folge 6, S. 1 ff. (Beilage 18 zu Heft 13/1990)

Hebing, Wilhelm/Jaletzke, Matthias
Bestellung von Vorstand und Aufsichtsrat bei Umwandlung volkseigener Kombinate und Betriebe in Aktiengesellschaften
BB 1990, Deutsche Einigung - Rechtsentwicklungen, Folge 15, S. 5 ff. (Beilage 37 zu Heft 30/1990)

Heera, Elke
Wirtschaftsvertrag und Volkseigentum
WR 1990, 13 ff.

Heidenhain, Martin
Entstehung vermögens- und subjektloser Kapitalgesellschaften
Bemerkungen zu §§ 130, 131, 135 UmwG
GmbHR 1995, 264 ff.

Hennrichs, Joachim
Formwechsel und Gesamtrechtsnachfolge bei Umwandlungen
Schriften zum Wirtschaftsrecht, Band 87
Duncker & Humblot GmbH, Berlin 1995

Hennrichs, Joachim
Wirkungen der Spaltung
AG 1993, 508 ff.

Hennrichs, Joachim
Zum Formwechsel und zur Spaltung nach dem neuen Umwandlungsgesetz
ZIP 1995, 794 ff.

Henssler, Martin
Gewerbe, Kaufmann und Unternehmen
Herkunft und Zukunft der subjektiven Anknüpfung des Handelsrechts
ZHR 1997, 13 ff.

Herale, Richard
Neue Verordnung über die volkseigenen Außenhandelsbetriebe
WR 1989, 92 ff.

Hesse, Karola/Schüsseler, Rolf
Grundfragen der Subjektstellung in einem marktwirtschaftlichen System der DDR
WR 1990, 37 ff.

Hess, Harald/Binz, Fritz/Wienberg, Rüdiger
Gesamtvollstreckungsordnung
Kommentar zum Konkursrecht für die Länder Brandenburg, Mecklenburg-Vorpommern, Sachsen, Sachsen-Anhalt und Thüringen
2. Auflage
Luchterhand Verlag, Neuwied, Kriftel/Ts., Berlin 1997

Heuer, Klaus/Sachs, Hans
Zur Verwendung des Begriffes der juristischen Person im Wirtschaftsrecht
WR 1976, 197 ff.

Heuer, Uwe-Jens
Demokratischer Zentralismus und sozialistische Wirtschaftsführung in den Werken Lenins
in: Die Grundlagen der sozialistischen Wirtschaftsführung in den Werken Lenins und ihre aktuelle Bedeutung –
Beiträge anläßlich des 100. Geburtstags W. I. Lenins, S. 79 ff.
Dietz Verlag, Berlin 1970

Heuer, Uwe-Jens/Pflicke, Gerhard/Schüsseler, Rolf (Hrsg.)
Wirtschaftsrecht - Lehrbuch
Staatsverlag der Deutschen Demokratischen Republik, Berlin 1985

Hillmann, Reinhard
Neue Bundesländer: Ansprüche anläßlich des Ausscheidens aus gesellschafts- oder gemeinschaftsähnlichen Kooperationen
- Die Rechtsprechung des II. Zivilsenates des Bundesgerichtshofes -
DB 1995, 1215 ff.

Hochbaum, Hans-Ulrich
Neue AHB-Verordnung zeitgemäß?
WR 1990, 21 f.
Hommelhoff, Peter
Generalbericht
in: Hommelhoff, Peter (Hrsg.), Treuhandunternehmen im Umbruch, S. 185 ff.
RWS-Forum 7
Verlag Kommunikationsforum GmbH, Köln 1991

Hommelhoff, Peter/Habighorst, Oliver
Gewerbliche Staatsbank–Kredite und ihre Behandlung nach dem DDR-Beitritt
ZIP 1992, 665 ff.

Hommelhoff, Peter/Habighorst, Oliver
Staatsbank-Kredite und Eigenkapital-Ersatz
ZIP 1992, 979 ff.

Hommelhoff, Peter/Krebs, Walter
Treuhandanstalt und Treuhandgesetz
RWS-Dokumentation 3
Verlag Kommunikationsforum GmbH, Köln 1990

Hommelhoff, Peter/Schubel, Christian
Das Gesellschaftsrecht auf dem Prüfstand: zur Transformation der DDR-Genossenschaften
ZIP 1998, 537 ff.

Hommelhoff, Peter/Spoerr, Wolfgang
Treuhandanstalt und Treuhandunternehmen: Haftungsprivilegien ohne Ende?
DZWiR 1995, 89 ff.

Horn, Norbert
Das Zivil- und Wirtschaftsrecht im neuen Bundesgebiet
1. Auflage 1991
2. Auflage 1993 - die Angaben beziehen sich grundsätzlich auf die 2. Auflage
Verlag Kommunikationsforum GmbH, Köln

Horn, Norbert
Gesellschaftsrechtliche Probleme der Umwandlung der DDR-Unternehmen
in: Festschrift für Alfred Kellermann zum 70. Geburtstag, S. 201 ff.
herausgegeben von Reinhard Goerdeler, Peter Hommelhoff, Marcus Lutter, Walter Odersky, Herbert Wiedemann
ZGR-Sonderheft 10
Verlag Walter de Gruyter, Berlin, New York 1991

Ihrig, Hans-Christoph
Gläubigerschutz durch Kapitalaufbringung bei Verschmelzung und Spaltung nach neuem Umwandlungsrecht
GmbHR 1995, 622

Immenga, Ulrich
Privatisierung durch Gesellschaftsrecht: Die Treuhandanstalt
NJW 1993, 2471 ff.

Joost, Detlev
Formwechsel von Personenhandelsgesellschaften
in: Lutter (Hrsg.), Kölner Umwandlungsrechtstage, Verschmelzung, Spaltung, Formwechsel nach neuem Umwandlungsrecht und Umwandlungssteuerrecht, S. 245 ff.
Verlag Dr. Otto Schmidt, Köln 1995

Jürgens, Peter
Anwendung der Nachgründungsvorschriften auf Kaufverträge der Aktiengesellschaften in den neuen Bundesländern?
DB 1992, 1226 ff.

Jürgens, Peter
Die Zwangsumwandlung einer GmbH i. G. in eine GmbH i. A. – der Regelfall nach dem Treuhandgesetz
DB 1990, 3162 ff.

Kaligin, Thomas/Goutier, Klaus (Hrsg.)
Beratungshandbuch Eigentum und Investitionen in den neuen Bundesländern
Stand Juli 1998
C. F. Müller Verlag, Heidelberg

Kallmeyer, Harald
Der Ein- und Austritt der Komplementär-GmbH einer GmbH & Co. KG bei Verschmelzung, Spaltung und Formwechsel nach dem Umwandlungsgesetz 1995
GmbHR 1996, 80 f.

Kallmeyer, Harald
Umwandlungsgesetz - Kommentar
Verschmelzung, Spaltung und Formwechsel bei Handelsgesellschaften
Verlag Dr. Otto Schmidt, Köln 1997

Karl, Fritz
Die Sitzverlegung deutscher juristischer Personen des privaten Rechts nach dem 08. Mai 1945
AcP 159 (1960), 293 ff.

Kellner, Horst
Betrachtungen zum Insolvenzrecht der DDR
WR 90, 49 ff.

Kelm, Gerhard
Zur Neuordnung des Handelsregisters in der DDR
DB 1990, 973 ff.

Kemper, Manfred/Maskow, Dietrich
Außenwirtschaftsrecht der DDR
Staatsverlag der Deutschen Demokratischen Republik, Berlin 1975

Kimme, Johannes (Hrsg.)
Offene Vermögensfragen - Kommentar
gemeinsame Erklärung VermG, AnmVO, GVO, InVorG, KVG, VZUG, EGBGB. u. a.
RWS Verlag Kommunikationsforum GmbH, Köln, Stand Juli 1998

Kleindiek, Detlef
Vertragsfreiheit und Gläubigerschutz im künftigen Spaltungsrecht nach dem Referentenentwurf UmwG
ZGR 1992, 513 ff.

Kleindiek, Detlef
Zur Gründerhaftung in der Vor-GmbH
- Besprechung der Entscheidung BGH ZIP 1997, 679 -
ZGR 1997, 427 ff.

Klinkert, Johannes
Rechtsfolgen bei Verfügungen Nichtberechtigter
NJ 1986, 109 ff.

Kloth, Karsten
Nochmals: „Rechtsnachfolge in organisationseigene Betriebe“
VIZ 1995, 88 ff.

Klüpfel, Wolfgang/Gaberdiel, Heinz
Kommentar zum Sparkassengesetz
Das Sparkassengesetz in Baden-Württemberg
Teil I
4., neu bearbeitete Auflage
Deutscher Sparkassenverlag Stuttgart 1992

Knüpfer, Werner
Eigentumsübergang nach § 11 Abs. 2 TreuhG und der 5. DVO/TreuhG
WR 1992, 181 ff.

Knüpfer, Werner
Rechtsprobleme der Umwandlung volkseigener Betriebe in privatwirtschaftliche Unternehmen
WR 1991, 110 ff.

Knüpfer, Werner
Wandlungen der Eigentumsverhältnisse durch die neue Wirtschaftsgesetzgebung in der DDR
BB 1990, DDR-Rechtsentwicklungen, Folge 7, S. 1 ff. (Beilage 20 zu Heft 15/1990)

Kölner Kommentar zum Aktiengesetz
herausgegeben von Wolfgang Zöllner, Band III B, 1. Lieferung
Carl Heymanns Verlag KG, Köln, Berlin, Bonn, München 1971

Köstler, Roland
Zur Bestellung des Aufsichtsrats bei Umwandlung volkseigener Kombinate und Betriebe
BB 1990, Deutsche Einigung – Rechtsentwicklungen, Folge 17, S. 21 f. (Beilage 40 zu Heft 35, 36/1990)

Kohte, Wolfhard
Anmerkung zu LG Berlin, Beschluß vom 31. Januar 1991 – 98 T 3/91
EWiR 1991, 613 f.

Kronke, Herbert
Deutsches Gesellschaftsrecht und grenzüberschreitende Strukturänderungen
ZGR 1994, 26 ff.

Kropp, Manfred/Förschl, Gerhart
Vereinfachungsregelungen des DM-Bilanzgesetzes bei Neugründung, Umwandlung und rückwirkender Vermögensübertragung
BB 1990, Deutsche Einigung – Rechtsentwicklungen, Folge 14, S. 26 ff. (Beilage 35 zu Heft 28/1990)

Krüger, Dirk
Zweckmäßige Wahl der Unternehmensformen
Herausgegeben von Arthur Andersen & Co. GmbH
5. Auflage
Stollfuß Verlag, Bonn 1992

Krüger, Hartwig
Zu den Rechtsfolgen der Verfügung Nichtberechtigter für den zugrundeliegenden Vertrag
NJ 1987, 33 ff.

Kübler, Bruno M.
Fehlgeschlagene Spaltungen von Treuhandgesellschaften
in: Festschrift für Franz Merz zum 65. Geburtstag am 03. Februar 1992, S. 333 ff.
herausgegeben von Walther Gerhardt, Wolfram Henckel, Joachim Kilger, Gerhard Kreft
Verlag Kommunikationsforum GmbH, Köln 1992

Lachmann, Jens-Peter
Das Treuhandgesetz
DtZ 1990, 238 ff.

Lambsdorff, Konstantin Graf
Vermögensübergang bei ehemals volkseigenen Betrieben
DtZ 1992, 102 ff.

Lambsdorff, Konstantin Graf/Stuth, Gudrun
Gesondertes Gebäudeeigentum ehemals volkseigener Betriebe
VIZ 1992, 348 ff.

Lange, Manfred
Wem gehört das ehemalige Volkseigentum? –
Grundfragen der Artikel 21 und 22 EinigungsV
DtZ 1991, 329 ff.

Langer, Horst
Zur Rechtsfähigkeit und Rechtsstellung der Kombinatsbetriebe sowie zur rechtlichen Regelung der inneren Wirtschaftsorganisation der Kombinate
StuR 1972, 1429 f.

Larenz, Karl
Allgemeiner Teil des Deutschen Bürgerlichen Rechts
7. Auflage
C. H. Beck´sche Verlagsbuchhandlung, München 1989

Larenz, Karl
Methodenlehre der Rechtswissenschaft
4., ergänzte Auflage
Springer-Verlag, Berlin, Heidelberg, New York 1979

Lehmann, Klaus-Ullrich/Zänker, Siegfried
Diskussion – Zum Inhalt der Rechtsträgerschaft an volkseigenen Grundstücken
StuR 1980, 256 ff.

Lexikon der Wirtschaft, Arbeit, Bildung, Soziales
Verlag Die Wirtschaft, Berlin 1982
Lieffering, Wolfgang A./Schönholz, Lothar
Zur Liquidation der Rechtsnachfolger von DDR-Außenhandelsbetrieben
WPg 1993, 662 ff.

Lindner, Nadja
Der Übergang des Rechts der Wirtschaft von der Plan- zur Marktwirtschaft in Ostdeutschland
- Historische Gesamtdarstellung und Analyse -
Verlag Ernst und Werner Gieseking, Bielefeld 1996

Lipps, Wolfgang
Ausgleichsverbindlichkeiten bei Konzernen nach der Umwandlungsverordnung
BB 1991, Deutsche Einigung – Rechtsentwicklungen, Folge 23, S. 17 ff. (Beilage 14 zu Heft 18/1991)

Lipps, Wolfgang
Die Zuordnung ehemals volkseigenen Vermögens
VIZ 1992, 14 ff.

Lüttge, Jörg W.
Das neue Umwandlungs- und Umwandlungssteuerrecht
NJW 1995, 417 ff.

Lutter, Marcus
Finanzausstattung der Kapitalgesellschaften im Aufbau
in: Hommelhoff, Peter (Hrsg.), Treuhandunternehmen im Umbruch, S. 61 ff.
RWS-Forum 7
Verlag Kommunikationsforum GmbH, Köln 1991

Lutter, Marcus
Teilfusionen im Gesellschaftsrecht
in: Festschrift für Karl Hans Barz zum 65. Geburtstag am 06. Dezember 1974, S. 199 ff.
herausgegeben von Robert Fischer, Philipp Möhring und Harry Westermann
Verlag Walter de Gruyter, Berlin, New York 1974

Lutter, Marcus (Hrsg.)
Umwandlungsgesetz-Kommentar
Verlag Dr. Otto Schmidt KG, Köln 1996

Lutter, Marcus
Zur Reform von Umwandlung und Fusion
– Das Konzept und seine Verwirklichung im Diskussionsentwurf -
ZGR 1990, 392 ff.

Lutter, Marcus/Hommelhoff, Peter
GmbH-Gesetz Kommentar
14., neu bearbeitete und erweiterte Auflage
Verlag Dr. Otto Schmidt KG, Köln 1995

Luttosch, Gabriele/von Schlabrendorff, Fabian
DDR-Reformgesetzgebung vom 09.11.1989 bis 18.03.1990
DtZ 1990, 16 ff.

Mampel, Siegfried
Rechtliche Grundlagen der Transformation einer Zentralverwaltungswirtschaft in eine soziale Marktwirtschaft am Beispiel des östlichen Teil Deutschlands
ROW 1992, 4 ff. und 56 ff.

Maskow, Dietrich
Die Umwandlung von volkseigenen Betrieben in Kapitalgesellschaften
BB 1990, DDR-Rechtsentwicklungen, Folge 4, S. 1 ff. (Beilage 13 zu Heft 10/1990)

Maskow, Dietrich
Umwandlung volkseigener und genossenschaftlicher Unternehmen bis zur Wirtschafts-, Währungs- und Sozialunion
in: Hommelhoff, Peter/Hagen, Horst/Röhricht, Volker (Hrsg.), Gesellschafts- und Umwandlungsrecht in der Bewährung, S. 3 ff.
ZGR-Sonderheft 14
Verlag Walter de Gruyter, Berlin, New York 1998

Maskow, Dietrich/Hoffmann, Jutta
Rechtsfragen der Privatisierung in den ostdeutschen Bundesländern
BB 1990, Deutsche Einigung – Rechtsentwicklungen, Folge 17, S. 1 ff. (Beilage 40 zu Heft 35/36 - 1990)

Mayer, Dieter
Spaltungsbremse? Ein Vorschlag zur sachgerechten Auslegung des § 132 UmwG
GmbHR 1996, 403 ff.

Mayer, Dieter
Zweifelsfragen bei der Spaltung der Treuhandunternehmen
DB 1991, 1609 ff.

Mayer, Dieter/Vossius, Oliver
Spaltung und Kapitalneufestsetzung nach dem SpTrUG und dem DMBilG
Leitfäden für die Rechtspraxis
Verlag C. H. Beck, München 1991

Mertens, Kai
Umwandlung und Universalsukzession
Die Reform von Verschmelzung, Spaltung, Vermögensübertragung und Formwechsel
Schriften zum Wirtschafts-, Arbeits- und Sozialrecht, Band 55
C. F. Müller Juristischer Verlag GmbH, Heidelberg 1993

Mertens, Kai
Zur Universalsukzession in einem neuen Umwandlungsrecht
AG 1994, 66 ff.

Metzlaff, Karsten
Die Amtszeit des ersten Aufsichtsrats einer nach § 11 Treuhandgesetz entstandenen AG
DB 1992, 1714 ff.

Meyer-Ravenstein, Dietrich
Rechtsnachfolge volkseigener Güter
DtZ 1995, 225 ff.

Mittag, Günter
Theoretische Verallgemeinerung der Erfahrungen der Entwicklung der Kombinate für die Leistungssteigerung in der Volkswirtschaft, insbesondere bei der Nutzung der qualitativen Faktoren des Wachstums
Rede auf der wirtschaftswissenschaftlichen Konferenz der DDR im Karl-Marx-Jahr 1983, 29./30. September 1983
in: Ökonomische Strategie der Partei – klares Konzept für weiteres Wachstum, S. 10 ff.
Dietz Verlag, Berlin 1983

Möllers, Christoph
Die Großhandelsgesellschaften der DDR
VIZ 1995, 695 ff.

Möschel, Wernhard
Treuhandanstalt und Neuordnung der früheren DDR-Wirtschaft
ZGR 1991, 175 ff.

Münchener Handbuch des Gesellschaftsrechts
Band 4. Aktiengesellschaft
herausgegeben von Michael Hoffmann-Becking
C. H. Beck'sche Verlagsbuchhandlung, München 1988

Münchener Kommentar zum Bürgerlichen Gesetzbuch
3. Auflage
C. H. Beck'sche Verlagsbuchhandlung, München 1993

Mugdan, B. (Hrsg.)
Die gesamten Materialien zum Bürgerlichen Gesetzbuch für das Deutsche Reich
R. v. Decker's Verlag, Berlin 1899

Nachtigall, Walter
Ökonomisches Formellexikon
1. Auflage
Verlag Die Wirtschaft, Berlin 1988

Neye, Hans-Werner
Anmerkung zu AG Charlottenburg, Beschluß vom 10. März 1992 - 92 HRB 34745
EWiR 1992, 387 f.

Neye, Hans-Werner
Anmerkung zu BezG Dresden, Beschluß vom 05. Juli 1991 – 3 T 1/91
EWiR 1991, 1013 f.

Neye, Hans-Werner
Anmerkung zu BezG Dresden, Beschluß vom 18. November 1991 – 2 T 170/91
EWiR 1992, 181 f.

Neye, Hans-Werner
Anmerkung zu BezG Erfurt, Beschluß vom 04. November 1992 – W 13/92
ZIP 1993, 878 f.

Neye, Hans-Werner
Anmerkung zu BezG Schwerin, Beschluß vom 04. März 1992 – T 58/91
EWiR 1992, 599 f.

Neye, Hans-Werner
Anmerkung zu KG, Beschluß vom 06. April 1993 – 1 W 1590/92
ZIP 1993, 778 f.

Neye, Hans-Werner
Anmerkung zu KG, Urteil vom 19. Oktober 1992 – 2 U 1631/92
EWiR 1993, 397 f.

Neye, Hans-Werner
Anmerkung zu LG Berlin, Beschluß vom 06. Dezember 1991 – 98 T 78/91
EWiR 1992, 81 f.

Neye, Hans-Werner
Nochmals: Entstehung vermögens- und subjektloser Kapitalgesellschaften
Erwiderung auf Heidenhain, GmbHR 1995, 264
GmbHR 1995, 565

Neye, Hans-Werner
Umwandlungsgesetz, Umwandlungssteuergesetz
2. Auflage, RWS-Dokumentation 17
Verlag Kommunikationsforum GmbH, Köln 1995

Neye, Hans-Werner/Limmer, Peter/Frenz, Norbert/Harnacke, Ulrich M.
Handbuch der Unternehmensumwandlung
Verlag für die Rechts- und Anwaltspraxis GmbH & Co., Herne, Berlin 1996

Niederleithinger, Ernst
Probleme der Ausdehnung des GmbH-Rechts auf die neuen Bundesländer
GmbHR 1992, 220 ff.

Nörr, Wolfgang/Scheyhing, Robert
Zession, Vertragsübernahme, Schuldübernahme, Schuldbeitritt
Sukzessionen, Handbuch des Schuldrechts, Band 2
herausgegeben von Joachim Gernhuber
J. C. B. Mohr (Paul Siebeck), Tübingen 1983

Ökonomisches Lexikon A – G
3., neu bearbeitete Auflage
Verlag Die Wirtschaft, Berlin 1978

Oetker, Hartmut
„Partielle Universalsukzession" und Versicherungsvertrag
VersR 1992, 7 ff.

Ohle, Mario Matthias
Vermögensübergang auf Kapitalgesellschaften mit Treuhandbeteiligung
Nomos Universitätsschriften Recht, Band 186, Baden Baden 1995

Palandt
Bürgerliches Gesetzbuch
Beck´sche Kurzkommentare, Band 7
57., neubearbeitete Auflage
Verlag C. H. Beck, München 1998

Papier, Hans-Jürgen
Rechtsnachfolge der staatlichen Forstwirtschaftsbetriebe der DDR
DtZ 1993, 290 ff.

Petter, Wolfgang/Schade, Elke
Das Unternehmensgesetz der DDR
DB 1990, 3023 f.

Pflicke, Gerhard
Entwicklung der Rechtsgrundlagen der Wirtschaftsreform
WR 1990, 33 ff.

Pflicke, Gerhard
(Leiter des Autorenkollektivs)
Wirtschafts- und Außenwirtschaftsrecht
Staatsverlag der Deutschen Demokratischen Republik, Berlin 1986

Pleyer, Klemens
Buchbesprechung: zu Rotter, Frank, Zur Funktion der juristischen Person in der Bundesrepublik und in der DDR
AG 1969, 12 ff.

Pleyer, Klemens/Schuh-Offermanns, Miriam
Die GmbH in der DDR
ZIP 1990, 541 ff.

Pleyer, Klemens/Stückradt, Michael
Zum Problem der abstrakten Rechtsgeschäfte im Zivilrecht der DDR
- Erwiderung auf Uebeler -
ROW 1990, 228

Pleyer, Klemens/Stückradt, Michael
Zur Problematik der abstrakten Rechtsgeschäfte in der DDR
ROW 1989, 321 ff.

Preuße, Annekathrin/Hohwald, Martin
Aktiengesetz, GmbH-Gesetz
Textausgabe mit einer Einführung
Halle 1990

Priester, Hans-Joachim
Die Bedeutung der Umwandlungsprüfung
in: Reform des Umwandlungsrechts, Vorträge und Diskussionen IDW-Umwandlungssymposium, 8./9. Oktober 1992, S. 196 ff.
IDW-Verlag GmbH, Düsseldorf 1993

Priester, Hans-Joachim
Gesellschaftsrechtliche Zweifelsfragen beim Umgang mit Treuhandunternehmen
DB 1991, 2373 ff.

Priester, Hans-Joachim
Kapitalausstattung und Gründungsrecht bei Umwandlung einer GmbH in eine AG
AG 1986, 29, 30 ff.

Priester, Hans-Joachim
Kapitalgrundlage beim Formwechsel
- Zwang zur Buchwertfortführung? -
DB 1995, 911 ff.

Priester, Hans-Joachim
Mitgliederwechsel im Umwandlungszeitpunkt
- Die Identität des Gesellschafterkreises – ein zwingender Grundsatz? -
DB 1997, 560 ff.

Purwins, Hans
Finanzielle und rechtliche Risiken bei der Umwandlung volkseigener Betriebe und Kombinate
VIZ 1991, 41 ff.

Quassowsky, Leo
Aktiengesetz
Verlag Franz Vahlen, Berlin 1937

Rädler/Raupach/Bezzenberger (Hrsg.)
Vermögen in der ehemaligen DDR – Handbuch zur Durchsetzung und Abwehr von Ansprüchen
Verlag für die Rechts- und Anwaltspraxis, Herne/Berlin, Stand Juli 1998

Raiser, Thomas
Gesamthand und juristische Person im Licht des neuen Umwandlungsrechts
AcP 194 (1994), 495 ff.

Rasch, E.
Entstehung und Auflösung von Körperschaften des öffentlichen Rechts
DVBl. 1970, 765 ff.

Rechtslexikon
Staatsverlag der Deutschen Demokratischen Republik (auch Hrsg.), Berlin 1988

Redecke, Martin
Anmerkung zu BVerwG, Urteil vom 13. Oktober 1994 – BVerwG 7 C 48.93
EWiR 1995, 293 f.

Reinhardt, Rudolf
Die Umwandlung, ein Gegenstand zum Nachdenken
in: Entwicklungstendenzen im Wirtschafts- und Unternehmensrecht, Festschrift für Horst Bartholomeyczik zum 70. Geburtstag, S. 307 ff.
herausgegeben von Wolfgang Harms, Dieter Heckelmann, Robert Knüpfler, Arndt Teichmann
Duncker & Humblot, Berlin 1973

Reuscher, Peter/Tischendorf, Joachim
Erste Erfahrungen bei der Wiederanwendung des Handelsregisterrechts, WR 1990, 93 ff.

Reuss, Karl-Heinz/Wetzke, Erhard
Zum Stand der Schaffung rechtlicher Grundlagen für die Eigentumsformen in der DDR
AG 1990 – Report, 138 ff.

Richter, Horst (Hrsg.)
Politische Ökonomie des Kapitalismus und des Sozialismus, Lehrbuch für das marxistisch-leninistische Grundlagenstudium
Dietz Verlag, Berlin 1988

Riechers, Arndt
Das > Unternehmen an sich <
J. C. B. Mohr (Paul Siebeck), Tübingen 1996

Rittner, Fritz
Die werdende juristische Person
J. C. B. Mohr (Paul Siebeck), Tübingen 1973

Rodermundt, Peter/Deblitz, Thorsten
Lediglich „vorläufig legitimierender Charakter“ der Vermögenszuordnung nach dem VZOG
Besprechung des Urteils OLG Dresden vom 05.01.1994
ZIP 1994, 399
ZIP 1994, 1675 ff.

Roggemann, Herwig
Unternehmensumwandlung und Privatisierung in Osteuropa und Ostdeutschland
– Rechtliche Probleme und Voraussetzungen –
ROW 1992, 36 ff.

Rohde, Günther (Leiter des Autorenkollektivs)
Bodenrecht - Lehrbuch
Staatsverlag der Deutschen Demokratischen Republik, Berlin 1976

Rohde, Günther (Leiter des Autorenkollektivs)
Bodenrecht
Staatsverlag der Deutschen Demokratischen Republik, Berlin 1989

Rowedder, Heinz
Gesetz betreffend die Gesellschaft mit beschränkter Haftung (GmbHG) – Kommentar
2., neu bearbeitete Auflage
Verlag Franz Vahlen, München 1990

Rosener, Wolfgang
Entwicklungen im Gesellschaftsrecht der DDR in: Festschrift für Karlheinz Quack, S. 397 ff.
herausgegeben von Harm Peter Westermann und Wolfgang Rosener
Verlag Walter de Gruyter, Berlin, New York 1991

Rosener, Wolfgang/Roitzsch, Frank
Die Umwandlung von volkseigenen Betrieben in Kapitalgesellschaften
DtZ 1990, 38 ff.

von Savigny, Friedrich Carl
System des heutigen Römischen Rechts
Zweiter Band
Veit und Comp., Berlin 1840

Scheifele, Bernd/Schweyer, Eckhart
Grundzüge des Wirtschaftsrechts der DDR nach dem Staatsvertrag über die Schaffung einer Währungs-, Wirtschafts- und Sozialunion zwischen der Bundesrepublik und der DDR (I)
GmbHR 1990, S. 241 ff.

Schießl, Martin
Rechtsnachfolge in organisationseigene Betriebe
VIZ 1994, 377 ff.

Schillo, Matthias
Die Verteilung des kommunalen Finanzvermögens im Gebiet der ehemaligen DDR
NJ 1991, 291 f.

Schmidt, Karsten
Die Handelsgesellschaft „im Aufbau“: Haftungsdebatte ohne Ende?
GmbHR 1992, 75 ff.

Schmidt, Karsten
Die Umwandlung einer GmbH in eine AG zu Kapitaländerungszwecken
AG 1985, 150 ff.

Schmidt, Karsten
Gesellschaftsrecht
2., völlig neu bearbeitete und erweiterte Auflage
Carl Heymanns Verlag KG, Köln, Berlin, Bonn, München 1991

Schmidt, Karsten
Fehlerhafte Verschmelzung und allgemeines Verbandsrecht
- Eine Analyse nach geltendem und kommendem Recht –
ZGR 1991, 372 ff.

Schmidt, Karsten
Formwechsel zwischen GmbH und GmbH & Co. KG
Zur Gesellschafteridentität bei der Beteiligung einer Personengesellschaft am Formwechsel
GmbHR 1995, 693 ff.

Schmidt, Karsten
Gesetzliche Gestaltung und dogmatisches Konzept eines neuen Umwandlungsgesetzes
- Überlegungen zur legislatorischen Praxis und Theorie -
ZGR 1990, 580 ff.

Schmidt, Karsten
Handelsrecht
4., völlig neu bearbeitete und erweiterte Auflage
Carl Heymanns Verlag KG, Köln, Berlin, Bonn, München 1994

Schmidt, Karsten
Universalsukzession kraft Rechtsgeschäfts
- Bewährungsproben eines zivilrechtsdogmatischen Rechtsinstituts im Unternehmensrecht -
AcP 191 (1991), 495 ff.

Schmidt, Karsten
Unterbilanzhaftung – Vorbelastungshaftung – Gesellschafterhaftung
Praxis und Wissenschaft vor den Koordinationsproblemen der Gesellschafterhaftung im GmbH-Gründungsrecht
ZHR 1992, 93 ff.

Schmidt, Karsten
Volleinzahlungsgebot beim Formwechsel in die AG oder GmbH
zugleich zum Verständnis des Formwechsels nach altem und neuem Umwandlungsrecht
ZIP 1995, 1385 ff.

Schmidt, Reiner
Der Übergang öffentlicher Aufgabenerfüllung in private Rechtsformen
ZGR 1996, 345 ff.

Schneider, Wolfgang
Die Rechtsträgerschaft an volkseigenen Grundstücken aus fondsrechtlicher Sicht
StuR 1979, 695 ff.

Scholz, Franz
Kommentar zum GmbH-Gesetz, I. Band
8., neu bearbeitete und wesentlich erweiterte Auflage
Verlag Dr. Otto Schmidt KG, Köln 1993

Schubel, Christian
Die Rechtsfähigkeit korporativer Verbände im Wechsel der Rechtsordnungen
Die Schiffer-Compagnie Stralsund von 1488
ZRG Gem. Abt. 116 (1999), 314 ff.

Schubert, Werner/Hommelhoff, Peter
Die Aktienrechtsreform am Ende der Weimarer Republik
Die Protokolle der Verhandlungen im Aktienrechtsausschuß des vorläufigen Reichswirtschaftsrats unter dem Vorsitz von Max Hachenburg
Verlag Walter de Gruyter, Berlin, New York 1987

Schubert, Werner/Hommelhoff, Peter
Hundert Jahre modernes Aktienrecht
Eine Sammlung von Texten und Quellen zur Aktienrechtsform 1884 mit zwei Einführungen
ZGR-Sonderheft 4
Verlag Walter de Gruyter, Berlin, New York 1985

Schüsseler, Rolf
Kombinatsverordnung – Vertragsgesetz – Volkseigentumsrecht
StuR 1983, 22 ff.

Schüsseler, Rolf
Theoretische Probleme des Volkseigentumsrechts – Thesen
StuR 1976, 32 ff.

Schulz, Norbert
Das Kommunalunternehmen
- Bemerkungen zu einzelnen Aspekten einer neuen Rechtsform -
in: Kirchgäßner, Alois; Knemeyer, Franz-Ludwig; Schulz, Norbert, Das Kommunalunternehmen: neue Rechtsform zwischen Eigenbetrieb und GmbH, S. 18 ff.
Kommunalforschung für die Praxis; Heft 35
Richard Boorberg Verlag GmbH & Co., Stuttgart-München-Hannover-Berlin-Weimar-Dresden 1997

Semler, Johannes
Zur Umwandlung ehemaliger Kombinate und Kombinatsbetriebe
Die Umwandlungsverordnung vom 01. März 1990
BB 1991, Deutsche Einigung – Rechtsentwicklungen, Folge 22, S. 9 ff.
(Beilage 13 zu Heft 15/1991)

Smid, Stefan/Zeuner, Mark (Hrsg.)
Gesamtvollstreckungsordnung – Kommentar
Das Insolvenzrecht der fünf neuen Bundesländer und Ostberlins
2. Auflage
Nomos Verlagsgesellschaft, Baden-Baden 1994

Soergel
Bürgerliches Gesetzbuch mit Erläuterungsgesetz und Nebengesetzen
11. Auflage 1978, 12. Auflage 1988
Verlag W. Kohlhammer, Stuttgart, Berlin, Köln, Mainz 1978

von Spiessen, Friedhelm Frhr./Gruber, Heinrich
Heilung notleidender Realteilungen gemäß § 12 Spaltungsgesetz
VIZ 1994, 209 ff.

Spoerr, Wolfgang
Anmerkung zu BGH, Urteil vom 19. Dezember 1994 – II ZR 174/93
EWiR 1995, 389 f.

Spoerr, Wolfgang
Treuhandanstalt und Treuhandunternehmen zwischen Verfassungs-, Verwaltungs- und Gesellschaftsrecht
Verlag Kommunikationsforum GmbH, Köln 1993

Sproß, Joachim/Findeis, Birgit
Abwicklung von Außenhandelsbetrieben
WPg 1993, 305 ff.

Staudinger
Kommentar zum Bürgerlichen Gesetzbuch
mit Einführungsgesetz und Nebengesetzen
11. Auflage
Sellier – de Gruyter, Berlin

Staatliche Zentralverwaltung für Statistik (Hrsg.)
Statistisches Jahrbuch 1989 der Deutschen Demokratischen Republik
34. Jahrgang
Staatsverlag der Deutschen Demokratischen Republik, Berlin 1989

Stein, Ursula
Zum Gesellschaftsrecht sozialistischer Kooperationen
in: Hommelhoff, Peter/Hagen, Horst/Röhricht, Volker (Hrsg.), Gesellschafts- und Umwandlungsrecht in der Bewährung, S. 231 ff.
ZGR-Sonderheft 14, Verlag Walter de Gruyter, Berlin, New York 1998

Strassmann, Günter/Süss, Erika
Die Regelung der Aufgaben der Kombinate und der Kombinatsbetriebe im neuen Vertragsgesetz
WR 1982, 208 ff.

Streck, Michael/Mack, Alexandra/Schwedhelm, Rolf
Verschmelzung und Formwechsel nach dem neuen Umwandlungsgesetz
GmbHR 1995, 161 ff.

Strobel, Wilhelm
Neues Artikelgesetz und Spaltungsgesetz mit Folgen für die DM-Eröffnungsbilanz
BB 1991, 636 ff.

Strobel, Wilhelm
Treuhandzugehörigkeit und Prüfungspflicht
BB 1991, 1059 ff.

Stute, Andreas
Rechtsfolgen einer fehlerhaften Umwandlung nach § 11 Treuhandgesetz
VIZ 1994, 381 ff.

Targan, Norbert
Die Rechtsnachfolge bei Umwandlung der volkseigenen Betriebe in Kapitalgesellschaften
DB 1990, 3060 f.

Teichmann, Arndt
Die Spaltung von Rechtsträgern als Akt der Vermögensübertragung
ZGR 1993, 396 ff.

Teige, Hans-Werner
Der Übergang ehemals volkseigenen Grund und Bodens in das Eigentum von Treuhandkapitalgesellschaften
VIZ 1994, 58 ff.

Thietz-Bartram, Jochim/Pfeifer, Axel
Privatisierung von Volkseigentum
WM 1990, Sonderbeilage zu Heft 20, S. 3 ff.

Timm, Wolfram
Die Sanierung der sogenannten „Treuhandunternehmen“ zwischen Marktkonformität und Insolvenzrecht
ZIP 1991, 413 ff.

Timm, Wolfram
Einige Zweifelsfragen zum neuen Umwandlungsrecht
ZGR 1996, 247 ff.

Timm, Wolfram/Schöne, Torsten
Die Thesen der Treuhandanstalt zu Haftungsfragen – eine kritische Bestandsaufnahme
ZIP 1992, 969 ff.

Tintelnot, Albrecht
Anmerkung zu LG Berlin, Beschluß vom 20. Februar 1991 – 81 T 69/91
EWiR 1991, 575 f.

Tobuschat, Martin/Mutter, Stefan
Die Zuordnung von Grundeigentum der nach § 11 Abs. 2 TreuhG umgewandelten Wirtschaftseinheiten
DZWir 1994, 300 ff.

Uebeler, Günter
Zum Problem der abstrakten Rechtsgeschäfte im Zivilrecht der DDR
ROW 1990, 225 ff.

Ulbricht, Walter
Die Staatslehre des Marxismus-Leninismus und ihre Anwendung in Deutschland
in: staats- und rechtswiisenschaftliche Konferenz, Babelsberg, 02 und 03. April 1958
- Protokoll, S. 28 ff. -
VEB Deutscher Zentralverlag, Berlin 1958

Ulmer, Peter
Gläubigerschutz bei Treuhandunternehmen
in: Hommelhoff, Peter (Hrsg.), Treuhandunternehmen im Umbruch, S. 39 ff.
RWS-Forum 7
Verlag Kommunikationsforum GmbH, Köln 1991

Walter, Gerhard
Stellung und Funktion des Staatlichen Vertragsgerichts in der DDR und seine Umgestaltung zur Handels- und Registergerichtsbarkeit
DtZ 1990, 262 ff.

Weber, Klaus
Ausgewählte Zweifelsfragen zum Formwechsel einer Kapitalgesellschaft in eine Personengesellschaft
GmbHR 1996, 263 ff.

de Weerth, Jan
Treuhandgesetz und Umwandlung nach Umwandlungsverordnung und Unternehmensgesetz
DB 1994, 1405 ff.

Weimar, Robert
Anmerkung zu BGH, Versäumnisurteil vom 06. Juli 1994 – VIII ZR 62/93
EWiR 1994, 1025 f.

Weimar, Robert
Anmerkung zu BVerwG, Beschluß vom 10. August 1994 – 7 B 49.94
EWiR 1995, 187

Weimar, Robert
Die Entflechtung von Treuhandunternehmen
ZIP 1991, 769 ff.

Weimar, Robert
Die Kapitalgesellschaften „im Aufbau" in den neuen Bundesländern
BB 1991, Deutsche Einigung – Rechtsentwicklungen, Folge 22, S. 12 ff.
(Beilage 13 zu Heft 15/1991)

Weimar, Robert
Grundsatzfragen im Recht der UmwVO-Gesellschaften
ZIP 1992, 73 ff.

Weimar, Robert
Haftungsrisiken für die Beteiligten einer GmbH „im Aufbau"
GmbHR 1991, 507 ff.

Weimar, Robert
Nachprivatisierungsprobleme
RWS-Skript 239
Verlag Kommunikationsforum GmbH, Köln 1992

Weimar, Robert
Spaltung von Treuhandunternehmen
DtZ 1991, 182 ff.

Weimar, Robert
Treuhandanstalt und Treuhandunternehmen: qualifizierte faktische Konzernverbindungen
ZGR 1992, 477 ff.

Weimar, Robert
Treuhandgesetz – Kommentar
Verlag W. Kohlhammer, Stuttgart 1993

Weimar, Robert/Bartscher, Bruno
Treuhandanstalt und Konzernrecht
ZIP 1991, 69 ff.

Welter, Reinhard
Spaltung von Treuhandunternehmen
DZWiR 1992, 265 ff.

Westermann, Harry
Die Umwandlung einer Personenhandelsgesellschaft aufgrund eines Mehrheitsbeschlusses in eine Kapitalgesellschaft
in: Freundesgabe für Hans Hengeler
herausgegeben von Wolfgang Bernhardt, Wolfgang Hefermehl, Wolfgang Schilling
Springer-Verlag, Berlin, Heidelberg, New York 1972

Wieacker, Franz
Zur Theorie der Juristischen Person des Privatrechts
in: Festschrift für Ernst Rudolf Huber zum 70. Geburtstag, S. 339
herausgegeben von Ernst Forsthoff, Werner Weber, Franz Wieacker
Verlag Otto Schwartz & Co., Göttingen 1973

Wiedemann, Herbert
Juristische Person und Gesamthand als Sondervermögen
WM 1975, Sonderbeilage Nr. 4/1975 zu Nr. 34

Wiedemann, Herbert
Identität beim Rechtsformwechsel
ZGR 1999, 568 ff.

Widmann, Siegfried/Mayer, Dieter
Umwandlungsrecht
Umwandlungsgesetz, Umwandlungssteuergesetz
3. Auflage auf Stand der 43. Ergänzungslieferung
Stollfuß Verlag, Bonn, Berlin 1995

Widmann, Siegfried/Mayer, Robert
Umwandlungsrecht
Umwandlungsgesetz, Umwandlungssteuergesetz
2. Auflage, Bearbeitungsstand: 27. Ergänzungslieferung
Stollfuß Verlag, Bonn 1981

Winter, Martin
Buchbesprechung: Horn, Norbert, Das Zivil- und Wirtschaftsrecht im neuen Bundesgebiet
DZWiR 1991, 172 ff.

Wissenbach, Thomas
Zur Umwandlung von Wirtschaftseinheiten
WR 1991, 191 ff.

Wolff, Hans. J./Bachof, Otto/Stober, Rolf
Verwaltungsrecht I
10. Auflage
C. H. Beck´sche Verlagsbuchhandlung, München 1994

Woltz, Jürgen
Zum Registerrecht vor und nach der deutschen Vereinigung
WR 1991, 25 ff.

v. Wysocki, Klaus/Glaubig, Jürgen/Rammert, Stefan/Wenzler, Christian
Neue Bilanzen in der DDR – ein halber Schritt auf halbem Wege
DB 1990, 3019 ff.

ZGB-Kommentar
Kommentar zum Zivilgesetzbuch der Deutschen Demokratischen Republik vom 19. Juni 1975 und zum Einführungsgesetz zum Zivilgesetzbuch der Deutschen Demokratischen Republik vom 19. Juni1975
herausgegeben vom Ministerium der Justiz
Staatsverlag der Deutschen Demokratischen Republik, Berlin 1983

Zindel, Johannes
Zur Rechtsnachfolge in der Forstwirtschaft
NJ 1993, 162 ff.

Zöllner, Wolfgang
Amtsverlust und Amtskontinuität des Aufsichtsrats bei formwechselnder Umwandlung
DB 1973, 2077 ff.

Zöllner, Wolfgang
Bemerkungen zu allgemeinen Fragen des Referentenentwurfs eines Umwandlungsgesetzes
ZGR 1993, 334 ff.

Zöllner, Wolfgang
Rechtssubjektivität von Personengesellschaften?
in: Festschrift für Joachim Gernhuber zum 70. Geburtstag, S. 563 ff.
herausgegeben von Hermann Lange, Knut Wolfgang Nörr, Harm Peter Westermann
Verlag J. C. B. Mohr (Paul Siebeck), Tübingen 1993

MIX
Papier | Fördert
gute Waldnutzung
FSC® C083411

Kolibri 360 GmbH
Ferdinand-Jühlke-Straße 7
99095 Erfurt, Deutschland
produktsicherheit@kolibri360.de

Druck:
CPI Druckdienstleistungen GmbH
im Auftrag der
Kolibri 360 GmbH
Ferdinand-Jühlke-Str. 7
99095 Erfurt